DANS LA MÊME COLLECTION

MÉTAPHYSIQUE CONTEMPORAINE

Propriétés, mondes possibles
et personnes

COMITÉ ÉDITORIAL

TEXTES CLÉS

MÉTAPHYSIQUE CONTEMPORAINE

Propriétés, mondes possibles et personnes

Textes réunis par
Emmanuelle GARCIA et Frédéric NEF

Traductions par
J. DOKIC, F. VIEIRA DRAPEAU-CONTIM, F. FERRO, E. GARCIA,
G. KERVOAS, M. LE DU, M. LE GARZIC, F. LIHOREAU,
F. NEF, F. PASCAL, R. POUIVET
revues par
D. BERLIOZ et F. NEF

PARIS
LIBRAIRIE PHILOSOPHIQUE J. VRIN
6, place de la Sorbonne, Vᵉ
2007

R.M. ADAMS, « Theories of actuality », *Noûs*, 5, 1974
© Blackwell, 1974

D. ARMSTRONG, « Universals as attributes », in *Universals. An Opinionated Introduction*, Westview Press, 1987 © D. ARMSTRONG

R. CHISHOLM, « Human Freedom and the Self », in *Lindley Lecture*
© Philosophy Department, University of Kansas, 1964

J. DOKIC, « La neutralité métaphysique de la perception », © J. DOKIC

D. LEWIS, « Against structural universals », *The Australasian Journal of Philosophy*, 64, 1986 © Australasian Association of Philosophy, 1986

E.J. LOWE, « Essences » © E.J. LOWE

D. PARFIT, « Divided Minds and the Nature of a Person », *in* S. Blakemore and S. Greenfield (ed.), *Mindwaves* © Blackwell, 1987

A. PLANTINGA, « Two concepts of modality », *in* J. Tomberlin (ed.),
Philosophical Perspectives, 1 © Ridgeview, 1987

P. SIMONS, « Particulars in particular clothing », *Philosophy and Phenomenological Research*, 54.3, 1994 © P. SIMONS

G.F. STOUT, « The nature of universals and propositions », *Proceedings of the British Academy*, 10 © The British Academy, 1921-1923.
Reproduced by permission

P. VAN INWAGEN, « Four dimensional objects », *Noûs*, 24, 1990
© Blackwell, 1990

D.C. WILLIAMS, « The element of being I », *Review of Metaphysics*, 7, 1953
© *The Review of Metaphysics*, 1953. Reprinted with permission

L'éditeur s'est employé à identifier tous les détenteurs de droits. Il s'efforcera de rectifier, dès que possible, toute omission qu'il aurait involontairement commise.

© *Librairie Philosophique J. VRIN*, 2007
Imprimé en France
ISBN 978-2-7116-1865-1
www.vrin.fr

PRÉSENTATION

La métaphysique ne s'est pas éteinte avec Nietzsche, Heidegger ou Derrida; elle n'a pas été achevée avec Hegel. Depuis les années soixante on a même assisté à un renouveau de cette discipline et à une remise en chantier de son projet. C'est à ce renouveau qu'invite ce volume.

La métaphysique a été grecque avec Aristote et Platon, latine avec Duns Scot et Suarez, allemande avec Hegel et Schelling et c'était peut-être son destin d'être un jour à son tour anglo-américaine avec Whitehead, McTaggart, Armstrong et D. Lewis. Le renouveau de cette discipline est lié au développement des logiques modales et des sciences cognitives qui ont à la fois fourni des méthodologies et réactualisé un certain nombre de problèmes traditionnels dans cette discipline [1].

Ce volume se propose de fournir au public français – aux publics étudiant et cultivé notamment, aux chercheurs – un échantillonnage de textes fondamentaux de cette renaissance intellectuelle. À l'exception du textes de Stout, des années vingt, et D.C. Williams, qui sont là aussi pour nous rappeler que rien dans l'histoire de la métaphysique n'est aussi tranché et qu'une tradition

---

1. Sur le lien entre métaphysique et logique modale : Lewis (1986), Plantinga (2003); entre métaphysique et sciences cognitives : Kim (2005, 2006a, 2006b).

métaphysique n'a jamais finalement cessé de se perpétuer, tous les textes proposés ont été publiés après 1960[1].

Il existe déjà en français des introductions à cette métaphysique (Monnoyer (2004), Nef (2005)). Je ne donnerai donc ici que le strict minimum d'indications utiles à la lecture, à la méditation et à la discussion critique de ces textes. Ce qui vient à l'esprit concerne d'abord les origines de cette métaphysique. On peut, en schématisant quelque peu dire que cette résurgence se divise en trois courants. Le premier est la réévaluation de la querelle des universaux qu'a opérée David Armstrong; le second est l'efflorescence des logiques intensionnelles conduisant à une interrogation nouvelle sur les modalités et le temps; le troisième, plus discret, encore en partie à découvrir et à évaluer est la continuation de la tradition aristotélicienne (notamment en Angleterre), en lien avec la résurgence du réalisme brentanien et meinongien dans la phénoménologie réaliste notamment de Chisholm[2]. Je dirai donc d'abord quelques mots de ces trois courants.

La querelle des universaux remonte à l'*Isagoge* de Porphyre et en deçà à l'opposition quasi paradigmatique Platon *vs* Aristote (*cf.* les nombreux travaux de A. de Libera); elle traverse tout le moyen âge, prenant dans le dispositif scolaire la forme figée d'un affrontement entre nominalisme, conceptualisme et réalisme –

---

1. Nous n'avons pas inclus de texte de Whitehead, parce que son œuvre est désormais accessible en français et qu'il existe dans cette langue de nombreuses introductions à sa pensée métaphysique (A. Parmentier, *Whitehead et le problème de Dieu*, Paris, Beauchesne, 1968; B. Saint-Sernin *Whitehead, un univers en essai*, Paris, Vrin, 2000; D. Debaise, *Un Empirisme Spéculatif, Lecture de procès et réalité de Whitehead*, Paris, Vrin, 2006). Toutefois, il faut noter que ce philosophe n'a pas eu jusqu'ici l'influence importante qu'il mérite sur la métaphysique analytique, à l'exception notable de P. Simons, par le biais notamment de la méréologie : P. Simons comme Whitehead prend un point de départ méréologique pour son ontologie. De même nous avons dû, sous la pression de choix douloureux, renoncer à inclure un texte de McTaggart, auteur déjà présenté et traduit par S. Bourgeois-Gironde, *McTaggart : temps, éternité, immortalité* suivi de trois essais de J. McTaggart, Paris, L'éclat, 2000.

2. Sur Chisholm : 1976, 1989, 1996. Sur Brentano : Bergman (1967).

entre Occam, Abélard et Duns Scot. Une lecture habituelle de cette querelle a généralement, jusqu'à assez récemment, attribué une victoire éclatante du nominalisme à l'aube des Temps Modernes, avec Hume et Locke, Kant sur le continent rendant le débat presque incompréhensible et le renvoyant donc à l'historiographie de la discipline épistémologique, en le présentant comme caduc, réduisant le particulier et le singulier à des quantités de jugement.

Les travaux des médiévistes ont rendu accessible à la lecture cet énorme dossier et c'est au même moment que le philosophe australien David Armstrong a publié une série d'ouvrages montrant le sens toujours actuel de cette querelle pour l'épistémologie et l'ontologie contemporaines. Armstrong défend dans ces travaux une forme de réalisme, le réalisme scientifique, proche d'Aristote en ce qu'il proscrit les universaux non instanciés dans des particuliers, séparés du monde des choses particulières, scientifique en ce qu'il revendique la soumission de la métaphysique au physicalisme. David Armstrong, dont les récents travaux furent présentés au Collège de France en 2001, est le chef de file d'une formidable école australienne de métaphysique qui a contribué à combler le fossé entre pensée scientifique et pensée philosophique [1]. Soulignons que Armstrong s'inscrit dans la lignée du matérialisme australien de J.-J. Smart, ce qui suffit à prouver dans les faits la possibilité, par son existence même, d'une métaphysique matérialiste.

La logique modale a toujours joué un rôle central dans notre discipline, ne serait-ce qu'à cause de l'analyse du nécessaire et du fondement ontologique de la nécessité. Aristote échoua certes à construire une syllogistique modale, mais ses écrits témoignent de l'intérêt constant qu'il porta à ce projet, même si sa conception du possible et du nécessaire était telle que ce projet devait nécessairement rester inchoatif. Les philosophes médiévaux développèrent remarquablement l'outil logique à propos des modalités et Duns

---

1. Sur la métaphysique australienne : Monnoyer (2005). Sur Armstrong, pour le réalisme scientifique : Armstrong (1978); contre le réalisme scientifique : les ouvrages de B. Van Frassen.

Scot le premier des grands auteurs à dégager un sens authentique du possible pur, c'est-à-dire ne se réalisant pas, introduisit une vision de la modalité qui n'est plus diachronique, le possible se confondant avec une potentialité appelée à se réaliser, mais synchronique, ceci à partir d'une analyse de la délibération[1] et de la création humaine ou divine. Distinguant la métaphysique en soi et la métaphysique pour nous, pour notre intellect pérégrin, notre nature déchue, il fit une place au possible et au nécessaire dans la métaphysique en soi, plaçant les essences et les mondes dans l'entendement divin, anticipant sur ce point Leibniz. On sait, ne serait-ce que par la lecture de son chef d'œuvre, *La Théodicée*, que ce dernier fut un métaphysicien des mondes possibles, qu'il s'efforça de penser la fine pointe de l'actualité et de défendre contre toute vraisemblance l'optimisme métaphysique sur des bases modales, mais que, comme Aristote, pour des raisons différentes, il échoua à bâtir un des projets de toute sa vie, une logique modale, qui eut réduit la théodicée à un calcul[2].

Cette discipline dut attendre deux siècles pour passer à l'existence et profita d'ailleurs des efforts du bibliothécaire royal. On comprend dès lors que la découverte par C.I. Lewis de toute une série de calculs modaux consistants, puis celle par Kripke d'une sémantique pour la logique modale, suivie d'une preuve de complétude, parallèlement à la construction d'une véritable ontologie modale par D. Lewis, aient eu un impact absolument décisif sur le réveil d'une métaphysique quelque peu anesthésiée par l'empirisme et le positivisme logiques, ceci malgré les efforts héroïques de grands métaphysiciens, qui avaient maintenu la flamme métaphysique lors de la relative domination du positivisme logique[3]

---

1. *Cf.* Nef (2005), chap. XIII, p. 314-379.

2. Sur les modalités leibniziennes : F. Mondadori, « Reference, Modality and Essentialism in Leibniz's Metaphysics », *Studia Leibniziana*, 5, 1973, p. 173-188. Sur la logique modale : D. Gabbay et F. Guenthner *Handbook of Philosophical Logic* II, Dordrecht, Kluwer, 1984. Sur D. Lewis : Noolan (2006).

3. G. Bergman écrivit à ce sujet un livre remarquable, dont la lecture est encore instructive : *The Metaphysics of Logical Positivism*, repris dans *Œuvres*, 2 vol., Francfort, Ontos Verlag, 2003.

– tels ceux de l'École de l'Iowa, G. Bergman au premier plan, ou D.C. Williams, prédécesseur de W.V. Quine à Harvard, le fondateur du particularisme métaphysique contemporain. David Lewis est incontestablement le métaphysicien le plus systématique et le plus profond parmi les très nombreux philosophes qui explorèrent ce nouvel Eldorado. Il développa, à partir de prémisses matérialistes, ce qui le distingue des scotistes et des leibnizo-wolffiens, une pensée qui elle aussi se veut réaliste [1], affirmant l'existence pleine et entière du possible, pensée dont il explora les plus lointaines ramifications dans pratiquement tous les domaines de la philosophie, au premier chef en logique, philosophie des mathématiques et en philosophie de l'esprit.

L'aristotélisme n'a pas été éradiqué en Angleterre, comme il le fut de manière durable en France par le cartésianisme et le kantisme; il n'a pas eu à y renaître comme il le fit en Autriche, des mains d'un Bolzano et d'un Brentano. Un penseur comme Strawson a pu à la fois jouer un rôle de premier plan dans la philosophie du langage ordinaire et ne rien renier de son aristotélisme foncier, que même l'étude de Kant ne parvint pas à éroder. Strawson défendit un type de métaphysique qui fit long feu en tant que programme systématique, la métaphysique descriptive [2], mais

---

1. Le texte de Plantinga, *infra*, contient une remise en cause très argumentée du caractère réaliste de la philosophie modale de D. Lewis. La question reste ouverte. Personnellement je pense que Lewis est un réaliste qui a fait pour le possible, ce que Meinong fit pour le non-existant: un acte de décolonisation à l'égard de l'existant actuel. Le « tout existe » du réalisme modal est en un certain sens un réalisme indexical, posant que chaque possible étant actuel de son point de vue, il n'y a pas de possible non-existant et donc que la structure même modale du monde est objective, ne dépend pas de notre appréhension du possible et du nécessaire. C'est peut-être l'indexicalité relative qui fait défaut dans la critique de Plantinga, mais encore une fois le débat n'est pas clos.

2. La métaphysique descriptive s'oppose à la métaphysique révisionniste qui fixe d'un point de vue normatif la nature de la connaissance métaphysique correcte et n'hésite donc pas à contrarier les schèmes conceptuels issus du langage et de la perception, nos modes de préhension de la réalité. Ces schèmes conceptuels contredisent les canons de la connaissance scientifique; un certain type de réalisme scienti-

qui influença durablement la métaphysique analytique. À côté de Strawson, se développèrent des œuvres encore plus profondément fidèles à Aristote, parmi lesquelles se distingue celle de Roderick Chisholm, l'éditeur de Meinong, qui construisit, au long d'une carrière exceptionnellement longue et fructueuse, une métaphysique intentionnelle de la perception et de la première personne. Il est donc clair que cet héritage aristotélicien est un des facteurs qui explique le renouvellement de la métaphysique à l'époque contemporaine [1].

Comment se fait-il qu'en France la réception de la métaphysique analytique ait été longtemps tant limitée ? Invoquer des traditions culturelles et historiques, que j'ai analysées ailleurs (Nef (2005)), même s'il ne faut jamais en sous-estimer l'importance, ne suffit pas. Les véritables raisons, les plus intéressantes pour notre propos, sont philosophiques. Je vois au moins deux raisons principales à première vue : le poids du refus de la logique et la conception discontinuiste de l'histoire intellectuelle. Le refus de la logique ne date pas de Poincaré et de Bergson ; son histoire reste à faire, mais il est évident que par exemple Descartes, la réception de Kant [2] et le positivisme de Comte qui joua classiquement les mathématiques contre la logique, y ont joué un rôle capital. Ce refus s'appuie sur une croyance, souvent mal informée de la logique contemporaine, en la supériorité philosophique de la géométrie ou, autre variante, va jusqu'à identifier théorie des ensembles et ontologie.

fique, au sens large, recommande de respecter la valeur normative de la connaissance scientifique. En se privant volontairement de ce cadre normatif, la métaphysique normative peine à dépasser un impressionnisme subjectiviste.

1. La lecture moderne d'Aristote : F. Lewis *Substance and Predication in Aristotle*, Cambridge, Cambridge UP, 1991. Aristotélisme anglais : Wiggins (2001), Lowe (2006), Strawson (1985).

2. Il faut ici parler du Kant français, du Kant que la France se forgea, et non de Kant lui-même, car la lecture de ses différentes logiques persuade de son intérêt pour cette science, même s'il est très en deçà des leibnizien-wolffiens, tels Plouquet ou Lambert, en ce domaine.

On ne peut ici discuter ce point, qui demanderait que l'on rappelle les thèses de Comte et Poincaré ; il suffit d'attirer l'attention sur une des raisons de la sous-évaluation par exemple des logiques modales, réduites parfois à de simples formalismes techniques, coupant totalement les logiques de leurs implications ontologiques, au profit d'une exagération de leur neutralité philosophique. L'importance de la conception discontinuiste de l'histoire intellectuelle doit être soulignée. On ne peut rechercher ici les sources de cette conception [1] ; il suffit d'en montrer les conséquences.

Deux conceptions en effet de la métaphysique se heurtent à cet égard. La première insiste sur le fait qu'un ensemble de questions (la nature de la substance, la relation entre l'essence et l'existence…) de techniques argumentatives (abstraction, analogie…), mais aussi de lieux textuels (la thèse des multiples sens de l'être, l'indifférence de l'essence) ne cessent de constituer un trésor commun pour cette discipline ; elle considère que la question essentielle de la métaphysique, celle de la nature et de la structure d'une réalité profonde du monde ne cesse d'orienter les recherches de Platon à David Lewis.

La seconde considère que la question de l'être est la question qui définit la métaphysique et que cette question prend des formes essentiellement différentes dans l'antiquité, le moyen âge ou les temps modernes. Dans cette conception, la métaphysique est plus ou moins identique à une structure ontologique (prédominance de la question de l'être), théologique (identification de Dieu de l'être) et logique (confusion de la rationalité et de la logique) – structure

1. L'épistémologie néo-bachelardienne, ce que l'on appelle « l'épistémologie française » (en faisant bon marché de E. Meyerson), c'est-à-dire l'épistémologie historique à la Canguilhem, a joué et joue encore un rôle dans ce discontinuisme. Mais il a des racines plus profondes. La France est probablement le seul pays philosophique qui a longtemps présenté son histoire intellectuelle sur le mode d'une révolution radicale, d'une rupture avec le passé – la rupture cartésienne, instituant la langue française en langue philosophique, que les Lumières revendiquèrent pour en léguer le modèle à la Révolution de 1789. L'absence d'Université, de tradition académique y est aussi pour quelque chose.

nommée « ontothéologie » par Heidegger et ses successeurs. Il ne s'agit pas ici de discuter de la pertinence de cette analyse, qui a pu s'avérer un outil puissant d'analyse des textes, de diminuer les mérites de travaux de détail ou de synthèses historiques de grande ampleur. Il s'agit simplement de remarquer que cette conception n'a souvent fait qu'entériner la croyance dans le caractère obligatoirement historique du travail en métaphysique. La notion de structure ontologique se déplace des choses elles-mêmes à la métaphysique : on peut même peut-être parler ici d'une véritable tendance méta-ontologique. De ce point de vue, il importe donc de souligner le caractère absolument non historique des textes présentés ici. Aucun d'entre eux en effet n'expose ou ne discute des thèses antérieures des grands classiques de la métaphysique. Les textes inédits de J. Dokic et J. Lowe proposés ici ne retracent pas par exemple des doctrines, mais exposent des problèmes et des solutions ou des amorces de solutions.

Revenons à cette question fondamentale : en quel sens la métaphysique analytique est-elle une métaphysique [1] ? Je défendrai l'idée que la métaphysique analytique est une métaphysique de plein exercice, en faisant une concession nécessaire et utile à la conception historisante de la métaphysique, c'est-à-dire en recourant à une considération historique. Il est indubitable que la métaphysique a traversé des phases qualitativement différentes. Une exégèse d'un mythe chez tel platonicien ou tel néo-platonicien n'appartient pas au même univers qu'un commentaire d'Aristote par un médiéval, de même qu'un fragment de preuve par l'infini

---

1. On pourrait poser à bon droit la question converse : « En quel sens la métaphysique est-elle analytique ? ». Il serait surprenant de constater qu'un style analytique traverse la métaphysique, d'Aristote, aux médiévaux et à Leibniz, si on entend par un tel style : a) l'amour du style dépouillé, b) l'usage des arguments, c) l'usage des textes antérieurs à des fins d'élucidation (et non pour dégager un sens supposé indépendant de l'usage qu'on veut en faire pour discuter de questions théoriques), d) l'usage de techniques auxiliaires comme la logique. De ce style se distingue un autre, qui place une connaissance métaphysique spécifique au-dessus des arguments (et même des concepts) – par exemple l'intuition bergsonienne.

dans une *Méditation Métaphysique* de Descartes n'appartient pas au même univers qu'une suite d'enchaînements dialectiques de la *Logique* de Hegel. Ces différences renvoient effectivement à des conceptions qui peuvent apparaître essentiellement différentes de cette discipline, à des mutations internes de sa définition conceptuelle. On peut même concéder que l'objet étudié par la métaphysique diffère d'une phase à l'autre, comme il est clair pour le Premier Moteur ou le Principe d'Individuation.

Ce qu'on ne peut admettre c'est que l'objet le plus général lui-même qui est commun à tous ces objets – l'être – ait connu une histoire propre, que la métaphysique soit essentiellement l'histoire de l'être et que cette histoire, supposée authentique, déploie une structure essentielle de l'objet. Si un historien retrace l'histoire de la royauté en France, il peut supposer qu'il y ait à côté de son historiographie, l'histoire même de la royauté, l'*historia rerum* qu'il entend précisément retracer. Mais il s'agit dans la conception étroite de la métaphysique d'une thèse plus forte, celle qui stipule que l'objet même de l'histoire (l'être en l'occurrence) fabrique, modèle, façonne (on n'ose dire « formate ») l'enquête, qui devient une phase de cette histoire, de manière circulaire. C'est cette conception mystique de l'histoire qui permet arbitrairement de décider qu'une histoire s'achève et par conséquent que quelque chose tombe en dehors de cette histoire. Si effectivement on peut et on doit revenir à une conception plus modeste et rationnelle de l'histoire, alors les choses se présentent différemment.

La dernière guise de la métaphysique, sa guise analytique s'inscrit effectivement dans une histoire de cette science, dans la mesure où la métaphysique analytique ne présente pas plus de différence avec d'autres phases que d'autres phases entre elles : la distance conceptuelle entre Lewis et Leibniz est beaucoup plus petite que celle entre Parménide et Scot Érigène. Par exemple la thèse leibnizienne de l'indexicalité (celle-ci étant pour lui attribuée seulement au monde qui est le nôtre) est parfaitement comparable avec la thèse lewisienne qui affirme la relativité de l'indexicalité, chaque monde étant actuel pour lui-même. On peut donc substituer à une histoire des paradigmes et des styles textuels posés comme typiques et incomparables, une histoire fondée sur la comparabilité des paradigmes. Cette substitution n'est pas un acte arbitraire de l'esprit, mais la prise en compte de la circulation même des arguments et des méthodes, que j'entends privilégier relativement à la simple transmission des textes.

Michel Foucault a influencé la conception de l'histoire dite des archives, dans laquelle il y a une autonomisation du flux de l'écrit par rapport aux intentions des auteurs qui peuvent ne pas exister. Il me semble que cette conception s'applique à des institutions comme le droit des gens, le droit administratif, la discipline scolaire ou militaire, c'est-à-dire aux régimes discursifs qui fixent des normes pour des pratiques, mieux qu'aux disciplines qui comme la métaphysique ne contiennent pas dans leur archive les normes de leurs pratiques, sans lesquelles elles sont néanmoins incompréhensibles. La métaphysique n'est, du moins en Occident, pas une institution (comme la théologie par exemple). Il ne s'agit pas à l'inverse de faire de la métaphysique une simple pratique, un exercice spirituel (*pace* Pierre Hadot), mais de douter de la pertinence d'une approche purement textualiste de l'histoire de la métaphysique[1].

La réponse à la question «La métaphysique analytique est-elle une métaphysique?» est donc affirmative. On peut déplorer, regretter l'aspect formel, quelquefois technique de cette époque de la métaphysique; on peut certes chérir et regretter le style littéraire d'un Platon, mais ce sont là des jugements implicites non sur la métaphysique, mais sur notre époque, qui est une époque dominée par la technique et la science, qu'on s'en félicite ou non. Les mathématiques (géométries non-euclidiennes, la théorie des

---

1. Sur la métaphysique et la logique en France: P. Engel «La philosophie des modalités en France au XIXe siècle», dans Knuutila (éd.), *Modern Modalities*, Dodrecht, Kluwer, 1988. Sur l'hypothèse ontothéologique: un résumé critique dans Nef (2004), p. 193-231, voir aussi les monographies de J.-F. Courtine (sur Suarez), O. Boulnois (sur Duns Scot), J.-C. Bardout (sur Malebranche), V. Carraud (sur la *causa sive ratio*).

ensembles…), la physique (mécanique quantique, théorie de la relativité…), la logique mathématique (logique des prédicats, logiques intensionnelles…) constituent une nouvelle *mathesis* qui réclame une nouvelle métaphysique, comme des esprits aussi différents que Cassirer[1] et Russell l'ont constaté dès le tout début du XXe siècle. La science pense et si elle pense différemment, on ne peut négliger le lien qui s'institue entre la science et le monde moderne, lien qu'il serait superficiel de réduire un peu rapidement aux catastrophes alimentaires ou à la création d'armes intelligentes[2].

Whitehead est probablement le métaphysicien logicien et mathématicien qui a su développer une métaphysique spéculative, proche de l'esprit classique, en relation avec les techniques formelles les plus nouvelles, comme par exemple la méréologie des événements. Il est remarquable pour notre propos que Whitehead se soit efforcé de ressaisir les bases spirituelles de notre société à partir de l'idéal scientifique[3], au lieu, comme Husserl, de déplorer le manque prétendu de réflexivité de la science. Sa critique visa juste quand elle s'en prit, au moins indirectement, au manque relatif de développement de la métaphysique dans l'entre-deux guerres, conduisant à un affaiblissement de l'idéal spirituel de l'humanité européenne, traditionnellement fondé sur les valeurs de connaissance désintéressée, de théorie pure – mais le dénigrement de la science qui a pu accompagner la reprise de cette critique repose sur une méconnaissance de la pensée scientifique qui a accompagné l'émergence des formalismes et des expériences, en dehors même du fait que ce dénigrement allant dans le sens de la paresse mentale,

---

1. Je pense ici à son livre de 1910, *Substance et Fonction* (*Substanz und Funktion*), dans lequel Cassirer évalue les conséquences métaphysiques de la science moderne.

2. Sur la discussion métaphysique ou ontologique de la science au XXe siècle : Ellis (2001); M. Esfeld, *Philosophie des Sciences. Une introduction*, Lausanne, Presses polytechniques et universitaires romandes, 2006, p. 209-249; Bird (2007).

3. Whitehead écrivit dans les années trente sur ce sujet *La Science et le Monde Moderne* (Monaco, Éditions du Rocher, 1994), livre qui garde toute sa valeur.

il était promis, sous sa forme simplifiée et caricaturale à une grande popularité auprès du journalisme philosophique et donc pouvait accéder à la dignité compassée du lieu commun.

Il reste une dernière objection à l'encontre du caractère métaphysique des textes qui sont proposés ici en traduction, qui consiste à soutenir que si la distinction de l'intelligible et du sensible est constitutive de la métaphysique, alors la métaphysique analytique ne serait pas une métaphysique, car elle ignore ou ignorerait cette scission constitutive.

La réponse à cette objection peut être brève. Cette distinction, ou scission provient de la métaphysique platonicienne telle qu'elle a été consolidée par certaines doctrines médiévales, comme l'exemplarisme. C'est Nietzsche qui identifiant métaphysique et platonisme et rejetant violemment à la fois la christianisation du platonisme et la platonisation du christianisme a accrédité cette idée que la métaphysique est la promotion de l'intelligible, avec comme revers la dévalorisation du sensible.

Nietzsche n'a peut-être pas assimilé la redécouverte d'Aristote par Brentano, Trendelenburg etc.[1]. L'eut-il fait, alors il se serait aperçu qu'Aristote dans sa critique des universaux non instanciés, dans sa recherche constante de la structure métaphysique des particuliers concrets, sa fascination pour la vie biologique ou politique (et pas seulement contemplative ou divine) avait donné à la métaphysique une impulsion empiriste, analytique et descriptive dont elle ne serait plus jamais privée. Loin d'être une dévalorisation du sensible, la métaphysique recherche son intelligibilité, l'élucida-

1. La réception d'Aristote connut schématiquement trois phases : l'établissement des textes accompagné de commentaires exégétiques à l'époque alexandrine (le corpus des commentateurs grecs traduits sous la direction de Sorabji à Londres, une cinquantaine de volumes parus), le commentaire extensif, plus ou moins accommodant (au sens technique) des Arabes et des Latins pour en faire une pièce de la métaphysique théiste (il n'est pas sûr qu'Aristote le fut) et enfin la réédition des œuvres, au crible des méthodes philologiques (Trendelendburg, Bonitz), parallèle à la redécouverte de la philosophie du Stagyrite recouverte en partie sous les couches de commentaires antérieurs.

tion de la rationalité du réel matériel. La division conceptuelle pertinente qui s'est substituée à celle de l'intelligible est celle de l'abstrait et du concret[1]. En elle survit le meilleur, le non-religieux, de l'interrogation platonicienne sur l'intelligible. La réponse est donc que la métaphysique analytique d'une part participe à cette reprise de la question par le biais de l'abstraction et que d'autre part, la caractérisation de la métaphysique que cette objection présuppose est contestable.

De quoi s'occupe cette métaphysique et que peut-elle apporter au philosophe, au savant et au curieux ? Dans le choix de textes proposés, de langue anglaise ou américaine[2], une grande partie de la métaphysique n'est pas représentée[3], celle qui traditionnellement ressort de la psychologie et de la cosmologie rationnelles[4], de la théologie naturelle, dans la classification wolffienne. En gros les textes proposés appartiennent au noyau de la métaphysique, l'ontologie définie à l'origine de cette discipline au XVIIe siècle comme

1. Sur l'abstrait et le concret : K. Fine, *A Theory of Abstraction*, Oxford, Oxford UP, 2005.

2. L'absence de textes en langue allemande dans cette anthologie s'explique ainsi. Il existe au XXe siècle bien évidemment de grands métaphysiciens en langue allemande (par exemple Roman Ingarden ou Nicolaï Hartmann), non traduits en majeure partie, mais il faut bien constater que cette métaphysique n'a pas eu de postérité pour des raisons évidentes. Paradoxalement il reste donc un important travail de lecture à opérer de ces auteurs, pour les replacer dans le contexte de la métaphysique contemporaine. C'est une lacune de notre travail dont il faut être conscient, bien qu'elle s'explique par notre désir d'introduire à une tradition intellectuelle actuellement vivante, ce qui est le cas de la métaphysique analytique, et non seulement à des classiques.

3. Ne sont pas représentés non plus les recherches métaphysiques sur le statut des œuvres d'art et la métaphysique de la théologie naturelle. On pourra se reporter à R. Pouivet, *L'ontologie de l'œuvre d'art*, Nîmes, J. Chambon, 1999, pour les premières, et aux travaux de R. Swinburne pour les secondes.

4. Dans le texte de D.C. Williams traduit ci-dessous, on remarquera que cet auteur utilise cette expression de « cosmologie rationnelle », avec la variante de « cosmologie spéculative ». Toute une partie de la cosmologie scientifique est à la frontière de la physique et de la métaphysique, par exemple ce qui concerne la nature du vide physique ou la portée du principe anthropique.

« la science de l'être en tant qu'être » (et pas en tant que vivant ou mû ou pensant).

L'ontologie définie ainsi s'identifie à peu près à la philosophie première aristotélicienne. Cette philosophie première ou science des premiers principes et des premières causes se distingue des sciences des principes et des causes seconds propres aux sciences particulières. La définition aristotélicienne de l'ontologie comme science de l'être en tant qu'être ne tient que si est maintenu l'univers hiérarchique des principes et des causes seconds et premiers. Bref, cette définition est solidaire d'une théologie (comme on le voit, sous un autre angle et surtout pour d'autres motifs dans l'hypothèse ontothéologique). Si cette théologie s'effondre, sous le coup de la science physique avec Galilée et Newton, où il devient insensé de parler de première cause en confondant la première cause de l'être et la première cause du mouvement (la question théologique de la création restant réservée), alors cette définition est vidée de son contenu (ou elle a un sens radicalement différent).

La définition post-théologique de l'ontologie nous semble elle aussi pouvoir reprendre son point de départ chez Aristote : l'ontologie est la science des catégories ultimes de la prédication et celle de l'analyse de la structure métaphysique des particuliers concrets. On comprend dès lors comment l'aristotélisme, loin de représenter une aporie fondatrice, un échec de la science de l'être, fournit la possibilité même de dépasser la définition de l'ontologie comme science de l'être abstrait de ses déterminations régionales. Il ne s'agit cependant pas de répéter l'aristotélisme, de simplement accomplir son programme car celui-ci renferme une véritable aporie, celle de l'universel et du particulier[1] : la science vise l'universel, tandis que dans l'ontologie, la catégorie fondamentale est celle du particulier, puisque la substance, qu'elle soit matérielle ou spirituelle (le Premier Moteur) est individuelle. Si l'ontologie est

---

1. Sur le particulier et l'universel : Armstrong (1989), Loux (1978), Lowe (2006), Mertz (1995). Sur la forme catégorielle de la métaphysique : Chisholm (1996), Lowe (2006).

une science, elle se trouve alors déchirée. Cette aporie du particulier explique la profondeur du débat contemporain sur le particularisme ontologique, qui consiste à mettre au premier plan cette caractéristique saillante de ce qui existe : ce qui existe est particulier, dans la mesure où malgré les ressemblances, les existants concrets diffèrent qualitativement, ne serait-ce que par leur inscription dans l'espace et le temps ou le caractère individuel de leur potentiel causal.

Le particularisme n'a pas attendu D.C. Williams pour exister. On peut soutenir que Platon en un certain sens était déjà un particulariste[1] et que d'autres métaphysiciens ont exploré cette voie, notamment Duns Scot, penseur de l'haeccéité et Leibniz, quand il insiste sur le rôle du principe des indiscernables (deux existants distincts diffèrent nécessairement par leurs propriétés). La métaphysique tropiste a développé des formes de particularisme, dont certaines radicales – les universaux étant obtenus par un mécanisme empiriste de comparaison – certaines modérées – quelques auteurs, comme C.B. Martin ou ici même P. Simons, ayant soutenu que l'on peut combiner dans la même ontologie un élément d'universalité, la substance, et les tropes[2].

---

1. Cette assertion demanderait à être développée et justifiée. Il suffit de remarquer que la critique platonicienne du mobilisme et du relativisme ontologiques l'a conduit à prendre absolument au sérieux la branche de l'alternative métaphysique qui est identique au particularisme, même s'il s'efforça de la réduire par sa théorie des Formes et de la participation. Mais d'une part la participation laisse un espace à la particularité (plus que l'instanciation aristotélicienne des universaux dans les particuliers) et d'autre part Platon se montra sensible aux apories de la théorie des Formes jusqu'à aller dans sa mise en cause à mesurer rigoureusement les conséquences des hypothèses de type particulariste. La conception platonicienne des objets mathématiques dérivés des formes idéales fait qu'il pourrait y avoir une ontologie du double standard : particulariste pour la sensation du monde apparent, universaliste pour les solides idéaux et les Idées. Cela dit, probablement Platon admettait aussi une sorte de particularisme des objets idéaux.

2. Sur les tropes : Bacon (1995), Campbell (1991), Denkel (1996), Loux (1998), Martin (2004), Nef (2006); historique : Mertz (1995); épistémologie et particularisme : Lewis (1986).

Le débat sur la non indispensabilité des universaux a un aspect épistémologique à côté de son aspect principal, ontologique. L'épistémologie est directement concernée au moins à un double point de vue : celui de l'existence et du statut des lois de la nature et celui de la perception des relations et propriétés (cf. *infra* le texte de J. Dokic, qui défend une certaine neutralité). D. Armstrong a par exemple soutenu que les lois scientifiques sont des relations entre universaux, tandis que certains tropistes ont vu dans le particularisme une ontologie adéquate pour la physique moderne. La perception, elle, est concernée par le particularisme, car il semble à la fois que nous sentons et peut-être même percevons des choses particulières – je perçois cette pomme et non l'universel « pomme » – et que le jugement perceptif fait usage nécessairement d'universaux – j'affirme « cette pomme est rouge » et non « cette pomme est ce rouge » (« est » d'identité).

Ce débat renforce donc le lien étroit entre épistémologie et ontologie, et pose directement la question du réalisme[1], dans la mesure où mettre l'ontologie en position première donne une impulsion au réalisme, tandis que l'inverse produit une tendance forte à l'antiréalisme. Encore une fois l'aristotélisme présente des options pour la réflexion contemporaine, puisqu'il est identifié à la dépendance de la philosophie de la connaissance à l'égard de la

1. Le terme « réalisme » a été redéfini par Dummett dans un sens anti-vérifica-tionniste, sur une base sémantique – être réaliste c'est déclarer l'attribution de valeurs de vérité indépendante du processus de vérification. De ce réalisme logique ou sémantique se distingue un réalisme métaphysique, qui peut désigner deux choses : soit le réalisme des universaux, supposant l'existence d'Universaux ou bien séparés ou bien non séparés, soit le réalisme proprement dit, que l'on traduit généralement sous la forme d'une Thèse d'Indépendance, la structure métaphysique n'étant pas la projection de notre appareil de connaissance, jouissant d'une véritable indépendance, comme la structure physique d'ailleurs (ce réalisme s'oppose alors à l'anti-réalisme kantien pour lequel il n'y a de connaissance que des phénomènes, comme aux formes pragmatistes d'anti-réalisme pour lesquelles le réalisme suppose un affranchissement impossible du contexte, la promotion fantastique d'un point-de-vue-de-nulle-part). Cf. *Réalisme et Anti-Réalisme en Métaphysique*, M. Rebuschi et R. Pouivet (éd.), *Philosophiae Scientiæ*, Paris, Kimé, 2008.

philosophie première, *i.e.* l'ontologie, dépendance qui est traditionnellement identifiée à sa forme de réalisme. Notons qu'en cela
Aristote est bien, comme il le dit parfois, un platonicien. Le platonisme diffère quant au statut des objets abstraits (Formes, Idées).
La thèse aristotélicienne est celle de la dépendance des objets
abstraits à l'égard des objets concrets, l'instanciation des universaux *dans* les particuliers remplaçant la participation des concrets
aux abstraits. On peut voir là un défaut dans la cuirasse de l'aristotélisme, les objets mathématiques résistant à la soumission à ce
principe de dépendance. De ce point de vue, la philosophie des
mathématiques occupe toujours une place centrale dans la métaphysique et on voit le rôle que peut occuper cette discipline dans le
maintien d'une architectonique du savoir, via la comparaison des
paradigmes et des options fondamentales.

Le contructionnisme radical, le pragmatisme extrême, se
réclamant tous les deux de Wittgenstein[1], ne peuvent remplir cette
tâche et promeuvent l'idée fausse d'une rupture d'avec la métaphysique traditionnelle, ce qui en un certain sens est beaucoup plus
dommageable que la mise en perspective heideggérienne, qui pose
au moins la question d'une ontologie fondamentale, au lieu de la
dissoudre dans la relativité des contextes, surtout quand ils rompent
les amarres avec toute forme de mathesis et fort logiquement
rejettent l'idée même de théorie, fermant par là radicalement toute
possibilité d'ontologie et donc de métaphysique.

On voit donc se dégager la physionomie de l'interrogation
métaphysique sous la forme qui est la nôtre, pour le meilleur et pour
le pire, puisque les noces avec notre temps ne sont pas de celles qui
peuvent être impunément rompues. On voit aussi en filigrane les

---

1. J'attire l'attention sur une attitude qui se réclame de Wittgenstein, sans
l'attribuer à cet auteur qui probablement ne l'aurait pas partagé, comme l'ont
montré les travaux de J. Bouveresse et de V. Descombes, tous deux défenseurs du
réalisme, le second héritier de P. Geach et E. Anscombe, tous deux aristotéliciens *et*
wittgensteiniens.

différentes options qui s'offrent à cette interrogation, les chemins frayés et institués comme des problématiques familières.

La métaphysique est inséparable de l'épistémologie, car la question des universaux est à la fois celle de leur existence, de leur statut, et celle de leur connaissance, dans les lois et les théories, et en même temps cette inséparabilité ne veut pas dire identité, ni même dépendance de la métaphysique, car la question même du statut ontologique des universaux ne peut recevoir de réponse seulement de l'épistémologie. Même si l'expression de « décision » est dangereuse en métaphysique, comme ailleurs en philosophie, en laissant penser qu'elle aussi relèverait du décisionnisme, que nous avons appris à critiquer en politique, par le danger de réduire la rationalité politique à un simple rapport de forces, elle contient un grain de vérité, car il est avéré que la métaphysique prend la forme d'une décision primordiale et radicale avant même que les normes de la connaissance scientifique soient dégagées.

Cela ne signifie pas que la métaphysique n'obéit à aucune norme de connaissance ou qu'elle développe un type de connaissance *sui generis* qui posséderait ses propres normes, supérieures aux normes de la connaissance scientifique, alors identifiée à une connaissance limitée, vulgaire et discursive[1]. La métaphysique analytique peut défendre des doctrines différentes, idéalistes ou matérialistes, sceptiques ou dogmatiques, particularistes ou universalistes, mais aucun de ses acteurs ne revendique apparemment un type de connaissance qui lui soit propre, et distincte de la connaissance commune d'un côté et de la connaissance scientifique de l'autre, comme l'a pu être l'intuition métaphysique, supposée être le germe structural précédant le déploiement des systèmes.

Si l'on simplifie, on peut classer les métaphysiciens analytiques en deux camps, ceux qui, comme Strawson revendiquent la proximité avec la connaissance commune, et ceux qui, comme Armstrong ou Lewis, proclament que la métaphysique est bien une

---

1. Sur la connaissance métaphysique : Jackson (1998), Lowe (1998).

science et donc que la méthodologie scientifique est parfaitement suffisante. Mais il n'existe pas un troisième camp composé de ceux pour lesquels il existerait une connaissance métaphysique spécifique, obéissant à l'intuition ou à la tradition (*traditio traditionis*) et qui par définition rejetteraient l'analyse et le découpage conceptuel.

Un autre trait de cette physionomie de la métaphysique analytique et contemporaine est le lien qui existe entre l'interrogation sur les particuliers et l'enquête sur la structure de l'existant concret. La physique mathématique contemporaine dégage la structure atomique et subatomique des systèmes physiques, posant à la fois des particules et des forces, de différents types, pour les tenir ensemble, dans des atomes, des molécules, ou à plus grande échelle dans des corps physiques, voire des systèmes de corps physiques, nébuleuses, amas, univers, voire multivers.

La métaphysique ne peut identifier la structure métaphysique des existants concrets à leur structure physique, mais la démarche structuraliste dans la science, la pensée scientifique d'une part et la métaphysique d'autre part, possède une unité intellectuelle [1]. Métaphysique, cela veut dire au-delà du physique; cela ne veut pas dire à côté du physique (même si cet à côté est mathématique). Cette structure métaphysique pour les particularistes est composée de tropes, c'est-à-dire de particuliers abstraits.

Une double question se pose donc : Quel est le lien qui existe entre ces tropes, pour que ces agglomérations (*congeries*, disait

1. Sur le structuralisme métaphysique : Puntel (2006); Nef (2004). Ce structuralisme est peut-être d'avantage dans les sciences humaines que dans les sciences exactes – en phonologie (Troutsbetzkoy, Beaudoin de Courtenay), anthropologie (Levi-Strauss). Nous pensons ici au structuralisme mathématique (Bourbaki), au structuralisme en philosophie des sciences (Sneed). L. Puntel a souligné le structuralisme holistique de Quine (Puntel (2006), p. 336-343). Le structuralisme métaphysique consiste à soutenir que cette science a pour objet non l'être, ou même l'objet en général, mais des structures, comme les états de choses (*Sachverhalten, states of affairs*) ou les mondes possibles, dans la mesure où des objets pris isolément ne pourraient fournir une unité systématique.

Berkeley) constituent une unité (à moins de concevoir que l'unité serait une illusion de bas niveau) ? Peut-on se passer de la substance pour distinguer entre des caractéristiques, ou des traits transitoires qui peuvent être exprimés par des tropes qui peuvent être momentanés, relationnels, accidentels et d'autres qui sont essentiels, assurent l'identité des particuliers, d'autres qui peuvent être relatifs à la présence d'un élément substantiel ? Comment tenir à la fois les deux bouts de la chaîne : celui de la singularité intrinsèque de l'existant et celui de son identité à travers le temps, de son appartenance à une nature, à des espèces et des genres, de sa soumission à des lois ?

Un dernier trait concerne l'essentialisme assumé assez généreusement par la métaphysique analytique récente[1]. On sait que W. V. Quine, qui énonça des thèses fortes sur la relativité de l'ontologie ; qui empêcha par là les ontologies d'être des décalques des théories scientifiques et l'inscrutabilité de la référence ; qui bloqua ainsi toute possibilité d'obtenir une métaphysique par une projec-tion de la sémantique – a condamné sans appel l'essentialisme aristotélicien défini comme la distinction entre des propriétés accidentelles et des propriétés essentielles.

Le rejet de la logique modale et donc de toute la métaphysique qui en découla, maintenant Quine à l'écart d'un mouvement qu'il avait porté sur les fonts baptismaux avec le critère d'engagement ontologique[2], avait même été une conséquence de cette critique féroce de l'essentialisme. Dans un premier temps, la multiplication des paradoxes de l'identité à travers les mondes possibles ou le

1. Sur le concept d'essence : Plantinga (1974, 2003) ; l'essentialisme scientifique : Ellis (2001), Bird (2007) ; la logique de l'essence les travaux récents de Fine ; le dispositionnalisme : Mumford (1998), Molnar (2004), Bird (2007).

2. J'ai soutenu dans Nef (2006), p. 289 *sq.* que D. Lewis n'avait fait qu'appliquer le critère d'engagement ontologique de Quine pour, dans *Counterfactuals* (1972), s'engager à l'existence de mondes possibles. Pour la petite histoire, on peut noter que D. Lewis fut le doctorant de Quine (il écrivit sous sa direction ce qui devait devenir son premier livre, *Conventions* (1969). Lewis n'est pas un métaphysicien échevelé, c'est un quinien conséquent (d'où les critiques pertinentes de Plantinga).

temps avait semblé donner raison au maître de Harvard. Cependant une conception modeste des essences individuelles se fit jour et redonna au concept d'essence, tout comme à celui de propriété, son cousin, une réputation plus correcte. C'est en partie le retour des propriétés dispositionnelles qui marqua le retour en grâce des essences[1], bientôt suivies des puissances et des natures (Bird (2007)). La métaphysique humienne, issue de la mécanique newtonienne avait été caractérisée par le refus de toutes ces entités métaphysiques, mais elle s'avérera incapable de rendre compte de la nécessité des lois et des connexions réelles dans le temps et la causalité. David Lewis maintint ce type de métaphysique, avec la thèse du caractère non nécessaire des lois scientifiques, cohérent avec le réalisme des mondes possibles, mais l'essentialisme scientifique marqua des points décisifs, tant au plan de la science elle-même (Ellis (2001)) que de la logique de l'essence développée par Kit Fine qui acheva de démontrer l'innocuité de cette notion.

Ce volume se divise en quatre parties.

SUBSTANCES, PARTICULIERS ET ESSENCES. Le texte de D.C. Williams introduit les tropes. Celui de P. Simons expose la compatibilité problématique d'une perspective substantialiste avec l'ontologie des tropes, tandis que E.J. Lowe expose les arguments d'une réintroduction des essences.

UNIVERSAUX ET PROPRIÉTÉS. G.F. Stout discute la question des universaux. Les textes de D. Armstrong et D. Lewis présentent un exposé des débats sur les universaux et défendent des positions, opposées en partie.

---

1. Bien entendu la question des essences a été au centre de la querelle de l'essentialisme postérieure à *Naming and Necessity* de Kripke (1972), avec comme participants principaux d'un côté Plantinga et Lewis, de l'autre Quine. En France, dès cette époque P. Engel avait défendu des essences individuelles modestes. Le livre de N. Salmon, *Reference and Essence* (1980) fait bien le point sur l'essentialisme de Kripke. *Cf.* aussi F. Drapeau-Contim et P. Ludwig, *Kripke. Références et modalités*, Paris, PUF, 2005.

ESPACE-TEMPS, IDENTITÉ ET MONDES POSSIBLES. Cette partie traite de la structure métaphysique de la réalité, qu'elle soit actuelle ou possible. Le texte d'A. Plantinga présente une critique importante du réalisme modal de D. Lewis.

IDENTITÉ DU MOI, LIBERTÉ ET PERSONNES. Les textes de Parfit et Chisholm présentent des métaphysiques de l'esprit opposées, en cela que le premier est partisan d'une théorie du moi, tandis que le second développe une ontologie du moi. Le texte inédit de J. Dokic complète le volume par un exposé original et complet des débats métaphysique sur un point aussi crucial que la perception.

Notes de l'éditeur

Par souci d'homogénéisation, les références détaillées des textes sont données dans la bibliographie, en fin de volume.

Certains articles ont dû être coupés. Nous le signalons au début de la traduction.

Les notes des traducteurs sont signalées par un astérisque, ou données entre crochets à la suite des notes originales.

SUBSTANCES, PARTICULIERS
ET ESSENCES

Quelle est la structure métaphysique du monde? De quoi est-il composé? On pourrait croire que la réponse en termes physiques est suffisante, mais quelle que soit la conception que l'on a de la physique – réaliste, opérationaliste, empiriste… il est clair qu'elle ne répond pas à « notre irrépressible besoin métaphysique » (Kant) qui exige une enquête sur la nature profonde de la réalité et d'aller *au-delà du physique*[1]. Il existe deux grands types de réponses contemporaines à cette question. La première est exprimée en termes de substances et d'accidents, c'est celle d'Aristote et de la philosophie classique. La seconde est en termes de tropes ou de particuliers concrets. C'est une réponse récente qui systématise des aperçus antérieurs de Berkeley[2] (idées singulières), Husserl (*Momente*) entre autres. Il ne faut pas croire que la réponse en

1. C'est le sens, comme on le sait de « méta-physique », qui ne signifie pas « sur la physique » (comme « métapolitique » signifie science de la politique), mais au-delà au sens de « trans ». La métaphysique en ce sens n'est pas un discours totalisateur, mais un dépassement, ce qui répond à des critiques de la métaphysique comme totalité close opposée au dépassement éthique ou même religieux.

2. Voir D. Berlioz et F. Nef, « Berkeley ou l'idée contre la représentation », dans *La voie des idées? Le satut de la représerntation 17ᵉ-20ᵉ siècles*, K.S. Ong-Van-Cung (éd.), Paris, Éditions du CNRS, 2006, p. 163-179.

termes de substance soit complètement périmée[1] : Lowe, dont un texte inédit figure dans cette section est un métaphysicien de la substance (*cf.* Lowe (2006)).

Donald Williams dans un texte fondateur introduit le concept de particulier abstrait, sous le terme, mal choisi, de « trope »[2]. Son point de départ est l'analyse de la similarité partielle, interprétée comme une similarité entre des parties. Il propose d'étendre aux propriétés ce que nous faisons intuitivement pour les éléments des particuliers : nous pensons que deux sucettes (exemple de Williams) se ressemblent parce que, par exemple, elle ont des bâtons similaires (ce que nous exprimons, de manière incorrecte : « elles ont le même bâton »). Les éléments plus fins ou propriétés sont des abstraits particuliers, dans la mesure où nous les abstrayons des particuliers concrets (cette sucette par exemple). La couleur verte est abstraite de cette sucette et de cette sucette seulement ; elle est considérée comme une propriété particulière qui est un élément de la structure ontologique du particulier concret. On retrouve ici le mécanisme familier du nominalisme des propriétés et des universaux, qu'il soit des classes ou de la ressemblance, mais avec un engagement ontologique fort dans la composition des choses : celles-ci sont réellement des combinaisons de tropes, qui dès lors apparaissent bien comme des éléments de l'être, des lettres de l'alphabet à l'aide duquel nous épelons leur structure (*cf.* Bacon (1995)). P. Simons, dans un article désormais classique, entreprend avec succès la clarification des enjeux de l'ontologie analytique contemporaine, en tenant la balance égale entre tropes et substances. Il montre que l'ontologie tropiste ou particulariste présente un

---

1. Faute de place, nous n'avons pu inclure le texte de C.B. Martin 1980, auquel nous renvoyons le lecteur, pour une lecture actuelle du concept métaphysique de substance, au sens de Locke.

2. On verra que ce terme est emprunté à Santayana (*Realms of Matter*, Londres, 1930), et que Williams retourne son sens premier : d'essence d'une occurrence, il devient une occurrence d'une essence (ce qui fait le lien avec les développements sur l'essence du texte de Lowe).

inconvénient majeur, celui de ne pas être apte à éclairer l'unité des particuliers concrets. Une unité substantielle est peut-être trop forte, mais une simple comprésence (pour reprendre le terme de Russell (1948), chap. 8) est vraiment beaucoup trop faible. Il explore donc les différentes possibilités que constituent la relation de fondement des tropes sur un noyau ou la compromission entre substantialisme et tropisme. Le texte inédit de J. Lowe développe de manière à la fois précise et programmatique les grandes lignes d'une métaphysique essentialiste [1]. La question qu'il pose est celle de la possibilité d'une métaphysique (*cf.* Lowe (1998)). La réponse qu'il donne est qu'une métaphysique a comme condition de possibilité l'essentialisme, si cette métaphysique souhaite se définir comme un programme de lecture des catégories ontologiques fondamentales dans la science. L'originalité de l'approche de Lowe est entre autres de se passer du cadre de la métaphysique des mondes possibles (on pourra comparer avec la critique du réalisme modal de D. Lewis de Plantinga p. 269-307 qui développe lui aussi un essentialisme actualiste).

---

1. Pour l'extension de l'essentialisme au domaine de la science, donnant lieu à « l'essentialisme scientifique », voir Ellis (2001), Bird (2007).

Donald C. Williams

DES ÉLÉMENTS DE L'ÊTRE [*]

La philosophie première, selon l'acception traditionnelle, est l'ontologie analytique qui examine les traits nécessaires de tout ce qui est, en ce monde ou en n'importe quel monde possible. Son problème cardinal est celui de la substance et de l'attribut, ou à tout niveau quelque chose d'apparenté dans cette famille d'idées qui comprend aussi substance et inhérence, sujet et prédicat, matière et forme. La question est de savoir comment une chose peut être une instance de plusieurs propriétés, alors qu'une propriété peut être inhérente à de nombreuses instances, comment tout est le *cas* d'un *genre*, un ceci-tel (*this-such*), une essence pourvue d'existence, un existant différencié par l'essence, et ainsi de suite. Se préoccupant de ce que signifie en dernier lieu être une chose ou un genre, la philosophie première est en quelque sorte un préalable et est indépendante de l'autre grande branche de la métaphysique, la cosmologie spéculative : quel genre de choses y a-t-il, de quelles matières sont-elles constituées, comment sont elles liées les unes aux autres ? Bien que « l'ontologie analytique » ne soit pas très pratiquée en tant que telle sous ce nom aujourd'hui, ses problèmes, et spécialement le problème de la subsistance et de l'inhérence, sont tout autant d'actualité dans les derniers manifestes des partisans de l'analyse logique prétendant ne croire ni aux substances, ni aux universaux,

[*] *Review of Metaphysics*, 7, 1953, p. 3-18.

qu'ils l'étaient dans les clubs d'Athènes et de Paris. Rien n'est clair tant que ce sujet n'est pas lui-même clair et j'espère dans cet essai [1] faire quelque chose pour le clarifier dans les termes d'une théorie ou d'un schéma que j'ai trouvé si profitable pendant un bon nombre d'années qu'il pourrait bien être vrai.

La métaphysique est la science radicalement empirique. Tout élément de l'expérience doit être un argument en faveur ou à l'encontre de toute hypothèse de la cosmologie spéculative, et tout objet de l'expérience doit être un exemplaire et un test pour les catégories de l'ontologie analytique. Ainsi, techniquement, un exemple pour notre thème présent doit s'avérer aussi bon qu'un autre. Cependant, les exemples les plus dignes sont obscurcis par une patine de tradition et de partialité, alors que d'autres plus frivoles sont particulièrement révélateurs. Imaginons par conséquent trois sucettes, œuvres d'un confiseur qui achète les bâtons à un fournisseur en gros pour y mouler les sucreries. La sucette n° 1 porte une boule de menthe poivrée ronde et rouge, la sucette n° 2 une boule de chocolat ronde et marron, la n° 3 une boule de menthe poivrée rouge et carrée. La circonstance qui ici provoque principalement les théories de la subsistance et de l'inhérence est la similarité dans la différence : chaque sucette est partiellement semblable à chacune des autres et en est partiellement différente. Si nous pouvons donner une bonne explication de cette circonstance dans cette chose, nous aurons l'instrument pour expliciter l'anatomie de toute chose, depuis l'électron ou la pomme jusqu'aux archanges et au monde entier.

C'est dans cette direction que je formule en commençant ainsi mon projet principal ; affirmer de manière à la fois triviale et littérale la chose suivante : dire que a est partiellement similaire à b c'est seulement dire qu'une partie de a est globalement ou entièrement similaire à une partie de b. Ceci est un truisme quand nous l'interprétons relativement aux parties ordinaires, par

---

1. Celui-ci recouvre une lecture au *Philosophical Club of Boston University*, le 3 décembre 1952.

exemple, les bâtons des sucettes. Pour en être certain, disons que, selon les fondements de la physique, il n'est pas commun que n'importe quel triplet d'objets solides, même nos trois bâtons mis en forme industriellement, soient exactement similaires, mais ils nous apparaissent souvent comme s'ils l'étaient; nous pouvons en toute intelligibilité stipuler pour notre argument que nos instances de bâtons se ressemblent exactement dans toutes leurs dimensions. Dire donc que chacune des sucettes est partiellement similaire aux autres, c'est-à-dire quant à leur bâton, c'est dire qu'il y a un bâton pour chacune qui est parfaitement similaire au bâton de toutes les autres, même si chaque bâton reste un individu aussi particulier et distinct que la sucette dans sa globalité. Nous donnerions rarement un nom propre à une sucette, et encore plus rarement à son bâton, mais nous pourrions aisément le faire – par exemple « Heraplem » pour la sucette n° 1, « Paraplete » pour son bâton, « Boanerp » pour la n° 2 et « Merrinel » pour son bâton. Heraplem et Boanerp sont ainsi partiellement similaires parce que Paraplete et Merrinel sont parfaitement similaires.

Qu'en est-il maintenant pour la suite de chacune des sucettes, et qu'en est-il de leurs similarités les plus fines, à savoir celles de couleur, de forme et d'arôme? Ma proposition est que nous traitions celles-ci exactement de la même manière. Puisque nous ne pouvons ordinairement trouver davantage de parties grossières de cette sorte qui soient, comme celle du bâton, similaires de sucette à sucette, discriminons des parties plus subtiles, plus fines ou plus diffuses jusqu'à ce que nous en trouvions qui *soient* globalement similaires. Cet argument d'apparence bizarre, bien sûr, n'est rien de plus que ce que nous sommes accoutumés à faire avec aisance et sans même le remarquer. Tout comme nous pouvons distinguer au sein des sucettes Heraplem et Boanerp, des parties grossières nommées « bâtons », à savoir Paraplete et Merrinel, nous pouvons aussi distinguer pour chacune des sucettes une partie plus fine, celle que nous avons l'habitude d'appeler sa « couleur » et une autre que nous appelons sa « forme » – notez bien : non leur couleur et leur forme générique, mais les cas particuliers que sont cette rougeur, cette occurrence ou cette occasion d'arrondi, chacune unique en soi-même comme un homme, un tremblement de terre, ou un hurlement. Avec seulement un peu plus de hardiesse que celle qui nous faisait baptiser les sucettes et bâtons, nous pouvons baptiser nos composants plus minces « Harlac » et « Bantic » comme nous le dirons pour leurs composantes respectives de couleurs, et « Hamif » et « Borcaf » pour leurs composants respectifs de forme*. Pour ces quatre nouveaux noms, les premières et dernières lettres sont les initiales de « Heraplem » et « Boanerp », respectivement de « couleur » et « forme », mais ce n'est qu'un appareil mnémonique à notre usage, non pertinent quant à leur valeur de nom. Harlac, par exemple, n'est ainsi pas à prendre comme une abréviation pour la description « la couleur composante de Heraplem ». Dans une situation réelle comme celle que nous imaginons, « Harlac » est défini par ostension comme quand quelqu'un baptise un enfant ou présente un homme en chair et en os ; l'énoncé descriptif est seulement une commodité, un appareillage temporaire employé à faire porter l'attention sur l'entité particulière dénotée, comme une mère de jumeaux pourrait prévenir le curé : « Boadicea est celle qui louche ». Ainsi Heraplem et Boanerp sont partiellement similaires, non seulement parce que leurs parties grossières Paraplete et Merrinel (leurs bâtons) sont globalement similaires, mais aussi parce que leurs parties minces respectives, Hamif et Borcaf (leurs « formes »), sont globalement similaires. Tout ceci ne porte nul préjudice au fait que Hamif est numériquement distinct de Borcaf, avec lequel il est globalement similaire, et de Horlac, avec lequel il est conjoint dans Heraplem, comme Harlac l'est de Bantic, avec lequel il n'est ni similaire ni conjoint, et comme le bâton Paraplete l'est du bâton Merrinel, et comme enfin la totalité de la sucette, Heraplem, l'est de la totalité de Boanerp. Le sens suivant lequel Heraplem et Boanerp « ont la même forme » et pour lequel « la forme de l'un est identique à la forme de l'autre », est le même sens

* Par souci de cohérence avec le propos, nous traduisons de la sorte les « Hamis » et « Borcas » du texte original qui valaient pour « shape ».

suivant lequel deux soldats «portent le même uniforme», ou
suivant lequel un fils «a le nez de son père» ou encore si notre
confiseur disait «j'utilise le même bâton toujours identique, Triple
X Portémeilleur* pour toutes mes sucettes». Elles n'ont pas la
même forme comme deux enfants ont le même père, ou deux rues
ont la même bouche d'égout à leur intersection, ou deux étudiants
de l'université portent le même smoking (et ainsi ne peuvent aller
au même bal). Mais bien que similaires quant aux aspects indiqués,
Heraplem et Boanerp sont partiellement dissimilaires en tant que
leurs bâtons ou boules sont partiellement dissimilaires, et celles-ci
sont partiellement dissimilaires car certaines de leurs meilleures
parties, par exemple leurs couleurs, sont dissimilaires.

De manière semblable, pour continuer, nous notons que Harlac,
la composante de couleur de la n° 1 (Heraplem), bien que numériquement distincte, est globalement similaire au composant de
couleur de la n° 3. Or la n° 1 n'a pas seulement une composante de
couleur qui est parfaitement similaire à la composante de couleur
de la n° 3 ; elle a aussi une composante de saveur similaire à la
composante de saveur de la n° 3 (il est indifférent que nous pensions
la saveur comme une qualité phénoménale ou comme une structure
moléculaire de la matière constitutive de la sucrerie). La saveur-
cum-couleur de la n° 1 (et de même pour la n° 3) est un complexe
dont les constituants propres sont la saveur et la couleur, et ainsi de
suite pour les innombrables sélections et combinaisons de parties
qui sont au cœur de n'importe lequel de ces objets, ou n'importe
quelle collection de ceux-ci, qu'elles soient grossières ou minces.

Ce qui est ici crucial, bien sûr, c'est l'admission d'une partie
«mince» ou «subtile», une de celle qui est «diffuse» ou
«poreuse», comme une couleur résidante ou une forme occurrente,
au moins d'aussi bonne tenue parmi les individus que sont les éléments réels du mobilier du monde, que celle des parties grossières,
comme celle du bâton. Le fait qu'une partie soit ainsi plus ténue et

---

* Cette formule vaut ici comme traduction de «*Ledbetter's Triple* X».

plus diffuse qu'une autre et qu'elle soit plus susceptible de similarité ne milite pas davantage à l'encontre de son actualité individuelle ; de la même manière, le fait que les souris soient plus petites
et plus nombreuses que les éléphants ne les rend pas moins réelles.
Pour emprunter maintenant un terme ancien mais très convenable,
une partie grossière comme le bâton est aussi « concrète » que la
sucette entière, tandis qu'une partie ténue ou diffuse, comme la
composante de couleur ou la composante de forme, est abstraite. La
couleur-*cum*-forme est moins abstraite ou presque plus concrète
que la couleur seule, mais elle est plus abstraite et moins concrète
que la couleur-*cum*-forme-*cum*-saveur, et ainsi de suite jusqu'à
ce que nous parvenions au complexe dans sa totalité, lequel est
globalement concret.

Je propose à présent que des entités comme nos parties minces
ou composants abstraits sont les constituants premiers de ce monde
ou de n'importe quel monde possible, l'alphabet même de l'être.
Elles sont non seulement actuelles, mais elles sont les seules actua-
lités, en ce sens précis : alors que les entités de toutes les autres catégories sont littéralement composées à partir d'elles, elles ne sont
pas, elles, composées en général d'autre sorte d'entités. Il est caractéristique des premiers principes qu'une telle catégorie, qui est
cruciale, n'ait pas habituellement de nom, et ceci est une raison
pour laquelle ils valent d'êtres poursuivis. Une description de ces
entités dans une ancienne phraséologie résonne de manière para-
doxale : nos parties ténues sont des « particuliers abstraits »[1]. Nous
aurons l'occasion d'utiliser « parties » pour les parties concrètes et
« composants » pour celles qui sont abstraites (et « constituants »
pour les deux), comme certains philosophes anglais ont utilisé
« composant » pour propriété et « constituant » pour partie
concrète. Rappelant, toutefois, que Santayana utilisait « trope »

---

1. J'ai plaidé en faveur de la légitimité générale d'une telle catégorie, dans « The Nature of Universals and of Abstractions », *The Monist*, XLI (1931), p. 583-593.

pour représenter l'essence d'une occurrence[1], je détournerai le mot qui est à peu près inutile que ce soit dans ce sens ou dans celui du dictionnaire, pour représenter le particulier abstrait qui est, pour ainsi dire, *l'occurrence d'une essence*. Un trope est alors une entité particulière, ou bien abstraite, ou consistant en une ou plus d'une entité concrète en combinaison avec une abstraction. Ainsi un chat et la queue du chat ne sont pas des tropes, mais le sourire d'un chat est un trope, et il en va de même du tout dont les constituants sont le sourire du chat plus ses oreilles et l'aridité de la lune[*].

Nous tournant maintenant brièvement de l'alphabet de l'être pour jeter un œil à sa syllabation, nous observons deux manières fondamentales pour les tropes d'être liées l'un à l'autre : la manière de la localisation et la manière de la similarité. Elles sont catégoriellement différentes et sont effectivement des contreparties systématiques l'une de l'autre – des images en miroirs, pour ainsi dire. La localisation est externe au sens où un trope *per se* n'implique, ni ne nécessite, ni enfin ne détermine sa localisation relativement à n'importe quel autre trope, tandis que la similarité est interne au sens où, deux tropes étant donnés, il est impliqué, nécessité ou déterminé s'ils sont similaires et en quoi ils sont similaires. (L'enjeu de cette différence *prima facie* ne saurait être poursuivi ici). La localisation est plus aisément pensée comme une position dans l'espace-temps physique, mais j'attends de cette notion qu'elle comprenne également tous les débordements et arrangements analogues que nous trouvons dans les différents champs de conscience, et effectivement dans n'importe quel règne d'existence

[1]. G. Santayana, *The Realm of Matter*, chap. 6, dans *Works*, New York, Scribner's, 1937, vol. 14, p. 238-304.

[*] De façon insolite la reproduction de la version originale (*Review of Metaphysics* 7, 1953, p. 3-18) du présent article est distincte dans les anthologies de Loux (Routledge, 2001 ; version d'ailleurs écourtée) et celle de Tooley (Garland, 1999). La première fait notamment figurer un autre exemple en lieu et place de la queue du chat : « Ainsi Napoléon et le toupet de Napoléon ne sont pas des tropes, cependant la posture de Napoléon est un trope, et de même pour la globalité dont les constituants sont son toupet et sa posture, et aussi de sa résidence à Elbe ».

que nous pouvons concevoir – la globalité de l'étendue et de la structure interne des monades leibniziennes, par exemple. Les deux modes de connection peuvent êtres décrits par les termes de distance et de direction. Nous sommes d'une manière générale très familiers avec les distances non définies et les directions qui composent les localisations dans l'espace et dans le temps, bien que nous ne soyons pas accoutumés à penser la valeur limitative d'une telle localisation (mais cependant très familiers avec le phénomène lui-même) – à savoir, être dans le même espace dans le même temps, soit l'unique collocalisation et impénétrabillité que nous appelons « appartenir, être inhérent, ou être caractéristique de la même chose ». Avec des intentions et des intérêts variés, ce nexus est mentionné ainsi : Russell l'appelle « comprésence » ; Mill « co-inhérence », Stout « concrescence », Goodman « être-ensemble » (*togetherness*). Je suivrai Whitehead, Keynes et Mill en l'appelant « coïncidence »[1]. À proprement parler, ce que j'ai nommé la « couleur-*cum*-forme » au deuxième paragraphe ci-dessus, n'est pas seulement la somme d'une couleur et d'une forme mais leur somme en coïncidence ; nous aurions pu dire « couleur-*cum*-forme ». Nous pouvons dorénavant expliquer plus loin que Harlac et Bantic, nos couleurs de sucettes, sont vraiment complexes, chacune consistant en une couleur-tige et une couleur-bâton en une relative localisation, et de façon similaire pour les formes. Puisqu'il n'est pas de petit mot (comme « rouge » et « carré ») qui décrive de tels complexes de couleurs et de forme, j'ignorerai les bâtons (supposés être tous semblables) et utiliserai nos noms de tropes seulement pour les qualités des tiges respectives. Cela n'aura pas d'importance si le lecteur, tant qu'il cerne

---

1. Voir Russell, *La connaissance humaine*, p. 294, 297, 304, etc. ; Stout, « The Nature of Universals and Propositions » (n. 1, p. 45, *infra*) ; Goodman, *La structure de l'apparence*, p. 178 ; Whitehead, *Le concept de nature*, p. 157-158 ; Keynes, *Traité de la probabilité*, p. 385 ; Mill, *Système de logique : déductive et inductuve*, p. 67, Mill cite Bain. [Il est à souligner que le terme original est celui de « *concurrence* » dont l'acception française particulière signifie bien « coïncidence ». Les traductions françaises de ces ouvrages ne font généralement pas figurer la mention spécifique du terme telle qu'elle est donnée dans le présent texte].

l'idée, prend l'usage de « distance » et de « direction » comme étant des relations de ressemblance métaphoriques. Nous n'avons pas ici de problème avec la notion de valeur limitative, distance nulle, ou similarité précise, en revanche nous pourrions avoir besoin d'en savoir davantage au sujet de la plus petite similarité, ou de la plus grande différence, qui devrait valoir, *i.e.* entre un rouge et un pourpre, et plus encore, à moins que nous ne soyons psychologues ou phénoménologues, à propos d'une similarité aussi élaborée que celle des distances et directions telles qu'appliquées au cône des couleurs.

Tout monde possible, et donc bien sûr celui-ci, est complètement constitué par ses tropes et leurs connections de localisation et de similarité, ainsi que par tous les autres qui peuvent exister. (Je pense qu'il en existe aucun, mais ceci n'est pas nécessaire à la théorie des tropes). La localisation et la similarité (ou quoi que ce soit d'autre) fournissent toutes les relations, tout comme les tropes fournissent les termes, mais le total des relations n'est pas une chose par dessus ou par delà la totalité des termes, car une relation R entre les tropes a et b est un trope constitutif du complexe r' (a, b) (*i.e.* la somme-coïncidence de Harlac et Hamif), alors qu'inversement les termes a et b seront composés en général de constituants en relation – bien que peut-être pas plus que l'étendue d'une qualité du « lisse », un quale « homéomère », tel qu'une couleur.

Tout trope appartient à autant d'ensembles ou de sommes de tropes qu'il y a de façons de les combiner avec d'autres tropes dans le monde. D'intérêt particulier toutefois sont 1) l'ensemble, ou somme, de tropes porteurs de la relation de coïncidence (la valeur limitative de la localisation), et 2) l'ensemble ou somme de ceux porteur de la relation de similarité précise (la valeur limitative de similarité, quelquefois mal nommée « identité »). Disons désormais que l'ensemble ou somme de tropes coïncindants avec un trope, comme notre composant de couleur Harlac, est le particulier concret ou « chose » qui peut encore être dit « caractériser » dans notre exemple, la sucette Heraplem, ou afin de simplifier les choses, la tige de la sucette à un certain moment. Parallèlement, et à nouveau de manière approximative, l'ensemble ou somme de tropes précisément similaires à un trope donné, disons encore Harlac, peut être supposé être un universel abstrait, ou au moins correspondre formellement à l'universel abstrait ou « essence » qu'elle peut être dite exemplifier dans notre illustration d'une teinte définie de rouge. (Les tropes approximativement similaires à celui qui est donné composent un universel moins défini).

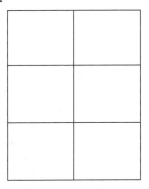

L'expression « ensemble ou somme » ci-dessus est une échappatoire délibérée. Un ensemble est une *classe* dont tous les termes sont les membres ; une somme est un tout dont les termes sont des parties, au sens vraiment primitif de « partie » dont traite le récent calcul des individus[1]. Dans la figure ci-dessus, par exemple, la classe de six carrés, la classe de trois rangées, et la classe de deux colonnes sont distinctes les unes des autres ainsi que de la figure dans son unité ; mais la somme des carrés, la somme des rangées et la somme des colonnes sont identiques les unes aux autres et à la totalité de la figure. À quoi est équivalent une différence de « type » logique, est loin d'être transparent, particulièrement pour la philo-

---

1. N. Goodman et H. Leonard, « The Calculus of Individuals and Its Uses », *Journal of Symbolic Logic*, V, 1940, p. 45-55 ; Goodman, *La structure de l'apparence*, p. 42 *sq.* ; A. Tarski, Appendix E, dans J. H. Woodger, *The Axiomatic Method in Biology*, p. 161-172.

sophie des tropes, mais tout le monde s'accorde sur le fait qu'une somme est du même type que ses termes, comme le tout est du même type que ses parties, un homme du même type que ses bras et jambes. Le concept de classe ou d'ensemble est par ailleurs notoirement plus complexe et problématique. Une classe n'est certainement pas, en aucun sens [1] ce qui est trop souvent nommé une « entité abstraite », mais il existe quelques excuses pour la considérer comme d'un « type » différent de ses membres. Convaincus que des tropes composent un *concretum* d'une façon qui n'est pas logiquement différente de celle par laquelle il est composé de n'importe quel autre lot complet de parties, tout nous pousse à dire que le concretum n'est pas l'ensemble mais la somme des tropes ; décrivons-le donc ainsi. Il n'est pas aussi évident de savoir si le concept de contrepartie de l'universel peut être défini par la somme de similarités – toutes difficultés grammaticales mises à part. L'ensemble ou la classe d'universaux fera sans doute l'affaire. Tous les paradoxes qui suivent l'effort en vogue pour donner l'équivalence de l'Humanité universelle, par exemple, à la classe des hommes concrets (laquelle comprend de telles absurdités qu'être un bipède sans plumes est pareil à posséder le sens de l'humour), s'évanouissent dès lors que nous rendons plutôt ceux-ci équivalents à notre nouvel ensemble, celui de la classe des humanités abstraites – la classe dont les membres ne sont pas Socrate, Napoléon et ainsi de suite, mais le trope humain dans Socrate, Napoléon, et ainsi de suite. Des paradoxes encore plus abominables furent consécutifs à la stratégie nominaliste radicale qui prétendait substituer la somme des hommes concrets à leur classe [2], et la majorité de ces paradoxes sont résolus en prenant la somme des tropes similaires. Je suis certain cependant que quelques-uns subsistent et puisque coïncidence et similarité sont de telles contreparties symétriques, je ne serais pas surpris s'il

---

1. Goodman, *op. cit.*, p. 150, ; Quine, *Methods of Logic*, p. 204.
2. Témoin la lutte vaillante de Quine et Goodman dans « Steps Towards a Constructive Nominalism », *Journal of Symbolic Logic*, XII, 1947, p. 105-122.

s'avère que le complexe de similarité doive être un ensemble, alors que la coïncidence complexe doit être une somme.

En suggérant comment les particuliers concrets et les universaux abstraits sont tous deux composés à partir de tropes, j'affirme que ces deux catégories à elles deux ne divisent pas le monde entre elles. Celui-ci n'est ni constitué par l'addition des particuliers concrets et des universaux abstraits, conformément à l'ancien schème, ni « constructible » à partir *soit* des particuliers concrets *soit* des universaux abstraits, comme il faudrait l'admettre selon l'argument de récents esprits novateurs (respectivement Carnap et Goodman, par exemple). Les notions de l'abstrait et de l'universel (donc celles du concret et du particulier) sont si indépendantes que leurs combinaisons saturent l'étendue de la logique. Socrate est un particulier concret. Son composant qui est sa sagesse est un particulier abstrait ou « trope ». La sagesse totale de laquelle toutes les sagesses sont des membres ou des exemples est un universel abstrait. La socratéité totale, dont toutes les créatures qui lui sont exactement semblables sont des parties ou des membres est un « universel concret », non au sens idéaliste mais au sens le plus strictement exact. C'était en raison des limitations exclusives du discours philosophique ordinaire en faveur des deux combinaisons, du particulier concret et de l'universel abstrait, qu'afin d'attirer l'attention sur nos tropes, nous avons du dévier de leur usage des expressions telles que « l'humanité de Socrate » ou « la rougeur de la sucette », représentant d'ordinaire les genres ou degrés d'humanité et de rougeur, pour représenter respectivement leurs cas particuliers d'« Humanité » et de « Rougeur ». Ainsi nous avons été conduits à utiliser des lettres capitales dans « Humanité » et « Rougeur », ceci pour restaurer les « noms abstraits » dans leur droit normal de nommer les universaux respectifs. Une explication similaire, mais plus longue, aurait été de nous donner des expressions moins définies comme « la forme de Boanerp » ou « sa couleur ».

Ayant ainsi bien distingué ces différentes rubriques, nous pouvons presque automatiquement faire encore plus pour dissiper l'ancien mystère de la prédication qui a eu tant d'influence sur l'idée des types logiques. La théorie prévalente disait que si y peut être prédiqué de x ou bien est inhérent à x, ou caractéristique de x, ou encore si x est une instance de y, alors x et y doivent êtres séparés par un unique abysse logique et ontologique. Toutefois, en ceci la plus grande monstruosité, celle qui a récemment appelé certains logiciens à des contorsions verbeuses et disgracieuses, est due au fait de prendre la prédication comme inanalysable et inscrutable ; celle-ci disparaît lorsque nos principes révèlent que la prédication est composée de deux phases distinctes mais non moins intelligibles. « Socrate est sage » ou génériquement « a est ϕ » veut dire que la somme coïncidente (Socrate) inclut un trope qui est un membre de l'ensemble de similarité (la Sagesse). Lorsque nous mettons en contraste une chose au regard d'une propriété ou d'une « caractéristique » de celle-ci, un substantif au regard d'un adjectif, nous pouvons viser l'une de ces connexions ou les deux à la fois. La sagesse particulière de Socrate est, en un sens, une « caractéristique » *i.e.* elle est une composante. Ceci est le sens que G.F. Stout défendait, d'une façon assez correcte au regard de ma façon de penser, que « les caractères sont des particuliers abstraits qui peuvent êtres prédiqués des particuliers concrets »[1]. La sagesse universelle est, en un deuxième sens, la caractéristique de chacune de ces sagesses – c'est en ce sens que G.E. Moore a pu défendre de façon plausible que même un événement, tel un éternuement, a certaines caractéristiques, et n'en *est* pas un[2]. Cependant, en un troisième sens, ou sens ordinaire, la sagesse universelle caractérise

---

1. « Are the Characteristics of Particular Things Universal or Particular ? » a symposium by G.E. Moore, G.F. Stout, and G.D. Hicks, *Proceedings of the Aristotelitian Society*, Supplementary vol. III, 1923, p. 95-128 (p. 114). Sa théorie des particuliers abstraits ici et dans « The Nature of Universals and Propositions » (*Proceedings of the British Academy*, vol. X, 1922-1923) est à peu près identique à celle que je défends. S'il y a une différence celle-ci est à trouver dans son unité obscure selon laquelle la classe est une forme unique de l'unité non réductible à la similarité.

2. *Ibid.*, p. 98. Je ne peux m'empêcher de penser que Moore, en laquais des lieux communs très éloigné du commun, résiste quasi férocement à comprendre la théorie de Stout.

tout Socrate. D'un tel imbroglio émergent deux sens distincts de
« instance » : d'une part celui selon lequel Socrate est une instance
(concrète) de la Sagesse, et d'autre part celui disant que la composante de sa sagesse est une instance (abstraite) de celle-ci. Émergent
ainsi également deux notions de classe, d'une part la classe ordinaire des *concreta* faite de Socrate, Platon, et de toutes les autres
créatures globalement sages, et d'autre part la classe des *abstracta*
de leurs sagesses, celle de notre ensemble de similarités.

Du problème de la prédication rayonnent de nombreuses
notions à demi-magiques relatives à l'essence et l'existence,
celles-là mêmes que nous pouvons désormais clarifier d'une façon
prosaïque. Ainsi Broad et Dawes Hicks, tout en croyant aux
« *Abstracta* », les ont décrits en des termes aussi fantastiques que
ceux qui servaient à Santayana pour décrire ses essences, comme
sans lieu et hors du temps et donc « réelles mais non-existantes » [1].
Cette suggestion remarquable, mais non inhabituelle, pourrait être
fondée, chez un platonniste, sur une pleine théorie des universaux
ante rem. Elle résulte cependant surtout du défaut de distinguer
entre ces deux sources principales. D'une part l'éternité spécieuse
qu'a un *universel*, car, comme Stout le dit, il « se déploie indivisé et
opère sans frais » [2] ce qui pour nous est seulement le fait que la similarité est une relation discontinue enjambant les distances spatiales
et temporelles sans en être diminuée et sans dépense de matière
ou d'énergie. D'autre part l'éternité spécieuse est dotée d'un
abstractum car en allant à l'universel nous « abstrayons à partir de »
ses localisations spatiotemporelles (qu'elle possède et conserve
néanmoins). Tout comme l'opacité, par exemple, de l'essence ou
du caractère générique est le plus souvent éclaircie par un regard
stéréoscopique, celui qui distingue clairement les dimensions de

---

1. Broad, *Mind and its Place in Nature*, p. 19 ; D. Hicks, *Critical Realism*,
p. 76-78. Broad peut justement s'émerveiller que nous puissions connaître ce qui est
mental ou physique seulement « en connaissant des objets qui ne sont ni l'un ni
l'autre » (*op. cit.*, p. 5).

2. « Sont les caractéristiques, etc. », p. 116.

l'universel et de l'abstrait, et ainsi du mélange de gloire et de dégradation qui hante l'Existence, l'individu est le plus souvent éclairci par les idées de concrétude et de particularité. L'Individu est à la fois consacré par l'auto-identité et l'auto-existence absolues qui sont le propre d'un particulier occurrent, et encore par l'infinie richesse du concret, doublée de son caractère inimitable. Or il est perverti par ces mêmes facteurs. Ceci semble ignominieusement arbitraire et accidentel, *qua* particulier dans ses relations externes à l'égard de son simple moi, parce qu'ainsi est éludé le rôle de la ressemblance qui est à la fois le fondement de la classification et de la généralisation. Ainsi l'Individu possède la confusion et l'impénétrabilité du concret au sein duquel les formes luttent dans un entremêlement si stupéfiant que les aristotéliciens l'ont confondu avec de la matière sans forme.

Une philosophie des tropes exige d'être complétée dans une douzaine de directions à la fois. Je dois ignorer pour l'heure quelques-unes de celles-ci parce que ces questions nous mèneraient trop loin, d'autres parce que je ne leur connais pas de réponses. Les premières pourraient nous porter à raffiner et à compléter notre position au sujet des substances et de la pluralité de similarités. Pour les deuxièmes pourrait être cherchée une meilleure assimilation des catégories de notre théorie – coïncidence, similarité, abstrait, et ainsi de suite – à la théorie elle-même, et ainsi des tropes comme des autres, plutôt que de les reléguer au rang des immunités anomales des « transcendentaux » (comme disaient les anciens scolastiques) et du « métalangage » (comme les nouveaux scolastiques le disent). En définitive je vais défendre ici la notion fondamentale qu'il existe des entités immédiatement abstraites, particulières, et actuelles, et ceci de deux façons : par l'affirmative consistant à montrer comment l'expérience et la nature les rend toujours manifestes, par la négative afin d'établir ces positions vis-à-vis des vieilles objections dialectiques à leur endroit.

Je n'ai pas utilisé délibérément le mot « abstrait » pour décrire nos tropes, avant que nous n'ayons fait de notre mieux pour les identifier d'autres manières, de peur que les connotations généralement péjoratives du mot ne nous rendent aveugles à la réalité des objets, réalité aussi pleine que celle de la lumière du soleil (car en fait la lumière du soleil *est* un existant abstrait). Les nombreuses significations d'« abstrait » qui ont rendu ce terme si rebutant au tempérament empirique de notre époque suggèrent qu'un *abstractum* est le produit de quelque trait magique de l'esprit, ou l'autochtone de quelque lointaine éternité immatérielle. Dictionnaires, journalistes et auteurs de philosophie sont à peu près également vagues et partagés à ce propos. Santayana dit qu'« abstrait » veut dire imprécis, mais aussi « verbal, irréalisable, ou cognitivement second »[1]. L'abstrait est comparé à l'abscons, à l'éthéré, au mental, au rationnel, à l'incorporel, à l'idéalement parfait, à l'atemporel, au primordial ou à l'ultime, au purement théorique; assimilé à la précarité du spéculatif et du visionnaire, ou encore au vide, au déficient, à l'irréel ou purement potentiel, au franchement imaginaire, et au désincarné. Dans certains lieux, il veut dire symbolique, figuratif, ou purement représentatif, par contraste avec ce qui est de plein droit réel. À la même rubrique, le mot peut connoter alternativement les deux extrêmes que sont la précision précieuse et le vague, le confus ou l'imprécis. Les mathématiques ou la logique sont dites abstraites, en partie parce qu'elles concernent des structures formelles, en partie parce qu'elles sont seulement traitées sur le mode hypothétique[2], mais en fait un calcul symbolique est appelé « abstrait » parce qu'il n'est à propos d'aucune chose. Les sémanticiens et les professeurs de rhétorique frémissent à la rencontre de jugements de si « hauts niveaux d'abstraction » que celui disant que « L'herbivorisme est propice à la satisfaction bovine », contrastant avec la virilité trop « concrète » d'énoncés tels que « Les vaches aiment l'herbe », bien que les deux phrases décrivent exactement le même état de choses. Les philosophes logiciens proclament leur « renoncement aux entités abstraites » sans mettre au clair

---

1. *Realms of being*, p. 32.
2. C.I. Lewis, *Mind and the World-Order*, p. 242, 249.

ni ce qui rend une entité « abstraite », ni comment quelqu'un procède pour « renoncer » à une entité.

On se demande, à la vue de ce catalogue, s'il existe une chose qui ne serait pas à l'occasion susceptible d'être nommée « abstraite ». La plupart d'entre nous nierait qu'un chat soit abstrait, mais un idéaliste dirait qu'il l'est. Toutefois une erreur serait d'inférer qu'« abstrait » a été dans l'ensemble une épithète indéterminée. Tous les usages que nous avons observés, comme d'autres sans aucun doute, dérivent de deux origines qui sont tour à tour reliées d'une façon très intime. Elles représentent ce que beaucoup de personnes ont cru, souvent par erreur, être impliqué par ces idées sources. Une de celles-ci est l'usage d'« abstrait » pour signifier *existence individuelle transcendante* comme un universel, une essence, ou idée platonicienne est supposée la transcender. Mais bien que cet usage d'« abstrait » soit probablement aussi ancien que le mot lui-même, je pense qu'il était en fait dérivé, de par les erreurs ordinaires que nous avons notées plus haut, des anciens usages indigènes, plus littéralement en accord avec la construction latine du mot, qui est virtuellement identique au vôtre. Dans son sens le plus large, la « vraie » acception d'« abstrait » est *partiel, incomplet,* ou *fragmentaire,* le trait distinctif de ce qui est moindre à la totalité qui l'englobe. Puisqu'il doit y avoir, pour toute chose excepté le Monde Entier, au moins quelque chose, et effectivement beaucoup de choses, de laquelle elle est une partie propre, tout sauf le Monde Entier est « abstrait » au sens large dont il est question. C'est ainsi que l'idéaliste peut dénoncer ce chat comme étant « abstrait ». Cependant, la pratique la plus habituelle des philosophes a été d'exiger pour l'« abstrait » la forme d'incomplétude la plus spéciale qui appartient à la sorte de constituant que nous avons nommé « mince », « fin » ou « diffus », comme la couleur ou la forme de notre sucette, par contraste avec la sorte des constituants « épais », « grossier » ou aussi rustiques que son bâton [1].

1. Bien que cela ait été pendant de nombreuses années la source de la signification d'« abstrait » la plus proche de l'expression directe de celle-ci que j'ai trouvé

Si maintenant quelqu'un regarde les choses d'une façon dénuée des présupposés habituels, l'existence des *abstracta* semble aussi pleine que n'importe quel fait peut l'être. Ironiquement, il y a quelque chose d'archaïque dans la piété des nouveaux Nominalistes quant à leur rejet des entités abstraites au profit de ce « préjudice du sens commun tel qu'exprimé sur le mode pédant »[1], le dogme d'Aristote disant qu'il ne saurait y avoir de choses réelles à l'exception des « substance premières », des individus concrets comme unités absolues et « essentielles ». Ils ont ainsi tourné le dos à l'un des plus grandes intuitions de la Renaissance, à savoir que la primauté apparente de tels objets solides, maniables de taille moyenne est seulement fonction de notre propre taille moyenne et de nos motivations pratiques. Les grandes philosophies modernes ont plutôt recherché le réel dans des « natures simples » putatives, à une extrémité de l'échelle, et dans le grand océan de l'action, à l'autre extrémité. Je n'ai aucun doute quant au fait que les choses entières comme les sucettes, les arbres et la lune existent concrètement en chair et en os, mais tel n'est pas ce qui est « présent à nos sens »[2], et ce n'est pas la conscience de l'abstrait qu'il est « difficile d'atteindre sans douleurs ni examens »[3]. Clamer la primauté de notre connaissance des *concreta* est du « *mysticisme* » au sens strict, c'est-à-dire une revendication en faveur d'une telle accointance

dans le runesque *Dictionnary of Philosophy*, 1942, p. 2 du professeur L. Wood : « Une désignation appliquée à un aspect partiel ou qualité considérée séparé d'un objet dans sa totalité, qui est, par contraste, désigné comme concret ». Même ici le mot « séparation » comme nous le verrons est trompeur.

1. Russell, *Histoire de la philosophie occidentale*, p. 163.

2. J'ai à l'esprit la Ballade Épistémologique de W. Quine concernant l'*Homo javanensis* dont les simples facultés « pouvaient seulement traiter des choses concrètes et présentes à ses sens », « Identité, ostension et hyposthase » dans *Du point de vue logique*.

3. Il s'agit de Berkeley sur les idées abstraites, *Principles*, Intro., sect. 10. Il est cité longuement par James, *Psychology*, vol. 1, p. 469, qui défend, je pense de façon correcte, que ce qui est difficile n'est pas la reconnaissance des *abstracta* mais la reconnaissance qu'ils sont abstraits, et la conception de l'universel, et que ceux-ci sont au pire pas plus laborieux que la conception du *concretum* en contreparties.

avec la pléthorique variété de l'être dont aucun trait concevable de la psychophysique ne pourrait rendre compte. Ce que nous *voyons* premièrement de la lune, par exemple, c'est sa forme et sa couleur et pas du tout son volume dans sa globalité concrète – des générations ont vécu et sont mortes sans avoir suspecté qu'elle ait concrètement un volume. Si nous lui attribuons désormais la solidité et l'aridité, nous le faisons élément par élément à peu près, comme nous imputons la présence des rouages à une montre ou un estomac à un vers. L'évaluation porte également sur les *abstracta*. La première valeur accordée par la majorité des hommes à la lune c'est son éclat ; ce qu'un enfant veut d'une sucette est une certaine saveur et une persistance. Il prendrait bien plutôt ces *abstracta* sans le reste du volume que le volume sans ces qualités. Au centre du débat opposant les champions de la métaphysique du particulier concret à ceux de l'universel abstrait, est intervenue une discussion quant à savoir si les premières expériences du bébé sont celles des globalités des particuliers concrets (sa balle, sa mère, et ainsi de suite) ou celles d'universaux abstraits (la Rougeur, la Circularité, et ainsi de suite). Il serait ici d'utilité, même modeste, de procéder à une petite observation d'un bébé, ou de soi-même dans une humeur de bébé, pour convaincre le candide et l'instruit que l'objet d'une telle absorption n'est pas l'universel abstrait (en aucun cas l'enfant ne « tombe tout droit du haut des nuages sur la plus haute branche de l'arbre de Porphyre »[1]) et certainement pas le particulier concret (cette « chose étrange, merveille de l'esprit »[2] qu'une vie d'observation et vingt siècles de recherche ont à peine commencé à pénétrer), mais est en vérité le particulier abstrait ou trope, *cette* rougeur, *cette* circularité, et ainsi de suite.

Bien que les usages du trope soient particulièrement intéressants pour rendre compte des substances et universaux, l'impact de cette idée est peut-être plus grand dans de nombreux domaines qui n'ont pas été si longtemps établis et obscurcis par des

1. B. Blanshard, *The Nature of Thought*, vol. I, p. 569.
2. Santayana, *The Unknowable*, p. 29.

habitudes et de vieilles opinions et non tant pourvues de dispositifs alternatifs. Tandis que les substances et les universaux peuvent êtres « construits » à partir de tropes, ou apostrophés *in toto* à diverses fins, le trope ne peut être bien « construit » à partir des tropes et des substances et fournit l'unique rubrique hospitalière à une centaine de sorte d'entités que ni la philosophie, ni les sciences, ni le sens commun ne peuvent laisser partir. Ceci est plus flagrant pour n'importe quelle ambition vouée à traiter de l'esprit, tout particulièrement parce que la force de l'esprit est l'accommodation, la focalisation, ou la mise en évidence qui met l'*abstracta* en contraste avec un vide ou un arrière-fond indéfini. Une douleur est un trope *par excellence*. Ainsi une douleur nocturne, vive et mystérieuse, par exemple, dénuée de la conscience d'un contexte ou d'une classification, est cependant en elle-même aussi absolue et implacable que la grande pyramide. Cependant tous les autres contenus distincts sont essentiellement du même ordre : ainsi d'un amour, ou d'un chagrin, ou d'un « plaisir individuel singulier »[1].

La notion de trope prend toutefois le plus pleinement son sens dans la théorie de la connaissance. Les « espèces sensibles » des scolastiques, les « idées » de Locke et Berkeley, les idées et impressions de Hume, les *sense-data* de l'épistémologie récente – dès lors qu'ils sont entendus comme des tropes, non comme des choses ou comme des essences, une centaine d'énigmes s'évanouissent à leur propos, et les attaques des philistins à l'encontre de la théorie de la connaissance perdent d'elles-mêmes le plus fort de leur argument. Nous n'avons pas besoin d'avancer qu'un *sensum* rouge, par exemple, est complètement abstrait (quoique cela puisse être). Mais même s'il est doté de quelques composantes distinctes, telles qu'une forme et une taille aussi bien qu'une couleur, et bien que la couleur elle-même implique les « attributs » de nuance, d'éclat et de saturation, ceci est encore abstrait par comparaison à un solide plein

1. C. S. Peirce, sans la notion de trope, dénonce cette expression pleinement intelligible comme des « mots sans signification », *Collected Papers*, C. Harthorne et P. Weiss (ed.), Cambridge (Mass.), Harvard UP, 1931, vol. I, p. 172.

et coloré. Plus encore, selon des psychologues de bonne réputation, peuvent exister des données bien plus abstraites, n'en déplaise aux dires des empiristes : ainsi des données sensibles qui ont des couleurs mais aucun autre caractère, ou même encore une teinte et aucun autre « attribut ». La personne qui utilise la théorie des tropes pour aiguiser son regard quant à ce qui est réellement présent, et ce qui ne l'est pas, peut ne pas croire en l'attribution à l'esprit de tels composants toujours plus délicats, comme la pensée sans images des anciennes écoles germaniques, ou les idées non imaginales de Descartes, les purs concepts des scolastiques, ou les *Gestalten* éthérées des plus récents évangiles allemands ; mais si ceux-ci existent, ils existent comme tropes. J'admets qu'il convient de dire la même chose des plus sombres catégories de l'acte mental pur, des intentionnalités, dispositions, et pouvoirs. De tels processus mentaux réels mais relativement complexes tels que les cours de pensée, les décisions morales, etc., pris comme particuliers occurrents, qu'ils soient brefs ou de la durée d'une vie, et non (comme presque toutes les expressions en ce département au moins le suggèrent également) comme des genres récurrents, sont les tropes et les composés de tropes – et les genres aussi, bien évidemment, sont des composés de tropes à leur manière. Une âme ou un esprit, pris dans leur totalité, s'il ne sont pas substance immatérielle unique en elle-même, est un trope.

Traduction Frédéric PASCAL
revue par Frédéric NEF

PETER SIMONS

DES PARTICULIERS DANS LEURS HABITS
PARTICULIERS : TROIS THÉORIES
TROPISTES DE LA SUBSTANCE[*]

> *Quand donc on parle d'une sorte particulière de*
> *substances, comme celle de* cheval, *de* pierre, *etc., ou*
> *quand on y pense, l'idée qu'on en a n'est que la*
> *somme, la collection, des nombreuses idées simples*
> *de qualités sensibles que l'on trouve habituellement*
> *unies dans les choses nommées* cheval, pierre. *Et*
> *pourtant, parce qu'on ne peut pas concevoir comment*
> *elles subsisteraient seules, ou comment elles subsiste-*
> *raient l'une dans l'autre, on suppose qu'elles existent*
> *dans une chose commune qui les supporte;* et ce
> support est dénoté par le nom substance, *bien qu'il soit*
> *certain que l'on n'a aucune idée claire et distincte de*
> *cette* chose *que l'on suppose être un support*[**].

Introduction

Je me propose de choisir et d'essayer un chemin sûr à travers
une partie de ce champ de mines ontologique, le problème des

[*] *Philosophy and Phenomenological Research*, 54.3, 1994, p. 553-575. À la
mémoire de Col. Marcus J. Gravel (1930-1992). [La dernière section du texte a été
omise].

[**] J. Locke, *Essai sur l'entendement humain*, Livre II, chap. 23, § 4, trad. fr.
J.-M. Vienne, Paris, Vrin, 2001, p. 462.

universaux et des particuliers. Parmi les différentes formes de nominalisme qui offrent des analyses ontologiques prometteuses des substances corporelles comme les chevaux et les pierres, deux méritent une attention particulière, l'une et l'autre utilisant la notion de trope ou d'instance de propriété individuelle. La première, la théorie du faisceau [*bundle theory*], est probablement la plus populaire à l'heure actuelle. Fortement soutenue par Donald Williams et Keith Campbell, elle consiste à dire qu'un particulier concret n'est rien d'autre qu'un faisceau de tropes. Pour la seconde en revanche, la théorie du *substratum*, un particulier concret requiert, en plus de ses tropes, un composant qui n'est pas un trope et que nous pouvons appeler un *substratum*; on parle parfois de particulier nu [*bare particular*]. Locke est probablement le plus célèbre représentant de la théorie du *substratum* (*cf.* la citation ci-dessus) même s'il existe aussi chez Aristote et saint Thomas des tendances similaires. La théorie du *substratum* trouve à l'heure actuelle un défenseur d'importance en la personne de C. B. Martin, un fervent partisan de Locke. Nous discuterons les avantages et les inconvénients de chacune de ces deux théories pour finir par accorder notre crédit à une troisième option, que j'appellerai la théorie nucléaire. Cette dernière position n'est ni une théorie du faisceau ni une théorie du *substratum*, mais combine leurs avantages sans, me semble-t-il, partager leurs inconvénients.

Il est heureux que la discussion du vieux problème des universaux ait, ces dernières années, progressé jusqu'à un point où toutes les options semblent avoir été étudiées et codifiées. Parmi les auteurs qui ont contribué à cette avancée il faut d'abord mentionner David Armstrong et il est intéressant de comparer les positions que ce dernier soutient respectivement dans *Universals and Scientific Realism* (1978) et *Universals, an opinionated Introduction* (1989). Le revirement le plus important que nous pouvons observer chez Armstrong concerne précisément la position que j'estime être la meilleure, à savoir celle que l'on appelle de nos jours le *nominalisme des tropes*; le changement de position de David Armstrong témoigne du fait que cette théorie a gagné en reconnaissance. Alors qu'en 1978 Armstrong rejetait hâtivement cette position, et ce, pour des raisons qu'il juge désormais mauvaises, il voit maintenant dans un certain type de nominalisme des tropes un sérieux rival pour le réalisme *a posteriori* qu'il soutient, et, tout en jugeant que le réalisme qui a ses faveurs a une longueur d'avance, il considère que la décision finale qui départagera les deux positions est en attente d'arguments qui n'ont pas encore été produits. En un mot, en laissant de côté la question des personnes, la force inhérente au nominalisme des tropes a su trouver une reconnaissance croissante et Armstrong, honnête comme à son habitude, n'a pas manqué d'y accorder son attention en dépit du fait que cette théorie vient à l'encontre de ses propres thèses.

Je n'ai pas l'intention d'exposer tous les avantages que la théorie des tropes possède par rapport au nominalisme qui se dispense des tropes ou aux théories qui utilisent les universaux au détriment des tropes, car cela a déjà été mis en évidence avec brio dans le dernier livre d'Armstrong et, de manière plus personnelle, par Keith Campbell dans *Abstract Particulars* (1990).

Pourquoi a-t-on tant ignoré les tropes ?

Même si la catégorie ontologique des tropes est relativement courante, elle ne fait pas pour autant l'unanimité. La plupart des philosophes qui ont été éduqués suivant les standards du monde anglophone les ont probablement considérés de prime abord comme des créatures renforçant l'exotisme du zoo ontologique. En revanche, ceux qui ont une culture approfondie de la philosophie médiévale n'ont pu manquer de rapprocher les tropes des accidents individuels d'Aristote et des Scolastiques et d'y trouver de ce fait une familiarité[*]. La manière dont la philosophie analytique a été pratiquée et enseignée un peu partout dans le monde au XXᵉ siècle, et ce particulièrement sous l'influence de Russell et de Moore, est

---

[*] Sur l'histoire médiévale des tropes, *cf.* A. de Libera, « Des accidents aux tropes. Pierre Abélard », dans J.-M. Monnoyer et F. Nef (éds.), 2002, p. 509-530.

peut-être à l'origine du fait, qu'à mesure que des philosophes ont
été contraints par leurs propres analyses à détecter les tropes et ce,
indépendamment les uns des autres, ils les ont toujours affublés de
noms peu avenants pour les reléguer comme entités exotiques. En
effet, lors de ses discussions des propriétés et des relations, jamais
Russell ne soulève ne serait-ce que la question de savoir si les
propriétés et les relations sont des universaux ou des particuliers,
supposant simplement que ce sont des universaux. De même
Moore, dans sa célèbre critique de la théorie des tropes de Stout,
réussit de manière efficace à éloigner son lecteur des tropes en
présentant le réalisme des propriétés universelles comme la seule
position raisonnable.

Un regard rapide aux écrits de célèbres philosophes du passé
sur le sujet suffit pour comprendre que la croyance en l'existence
des tropes, quelle que soit la façon dont on les a appelés, a été
l'exception plutôt que la règle. En dehors de la tradition aristotélo-
scolastique, nous en trouvons la trace dans les modes chez Locke
(qui ne sont pas sans rapport avec cette tradition), les propriétés des
monades chez Leibniz et, dans une certaine mesure, les idées de
Berkeley et Hume. L'importance des tropes est également manifeste au début du xxe siècle dans la philosophie scientifique conti-
nentale des élèves de Brentano. Lorsque Meinong, dans son ouvrage
sur les empiristes*, parle de propriétés et de relations, il suppose,
sans jamais le remettre en question, qu'il s'agit non pas d'universaux mais de particuliers[1]. Toutefois c'est Husserl qui, dans ses
Recherches logiques[2], offre une analyse plus approfondie des
tropes en empruntant la notion de « contenu dépendant » (ou d'idée
dépendante) à Stumpf et en appliquant ce concept psychologique à
l'ontologie. Les objets dépendants sont baptisés des « moments ».
De la même façon, Brentano développe l'idée d'une séparabilité

1. *Cf.* Grossmann (1974), p. 5.

2. Husserl, *Recherches logiques* III, « De la théorie des touts et des parties »,
Paris, PUF, 1961. Voir le commentaire de Simons (1982).

* Il s'agit des *Hume Studien* (*Gesammtausgabe*, t. I).

des objets entre eux qui serait asymétrique ou non réciproque. Et il est fort probable que Stout, dont l'ouvrage *Analytical Psychology* est marqué par l'école de Brentano, ait été influencé par ces idées lorsqu'il a élaboré sa théorie des particuliers abstraits.

Pour ma part, le chemin qui m'a conduit aux tropes fut quelque peu détourné puisqu'il n'est passé ni par Stout ni par la Scolastique mais par Husserl et sa notion de *moment*. Et dans ce contexte, les tropes ne jouent pas le jeu de la concurrence avec les universaux, car Husserl croit aussi aux universaux (les *espèces idéales*). C'est d'abord l'ouvrage de Guido Küng, *Ontology and the Logistic Analysis of Language*, influencé par les théories nominalistes de Goodman et Lesniewski et traduit en anglais en 1967, qui me suggéra pour la première fois l'idée que les tropes pouvaient être d'une grande utilité pour les entreprises nominalistes. Cela n'est pas surprenant dans la mesure où Küng connaissait à la fois Husserl et la tradition scolastique. Ensuite, Ignacio Angelelli montra dans *Studies on Frege and Traditional Philosophy*, publié également en 1967[*], comment les conceptions modernes ont constamment éliminé les accidents individuels du «carré ontologique» des *Catégories* d'Aristote. À partir de là, j'étais pris à l'hameçon. En 1984, dans la théorie des vérifacteurs élaborée par Kevin Mulligan, Barry Smith et moi-même, une nouvelle utilisation des tropes fut introduite, encore une fois sous le nom de *moment*.

Cependant, les raisons historiques, qu'elles soient institutionnelles ou accidentelles, ne suffisent pas à expliquer pourquoi le silence règne à nouveau autour des tropes. Küng, dans son ouvrage, propose trois raisons plus systématiques (1)-(3)[1] :

> 1) Nous avons l'habitude de dire que deux choses sont semblables quand elles se ressemblent par certaines propriétés, donc nous avons tendance à penser qu'il doit toujours y avoir une raison pour laquelle deux choses numériquement distinctes se ressemblent.

1. Küng (1967), p. 166-168.

[*] I. Angelelli, *Études sur Frege et la philosophie traditionnelle*, trad. fr. J.-F. Courtine, A. de Libera, J.-B. Rauzy, J. Schmutz, Paris, Vrin, 2007.

Ainsi, si des propriétés sont semblables, *i.e.* exactement ressemblantes en elles-mêmes, mais s'il est également possible qu'elles soient numériquement distinctes, alors soit elles sont identiques soit elles se ressemblent en vertu de quelques propriétés de propriétés. La première option nous débarrasse des tropes. La seconde n'est pas satisfaisante car, soit elle nous conduit à poser des universaux de second ordre censés expliquer ce qui le serait bien mieux par des universaux de premier ordre, soit il y a un risque de régression à l'infini. La réponse que Küng donne à ce problème, et certainement la seule qu'un théoricien des tropes peut endosser, consiste à dire que l'identité des tropes est une relation de base qui ne requiert aucune justification supplémentaire. Nous retrouvons cette même idée dans des travaux sur les tropes présentés plus récemment : la ressemblance exacte de tropes (l'identité de Küng) est une relation interne impliquée par la nature même des tropes, autrement dit le fait que deux tropes sont identiques survient sur le fait pour eux d'être les individus qu'ils sont. Les relations internes ne provoquent pas de surenchère ontologique et mettent un terme à la régression à l'infini, la survenance étant inoffensive de ce point de vue.

> 2) Les langages logiques usuels ne contiennent pas de noms pour les tropes et nous n'avons pas l'habitude de quantifier sur eux.

On peut ajouter que les langages naturels ne nous donnent pas non plus de familiarité avec les tropes, et cela, me semble-t-il, pour une raison pragmatique. Nous utilisons pour une grande part les tropes comme de simples moyens pour nous aider à reconnaître ou identifier des particuliers pour lesquels nous avons un intérêt quel-conque et qui méritent, eux, d'être désignés par des noms propres. Tandis que de nombreux individus non substantiels sont désignés par des termes singuliers et certains même par des noms propres (on réfère par exemple aux batailles en utilisant des noms, comme Trafalgar ou Gettysburg, qui sont dérivés du nom des lieux où elles se sont tenues mais tout en en étant distincts), je ne parviens pas à trouver le moindre nom propre qui désignerait un trope. Seuls quelques-uns atteignent une importance telle qu'ils gagnent au mieux le droit d'être désignés par une description définie. Nous trouvons des candidats à ce genre de traitement dans le champ esthétique, *i.e.* la forme de la bouche de Mona Lisa, la manière dont Ingrid Bergman demande à Sam dans *Casablanca* de jouer «*As Time Goes By*» ou, pour prendre un événement historique, la trajectoire de la tête de John F. Kennedy après qu'une dernière balle l'ait atteint.

3) Le risque d'une régression à l'infini peut nous faire rejeter les tropes.

Si nous prenons trois tropes indiscernables ou qui se ressemblent exactement, alors les trois relations de totale ressemblance en cause doivent être exactement ressemblantes (sinon nous recourrons frauduleusement à un universel, comme le fait Russell dans son argument contre le nominalisme de la ressemblance) et ces nouvelles ressemblances doivent à leur tour être ressemblantes entre elles, etc. Il y a deux manières de sortir de cette impasse. D'une part, on peut utiliser la notion de survenance ou le caractère interne de la ressemblance afin de bloquer la prolifération ontologique. Ainsi n'a-t-on plus deux tropes et une relation de ressemblance mais deux tropes qui, étant donné ce qu'ils sont, sont exactement ressemblants. C'est la solution choisie par Campbell. D'autre part, on dispose de la solution de Küng pour qui la régression à l'infini ne fait pas problème. Selon lui, une infinité de relations de ressemblance n'est pas nécessairement une raison de refuser la théorie : la régression ne nous empêche pas de parler des choses puisque n'importe quelle langue y met fin quand la ressemblance est seulement montrée et non représentée.

Remarques de terminologie

Le terme « trope » étant maintenant plus ou moins établi mais aussi suffisamment opaque pour qu'il ne nous fourvoie pas en suggérant des connotations trompeuses, je vais continuer à l'utiliser. Dans des écrits passés, j'ai fait usage du terme « accident individuel », que je trouve en fait trop long et surtout potentiellement trompeur car, contrairement à ce qu'il pourrait laisser entendre, certains accidents peuvent être essentiels à leurs porteurs. Il est vrai que je continue à avoir un faible pour le terme husserlien de « moment », mais, en plus de son acception temporelle parasitant l'usage ontologique que l'on voudrait ici en faire, il perd tout son intérêt sorti de son contexte linguistique d'origine, la langue anglaise ne reflétant pas les connotations qu'il possède dans la langue allemande.

En revanche, les termes « nominalisme » et « réalisme » sont davantage porteurs d'équivoques préjudiciables et méritent ici un éclaircissement. Premièrement, j'appellerai *particularisme* la conception selon laquelle il n'existe pas d'universaux et *universalisme* celle qui en affirme au contraire l'existence. Les universaux se caractérisant par le fait de pouvoir être exemplifiés de façon multiple, on a l'habitude d'en inférer, *via* des arguments sur les localisations spatiotemporelles, que ce sont des entités abstraites. Nous n'avons pas besoin ici de prendre position sur cette question, bien qu'il me semble que ces arguments mériteraient d'être réexaminés. Deuxièmement, je distinguerai le *concrétisme*, qui refuse l'existence d'objets abstraits, de l'*abstractionnisme*, qui au contraire l'accepte. Relativement aux particuliers et aux universaux, les termes « abstrait » et « concret » ont été utilisés de deux manières qui sont incompatibles. Selon la façon dont j'ai utilisé ces termes jusqu'à maintenant, les objets abstraits ne possèdent pas de localisation spatiotemporelle tandis que les objets concrets ont au moins une position temporelle, si ce n'est une position spatiale. Cet usage se distingue en effet de celui selon lequel les objets concrets sont des particuliers qui peuvent exister par eux-mêmes à la différence des objets abstraits qui sont dépourvus d'existence indépendante. C'est à ce deuxième usage que Keith Campbell se conforme dans *Abstract Particulars*. Déjà Husserl, en 1901, remarquait

cette équivoque[1]. Ainsi nos scrupules à dire que les tropes sont
« concrets » s'atténuent-ils si nous distinguons les particuliers
dépendants des particuliers indépendants. Dans la mesure où nous
disposons du terme « particulier dépendant », ce que nous avons de
mieux à faire c'est de décrire les tropes comme un type de particuliers concrets dépendants. Cela laisse ouverte la possibilité qu'il
y ait d'autres sortes de particuliers concrets dépendants, comme les
événements ou les limites, et qu'un abstractionniste puisse parler
d'individus ou de particuliers abstraits, tels que les ensembles, qui,
s'il existe de telles choses, ne seraient pas forcés d'être des universaux. Ainsi, un théoricien des ensembles pourrait-il distinguer les
particuliers abstraits indépendants, tels que l'ensemble vide, des
particuliers abstraits dépendants, tels que le singleton qui ne peut
exister que si son membre existe. Enfin, il me semble qu'il convient
d'appeler *substances* les particuliers concrets indépendants, ce qui
n'est selon moi pas très éloigné de l'idée classique de substance : en
tout cas, dans la mesure où je ne focalise pas ici mon attention sur
les substances, je considère que cette description est suffisamment
proche de la notion classique de substance.

Les théories du faisceau

L'idée selon laquelle les particuliers indépendants ne sont que
des collections ou faisceaux de tropes est très séduisante. Berkeley
s'y est essayé pour rendre compte des individus physiques et Hume
pour rendre compte du Moi. Donald C Williams dans son article
pionnier « The Elements of Being »[2], épouse également cette
conception de la substance ordinaire comme faisceau de tropes
reliés par une relation d'équivalence de comprésence. Keith
Campbell, dans la lignée de Williams, écrit à ce propos :

> Un objet ordinaire, un particulier concret, est un groupe total de
> tropes comprésents. C'est en étant le groupe complet qu'il est qu'il

1. Husserl, *Recherches Logiques* III, chap. I, § 5, p. 18-19.
2. Williams (1953) [voir *supra*, p. 33-53].

monopolise l'endroit qu'il occupe, comme sont censés le faire les
objets ordinaires [1].

La théorie du faisceau est indéniablement attractive car elle
nous promet ce que Campbell appelle une ontologie mono-catégo-
rielle. En se dispensant d'invoquer un *substratum* inconnaissable
ou un particulier nu, elle se révèle élégamment occamiste. La théorie
du faisceau pose toutefois des problèmes. Un premier groupe de
difficultés concerne la relation de comprésence. Est-elle inanalysable? Ne conduit-elle pas à une régression à l'infini vicieuse?
Qu'est-ce qui empêche plusieurs tropes d'une même espèce,
par exemple la rougeur, d'être comprésents au sein d'un même
faisceau? N'avons-nous pas alors besoin d'une relation modale
supplémentaire d'exclusion spatiotemporelle parmi les tropes
co-spécifiques? Le second groupe de difficultés se rapporte à
l'objection selon laquelle les tropes ne sont pas assez substantiels pour donner lieu, par simples groupements, à des individus
qui, eux, sont substantiels. Leur groupement serait condamné à
demeurer une collection, non un individu.

Considérons dans un premier temps la relation de comprésence.
Il n'est pas simple de déterminer s'il s'agit d'une relation à deux
places reliant les tropes par paires, d'une relation à trois places
reliant un lieu avec deux tropes ou d'une relation multiple liant le
tout en un système. Considérons la première hypothèse. Puisque les
substances ordinaires possèdent de nombreux tropes, les relations
de comprésence y existent nécessairement en très grand nombre et
doivent elles-mêmes être comprésentes entre elles afin de constituer une substance unique. Par conséquent, en rendant compte de la
liaison des tropes par la liaison des relations de comprésence, nous
retrouvons notre problème initial, mais à un niveau plus sophis-
tiqué. De plus, l'arithmétique n'y trouve pas son compte: pour
quatre tropes comprésents, il y a six relations de comprésence, pour
cinq tropes comprésents il y en a dix, et en général pour n tropes

1. Campbell (1990), p. 21.

comprésents il y a nC_2 relations de comprésence. On pourrait répondre à cela qu'il n'y a pas plus ici de régression à l'infini qu'il y en a dans le cas de la relation de ressemblance. Je pense toutefois que c'est plus problématique ici. Il était plausible de considérer que la ressemblance (exacte ou non) entre deux tropes est une relation interne dérivée de la nature de chaque trope pris séparément. Mais ce n'est pas toujours le cas de la comprésence de deux tropes. Si dans certains cas plusieurs tropes doivent nécessairement co-exister, une grande part des tropes qui constituent les particuliers substantiels n'appartiennent à un même faisceau que de façon contingente : ce n'est pas que *ces tropes* pourraient être ailleurs mais que *cette substance* pourrait être autrement et qu'elle peut de fait changer. Supposons qu'un certain faisceau de tropes, corres-pondant disons à une feuille de papier, contienne, à un certain moment, le trope de forme S et le trope de température T (il importe peu ici de formuler des exemples qui seraient entièrement accep-tables, l'idée ne dépendant pas de ce fait). Envisageons maintenant que l'objet change de forme sans changer de température (si l'on plie lentement la feuille par exemple) ou qu'il change de tempéra-ture sans changer de forme. Selon l'explication standard en termes de tropes, le changement réel consiste pour une substance dans le remplacement d'un trope par un autre. Ainsi S peut-il continuer à exister au sein du faisceau en compagnie d'un nouveau trope de température T', de la même façon que T peut continuer à être comprésent avec un nouveau trope de forme, disons S'. Dans les deux cas de figure la relation de comprésence entre S et T devient caduque, suggérant par là que cette relation n'était pas seulement due à la nature intrinsèque de S et T. Par conséquent, lorsque deux ou plusieurs tropes co-existent de manière essentielle il est plau-sible de considérer la comprésence comme une relation interne. Mais il n'y a aucune de raison d'appliquer cela à tous les tropes.

Les relations internes primitives servent à bloquer les régres-sions à l'infini. Et le problème de la régression de l'unification était connu de Husserl. Ce dernier critiqua en effet la thèse de Twardowski portant sur le sujet qui nous occupe et qui consistait à dire que l'unification dans un tout de deux items quels qu'ils soient est garantie par un troisième terme qui les relie entre eux [1]. Selon Husserl, cela provoque une régression à l'infini : non seulement le nombre d'items augmente indéfiniment mais l'unification ne s'accomplit jamais. Afin de sortir de cette difficulté, Husserl concocte une relation spéciale, la *relation de fondation*, qui sert à relier les choses dans une unité sans recourir à un matériel supplémentaire pour coller les éléments entre eux. Il distingue en fait deux sortes de fondation. *Primo*, un individu A est *faiblement fondé* sur un individu B ssi A est nécessairement tel qu'il ne peut exister sans que B existe. Un objet est faiblement fondé sur ses parties propres essentielles. *Secundo*, selon l'autre sorte de fondation, qui est plus appropriée ici, A est *fortement fondé* sur B ssi A est faiblement fondé sur B et B ne fait pas partie de A. L'idée de Husserl est d'utiliser la fondation comme une relation formelle qui garantit l'unité sans conduire à une régression à l'infini. Il le dit explicitement :

> Ce qui unit véritablement toute chose, ce sont les rapports de fondation [2].

Mais cela suffit-il ? Supposons en effet que A et B soient mutuellement fortement fondés, c'est-à-dire que ni l'un ni l'autre ne soit une partie de l'autre et ne puisse exister sans l'autre. Nous pouvons alors nous demander ce qui dans A et B explique cela. La réponse que donne Husserl consiste à dire qu'un objet d'une certaine sorte (un trope de couleur par exemple) requiert un objet d'une autre sorte (un trope d'étendue) en vertu de la sorte ou de l'espèce idéale à laquelle il appartient. La relation de fondation existe d'abord au niveau des espèces puis est en quelque sorte héritée par les instances. Cependant, cette réponse ne fonctionne que pour les cas de comprésence essentielle. Nous pouvons admettre en effet qu'un trope d'étendue requiert *un* trope de couleur mais il ne

---

1. Husserl, *Recherches logiques* III, chap. 2, § 22, p. 66-67. La régression est bien évidemment en rapport avec celle que Bradley a rendu célèbre.

2. *Ibid.*, p. 65.

s'ensuit pas que *ce* trope d'étendue E requière nécessairement *ce* trope de couleur C, car E peut continuer à exister si C est remplacé par un autre trope de couleur C' d'un autre genre. C'est ce qui arrive habituellement lorsqu'un objet immobile change de couleur. Husserl néglige la distinction entre relations de fondation existant en vertu d'une dépendance à l'échelle de l'espèce, par exemple le fait que *toute hauteur de son requiert une intensité*, et celles existant à l'échelle individuelle, par exemple le fait que *cette hauteur de son exige cette intensité*. Une fondation spécifique est compatible avec une flexibilité individuelle. De plus, l'on se fourvoie si l'on décrit la fondation ou la dépendance en termes de dépendance *de dicto* pour la relation au niveau spécifique et en termes de dépendance *de re* pour la relation au niveau individuel, car il s'agit dans les deux cas d'une relation *de re*. Nous devrions plutôt alors distinguer une dépendance *de specie* et une dépendance *de individuo*. Donc, tout ce que l'on peut dire c'est que l'idée de Husserl d'utiliser la relation de fondation comme le ciment qui permet à des groupes de tropes de constituer des totalités plus substantielles ne fonctionne que pour les tropes qui sont individuellement fondés les uns sur les autres. Il n'y a pas de relation de fondation entre des tropes contingents ou accidentels (même s'ils appartiennent à une espèce dont une instance quelle qu'elle soit est requise).

Il semblerait que ce dont nous avons besoin pour relier deux tropes accidentellement comprésents c'est d'une dépendance commune qu'ils auraient vis-à-vis du faisceau plus grand dont ils sont des éléments. Mais cela ne nous aide aucunement à formuler une définition de la comprésence puisque cela présuppose ce que cette relation est censée accomplir : souder une collection de tropes en une totalité.

Une autre suggestion qui pourrait s'avérer utile est d'expliquer la relation de comprésence entre deux tropes en termes d'une relation à trois places entre deux tropes et le lieu qu'ils occupent tous les deux : A et B sont comprésents dans le lieu P. Cela signifie que A et B sont comprésents dans le sens binaire traditionnel ssi il y a *un* endroit P dans lequel ils sont comprésents. Cette analyse a trois inconvénients. Premièrement, elle présuppose que les lieux peuvent proprement rentrer dans les termes d'une relation. Cet absolutisme à propos des lieux est une position qu'il serait préférable, dans la mesure du possible, de ne pas endosser. Deuxièmement, cette analyse considère les lieux comme des *substrata* puisque une quantité de tropes seront comprésents (au sens binaire) ssi il y a un lieu P avec lequel ils sont tous comprésents. Ainsi est-ce l'identité de P qui rend possible l'intégrité du faisceau dans son entier. Or il s'agit là d'une théorie du *substratum*, non d'une théorie du faisceau. La seule différence qui existe entre cette analyse et une théorie standard du *substratum* c'est que cette position ne fait pas du lieu P le porteur ou le support des tropes A, B, etc. Enfin troisièmement, l'analyse de la comprésence comme relation à trois places rend les déplacements de substances trop mystérieux. Si les lieux étaient des porteurs, les tropes ne pourraient pas bouger puisque au moment où un trope cesserait d'occuper l'endroit où il est, il cesserait tout simplement d'être, et ce quand bien même il serait remplacé dans la foulée par un trope exactement similaire. Si les tropes ne pouvaient pas bouger, les faisceaux ne pourraient pas le faire non plus et l'identité des substances à travers le temps serait perdue. Toutefois, la présente théorie ne s'en trouve pas gênée plus que cela puisque A peut rester comprésent avec B en étant comprésents avec plusieurs endroits successivement, ce qui fait que les tropes peuvent authentiquement bouger. Quand une substance bouge, ses tropes bougent avec elle. Si une substance est un faisceau comprésent associé à l'endroit P, alors le fait pour le faisceau de se déplacer, c'est, pour la série entière des relations à trois places de comprésence avec P, se voir remplacée par une série similaire avec d'autres lieux P', P'', etc. Mais qu'est-ce qui explique le fait que toutes ces relations de comprésence avec P', P'', etc. non seulement affectent les mêmes tropes, mais sont toutes générées au même moment et s'éteignent ensemble dans une harmonie parfaite ? Qu'est-ce qui empêche les tropes d'errer dans différentes directions ? Si nous trouvons le moyen de donner une explication alternative de ce qui fait du faisceau un faisceau, nous serons en mesure de répondre à ces questions en partant du fait que le faisceau, pris comme un tout, se déplace. Dans le cas contraire nous sommes face à un mystère ou à un miracle. Remarquez que cette objection ne s'applique pas aux versions de la théorie du *substratum* qui posent qu'un *substratum* est autre chose que le lieu puisque le même mouvement d'ensemble d'un faisceau de tropes dans une substance est alors expliqué par le fait qu'ils sont tous reliés au même substrat. Ces théories possèdent l'autre avantage de rester neutres sur la vérité ou la fausseté d'une théorie relationnelle de l'espace.

La dernière possibilité pour la comprésence est qu'elle n'est ni une relation à deux places ni une relation à trois places mais une relation à beaucoup plus de termes, autant qu'il y a de tropes présents au sein du faisceau. Nous ne connaissons pas forcément l'arité de la relation* – le nombre peut même être infini – et il peut y avoir différentes arités pour différents particuliers concrets indépendants. Mais ce que nous pouvons dire c'est qu'il faudra néanmoins toujours une telle relation. À mes yeux cette position a au moins deux inconvénients. D'abord, il est difficile d'évaluer sa force explicative. En effet, nous nous contentons de dire qu'une certaine relation, quelle qu'elle soit, maintient les tropes ensemble au sein d'un faisceau. C'est complètement abandonner la partie. L'autre objection est à nouveau que l'on ne voit pas comment expliquer la contingence et le changement. L'énorme relation qui relie tous les tropes ensemble sans distinction ne peut expliquer la différence qui existe entre des tropes qui sont essentiels à leur substance et les tropes accidentels. Elle n'explique pas par elle-même pourquoi, quand une substance change, une partie du faisceau reste inchangé alors que l'autre se modifie, des tropes extérieurs se glissant dans les places que viennent de laisser vacantes leurs homologues de même genre qui sont en train d'expirer. Pour

---

* Arité d'une relation : nombre d'arguments de cette relation. Synonyme : adicité (d'où relation soit binaire / dyadique ; ternaire / triadique, etc.).

ces différentes raisons, il me semble qu'adopter cette alternative est un choix désespéré. Un point qu'il est tout de même utile de retenir ici c'est que nous devrions peut-être chercher différents types de particuliers concrets indépendants qui possèdent non seulement différents types de tropes mais peut-être aussi des tropes en nombre différent.

Le second groupe d'objections a trait à la nature apparemment non substantielle des tropes et à leur incapacité de ce fait à produire une substance par leur seul groupement. Martin dit à ce sujet :

> Un objet n'est pas une simple collection de ses propriétés ou qualités comme l'est une foule qui se résume à la collection de ses membres, puisque chaque propriété d'un objet doit, pour exister, être possédée par cet objet. Les membres d'une foule n'ont pas besoin d'appartenir à cette foule pour exister [1].

Pour Levinson, Seargent et Armstrong, les tropes sont des manières d'être individualisées. Or, il est difficile d'imaginer comment une substance peut être composée d'un groupe de tropes. Les tropes sont censés être des entités dépendantes. Et ce point est selon moi ce qui fait la force des objections que font Martin et Armstrong à l'encontre des théories d'après lesquelles les substances sont composées de tropes. C'est ce qui explique pour Armstrong que les théoriciens des tropes essaient de « façonner les tropes comme des entités plus substantielles » [2]. C'est en effet ce qu'ils font bien sûr puisqu'ils tentent de rendre compte des apparences des individus complexes. Toutefois peut-être se peut-il que d'aucune collection ou liaison d'entités dépendantes ne puisse résulter autre chose qu'une entité dépendante supplémentaire ou une collection d'entités dépendantes. Ainsi l'existence d'une entité indépendante, et il doit en exister au moins une s'il existe quelque chose, reste toujours inexpliquée.

1. Martin (1980), p. 8.
2. Armstrong (1989), p. 115.

La comparaison que fait Martin entre les faisceaux de tropes et les foules de gens n'est pas vraiment appropriée. Les faisceaux de tropes ne sont pas censés n'être que de simples collections et encore moins des collections d'individus auto-subsistants qui existeraient d'abord de manière indépendante puis s'assembleraient en un faisceau comme une armée se construit par le rassemblement d'hommes ou un bateau à partir de divers morceaux d'acier. Un traitement subtil de la relation qui unit les tropes ensemble ne prendra pas seulement en compte leur dépendance mais essaiera également de montrer pourquoi le fait de rassembler un grand nombre de tropes dépendants produit quelque chose qui, que ce soit une collection ou un individu, possède la propriété apparente d'être quelque chose d'indépendant. Pour comprendre une telle démarche, nous pouvons considérer encore une fois Husserl. Ce dernier distingue plusieurs concepts de «tout». En ce qui nous concerne, le plus important de ces différents sens est celui que Husserl appelle le *concept prégnant du tout*, et ce que j'appellerai moi-même plus simplement un *tout intégral*[1]. Ainsi vais-je proposer une explication qui s'appuie sur celle que donne Husserl tout en utilisant une terminologie plus actuelle[2]. D'abord, deux particuliers sont *directement fondationnellement reliés* si l'un est fondé, faiblement ou fortement, sur l'autre. Ensuite, deux particuliers sont *fondationnellement reliés* ssi ils héritent de la relation d'être directement fondationnellement reliés entre eux. Une collection est un *système fondationnel* ssi chacun de ses membres est fondationnellement relié à tous les autres sans qu'aucun ne soit par ailleurs fondationnellement relié à une entité qui n'est pas membre de la collection. Un objet est un *tout intégral* ssi il peut être décomposé en parties qui forment elles-mêmes des systèmes fondationnels.

Remarquons la manière dont la relation d'être fondationnellement relié est définie en termes de dépendance ou de fondation.

1. Husserl, *ibid.*, § 21, p. 61.
2. Pour plus de détails, voir les explications que j'en donne dans Simons (1982) et (1987), chap. 9.

La définition d'un système fondationnel requiert à la fois que chaque membre de la collection soit dépendant, cette relation de dépendance restant interne à la collection elle-même sans invoquer d'entité extérieure, et que le système entier soit totalement connecté. Ainsi, si deux substances sont indépendantes l'une de l'autre, joindre leurs collections de tropes ne parviendrait jamais à former un nouveau système fondationnel car il n'y a pas de relation de dépendance entre les deux collections. Les tropes se répartissent entre deux systèmes fondationnels disjoints et peut-être même plus encore. Toutefois, peut-on dire que la seule présence d'un système fondationnel assure l'indépendance dont nous cherchons à rendre compte ? Si nous ajoutons un principe supplémentaire, il semblerait que c'est exact : *Une collection de particuliers, dont tous les besoins fondationnels sont satisfaits au sein de la collection, est une entité indépendante.* Il s'agit là d'un principe difficile à réfuter. L'indépendance peut ainsi émerger de la dépendance. Remarquons toutefois que nous n'avons parlé jusqu'ici que de l'indépendance d'une collection alors qu'une substance est censée être un individu, non une collection. Mais je ne suis pas certain qu'il s'agisse là d'une objection forte. Un système fondationnel n'est pas qu'une simple collection ou une pluralité de choses. C'est un système connecté. De la même manière, si l'on peut dire d'une armée qu'elle est, en un certains sens, une entité collective, ce n'est pas seulement parce qu'elle est une collection ou une pluralité de soldats. Une pluralité de soldats ne fait pas une armée. Pour reprendre l'exemple introduit par Martin, une multitude de gens ne suffit pas à constituer une foule. Les personnes doivent être côte à côte et ne pas être séparés les uns des autres par des barrières physiques : quelqu'un de trop éloigné ou séparé physiquement du reste du groupe n'appartient pas à la foule et toute personne assez proche des autres et non séparée physiquement par des barrières appartient à la foule. Une foule est une sorte de « système de proximité spatiale ». D'ailleurs, de fait nous employons le singulier : *une* foule. Le fait que nous ne considérions pas certains genres de substances, par exemple les corps physiques, comme des entités collectives, s'explique peut-être tout simplement par le fait que nous ne percevons pas leurs éléments constitutifs en ne faisant attention qu'à leurs qualités agrégatives ou *Gestalt* plutôt qu'aux relations existant entre leurs éléments.

Cette solution d'inspiration husserlienne comporte toutefois deux aspects insatisfaisants. Premièrement, elle néglige encore une fois la distinction entre les tropes essentiels et les tropes accidentels d'une substance. Deuxièmement, que les substances soient des individus ou des systèmes collectifs, elle traite les tropes comme des parties des substances. Husserl est clair sur ce point : pour lui, tout ce qui rentre dans la constitution d'un individu en est une partie. Ce que d'ordinaire nous appelons des « parties » n'en représente en réalité, dans la classification de Husserl, qu'une certaine sorte : les parties *indépendantes* ou *morceaux*. L'autre sorte, les *parties dépendantes*, sont ce qu'il appelle des *moments*[1]. Or, il me semble très peu plausible de penser les tropes comme des *parties* de substances. Si Seargent et Armstrong ont raison de les considérer comme des *manières d'être* individualisées des choses, il est certainement faux d'y voir des parties. *Comment* quelque chose est, est quelque chose à son sujet, mais n'en fait pas partie. Examinez par exemple toutes les parties d'un artéfact complexe, disons un avion. Vous trouverez ses ailes, le système de radar, les moteurs, les ailerons, etc., jusqu'à des parties plus petites comme les boulons, les rivets, les transistors ou les bouts de ferraille, mais nous ne trouverions jamais parmi ses constituants son poids de 10,5 tonnes. Les parties sont une chose, les propriétés en sont une autre (et les propriétés des parties autre chose encore). La tentation de penser les tropes comme des parties (dans un sens littéral ou dans un sens figuré) provient me semble-t-il de considérations sur les positions spatiales, si ce n'est de la théorie du faisceau elle-même. En effet, où la rougeur de ce cube en verre rouge peut-elle se situer si ce n'est

---

1. Husserl, *ibid.*, chap. 1, § 2, p. 9-10. En plus des qualités, Husserl reconnaît que les intensités, les extensions, les limites et les formes relationnelles appartiennent à la classe des moments (*ibid.*, § 9).

précisément à l'endroit où se trouve ce cube lui-même (ou au moins sa surface externe)? Par conséquent, si l'emplacement de la rougeur est une partie de l'emplacement du cube ou recouvre l'emplacement entier de ce cube, de la même manière que l'emplacement d'un morceau du cube est une partie de l'emplacement du cube entier, il semble que l'on puisse dire, sans que cela soit choquant, qu'en un certain sens la rougeur est une partie du cube. Toutefois, nous devons nous empêcher de tenir ce raisonnement puisque sinon, nous serions conduits à penser que les substances sont constituées de leurs tropes et non de (plus petites) substances liées entre elles.

Levinson, et à sa suite Seargent et Armstrong[1], ont défendu qu'il est préférable de considérer les universaux non pas comme des choses, quelle que soit la consistance que l'on pourrait octroyer à ces choses, mais comme des manières d'être. Certes, ceci concerne les universaux, et un particulariste ne peut accepter que des instances de manières d'être, non les manières d'être en tant que telles. Mais les remarques que nous avons faites ci-dessus au sujet des tropes peuvent également s'appliquer : nous pouvons simplement parler de « manières d'être particularisées ». J'ai par ailleurs une autre réserve, d'ordre linguistique celle-là, à l'encontre du terme de « manière » pour désigner des tropes. Pensons à la façon dont nous parlons des choses d'ordinaire. Nous utilisons des noms pour désigner les choses dont nous parlons et pour dire ce qu'elles sont; nous utilisons des adjectifs pour désigner leurs qualités, pour dire à quoi elles ressemblent, tandis que nous utilisons les adverbes (par exemple de *manière*) pour décrire non pas des choses mais des événements ou des actions : il a parlé doucement, elle a marché d'un bon pas, etc. Le terme de « manière » n'est pas du tout taillé pour les tropes de premier-ordre, à savoir les tropes de substances, mais pour les tropes de second ordre. Une autre manière (!) de comprendre cela est de considérer une vieille

1. Levinson (1978), Seargent (1985) et Armstrong (1989).

manière (!) de penser les catégories d'Aristote. Aristote n'a pas établi de catégorie de manière et il y a une raison à cela. Suivant ses intentions manifestes et les commentaires qui ont été faits des *Catégories*, au moins à partir d'Averroès, puis plus tard avec Occam qui a accentué ce point, les catégories aristotéliciennes sont étroitement liées aux grandes questions fondamentales que l'on peut poser sur une substance. Et seules les questions de la forme «Qu'est-ce que c'est?» invitent à une réponse nominale. Des réponses comme «rouge», «20 mètres», «donnant un coup de pied», «recevant un coup de pied», «plus âgé que Alfred» ou «sous l'arbre» ne sont pas des noms. Unifier en un seul grand groupe ces différents genres de questions et donner un nom à ce sur quoi portent les expressions qui en sont les réponses entraînerait à poser dans le saxon de base des termes abstraits d'une rare barbarie, tels que la *comment-ité*, la *combien-ité*, le *faire*, le *subir*, l'*être-aîné-de* et la *où-ité*, ce qui donnerait à notre philosophie une allure presque heideggérienne, alors que nous avons à notre disposition, et pour servir les mêmes buts, de nobles expressions nominales d'origine romane comme la *qualité*, la *quantité*, l'*action*, la *passion*, la *relation* et le *lieu*. Nous pouvons remarquer que le terme de *manière* («*way*» (mot anglais d'origine saxonne) ou «*manner*» (mot anglais d'origine romane)) n'apparaît pas volontiers ici et ce pour une raison simple : il désigne *comment* quelque chose est *fait*, *a lieu* ou peut-être même comment quelque chose *est disposé*, plutôt que de quoi quelque chose *a l'air*, quelle est sa quantité, ce qui est en train de se faire, etc. Si une action est un accident, le mode ou la manière de l'effectuer est un accident d'accident. Or Aristote n'accepte pas ce genre de choses, excepté à titre d'accident de leur substance d'origine. Décrire tous les tropes comme des manières d'*être* dénature cet aspect du terme, et cela invoque la nominalisation *être*, on ne peut plus non-substantielle. Dans la mesure où *être* ne décrit ni un état ni une activité, cette nominalisation n'a même pas le mérite d'un honnête gérondif comme *frappant*. En même temps, puisqu'un trope de trope est quelque chose de très éloigné d'une substance, appeler les tropes des *manières* met en lumière cette non-substantialité. Décrire une manière est une réponse naturelle à une question de type «Comment?» qui nous demande de quels actions et événements il s'agit et non comment sont les substances. De ce fait, si j'accepte bel et bien le fait que certains tropes sont des manières particularisées, *i.e.* que ces tropes sont par nature des manières, je persiste à dire que ce n'est pas le cas de tous les tropes.

Considérer les tropes comme des manières particularisées c'est s'assurer qu'ils sont les moins substantiels possible. Cette démarche et l'usage de *manière* nous rappelle encore Occam. Lorsque ce dernier veut insister sur le fait qu'une certaine façon de parler ne nous compromet pas avec des entités, il essaie pour ce faire d'utiliser un cas latin oblique. Au lieu de dire qu'une substance possède une manière d'être ou un mode d'être particulier (*modus se habendi*, *modus essendi*), Occam dit que cette substance est telle ou telle, d'une façon ou d'une autre, *alio et alio modo*, *aliquo modo*[1]. La tentation de réifier la tel-ité ou l'être-ainsi est faible, c'est le moins que l'on puisse dire. Mais nos langues naturelles nous contraignent à parler *à propos des* choses en plaçant des phrases nominales en position de sujet et de prédication. Nous ne sommes pas enclins à considérer les tropes comme des parties de substances; nous n'avons toutefois aucunement besoin de nous obliger artificiellement à tous les penser comme des manières d'être particularisées.

En tout état de cause, que nous considérions ou non les tropes comme des manières, nous ne devons pas prendre au sérieux l'idée selon laquelle les tropes ne seraient pas des entités. Il est en tout cas évident qu'un théoricien du faisceau ne peut le faire sinon cela l'oblige à construire des entités à partir de non-entités. Les manières et les autres tropes ne sont pas rien, c'est donc quelque chose. Il s'agit donc d'entités. Toutefois ils ne ressemblent pas à des CHOSES, si nous entendons par là ressembler à des substances. Les

---

1. *Cf.* Adams (1985), p. 181-182.

manières et les autres tropes ne sont pas des *res* mais *rei* ou *rerum*. En revanche, les théoriciens du faisceau sont contraints d'être moins conservateurs que les partisans du *substratum* et, si l'on prête attention à ce que nous disons à propos de ce qui se passe à l'échelle microscopique, le caractère substantiel des substances commence à paraître plus léger. Il faut rester prudent et éviter d'être trop dogmatique en ce qui concerne l'abîme que l'on dit trop rapidement exister entre les substances et les tropes.

La principale objection que nous avons faite dans cette section à l'encontre de la théorie du faisceau, objection qui reste sans réponse, tient au fait que la version la plus prometteuse de cette théorie, celle qui s'appuie sur le concept husserlien de fondation, rencontre des difficultés pour rendre compte de la distinction entre les tropes accidentels et les tropes essentiels d'une substance.

Les théories du substratum

Selon les théories du *substratum*, une substance ne se réduit pas à une collection de tropes : il y a un quelque chose en plus, le *substratum*, qui est à la fois le support des tropes (rendant compte par conséquent de leur statut d'entités dépendantes) et ce qui fait l'unité de cet ensemble de tropes, dans la mesure où ceux-ci sont portés par un seul et même substrat. Il existe aussi bien sûr des théories universalistes du *substratum* qui invoquent les *substrata* en qualité d'individuateurs afin que des substances individuelles soient produites à partir de ce qui ne serait autrement qu'un faisceau d'universaux. Mais nous ne nous attacherons ici qu'aux versions particularistes de la théorie. La théorie du *substratum* trouve son origine chez Aristote qui à mon avis n'est pas universaliste et qui propose, dans *Métaphysique* Z, de dépouiller une substance de ses propriétés pour trouver le porteur que celles-ci ont en commun. Ce porteur ne possède en lui-même aucune propriété, sauf *in potentia* ; il est la *materia prima* de la substance individuelle :

Si [la matière] n'est pas substance, en effet, on ne voit pas quelle autre chose le sera, car si l'on supprime tous les attributs, il ne subsiste rien, évidemment, que le substrat. […] Le sujet dernier n'est donc, par soi, ni un être déterminé, ni d'une certaine quantité, ni d'aucune autre catégorie; il ne consistera même pas dans la simple négation de ces catégories, car les négations, elles aussi, ne lui appartiendront que par accident*.

Que cela fut effectivement la position d'Aristote ou non, on en retrouve l'écho chez saint Thomas qui considère que les formes non-substantielles sont prédiquées de la substance mais que la forme substantielle est prédiquée de la matière. La *materia prima*, en tant qu'elle est fondamentalement sans forme, sans propriété et endossant la fonction et le rôle de l'ultime sujet de prédication, ne manque que d'une chose pour être identique au particulier nu de Bergmann : l'individualité.

Les particuliers nus de Bergmann sont avant tout des indivi-duateurs. Bergmann admet expressément que si nous essayons de traiter un individu comme un complexe de propriétés universelles, nous ne pouvons distinguer des individus qui possèdent les mêmes propriétés sans recourir à la notion de particulier nu. En revanche, un nominaliste prend l'individualité comme point de départ et,

[…] de manière strictement logique, un Nominaliste n'est donc […] pas contraint de chercher des constituants supplémentaires [à la substance en plus des tropes][1].

Toutefois, certaines des objections standard que l'on peut adresser aux particuliers nus dans le contexte d'une théorie univer-saliste[2] s'appliquent aussi dans un contexte particulariste : les parti-culiers nus ne peuvent être l'objet d'accointance et sont nécessai-rement inconsistants du fait qu'il leur est essentiel de ne pas posséder de propriétés (tropes) et de ne pas être dans plus d'une

---

1. Bergmann (1967), p. 22-23.
2. Voir Loux (1978), chap. 8.
* Aristote, *Métaphysique* Z, 1029 a 10-25, trad. fr. J. Tricot, Paris, Vrin, 1991.

substance à la fois. Une autre objection consiste à dire que si un particulier nu est, de manière essentielle, dépourvu de propriété, alors il doit être indestructible, sauf si l'on se place dans le cas du miracle, que Leibniz invoque à propos de la destruction des monades. Au final, peut-être qu'aucune de ces objections n'est décisive, mais prises ensemble, elles nous encouragent vivement à chercher une analyse différente des *substrata*.

Il semble qu'une véritable alternative nous est donnée par Charlie Martin dont la théorie reçoit les faveurs d'Armstrong. Martin soutient en effet que :

> Si les propriétés ne sont pas considérées comme des parties d'un objet et si l'objet n'est alors pas considéré comme une collection de propriétés qui en seraient les parties, alors il doit y avoir quelque chose *à propos de* l'objet qui est le porteur des propriétés, lesquelles, quelles que soient les descriptions que l'on en donne, ont besoin d'être portées. Et *ce quelque chose* à propos de l'objet, c'est le *substratum*[1].

Ou encore :

> Lorsque nous pensons, dans le sens le plus général possible, au fait d'attribuer à un objet des propriétés (*chacune* et *toutes*), nous pensons à – ou voyons – l'objet […] simplement *qua* – ou dans son rôle de – porteur de ses propriétés et en tant qu'il n'est pas lui-même porté, et cela sans y penser comme possédant les propriétés actuelles qu'il porte pourtant indubitablement[2].

Nous avons manifestement affaire ici à une espèce étrange de particulier qui ne possède aucune propriété et qui cependant ne peut survivre à la perte de certaines des propriétés de la substance qui lui est associée. Malheureusement, le caractère inoffensif que Martin attribue aux *substrata* les prive de leur *raison d'être**, que le

1. Martin, *op. cit.*, p. 7-8.
2. *Ibid.*, p. 9.
*En français dans le texte.

substratum soit un porteur de propriétés, *i.e.* ici de tropes, qui ne soit pas lui-même un trope, ou, de manière peut-être plus plausible, qu'il soit un trope de second ordre survenant sur les tropes de premier ordre possédés par la substance. Dans les deux cas cela n'explique pas comment il existe quelque chose qui n'est pas le faisceau de tropes lui-même mais qui porte les tropes du faisceau. Cela ne nous aide pas non plus à expliquer ce qu'est cette relation de porteur à porté. Le *substratum* de Martin est sans effet en tant que rassembleur de tropes. Si nous désirons tout de même parler de ce trope de second ordre, soit! mais le problème de la relation des tropes à la substance reste entier. Et soutenir que le *substratum* est une substance *qua* porteur non porté de tropes, qu'il y ait d'authentiques items appelés *qua* objets ou qu'il y ait plutôt différentes façons de voir les substances, présuppose d'expliquer de manière satisfaisante ce qu'est une substance et ce que recouvre la notion de porteur. L'analyse de Martin nous fait alors revenir au problème initial : nous avons une substance et nous avons les tropes qu'elle porte, au sens où les tropes dépendent de la substance, mais pas inversement. Sans explication supplémentaire, ce n'est pas une théorie du *substratum* que nous avons là, mais un simple équivalent particulariste de ce que Loux appelle une *théorie de la substance en tant que substance* [*substance theory of substance*]. Cela revient à dire que la notion de substance demeure fondamentale. Il se peut en effet que cette notion doive rester indispensable. Toutefois, cela ne nous empêche pas d'avoir progressé, notamment à l'occasion de notre explication de la notion de porteur en termes de fondation ou de dépendance, notions dont nous avions besoin pour présenter la théorie du faisceau. Maintenant, pouvons-nous faire mieux ?

Une théorie nucléaire

Considérons la thèse suivante. Plutôt que de choisir un quelque chose nu comme porteur ou lien du faisceau de tropes et plutôt que de choisir le faisceau dans son entier, ce qui négligerait la distinction entre les tropes essentiels et les tropes accidentels, considérons une approche en deux temps. D'abord, nous avons une collection de tropes dont il est nécessaire, en tant qu'individus, qu'ils co-existent tous. Ils forment un noyau essentiel ou le *nucleus* de la substance. Pour ces tropes, nous pourrions considérer qu'un *substratum* les lie ensemble. Mais, étant donnés les problèmes mentionnés dans la section précédente, je préfère me situer dans le cadre d'une théorie du faisceau dans le style de Husserl. Puisque ces tropes sont tous directement ou indirectement mutuellement fondés, en tant qu'ils sont les individus qu'ils sont, ils constituent un système fondationnel dans le sens discuté plus haut. Un tel noyau forme l'*essence individuelle* ou la *nature individuelle* de la substance. Mais le plus souvent, puisque la substance possède aussi des propriétés non-essentielles, ce noyau essentiel ne constitue pas une substance complète. Le noyau requiert, non pas des tropes individuels particuliers, mais un complément de tropes correspondant à certaines espèces de déterminables : le noyau est dépendant de certains tropes non-essentiels mais il s'agit-là d'une dépendance spécifique, non individuelle. Quant aux autres tropes possédés par ce noyau et qui peuvent être remplacés sans que le noyau cesse d'exister, on peut les considérer comme étant dépendants du noyau en tant que tout et en tant que porteur. Ainsi ces tropes sont-ils dépendants de chaque trope nécessaire du noyau, et ce par la transitivité de la dépendance nécessaire. Cette dépendance n'existe que dans un sens car tandis que ces tropes accidentels dépendent du noyau pour leur existence, le noyau, lui, ne dépend pas d'eux, bien qu'il requière des tropes de cette famille. Ainsi est-il lui-même un faisceau étanche qui sert de *substratum* au faisceau plus lâche des tropes accidentels et qui explique l'unité de l'ensemble. Nous voyons donc que la théorie nucléaire combine des aspects de la théorie du faisceau et d'autres propres à la théorie du *substratum*. Si le noyau était un substrat séparé et non un faisceau, nous aurions une conception proche de celle d'Aristote et de saint Thomas selon laquelle la matière tient lieu de *substratum* tandis que la forme substantielle correspond au noyau et sert de porteur pour les tropes non-substantiels. La théorie que je propose possède l'avantage d'être plus simple car elle se dispense d'un *substratum* ultime.

Évidemment, si j'avais trouvé beaucoup d'objections à faire à cette théorie (des objections qui n'auraient pas pu être faites à l'encontre des autres théories des tropes), j'aurais préféré une des autres. Je vous laisse par conséquent toute facilité pour m'en faire. Mais je mentionnerai un ou deux avantages de ma théorie, en plus de ceux qui sont évidents dans la mesure où elle évite déjà la principale difficulté de chacune des autres conceptions.

Un premier avantage est sa flexibilité. Ma théorie admet en effet des *nuclei* de différentes tailles et de différentes complexités. Peut-être y a-t-il des substances dépourvues du nuage périphérique des tropes accidentels, à savoir des substances qui ne seraient que *nucleus*, comme les monades leibniziennes : chacune de leurs propriétés appartiendrait *de individuo* nécessairement à la substance. Il se peut que les briques ultimes de l'univers physique soient de cet ordre, à savoir que toutes leurs propriétés non-relationnelles sont essentielles, qu'elles ne peuvent être détruites que par annihilation totale et que toute complexité contingente dans laquelle elles peuvent entrer ne relève que de relations externes contingentes entre elles ou entre ces briques ultimes et les autres choses. Il est possible aussi qu'il y ait des collections substantielles de tropes dépourvues de *nucleus*. Cela ne veut pas dire qu'il pourrait y avoir des tropes isolés mais qu'il serait toujours accidentel pour un trope individuel de ce genre de collections d'être associé avec tel ou tel trope particulier, et ce tout au long de sa carrière. Alors qu'un tel trope ne pourrait probablement pas exister seul, il pourrait changer tous ses partenaires durant sa vie, et ce même s'il a bien évidemment été associé, à l'origine, à un partenaire particulier. Enfin, on peut avoir le cas de figure d'un unique trope nucléaire qui exige une périphérie de tropes de certaines familles particulières, mais qui peut survivre à la perte de chacun d'eux pris individuellement, pourvu que ceux-ci soient remplacés par d'autres de la même famille de déterminables. Un tel trope serait un *substratum* authentique pour les autres tropes et sa destruction anéantirait tous ceux qui dépendent de lui pour exister.

Parmi les tropes appartenant à la périphérie de la substance, il est bon de distinguer ceux qui appartiennent à des déterminables que la substance doit nécessairement posséder et ceux qui sont de simples extras optionnels. Il est possible qu'une substance donnée acquière gratuitement quelques tropes en extra. Je n'ai pas d'exemples particuliers en tête, mais il est plus prudent de ne pas écarter *a priori* cette possibilité.

La théorie nucléaire est flexible car elle admet des *nuclei* de taille et complexité variables. Elle l'est également pour une seconde raison : la périphérie peut être constituée non seulement de tropes solitaires mais également de paquets de tropes ayant chacun son propre *subnucleus* pour satisfaire la plupart de ses besoins, et dont certains des membres (appartenant soit au *subnucleus* soit à la périphérie du « paquet ») ont besoin d'être rattachés à un autre *nucleus*. C'est ce qui se passe pour les propriétés complexes. Nous pouvons aussi avoir des paquets comprenant des tropes presque libres, presque substantiels, qui tiennent ensemble *via* le pont étroit d'une ou deux relations.

On peut imaginer un autre cas de figure, celui d'une substance dont certains des tropes périphériques sont des tropes relationnels qui nécessitent au moins deux substances reliées. Mais, étant donné que chacun de ces tropes peut être remplacé par un autre, la relation n'est essentielle avec aucun des deux. Je suis ici en train d'envisager la possibilité de tropes relationnels, à savoir des tropes qui requièrent plus d'une seule substance pour exister. Tandis qu'une telle possibilité a été écartée *a priori* par de nombreux philosophes, notoirement Leibniz dans sa correspondance avec Clarke, je la prends au contraire au sérieux. J'envisage de l'examiner plus en détail ultérieurement.

Ainsi, je pense qu'en général, la théorie nucléaire partage avec la théorie du faisceau le mérite de l'ouverture et de la flexibilité, des qualités qu'une ontologie scientifiquement acceptable doit posséder. Il s'agit là d'un point sur lequel Campbell a insisté concernant la théorie du faisceau. Et il est évident que ma préférence va à une théorie parcimonieuse des tropes, par analogie avec la théorie parcimonieuse des universaux que propose Armstrong : à tout prédicat quelconque que nous utilisons ne correspond pas toujours un certain type de trope. Déterminer quelles espèces de tropes existent est une tâche qui relève d'une investigation empirique, non d'une déclaration formelle issue d'un travail purement livresque.

Traduction Maud LE GARZIC

E. Jonathan Lowe

LA MÉTAPHYSIQUE COMME SCIENCE
DE L'ESSENCE *

Qu'est-ce que la métaphysique ? Comment en faire ? Par quelle méthode de recherche pouvons-nous espérer acquérir une connaissance métaphysique, à condition qu'une connaissance digne de ce nom existe bien ? J'ai défendu ailleurs la thèse selon laquelle la tâche centrale en ce domaine est de déterminer les *possibilités de la métaphysique*, et de décrire ainsi la structure de la réalité, comprise comme un tout et à son niveau le plus fondamental [1]. C'est dire que la connaissance de ce qui est *actuel* présuppose et repose sur la connaissance de ce qui est réellement ou métaphysiquement *possible*, et donc que toutes les sciences empiriques requièrent une certaine sorte de fondation métaphysique. De plus, mieux vaut qu'à la base cette fondation soit la même pour toutes ces sciences, puisque chacune d'elles a pour objectif la vérité, laquelle est unitaire et indivisible. Selon cette conception de sa finalité et de son contenu, la métaphysique cherche avant tout à identifier, aussi clairement que possible, les *catégories ontologiques* fondamentales auxquelles toutes les entités, actuelles et possibles, appartiennent. La métaphysique présente ainsi *l'existence et les conditions d'identité* distinctives des membres de chaque catégorie, et les

---

* Texte inédit. © Paris, Vrin, pour la traduction française.

1. Voir, particulièrement, mon livre *The Possibility of Metaphysics*, Oxford, Clarendon Press, 1998, chap. 1.

relations de *dépendance ontologique* dans lesquelles se trouvent n'importe lequel des membres de chaque catégorie à l'égard d'autres entités de la même catégorie ou de catégories différentes. Telle que je la conçois, la façon correcte de mener cette tâche est un exercice strictement *a priori* de l'intellect rationnel ; dès lors la métaphysique pure doit être pensée comme une science dont la base épistémique et le statut sont étroitement apparentés à ceux des mathématiques et de la logique, la différence tenant aux questions ontologiques formelles qui sont au cœur de la métaphysique. Si, pour cette raison, elle vise avant tout à délimiter le domaine du possible, il incombe aux métaphysiciens d'expliquer ce qui *fonde* la possibilité métaphysique – cette explication doit aussi rendre compte de la possibilité de notre connaissance de la possibilité métaphysique, et ceci sur la base d'une conception métaphysiquement défendable de notre propre nature d'êtres doués de connaissance rationnelle et occupant une place distincte dans la structure fondamentale de la réalité comme totalité. Je crois que la seule théorie cohérente du fondement de la possibilité métaphysique et de notre capacité de connaissance modale se trouve dans une version de l'essentialisme : une version que j'appelle l'« essentialisme *sérieux* », pour la distinguer de certaines autres thèses qui peuvent, pour une vue superficielle, en sembler très proches, mais qui, en fait, en diffère fondamentalement sur des points décisifs – c'est ce que je vais m'efforcer ici d'expliquer et de justifier. Pour des raisons que je tâcherai de rendre claires par la suite, il est très important que la version de l'essentialisme que je fais mienne évite de recourir à la notion de *mondes possibles* dans la théorie de la nature et du fondement de la possibilité métaphysique. Au plus, je suis prêt à accepter à reconnaître que le langage des mondes possibles est parfois une façon de parler utile, quoique ceux qui la tolèrent courent constamment le danger qu'elle les induise en erreur.

L'essentialisme sérieux

Comme je viens de l'indiquer, pour cet article il est essentiel que la doctrine de l'*essentialisme* soit correctement comprise. Je le précise parce que de nombreux théoriciens des mondes possibles se présentent comme des essentialistes ; ils proposent et défendent ce qu'ils appellent des thèses essentialistes, formulées dans le langage des mondes possibles. Par exemple, ils diront qu'une propriété essentielle d'un objet est celle qu'il possède dans tout monde possible dans lequel il existe ou, au choix, qu'il s'agit d'une propriété possédée par la « contrepartie » ou les « contreparties » de cet objet dans tout monde possible où il en a une. Ces théoriciens ont coutume d'affirmer que certaines des propriétés actuelles d'un objet, mais pas toutes, lui sont en ce sens essentielles. Mais, pour moi, il ne s'agit pas d'essentialisme sérieux parce qu'on cherche alors à caractériser l'essence en termes des notions de possibilité et de nécessité, déjà présupposées – ce qui revient à mettre la charrue avant les bœufs. Au mieux, c'est un *ersatz* d'essentialisme. Alors, qu'est-ce que l'essentialisme *sérieux* ? Pour commencer à répondre à cette question, nous devons poser la question de savoir *ce que sont les essences*. Cependant, la question peut être trompeuse parce qu'elle invite à répondre que les essences sont des *entités* d'une certaine sorte. Or, comme nous le verrons, il est simplement incohérent de supposer que les essences sont des entités. Dans l'essentialisme sérieux, tel que je le comprends, toutes les entités *ont* des essences, mais leurs essences ne sont certainement pas des entités supplémentaires qui leur sont liées d'une façon particulière.

Qu'entendons-nous, ou plutôt que devrions-nous entendre par l'« essence » d'une chose – et, dans ce contexte, par « chose », je veux dire simplement une entité, quelle qu'elle soit ? À mon sens, nous ne pouvons mieux faire que de commencer avec ce que dit John Locke, de façon perspicace et en pénétrant directement au cœur du sujet. Pour lui, l'essence dans la « signification originaire et propre » du mot est « l'être même de quelque chose, par laquelle il est ce qu'il est » [1]. En bref, l'essence de quelque chose, X, est *ce qu'est X* ou *ce que c'est que d'être X* [2]. Autrement dit, l'essence de X est l'*identité* même de X – une façon de s'exprimer que j'adopte volontiers, pour peu qu'on comprenne clairement que parler ainsi de l'« identité » de quelque chose ne revient pas à se prononcer sur la relation d'identité que cette chose a avec elle-même et avec rien d'autre. Cependant, afin d'éviter une confusion possible au sujet de la signification de telles locutions, il est important à mon sens de faire dès le départ une distinction entre essence *générale* et essence *individuelle* [3]. Le point clé sur lequel il convient d'insister à cet égard est qu'une chose individuelle, X, doit être d'une *certaine sorte générale*, dans la mesure où elle doit appartenir à une certaine *catégorie ontologique*. Par « chose », je le rappelle, je veux simplement dire « entité ». Dès lors, par exemple, X pourrait être un objet matériel, une personne, une propriété, un ensemble, un nombre, une proposition ou je ne sais quoi – la liste continue en fonction de ce qui est tenu comme une énumération complète des catégories ontologiques à y inclure [4]. Ceci étant accepté, si X est quelque chose de la sorte K, alors nous pouvons dire que l'essence *générale* de X est *ce que c'est d'être un K*, alors que l'essence *individuelle* de X est

---

1. J. Locke, *Essai sur l'entendement humain*, III, 3, § 15, trad. fr. J.-M. Vienne, Paris, Vrin, 2003.

2. La source historique de cette thèse se trouve bien sûr chez Aristote, dont l'expression τό τί ἦν εἶναι est habituellement traduite par « essence ». Voir Aristote, *Métaphysique* Z, 4. La signification plus littérale de cette expression est « le quoi c'est » ou « le quoi ce serait d'être ».

3. Je ne cherche pas à proposer ici une *analyse sémantique* d'expressions telles que « ce qu'est X », « ce que c'est d'être X » ou « l'identité de X », quoiqu'il s'agisse sans doute d'un exercice auquel il conviendrait de se livrer à une certaine étape dans une théorie complète de ce que j'appelle l'*essentialisme sérieux*. Je considère que notre appréhension pratique de la signification de telles expressions est adéquate pour une présentation préliminaire de l'approche développée ici.

4. Pour ma propre conception des catégories ontologiques que nous devons reconnaître et considérer comme fondamentales, voir mon livre *The Four-Category Ontology*, Oxford, Clarendon Press, 2006, particulièrement la première partie.

ce que c'est d'être l'individu de la sorte K qu'est X, par différence avec tout autre individu de cette sorte.

Toutefois, avant de continuer, nous devons tenir compte d'une complication. Il est évident que nous ne pouvons pas simplement supposer qu'une *seule* réponse à la question « Quelle sorte de chose est *X* ? » soit appropriée. Par exemple, si « un chat » est une réponse appropriée à cette question, alors les réponses « un animal », « un organisme vivant » le seront aussi. « Un chat siamois » pourrait aussi être une réponse appropriée. Il est cependant important de reconnaître que certaines de ces réponses, mais pas toutes, rendent manifeste et plausible que *X* appartienne à une certaine catégorie ontologique. Pour moi, c'est ce que rend manifeste « *X* est un organisme vivant », mais pas « *X* est un chat ». À mon sens, le substantif « chat » dénote une espèce naturelle – et les espèces naturelles sont des sortes d'universaux. Comme l'espèce *chat*, elles appartiennent à une catégorie ontologique – la catégorie des universaux – mais cette espèce n'est pas *elle-même* une catégorie ontologique, parce que les catégories ontologiques ne sont pas du tout des *choses* qu'on ait à inclure dans un inventaire complet de ce qui existe [1]. Dès lors, je suis conduit à reconnaître qu'une certaine sorte d'ambiguïté peut s'attacher aux questions concernant l'essence générale d'une chose – et c'est ce que je vais essayer d'expliquer maintenant.

Ce que j'ai dit jusqu'alors implique entre autres choses que si un « chat » est une réponse appropriée à la question « Quelle sorte de chose est *X* ? », alors nous pouvons dire que l'essence générale de *X* est *ce que c'est d'être un chat*. Si je ne veux rien retirer à cette affirmation, je souhaite la préciser. Je devrais dire que si *X* est un chat, alors l'essence générale et *fondamentale* de *X* est ce que c'est d'être un organisme vivant, parce qu'il s'agit à mon sens de la catégorie ontologique la plus étroite (ou « la plus basse ») à laquelle *X* puisse être renvoyée. La raison en est qu'il appartient à l'essence *indivi-duelle* de l'espèce naturelle *chat* – dont *X* est *ex hypothesi* un

1. Voir E. J. Lowe, *The Possibility of Metaphysics*, chap. 8, et *The Four-Category Ontology*, chap. 2.

membre – qu'elle soit un espèce d'organismes vivants. Ainsi, je crois que certaines des vérités essentielles au sujet de *X* ne résultent pas de son essence générale et fondamentale, mais seulement de son appartenance à cette espèce naturelle particulière. Ce sont les vérités essentielles au sujet de *X* qui sont déterminées seulement par l'essence individuelle de cette espèce naturelle[1]. Dès lors, je veux dire que *ce que c'est d'être un chat*, même si ce n'est pas l'essence générale et fondamentale de *X*, est néanmoins ce qu'il serait approprié d'appeler l'essence générale *spécifique* de *X*, pour la raison que l'espèce *chat* est l'espèce naturelle la plus spécifique (ou « la plus basse ») à laquelle *X* puisse être renvoyée[2]. Cependant, je reconnais volontiers que la distinction tentée ici entre l'essence générale « fondamentale » et « spécifique » dans le cas des membres individuels des espèces naturelles est controversée ; elle suppose une justification plus complète que ce que je peux proposer ici. C'est pourquoi, par la suite, j'essaierai autant que possible de me passer de cette distinction, avec l'espoir que la simplification qui en résulte ne va pas diminuer la portée de mes arguments[3].

---

1. J'entends affirmer que l'essence générale et fondamentale de *X* détermine ce qui est nécessaire absolument et métaphysiquement pour *X*, alors que l'essence individuelle de l'espèce naturelle *chat* détermine seulement ce qui est métaphysiquement nécessaire pour *X* en tant que membre de cette espèce. Ainsi, à mon sens, pour un organisme vivant individuel qui, en fait, est un chat, qu'il en soit un n'est pas une nécessité absolue et métaphysique. Pour le dire autrement, je crois qu'il est métaphysiquement possible – même si ce n'est pas biologiquement ou physiquement possible – qu'un chat individuel survive à une métamorphose « radicale », en devenant membre d'une autre espèce naturelle d'organismes vivants. Voir encore *The Possibility of Metaphysics*, p. 54-56.

2. Je considère ici, au moins pour les besoins de l'argument, qu'il existe des espèces naturelles « plus hautes » auxquelles *X* peut être renvoyé, telles que les espèces *mammifère* et *vertébré*, mais que les chats siamois, par exemple, ne forment pas par eux-mêmes une espèce naturelle.

3. Une conséquence de cette simplification est que je continuerai à parler de *l*'espèce à laquelle une chose appartient, sans faire la distinction entre « espèce » au sens de *catégorie ontologique* et « espèce » au sens d'*espèce naturelle*, sans non plus

Pourquoi a-t-on besoin des essences ?

Je viens d'insister sur le fait que toutes les choses individuelles – toutes les entités – ont à la fois une essence générale et une essence individuelle, l'essence générale d'une chose étant *ce qu'est d'être une chose de sa sorte* et son essence individuelle *ce qu'est d'être un individu de la sorte dont il est*, par différence avec tout autre individu de cette sorte. Mais pourquoi supposer que les choses doivent *avoir* en ce sens des « essences », et qu'au moins en certains cas nous pouvons les connaître ? Premièrement, parce que sinon cela n'aurait aucun sens – c'est ce que je crois – de dire que nous pouvons parler ou penser intelligiblement des choses. Car comment pouvons nous en parler ou y penser intelligiblement si nous ne savons même pas *ce qu'est une chose*[1]. Par exemple, comment puis-je parler de Tom, un chat particulier, ou y penser intelligiblement si je ne sais pas ce que sont des chats et quel chat, en particulier, est Tom ? Je ne dis évidemment pas que pour être à même de parler ou de penser intelligiblement à son sujet je dois *tout* savoir au sujet des chats ou à propos de Tom[2]. Néanmoins, nul doute que je doive en savoir assez pour distinguer la sorte de chose qu'est Tom des autres sortes, et assez aussi pour distinguer Tom en particulier des autres choses individuelles de la même sorte que lui. Sinon,

tenir compte du fait qu'il existe plus d'une réponse appropriée à la question « Quelle sorte de chose est *X* ? ».

1. Il convient de noter que je me demande comment nous pouvons seulement parler ou penser intelligiblement à propos d'une chose si nous ne savons pas ce que c'est, et non pas comment nous pouvons *percevoir* une chose si nous ne savons pas ce qu'elle est. J'accepte volontiers qu'un sujet *S* puisse, par exemple, voir un objet *O* même si *S* ne sait pas ce qu'est *O*. Car voir n'est pas un acte purement intellectif. En fait, même les animaux inférieurs, dont il n'est pas plausible de dire qu'ils comprennent *quels* objets existent dans leur environnement, peuvent néanmoins être dits *voir* et *sentir* certains de ces objets.

2. En fait, tout ce que j'ai besoin de savoir est peut-être est qu'il y a des *animaux* ou des *organismes vivants*, peut-être également, quel animal ou organisme vivant est Tom.

semble-t-il, mes paroles ne peuvent pas réellement porter sur Tom, en tant qu'il est différent d'autre chose [1].

Nier la réalité des essences ne pose cependant pas seulement un problème épistémologique, mais crée aussi un problème ontologique. Si Tom n'a pas d'« identité » – que quelqu'un en fasse ou non une expérience directe – il n'y a rien qui fasse de Tom la chose particulière qu'il est, par différence avec toute autre chose. L'anti-essentialisme nous conduit à un anti-réalisme si global qu'il est sûrement incohérent. Cela ne marcherait pas mieux si par exemple nous restreignons notre anti-réalisme au « monde extérieur », en accordant un privilège à notre langage et à notre pensée. Comment serait-il possible que *nos* identités et les identités de *nos mots et de nos pensées* soient quelque chose, mais qu'il n'en soit rien des identités des entités indépendantes de l'esprit que nous essayons de

---

1. Il est certes actuellement à la mode de supposer que notre discours et notre pensée trouvent généralement leurs *référents* dans le monde « extérieur » par l'inter-médiaire de liens de *causalité* appropriés entre certains constituants de notre discours et de notre pensée – certaines de nos « représentations linguistiques et mentales » – et des entités extra linguistiques et extra mentales multiples appartenant à ce monde : ce sont des liens qui peuvent être établis sans que nous ayons à les connaître et la plupart nous sont inconnus. Dans cette perspective, on peut supposer que mon discours et ma pensée peuvent porter sur Tom parce qu'il existe un lien causal approprié entre le nom « Tom », tel que j'ai appris à l'utiliser, et *Tom* lui-même, ainsi qu'un lien causal ana-logue entre l'une de mes « représentations mentales » (peut-être un certain « sym-bole » dans un « langage de la pensée » que mon cerveau est censé utiliser) et *Tom*. Ici, je me contenterai de dire que je ne vois vraiment pas comment on peut sérieusement supposer qu'un tel lien pourrait véritablement suffire à me rendre capable de *parler et de penser intelligiblement au sujet de Tom*, même si l'on peut concéder qu'il existe une notion (relativement anodine) de « référence » qui pourrait, peut-être, être com-prise en termes de théorie causale. Il est important de signaler alors que je ne cherche pas, pour le moment, à mettre en question ce qu'on appelle la théorie causale de la référence, encore moins à défendre, contre elle, une sorte de théorie néo-frégéenne de la référence, pour laquelle la référence est médiatisée par un « sens ». Simplement, ici, je ne m'intéresse pas aux questions sémantiques ou aux théories sémantiques rivales, mais à la question, purement métaphysique, de savoir *comment il est possible d'avoir une expérience directe d'un objet de pensée*, et je réponds que c'est à travers et seule-ment ainsi, la saisie de l'*essence* de cet objet, c'est-à-dire en sachant *ce qu'il est*.

saisir dans le langage et dans la pensée ? D'un autre côté, comment serait-il possible que nos identités et les identités de nos mots et de nos pensées ne soient rien ? Pour reprendre la mémorable formule de Joseph Butler, *chaque chose est ce qu'elle est et n'est rien d'autre*. Pour beaucoup de philosophes, cela résonne comme un simple truisme sans contenu significatif, comme s'il s'agissait simplement d'affirmer que la relation d'identité est réflexive. Mais en fait la formule de Butler ne porte pas seulement sur la relation d'identité mais aussi sur l'identité au sens de l'*essence*. Elle implique qu'il y a une réalité en quoi consiste chaque chose, son « être réel », pour parler comme Locke. Cet être réel – son identité – est ce qui fait de la chose ce qu'elle est, en la distinguant de toute autre chose.

Les essences peuvent paraître insaisissables et mystérieuses, particulièrement si l'on en parle à un haut degré de généralité, comme je l'ai fait jusqu'ici. Je veux dire qu'elles nous sont tout à fait familières. D'abord, nous devons remarquer quand dans de très nombreux cas l'essence d'une chose comprend d'*autres choses* avec lesquelles la première a des relations de *dépendance essentielle*. Voyons ce qu'il en est par exemple pour l'ensemble des planètes dont les orbites sont dans celle de Jupiter. De quelle sorte de chose s'agit-il ? C'est bien sûr un *ensemble*, et en tant que tel une entité abstraite dont l'existence et l'identité dépendent essentiellement des choses qui en sont les membres – en l'occurrence Mercure, Vénus, la Terre et Mars. Une partie de ce que c'est d'être un ensemble revient à être une chose qui ainsi dépend d'autres choses – ses membres. Qui ne saisit pas cela ne comprend pas non plus *ce qu'est un ensemble*. De plus, quelqu'un qui ne sait pas *quelles choses* sont membres de cet ensemble, ou au moins ce qui détermine quelles choses sont ses membres, ne saura pas *quel est l'ensemble particulier* dont il s'agit. Ainsi, savoir que ses membres sont les planètes indiquées précédemment, c'est savoir de quel ensemble il s'agit, tout comme le saura celui qui a une idée de ce

que c'est d'être une planète se trouvant dans l'orbite de Jupiter[1].
C'est un simple exemple, mais il sert à illustrer une thèse générale.
Dans de nombreux cas, nous savons ce qu'est une chose – à la fois
la sorte de chose qu'elle est et quelle chose particulière de cette
sorte elle est – seulement en sachant qu'elle est liée, de certaines
manières, à d'autres choses. Dans ces cas-là, la chose en question
dépend essentiellement de ces autres choses pour son existence et
son identité. Dire que X dépend essentiellement de Y pour son
existence et son identité revient simplement à dire que c'est *une
partie de l'essence* de X que X existe seulement si Y existe et *une
partie de l'essence* de X que X entretienne une relation unique avec
Y[2]. Dans de nombreux cas, connaître l'essence d'une chose revient
dès lors simplement à comprendre les relations de dépendance
essentielle dans lesquelles elle entre avec d'autres choses dont nous
connaissons à leur tour les essences.

Les essences ne sont pas des entités

J'ai déjà insisté sur l'erreur de penser aux essences comme à
des *entités* en relation avec les choses qui les possèdent. Locke
lui-même a malheureusement fait cette erreur, en soutenant que
l'« essence réelle » d'une substance matérielle *est* simplement sa
« constitution interne particulière », ou comme nous le dirions

1. En gros, il y a deux thèses différentes au sujet de ce qu'est un ensemble : pour
l'une, c'est simplement ce qui résulte du « rassemblement du multiple en un »,
comme le dit David Lewis, et pour l'autre, c'est l'extension d'une propriété ou d'un
concept. Pour la remarque de Lewis, voir son livre *Parts of Classes* (Oxford,
Blackwell, 1991, p. VII). Je ne vois pas de raison dirimante pour laquelle, par principe,
notre ontologie ne pourrait pas accepter des ensembles définis par ces deux conceptions. Dans la mesure où je n'utilise l'exemple des ensembles que pour des raisons
d'illustration de mon propos, c'est une chose au sujet de laquelle je peux ici rester
agnostique à cet égard.

2. Voir en plus mon livre *The Possibility of Metaphysics*, chap. 6, ou bien mon
article « Ontological Dependence », *The Stanford Encyclopedia of Philosophy*,
E.N. Zalta (éd.), 2005, http ://plato.stanford.edu.

aujourd'hui, sa structure atomique ou moléculaire[1]. C'est une
erreur toujours présente dans la doctrine moderne, rendue populaire par les travaux de Saul Kripke et de Hilary Putnam, selon
laquelle l'essence de l'eau consiste dans sa constitution moléculaire, H_2O, et celle d'un organisme vivant dans son ADN – la thèse
étant que nous découvrons ces «essences» simplement par une
recherche scientifique prudente sur ces choses[2]. Comme nous
l'avons déjà dit, *qu'elle entretienne une certaine relation avec une
autre chose* peut fort bien être une partie de l'essence d'une chose
ou d'une sorte de choses. Mais *l'essence elle-même* – l'être réel
d'une chose, ce par quoi elle est ce qu'elle est – n'est pas et ne peut
pas être une entité supplémentaire. Ainsi, par exemple, on pourrait
accepter de dire que c'est une partie de l'essence de l'eau *qu'elle
soit composée de molécules d'H_2O* (un problème auquel je reviendrai sous peu). Mais l'essence de l'eau ne pourrait pas simplement
être H_2O – des *molécules* de cette sorte-là – et pas non plus la
propriété d'être composé de molécules d'H_2O. La raison en est la
suivante : si l'essence d'une entité *était* une entité supplémentaire,
alors *à son tour* elle devrait avoir une essence propre et nous serions
confrontés à une régression à l'infini, qui au pire serait vicieuse et,
au mieux, rendrait impossible toute connaissance de l'essence par
des esprits finis comme les nôtres. Connaître l'essence de quelque
chose, ce n'est pas avoir une expérience directe avec une *autre
chose* d'une certaine sorte, mais simplement comprendre *ce qu'est*

---

1. Ainsi, à un moment, Locke fait la remarque qu'«on acquiert les idées des
sortes particulières de substances en constituant des combinaisons d'idées simples
d'après la co-existence perçue par l'expérience et l'observation des sens, combinaisons que l'on suppose alors découler de la constitution interne particulière (ou
essence inconnue) de cette substance» (*Essai*, II, XXIII, 3).

2. Voir, particulièrement, S. Kripke, *La logique des noms propres* (*Naming and
Necsssity*), trad. fr. P. Jacob et F. Récanati, Paris, Minuit, 1982 ; et H. Putnam, « The
Meaning of "Meaning" » dans *Mind, Language and Reality*, *Philosophical Papers*,
vol. 2, Cambridge, Cambridge UP, 1975, trad. fr. partielle D. Boucher, «La signification de la "signification" », dans D. Fisette et P. Poirier (dir.), *Philosophie de
l'esprit : Problèmes et perspectives*, Paris, Vrin, 2003.

exactement cette chose. C'est en fait la raison pour laquelle la connaissance de l'essence est possible, parce que c'est un simple produit de la compréhension – non pas de l'observation empirique et moins encore d'une mystérieuse expérience directe quasi perceptive d'entités ésotériques d'une certaine sorte. À moins d'incohérence, nous ne pouvons nier que, au moins, nous comprenons ce que sont certaines choses et que, dès lors, nous connaissons leurs essences.

On pourrait faire ici l'objection qu'il est contradictoire de nier, comme je le fais, que les essences sont des entités et cependant de continuer, comme apparemment je le fais aussi, à y *faire référence* et même à *quantifier sur* elles. Celui qui fait cette objection a probablement à l'esprit le fameux *critère d'engagement ontologique* de W. V. Quine, résumé dans son slogan « être, c'est être la valeur d'une variable »[1]. Je réponds d'abord que je pourrais probablement dire tout ce que je souhaite au sujet de ma version de l'essentialisme tout en évitant des locutions faisant apparemment référence à des essences et quantifiant sur elles ; je les paraphraserais en des termes impliquant seulement des opérateurs sentenciels de la forme « c'est une partie de l'essence de *X* que », dans lesquels « l'essence de X » ne consiste pas à faire une contribution indépendante à la signification de l'opérateur, lequel pourrait être représenté par, disons, « E_x » dans une formule sentencielle de la forme « $E_x(p)$ ». Cette dernière locution est d'une sorte que je trouve très utile et que je souhaite utiliser. Cependant, je pense que les efforts réalisés pour établir de telles paraphrases dans tous les cas seraient dépensés en vain. Si une paraphrase signifie la même chose que ce dont pour moi elle tient lieu – si elle est bonne à quelque chose, c'est ce qu'elle doit faire – alors elle implique les mêmes « engagements ontologiques » que ce qu'elle paraphrase ; dès lors, construire des paraphrases ne peut être une façon de nous dispenser des engagements ontologiques. Nous ne pouvons découvrir ces engagements simple-

1. Voir, par exemple, W.V. Quine, « Existence et quantification », *Relativité de l'ontologie et autres essais*, trad. fr. J. Largeault, Paris, Aubier-Montaigne, 1977.

ment en examinant la syntaxe et la sémantique de notre langage, car ce sont des guides très incertains en ontologie. En d'autres termes, je ne vois pas de raison d'avoir confiance dans le fameux critère de Quine.

L'essence précède l'existence

C'est un autre point crucial au sujet de l'essence qu'en général *l'essence précède l'existence*. Je veux dire par cela que l'une précède l'autre à la fois *ontologiquement* et *épistémologiquement*. D'un côté, cela signifie : pour une chose ou une autre, le fait que son essence n'interdise pas son existence constitue une condition préalable de son existence. D'un autre côté, cela veut aussi dire que nous pouvons en général *connaître* l'essence de quelque chose X avant de savoir si X existe ou non – c'est ce sur quoi je vais mettre l'accent maintenant. S'il n'en était pas ainsi, il me semble que nous ne pourrions jamais nous assurer *que* quelque chose existe. Car comment pourrions-nous nous assurer *que* quelque chose, X, existe avant même de savoir ce qu'est X – avant de savoir *ce qu'est* ce dont nous sommes supposés avoir découvert l'existence[1] ? Par consé-

---

1. On sait que Descartes, dans la *Seconde Méditation*, est supposé avoir affirmé connaître son existence avant qu'il ait su ce qu'il était – c'est-à-dire, avant d'avoir saisi sa propre essence. Mais il me semble qu'une affirmation de cet ordre doit être tenue pour peu sensée ou alors faite dans l'intention qu'on ne la prenne pas au pied de la lettre, si même on ne doit pas la rejeter comme étant simplement incompréhensible. Par exemple, cela pourrait vouloir dire simplement que Descartes était certain que le mot « Je » *avait une référence*, avant de savoir ce qu'était cette référence. Pour être exact, cependant, ce que Descartes dit réellement est « Mais je ne connais pas encore assez clairement ce que je suis, moi qui suis certain que je suis » (*Méditations*, éd. Adam et Thierry, Paris, Vrin, 1978). C'est compatible avec le fait de dire que Descartes saisit déjà sa propre essence, mais doit chasser de son esprit certaines pensées confuses à son sujet. Problème : ne pourrions-nous pas en venir à savoir ce qu'est X sans que ce soit avant ou après avoir découvert que X existe, mais en même temps ? Je ne vois aucune raison de rejeter cette possibilité dans certains cas. Mais cette concession ne doit pas être considérée comme affaiblissant l'affirmation que, en général, nous *pouvons* connaître l'essence de quelque chose X avant de savoir si X existe ou non.

quent, nous connaissons les essences de nombreuses choses qui n'en sont *pas* encore venues à exister. Car nous savons ce que ces choses *seraient* si elles existaient, et nous conservons ce savoir quand nous découvrons que, en fait, elles n'existent pas. On peut concevoir l'existence d'exceptions. Il est peut-être vrai que dans le cas de Dieu, par exemple, l'essence ne précède pas l'existence. Mais en général cela pourrait ne pas être le cas. Le dire est cependant parfaitement consistant avec le fait de reconnaître que, parfois, c'est seulement après avoir découvert l'existence de certaines *autres* sortes de choses que nous pouvons connaître l'essence d'une chose. C'est courant dans de nombreux domaines des sciences théoriques. Les scientifiques qui tentaient de découvrir les éléments transuraniques savaient *ce* qu'ils cherchaient avant qu'ils les aient trouvés, mais seulement parce qu'ils savaient que ce qu'ils cherchaient étaient des éléments dont les noyaux atomiques étaient composés de protons et de neutrons dans une certaine combinaison qui jusqu'alors n'avait pas été découverte. Cependant, ces scientifiques pouvaient difficilement avoir su ce qu'ils cherchaient avant la découverte de l'existence de protons et de neutrons – car c'est seulement après que les particules sub-atomiques aient été découvertes et qu'elles aient fait l'objet de recherches, et donc quand la structure des noyaux atomiques a été suffisamment bien comprise, que les scientifiques ont été capables d'anticiper quelles combinaisons de nucléons donneraient naissance à des noyaux raisonnablement stables.

À ce point, on pourrait objecter que Kripke et Putnam nous ont appris que les essences de nombreuses espèces naturelles familières – telles que l'espèce *chat* et l'espèce *eau* – nous ont été révélées seulement *a posteriori*, et donc que, dans ce cas-là, au moins, il ne peut pas être vrai de dire que « l'essence précède l'existence », quoi qu'on puisse affirmer dans le cas des éléments transuraniques[1]. La

---

1. Que la doctrine de Kripke-Putnam soit devenue un lieu commun de la philosophie analytique contemporaine est illustré par la remarque suivante faite seulement en passant et comme si elle allait de soi par F. Jackson : « Nous ne connaissons que

présupposition est bien sûr ici que Kripke et Putnam identifient *correctement* l'essence de l'eau, par exemple, à sa structure moléculaire, H_2O. Mais j'ai déjà expliqué pourquoi je pense qu'on se méprend sur ces identifications, dans la mesure où elles peuvent être supposées impliquer la *réification* illicite des essences. Cependant, on pourrait encore m'opposer que même si nous disons seulement – avec plus de précautions – que c'est une part de l'essence de l'eau *qu'elle soit composée de molécules d'H_2O*, il s'ensuit encore que l'essence de l'eau nous a été seulement révélée, ou du moins nous a seulement été *complètement* révélée, *a posteriori*.

Cependant, il est manifeste que la doctrine Kripke-Putnam est bien plus obscure et discutable que je ne l'ai indiqué jusqu'ici. Très

rarement l'essence des choses dénotées par les mots que nous utilisons (en fait, si Kripke a raison au sujet de la nécessité de l'origine, nous ne connaissons pas nos propres essences) » (*From Metaphysics to Ethics : A Defence of Conceptual Analysis*, Oxford, Clarendon Press, 1998, p. 50). Je voudrais cependant insister sur le fait qu'on pourrait trouver étrange, voire paradoxal, d'affirmer que nous pouvons parler ou penser intelligiblement au sujet de choses sans connaître *ce qu'est* ce dont nous parlons ou ce à quoi nous pensons, c'est-à-dire sans saisir son essence. La conclusion charitable à tirer serait que des philosophes comme Jackson n'utilisent pas le terme « essence » dans ce que Locke appelle « sa signification originale propre ». Il est bien sûr vrai que Locke lui-même dit que *nous ne connaissons pas* les essences « réelles » des substances matérielles – et la doctrine de Kipke-Putnam est manifestement issue de la thèse de Locke, dans la mesure où elle identifie les « essences réelles » des substances matérielles avec leurs « constitutions matérielles », dont nombre d'entre elles nous sont certainement encore inconnues et pourraient le rester. Pourtant, à la différence des tenants modernes de la doctrine Kripke-Putnam, Locke concluait au moins que « *l'hypothèse des essences qui ne peuvent être connues* dont on fait néanmoins ce qui distingue les espèces des choses, *est totalement inutile* [...] au point que ce seul fait serait suffisant pour nous la faire abandonner » (*Essai*, III, III, 17) et il fait alors appel à la place à ce qu'il appelle des essences *nominales*. À mon sens, la conception correcte n'est ni celle de Locke ni celle de la doctrine Putnam-Kripke, mais celle d'Aristote (enfin, que je tiens pour celle d'Aristote) : les essences réelles des substances matérielles sont *connues* de ceux qui parlent ou pensent intelligiblement des substances – et en conséquence ces essences ne doivent pas être identifiées à quelque chose que n'est *pas* généralement connu de ceux qui parlent et pensent, comme le sont la « constitution interne particulière » d'une substance matérielle ou « l'origine » (au sens de Kripke) d'un être humain (ou d'une créature vivante).

souvent, on la présente en insistant sur le statut modal et épistémique supposé des énoncés d'identité dans lesquels se trouvent des
termes d'espèces naturelles, tels que « L'eau est H_2O » – des
énoncés dont on dit qu'ils expriment des vérités à la fois nécessaires
et *a posteriori*. Cependant, dans l'énoncé précédent, le terme
« H_2O » ne fonctionne évidemment pas exactement de la même
façon que dans l'expression « molécule d'H_2O ». Il apparaît clairement que cette dernière expression signifie « molécule composée
de deux ions d'hydrogène et d'un ion d'oxygène ». Mais dans
« L'eau est H_2O », compris comme un énoncé d'identité au sujet des
espèces, nous devons considérer « H_2O » comme une abréviation
de la *description définie* « la chose composée de molécules
d'H_2O », ou alors, simplement, comme un *nom propre* d'une sorte
de choses, un cas dans lequel nous pouvons voir en « H_2O » une
structure sémantique signifiante. Dans cette dernière interprétation, « L'eau est H_2O » est exactement analogue à « Hespérus est
Hespérus », et sa vérité nécessaire ne nous révèle rien d'important
au sujet de la composition de l'eau. Si nous sommes enclins à
penser autrement, c'est que, de façon illicite, nous glissons d'une
conception de « H_2O » comme nom propre à une autre qui en fait
une abréviation de la description définie « la chose composée de
molécules d'H_2O ». Quand « L'eau est H_2O » est compris sur le
modèle d'« Hespérus est Phosphorus », sa vérité nécessaire *a posteriori* peut en principe être établie de la même manière – c'est-à-dire
en faisant appel à la preuve logique courante de la nécessité de
l'identité[1], en plus de la découverte *a posteriori* de la co-référence
des noms propres en question – mais ce n'est pas le cas quand
l'expression est comprise comme signifiant « L'eau est la chose

1. Voir S. Kripke, « Identity and Necessity », dans M.K. Munitz (éd.), *Identity
and Individuation*, New York, New York UP, 1971. J'exprime des doutes au sujet de
la force de cette preuve dans mon article « Identity, Vagueness, and Modality », dans
J. L. Bermudez (éd.), *Thought, Reference, and Experience : Themes in the Philosophy
of Gareth Evans*, Oxford, Oxford UP, 2005. Cependant, pour ce qui me préoccupe ici,
je laisserai ces doutes de côté.

composée de molécules d'H_2O », car cette dernière contient une description définie, et il est notoire que la preuve logique en question ne peut s'appliquer quand il s'agit d'énoncés d'identité contenant des descriptions définies. Ainsi, jusqu'ici nous avons pas trouvé de raison de supposer que « L'eau est H_2O » exprime une vérité nécessaire *a posteriori* qui nous révèle quelque chose au sujet de l'essence de l'eau. L'apparence contraire résulte d'un tour de passe-passe [1] !

En tous les cas, il y a une autre considération importante que nous devons garder à l'esprit quand nous réfléchissons sur l'analogie fréquemment invoquée entre « L'eau est H_2O » et « Hespérus est Phosphorus ». Il est tout à fait exact de remarquer qu'on découvre empiriquement qu'Hespérus est Phosphorus. Mais ce n'est pas purement empirique et voici pourquoi. L'identité a été établie parce que des astronomes ont découvert que les orbites d'Hespérus et de Phosphorus coïncident : là ou se trouve Hespérus, à n'importe quel moment, Phosphorus s'y trouve aussi. Cependant, la coïncidence spatiotemporelle n'implique l'identité que pour des choses d'espèces appropriées. C'est seulement parce qu'Hespérus et Phosphorus sont tenues pour des planètes, et donc pour des objets matériels de la même espèce, que leur coïncidence spatiotemporelle peut être tenue comme impliquant leur identité. Mais le principe que des objets matériels distincts de la même espèce ne peuvent pas coïncider spatiotemporellement n'est pas empirique : c'est un principe *a priori* qui suit de ce que c'est d'être un objet matériel d'une certaine sorte – en d'autres termes, c'est une vérité fondée dans l'essence. C'est seulement parce que nous savons que

---

1. Je signale ici qu'on pourrait penser que « L'eau est la chose composée de molécules d'H_2O » suit sans problème de la vérité empirique « L'eau est H_2O » (comprise comme un énoncé d'identité contenant deux noms propres) et la vérité apparemment triviale, parce qu'analytique, « H_2O est la chose composée de molécules d'H_2O ». Mais cette dernière, quand la première occurrence d'« H_2O » qu'elle contient est interprétée comme un nom propre, n'est pas plus triviale que « *L'eau* est la chose composée de molécules d'H_2O » – et c'est ainsi qu'elle doit être interprétée pour que l'inférence fonctionne.

c'est une partie de l'essence d'une planète de ne pas coïncider spatiotemporellement avec une autre planète que nous pouvons inférer l'identité d'Hespérus et de Phosphorus de la coïncidence de leurs orbites. Dès lors, on doit déjà savoir ce qu'est une planète – connaître son essence – afin d'être à même d'établir *a posteriori* qu'une planète est identique à une autre[1]. Par la même occasion alors, on doit déjà savoir quelle espèce de chose c'est – connaître son essence – afin de pouvoir établir *a posteriori* qu'une espèce de chose est identique à une autre. Ce serait ainsi difficile que nous puissions découvrir l'essence d'une espèce de chose simplement en établissant *a posteriori* la vérité d'un énoncé d'identité au sujet de

---

1. On peut demander ici : les astronomes savent-ils *quelle* planète est Hespérus – c'est-à-dire, connaissent-ils son essence *individuelle* – avant de savoir qu'elle est identique à Phosphorus ? Il pourrait sembler que la réponse doit être négative, car s'ils savaient, on pourrait se demander comment ils pourraient entretenir un doute au sujet de son identité avec Phosphorus. Cependant, nous devons garder ici à l'esprit que ce n'est clairement pas une partie de l'essence d'une planète qu'elle ait telle orbite particulière : une planète peut certainement changer d'orbite et, en fait, aurait pu en avoir une tout à fait différente. Mais ce qui a conduit à la découverte qu'Hespérus est la même planète que Phosphorus fut simplement que leurs orbites étaient proches et finalement coïncidaient. Puisqu'on peut savoir quelle planète est une planète sans connaître son orbite, il est donc parfaitement explicable que les astronomes connaissent – et c'est ce qui s'est passé – quelle planète est Hespérus et quelle planète est Phosphorus, sans savoir qu'Hespérus est la même planète que Phosphorus. En général, comment *sait*-on quel objet matériel de l'espèce *K* est un certain objet matériel *O* ? L'une des façons de le savoir, l'évidence, semble-t-il, est *l'expérience directe perceptive* de *O*, pour peu qu'elle soit informée par la connaissance de l'essence *générale* des objets de l'espèce *K*. (Rappelons ici que la perception d'un objet *O* ne présuppose pas *en elle-même* la connaissance de ce qu'est *O*, et dès lors l'affirmation précédente n'est pas une pétition de principe. Ce qui veut dire qu'il arrive très souvent que l'on perçoive un objet *O* dans des circonstances permettant de savoir que ce que l'on perçoit, *O*, est un objet particulier de l'espèce *K*. En de telles circonstances, on est ainsi à même de savoir quel objet de cette espèce est *O* – c'est-à-dire quel est *cet* objet-là (celui qu'on perçoit). On peut rappeler ce savoir en *se souvenant* quel objet c'était quand on l'a perçu. Cependant, je dois insister sur le fait que cela n'implique nullement que c'est une partie de l'essence individuelle de *O* qu'il soit l'objet de l'espèce *K* perçu en une certaine occasion – parce que, bien sûr, c'est une affaire parfaitement contingente qu'on l'ait perçu à tel moment ou même tout court).

certaines espèces de chose – pas plus qu'on ne peut être supposé avoir découvert l'essence d'une planète particulière en établissant *a posteriori* la vérité d'un énoncé d'identité à son sujet. Dès lors, aussi sûr que « L'eau est H_2O » est un véritable énoncé d'identité, à la fois nécessairement vrai et connu *a posteriori*, il ne s'ensuit nullement qu'on puisse le considérer comme nous révélant l'essence de l'espèce de chose que nous appelons « l'eau ».

Nous avons cependant toujours à résoudre la question de savoir si, en fait, nous devons dire que c'est une partie de l'essence de l'eau qu'elle soit composée de molécules d'H_2O. Jusqu'ici, au mieux nous avons vu que la sémantique des termes d'espèces naturelles proposée par Kripke-Putnam ne nous a donné aucune raison de supposer que nous devrions le dire. Je suis enclin à répondre de la façon suivante. Si nous utilisons le terme « eau » pour parler d'un certain composé chimique dont la nature est comprise par les théoriciens de la chimie, alors en fait nous devrions dire que c'est une partie de l'essence de ce composé qu'il consiste en molécules d'H_2O. Mais en même temps, on doit reconnaître que l'existence de ce composé est une découverte relativement récente qui n'aurait pas pu être faite avant que la nature des atomes d'hydrogène et d'oxygène, ainsi que leur capacité à former des molécules, aient été découvertes. Dès lors, quand nous utilisons le terme « eau » dans une conversation quotidienne et quand nos prédécesseurs l'ont utilisé avant les avancées de la chimie moderne, nous ne l'utilisons pas et ils ne l'utilisaient pas pour parler d'un composé chimique dont la nature est maintenant comprise par les théoriciens de la chimie. Nous l'utilisons et ils l'utilisaient pour parler d'une certaine espèce de liquide, qu'on peut distinguer d'autres espèces de liquide grâce à certaines caractéristiques macroscopiques très faciles à détecter, telles que sa transparence, son absence de couleur, son absence de goût. Nous avons raison, d'après moi, en pensant qu'un liquide de cette espèce existe réellement, mais pas en pensant que d'être composé de molécules d'H_2O est une partie de son essence. En même temps, nous devons certainement reconnaître que la recherche scientifique révèle que le composé chimique d'H$_2$O est principalement ce dont les corps de ce liquide sont faits. En fait, les lois naturelles gouvernant ce composé chimique et d'autres rendent tout à fait invraisemblable que cette espèce de liquide puisse avoir une composition chimique différente dans différentes parties de l'univers. Mais le « pourrait » exprime ici une simple possibilité physique ou naturelle, non pas une possibilité *métaphysique*[1]. Seul le recouvrement illicite de ces deux espèces de possibilité pourrait redonner du poids à l'affirmation que l'eau est *essentiellement* composée de molécules d'H$_2$O.

Qu'en est-il alors des « intuitions » que nous sommes supposés avoir dans le cas de « Terre-Jumelle » – par exemple, l'intuition que si sur une planète éloignée on découvrait quelque chose comme de l'eau, mais qu'elle ne soit pas composée de molécules d'H$_2$O, alors ce ne serait pas de l'*eau* ? Pour répondre à cette question, je ferai seulement la remarque que ces prétendues intuitions ont besoin d'être interprétées à la lumière ce qui vient d'être mentionné : les lois naturelles gouvernant les composés chimiques dans notre univers rendent presque certainement physiquement impossibles de tels scénarios. Ce quelque chose comme de l'eau sur Terre-Jumelle serait comme l'or des fous (pyrites de cuivre) : au mieux on pourrait le prendre *à l'occasion* pour de l'eau et c'est pour *cela* que ce ne serait pas de l'eau. L'explication chimique de ce phénomène serait que l'eau, comme nous pourrions à raison l'appeler, n'est pas composée de molécules d'H$_2$O. Mais nous ne pouvons pas faire de cette explication chimique légitime un argument logique et métaphysique disant que l'eau véritable est, par une nécessité *métaphysique*, composé de molécules d'H$_2$O – à moins, une fois encore, de confondre nécessité physique et nécessité métaphysique.

---

[1]. Pour une discussion étendue du besoin de distinguer entre ces deux espèces de possibilité, voir mon livre *The Four-Category Ontology*, chap. 9 et 10.

L'essence est le fondement de toute vérité modale

Jusqu'ici, j'ai mis l'accent sur ces deux principes qui doivent être acceptés pour l'essentialiste sérieux : *les essences ne sont pas des entités* et, en général, *l'essence précède l'existence*. Pour ce qui nous concerne ici, au sujet des essences, voici le principe à reconnaître de plus loin le plus important : *les essences sont le fondement de toute nécessité et de toute possibilité métaphysiques* [1]. Ainsi, une raison pour laquelle il peut être vrai que *X* est *nécessairement F* est que c'est une partie de l'essence de *X* que *X* soit F. Par exemple, tout objet matériel est nécessairement spatialement étendu parce que, de l'être, est une partie de l'essence d'un objet matériel – en d'autres termes, d'être quelque chose qui est spatialement étendu est une partie de *ce que c'est d'être un objet matériel*. Mais ce n'est pas la seule raison possible pour laquelle *X* peut être nécessairement F. Il peut aussi l'être sur la base de l'essence de *quelque chose d'autre* auquel *X* est relié de façon appropriée. Par exemple, Socrate est nécessairement le sujet de cet événement : *la mort de Socrate*, parce cela fait partie de l'essence de cet événement que Socrate en soit le sujet, même si ce n'est pas une partie de l'essence de Socrate qu'il soit le sujet de cet événement. Ce n'est pas de l'ordre de *ce qu'est Socrate* qu'il soit nécessairement le sujet de cet événement mais plutôt de l'ordre de ce *qu'est cet événement*. Cela ne veut pas dire que Socrate n'aurait pas pu avoir une mort différente, mais que personne sauf Socrate n'aurait pu avoir la mort qu'il a de fait eue. Et ce qui vaut pour la nécessité vaut aussi, *mutatis mutandis*, pour la possibilité. Je me risque à affirmer que tous les faits au sujet de ce qui est nécessaire ou possible, au sens métaphysique, sont fondés sur des faits concernant les essences des choses – non seulement des choses existantes, mais aussi des choses non existantes. Mais je répète que des faits relatifs aux essences des choses ne concernent

1. Comparez avec K. Fine, « Essence and Modality », dans J.E. Tomberlin (éd.), *Philosophical Perspectives*, 8 : *Logic and Language*, Arascaderi, CA, Ridgreview, 1994.

pas des entités d'une certaine espèce, ils concernent seulement *ce que sont les choses* – leur être ou leur identité. C'est simplement en vertu de la compréhension de ce que sont les choses que nous pouvons saisir de tels faits – une compréhension dont nous devons au moins en certains cas être capables, sous peine, tout simplement, de ne pouvoir pas penser. Dès lors, toute connaissance de la nécessité et de la possibilité métaphysiques est ultimement un produit de la compréhension, et non pas d'une sorte d'expérience directe quasi-conceptuelle, moins encore de l'observation empirique ordinaire.

Comment par exemple, savons nous que deux choses distinctes d'espèces convenablement différentes, comme une statue en bronze et le morceau de bronze dont elle est faite à tout moment, peuvent – à la différence de deux *planètes* – exister à la même place au même moment ? Certainement pas en *regardant avec obstination* ce qui se trouve à tel endroit à tel moment. En ne faisant rien d'autre que regarder, nous ne verrons pas que deux choses distinctes occupent cet endroit. C'est plutôt parce que nous savons *ce qu'est une statue en bronze* et *ce qu'est un morceau de bronze*. Ainsi, nous savons que ce sont des choses différentes et qu'une chose de la première sorte doit, à tout moment, être composée d'une chose de la seconde sorte, puisque c'est une partie de l'essence d'une statue en bronze d'être en bronze. Nous savons que ce sont différentes choses parce que, savoir ce qu'elles sont, c'est connaître leurs conditions d'identité et, dès lors, savoir aussi qu'une des deux persiste à travers les changements qui ne permettent pas à l'autre de continuer à exister – c'est par exemple ce qui fait qu'un morceau de bronze peut persister à travers un changement radical de forme, alors qu'une statue en bronze ne le peut pas. De tels faits concernant leurs conditions d'identité de façon purement empirique ne peuvent être découverts par le seul examen très attentif des statues en bronze et des morceaux de bronze – un examen auquel nous procéderions pour savoir, disons, s'ils conduisent l'électricité ou se dissolvent dans l'acide sulphurique[1]. Ces faits à leur sujet, nous devons les appréhender avant de pouvoir nous livrer à une recherche empirique sur ces choses, car la possibilité de faire des recherches empiriques sur les propriétés d'une chose suppose que nous sachions déjà *ce qu'est* ce que nous examinons.

Les erreurs du conceptualisme

Au point où nous en sommes, je dois contrer une conception rivale de l'essence; elle plaît à beaucoup de philosophes, mais à mon sens elle est au final incohérente. Je vais l'appeler le conceptualisme[2]. C'est la thèse selon laquelle les faits au sujet des essences – j'en ai déjà parlé en ces termes – ne sont rien d'autre, en réalité et finalement, que des faits au sujet de *nos concepts* – par exemple, *notre concept* de statue en bronze et *notre concept* de

---

1. Voir pour plus de détails mon article « Substantial Change and Spatiotemporal Coincidence », *Ratio* 16, 2003; « Material Coincidence and the Cinematographic Fallacy : A Response to Olson », *The Philosophical Quaterly* 52, 2002 – ce dernier article est une réponse à E. T. Olson, « Material Coincidence and the Indiscernability Problem », *The Philosophical Quaterly* 51, 2001.

2. On pourrait demander qui est réellement conceptualiste au sens que je vais indiquer ? C'est difficile à dire avec certitude, puisque la plupart des conceptualistes sont plutôt frileux s'agissant de dire trop explicitement ce qu'ils pensent. Cependant, parmi les philosophes les plus importants du XXe siècle, il est plausible de considérer que M. Dummett est de ceux-là, dans la mesure où il accepte apparemment la thèse que la réalité est une « chose amorphe » qui peut être « découpée » de multiples façons différentes, toutes aussi légitimes les unes que les autres, en fonction du schème conceptuel que nous ou d'autres penseurs en viennent à développer. À ce sujet, voir son *Frege : Philosophy of Language*, Londres, Duckworth, 2e éd., 1981, p. 563 et 577. D. Wiggins pourrait aussi être parmi eux : il nomme sa thèse le « réalisme conceptualiste »; la seule notion d'individuation qu'il admette est cognitive et consiste en une individuation des objets par les penseurs. Voir *Sameness and Substance Renewed*, Cambridge, Cambridge UP, 2001, p 6. Cela vaudrait aussi en fait pour H. Putnam, si on se fie à des textes comme « Why There Isn't a Ready-Made World » (dans *Realism and Reason, Philosophical Papers*, vol. 3, Cambridge, Cambridge UP, 1983) dont l'atmosphère semble nettement différente de ses travaux précédents déjà cités auparavant.

morceau de bronze. Cela réduirait toutes les vérités modales à des vérités conceptuelles ou, si l'on préfère un terme démodé, à des vérités *analytiques*. Je n'ai aucune objection contre la notion de vérité conceptuelle en tant que telle. Il est possible que « Les célibataires ne sont pas mariés » exprime une vérité de ce genre, comme on le dit souvent. Concédons alors qu'une telle formule est vraie en vertu de notre concept de célibataire, ou en vertu de la signification pour nous du mot « célibataire ». On remarque cependant que « Les célibataires ne sont pas mariés » a un statut modal tout à fait différent d'une vérité *essentielle* comme « Les statues sont faites d'une certaine matière ». En disant de la première qu'elle est une vérité « nécessaire », nous ne cherchons pas à affirmer que les célibataires *ne peuvent pas se marier*, mais seulement qu'ils ne peuvent pas se marier et *continuer à être dits, à juste titre, des « célibataires »*. L'impossibilité en question concerne seulement l'application correcte d'un mot. Mais si nous disons que « Les statues sont faites d'une certaine matière » est une vérité nécessaire, il n'est certainement pas possible de nous attribuer la simple idée que les statues ne peuvent pas ne pas être faites de matière et *continuer à être dites, à juste titre, des « statues »* – comme si *exactement la même chose* qui, faite de matière, était appelée à juste titre une « statue », pouvait exister de façon immatérielle. On suppose que nous voulons dire que les statues ne peuvent pas ne pas être faites d'une certaine matière – et c'est tout. Les statues sont des choses qui, *si elles existent*, doivent être faites d'une certaine matière. La raison en est que c'est une partie de l'essence d'une statue d'être ainsi faite. En revanche, ce n'est pas dans l'essence d'un célibataire de ne pas être marié, car un célibataire est simplement un être humain, adulte, de sexe masculin, qui se trouve n'être pas marié, et il ne fait aucun doute qu'un tel être humain *peut* se marier. Donc, « Les statues sont faites d'une certaine matière » n'est certainement pas une simple vérité conceptuelle, et cela vaut pour d'autres vérités qui sont d'authentiques vérités essentielles – des vérités au sujet des essences des choses. En général, elles n'ont rien à voir avec nos concepts ou notre langage, mais avec la nature des choses en question. Bien sûr, puisque les concepts et le langage sont eux-mêmes des choses de certaines sortes, il peut y avoir des vérités au sujet de *leurs* essences. En fait, on peut dire que la formule « Les célibataires ne sont pas mariés » est une vérité au sujet de l'essence du concept célibataire ou du mot « célibataire », ou qu'elle est fondée sur une telle vérité. Ainsi, nous pouvons dire que c'est une partie de l'essence du concept d'un célibataire que seuls les hommes non mariés tombent sous ce concept, et que c'est une partie de l'essence du mot « célibataire » qu'il s'applique à des hommes non mariés.

Je pense et j'ai dit que le conceptualisme est finalement *incohérent*. Comme nous l'avons vu, il est fort plausible que la chose correcte à dire au sujet des vérités « conceptuelles », c'est qu'*elles sont fondées dans les essences des concepts*. Dans cette mesure, le Conceptualiste ne peut pas soutenir, comme pourtant il le fait, que *tous* les faits putatifs au sujet de l'essence sont en réalité simplement des faits relatifs aux concepts. Car cela impliquerait que tous les faits putatifs au sujet *des essences des concepts* sont en réalité simplement des faits relatifs aux *concepts de concepts* – et nous sommes pris dans une régression vicieuse à l'infini. Il ne fait pas de doute que le Conceptualiste objectera que cette critique est une pétition de principe. Cependant, même en laissant cette critique de côté, nous pouvons facilement montrer que le conceptualisme est intenable. Car le Conceptualiste doit au moins affirmer que les *concepts* – ou, selon une autre version, le langage – existent et, qu'existent aussi ceux qui utilisent ces concepts, c'est-à-dire *nous-mêmes*. Le Conceptualiste doit bien, au moins pour *ces choses-là*, reconnaître qu'elles possèdent des identités indépendamment de la façon dont nous les concevons, sinon sa position serait incohérente. Le Conceptualiste doit au minimum tenir à comprendre *ce qu'est un concept ou un mot* et, en fait, *ce qu'il est lui ou elle*, et donc saisir au moins les essences de certaines choses. Si cela vaut pour ces choses, pourquoi pas pour d'autres ? S'il concède la connaissance d'essences, le Conceptualiste a perdu. Or même le Conceptualiste doit la concéder, sous peine de nier qu'il sache quoi que ce soit, y compris qu'il connaisse les concepts qui sont eux-mêmes au cœur de sa conception. Il faut ici rappeler de nouveau que ce que j'entends par l'essence de quelque chose est *ce que c'est*.

Dès lors, pourquoi est-on tenté par le conceptualisme ? Je crains que ce soit un héritage du scepticisme au sujet du « monde extérieur ». Le sceptique se sent à l'aise avec lui-même, son langage, ses concepts, mais il exprime le doute que nous ne pouvons jamais réellement savoir si ce langage et ces concepts caractérisent correctement ou adéquatement les choses du monde extérieur. Il pense que nous ne pouvons pas savoir comment les choses sont « en elles-mêmes » ou ce qu'elles sont « en elles-mêmes », voire s'il y en a plusieurs ou une seule. Selon le sceptique, tout ce que nous pouvons savoir est comment nous *concevons* le monde, ou comment nous le *décrivons* dans le langage, non pas comment *il est*. Mais par quelle dispense spéciale le sceptique exclut-il *nos concepts* et *notre langage* de l'étendue de son doute ? Ne s'agit-il pas aussi de choses qui existent ? En vérité, il n'y a pas de séparation sensée qui puisse être faite entre *le monde extérieur*, d'un côté, et *nous, nos concepts et notre langage* d'un autre côté. On pourrait ici élever une protestation : mais comment serait-il jamais possible d'atteindre une connaissance de ce que sont les choses « en elles-mêmes » et de comment elles sont, même en étant sûr que le sceptique se méprend en admettant cette dispense spéciale pour le statut épistémique de nos concepts et notre langage ? Mais, l'erreur fondamentale reste de supposer, avec le sceptique, qu'on y parviendrait *en partant* de notre connaissance de nos concepts et de notre langage – c'est-à-dire *en partant* d'une connaissance de la façon dont nous concevons et décrivons le monde – et *en allant vers* une connaissance de ce monde « tel qu'il est en lui-même », indépendamment de nos schèmes conceptuels et de nos langages. Cette conception « dedans-dehors » de la façon dont notre connaissance de la réalité indépendante de l'esprit doit être acquise la rend déjà impossible et doit donc être rejetée comme incohérente.

Quelle autre possibilité avons-nous alors, mis à part d'en revenir à une forme d'anti-réalisme ? C'est à nouveau *la connaissance de l'essence* à laquelle on peut penser. Parce qu'en général l'essence précède l'existence, nous pouvons au moins quelquefois savoir *ce que c'est* d'être un *K* – par exemple, *ce que c'est* d'être un objet matériel d'une certaine espèce – et donc savoir, au moins pour une part, ce qui est *possible* et ce qui ne l'est pas, au regard des *K*, bien avant de savoir si une chose comme un *K existe* réellement, ou même d'avoir une bonne raison de penser qu'un *K existe* réellement. Cependant, sachant déjà *ce dont* l'existence est en question, et que cette existence est au moins *possible*, nous pouvons intelligiblement et de façon justifiable faire appel à l'évidence empirique pour confirmer ou jeter un doute sur les affirmations d'existence relatives à de telles choses. On doit remarquer qu'ici, par « évidence empirique », je *ne* veux *pas* insister sur une évidence uniquement constituée des contenus de nos états perceptifs à un moment donné, comme si tout ce sur quoi nous pouvions compter, c'est à quoi le monde *ressemble* ou encore à la façon dont il *apparaît* autour de nous. Ce n'est certainement pas la conception de l'« évidence empirique » qui fonctionne dans la pratique scientifique, laquelle fait plutôt appel aux résultats d'expérimentations et d'observations contrôlées, qui sont exprimées en termes de propriétés d'objets indépendants de l'esprit, des objets comme des instruments scientifiques et des spécimens de laboratoire, et en termes de relations que ces objets ont entre eux. L'accroissement de la connaissance objective consiste alors en un échange constant entre un élément *a priori* – la connaissance de l'essence – et un élément *a posteriori*, le test empirique d'hypothèses existentielles dont la possibilité a préalablement été anticipée *a priori*. Ce processus n'a pas de « point de départ » fondationnel et il est constamment sujet à la révision critique, à la fois du côté de ses ingrédients *a priori* et du côté des contributions empiriques. Nous n'avons pas ici une théorie « dedans-dehors » désespérante de la connaissance objective, puisque nos états subjectifs, en tant que chercheurs objectifs – nos perceptions et nos conceptions – ne bénéficient pas d'un rôle spécial dans la genèse de cette connaissance. Ces états subjectifs appartiennent simplement aux multiples objets possibles de la connaissance, bien loin d'être les objets d'une sorte particulière de connaissance censée fonder la connaissance de toutes les autres choses. Quitte à me répéter, dans cette conception, il est crucial que la connaissance des *essences* ne soit pas elle-même celle d'*objets* ou d'*entités* d'une certaine espèce, ni fondée sur une telle connaissance – comme ce serait le cas avec une connaissance de nos propres concepts.

La redondance des mondes possibles

Je souhaite conclure maintenant en examinant le langage des mondes possibles et ce qu'il implique pour la nature et le fondement des modalités métaphysiques. J'ai déjà expliqué que, à mon sens, tous les faits modaux au sujet de ce qui est métaphysiquement nécessaire ou possible sont en dernier ressort fondés sur les essences des choses – et donc *pas* sur des faits relatifs à des entités d'une certaine sorte, puisque *les essences ne sont pas des entités*. On pourrait cependant faire remarquer qu'en soi cela n'empêche pas nécessairement le langage des mondes possibles de jeter au moins une certaine lumière sur la nature et le fondement des modalités métaphysiques. Voyons ce qu'il en est. Premièrement, examinons les conceptions non fictionnalistes du langage des mondes possibles, selon lesquelles les variables de mondes possibles, dans ce langage, portent sur un domaine d'entités existantes d'une certaine sorte, comme les univers parallèles lewisiens ou des ensembles maximaux et consistants de propositions – les premiers étant conçus comme concrets et les derniers comme des entités abstraites d'une certaine sorte[1]. Selon les théoriciens des mondes

1. Pour l'approche de D. Lewis, voir *On the Plurality of Worlds*, Oxford, Blackwell, 1986 [trad. fr. M. Caveribère et J.-P. Cometti, *De la pluralité des mondes*, Paris-Tel-Aviv, L'Éclat, 2007] : l'usage de l'expression « univers parallèles » pour décrire des mondes possibles tels qu'ils les conçoit est bien sûr de mon fait et non du sien. Pour la thèse qui fait des mondes possibles des ensembles maximaux et consistants de propositions, voir R. M. Adams, « Theories of Actuality », *Noûs* 8, 1974 ; pour une conception similaire qui en fait des états de chose maximaux et possibles – conçus encore comme des entités abstraites – voir A. Plantinga, *The Nature of Necessity*, Oxford, Clarendon Press, 1974.

possibles adoptant cette approche, tout énoncé modal dans lequel la terminologie modale utilisée exprime une modalité métaphysique est sémantiquement équivalent à un énoncé quantifiant sur des entités existantes du genre qui a leur faveur : selon les cas, des univers parallèles ou des ensembles maximaux et consistants de propositions. De plus, selon cette approche, la vérité ou la fausseté d'un énoncé modal en question est fondée sur certains faits au sujet de telles entités. Par exemple, la vérité ou la fausseté de l'énoncé : « Il est possible que ce soit des ânes loquaces », est censée être fondée sur des faits au sujet des habitants de certains univers parallèles ou des faits relatifs à l'appartenance à des ensembles maximaux et consistants de propositions. Il me semble qu'on devrait être frappé par le caractère manifestement problématique de la supposition selon laquelle, s'agissant des modalités métaphysiques, des faits modaux sont fondés sur d'autres faits relatifs à des entités existantes d'une *certaine* sorte. Le point fondamental, une fois de plus, est que *l'essence précède l'existence*. Une entité *existante* doit pour le moins être une entité *possible* – c'est-à-dire être une chose dont l'essence n'interdit pas l'existence. Ce qui *est vrai* d'une entité dépendra vraisemblablement, au moins en partie, de *ce qu'elle est*, de son essence. C'est seulement s'il pouvait y avoir des univers parallèles et, là, des ânes loquaces, qu'un univers parallèle comprenant quelque chose comme un âne loquace serait possible. Les faits présentés comme les fondements des vérités modales *présupposent* déjà des vérités modales, simplement parce que, comme on peut le supposer, ils sont relatifs à des *entités existantes* de certaines sortes, dont on suppose qu'elles existent.

Voici le dénouement. Supposons que nous acceptions qu'il puisse y avoir des univers parallèles lewisiens ou des ensembles maximaux et consistants de propositions, alors en comprenant *ce que sont ces entités*, en connaissant leurs essences, nous savons que ces dernières n'interdisent pas leur existence. Allons plus loin, supposons que ces choses *existent vraiment*. *Même dans ce cas*, des faits qui leur sont relatifs ne pourraient pas constituer *le fondement de toutes les vérités modales*. Pourquoi non ? D'abord et avant tout, parce que de tels faits ne pourraient pas constituer le fondement de vérités modales relatives à *ces entités elles-mêmes*. Si ces entités existent, alors il doit y avoir en fait des vérités modales à leur sujet, puisqu'il y a des vérités modales relatives à *toute* entité qui existe. Donc, par exemple, si des univers parallèles existent, il doit être vrai, à leur sujet, qu'une infinité d'entre eux puissent exister, ou au contraire qu'il en existe seulement un nombre fini. De la même façon, il doit être vrai que deux ou plus d'entre eux peuvent être qualitativement indiscernables, ou qu'ils doivent tous être qualitativement distincts. Et ainsi de suite. À l'évidence, cependant, le *Concrétiste* (comme nous pouvons appeler le partisan de l'approche lewisienne) ne peut pas soutenir que, par exemple, « Il est possible qu'il existe un nombre infini de mondes possibles » est vrai ou faux pour des raisons du même ordre que celles qu'il évoquerait pour soutenir la vérité ou la fausseté de l'énoncé « Il est possible qu'il y ait un nombre infini d'électrons ». Car ce dernier énoncé est vrai, soutient-il, seulement dans le cas où il existe un monde possible – un univers parallèle – dans lequel il y a un nombre infini d'électrons (ou de « contreparties » d'électrons). Mais il ne peut pas affirmer que le premier énoncé est vrai seulement au cas où il existe un monde possible dans lequel il y a un nombre infini de mondes possibles. Car, à suivre le Concrétiste, du seul fait qu'on sache ce qu'est censé être un « monde possible » – c'est-à-dire, quelque chose d'apparenté à notre cosmos, un « univers parallèle » – on sait déjà que ce n'est pas quelque chose qui pourrait avoir une *autre* chose, de la même sorte, parmi ses éléments, moins encore que cela pourrait être en nombre infini. Cela signifie que, bien que des faits relatifs à des mondes possibles – *quelle que soit* la façon dont ils sont conçus – soient le fondement des faits modaux, il doit y avoir des faits modaux, non fondés sur l'existence d'entités d'une *quelconque* sorte, y compris des mondes possibles. Et si ce doit être le cas pour *certains* faits modaux, pourquoi pas pour *tous*, comme le soutient l'essentialisme sérieux ?

Cependant, l'Abstractionniste (comme nous pouvons appeler le partisan des mondes possibles conçus comme des ensembles maximaux et consistants de propositions) pourrait maintenant protester en affirmant que lui, au moins, n'a jamais voulu dire que des vérités modales pourraient être réduites, sans reste, à des vérités *non modales* au sujet de mondes possibles – ce qui l'exclurait des restrictions précédentes. L'Abstractionniste reconnaît ouvertement, par exemple, qu'il fait appel à une notion non réduite de *consistance* dans son explication de ce qu'il pense être un «monde possible» – c'est-à-dire un ensemble maximal et consistant de propositions, ou quelque chose de cet ordre. Cela pourrait constituer une réponse acceptable si la *seule* notion modale sur laquelle l'Abstractionniste s'appuyait était la consistance, c'est-à-dire la notion *d'une possible vérité conjointe* de deux propositions ou plus. Mais ma critique ne porte pas sur cette caractéristique bien connue de l'abstractionnisme et son rejet conséquent de toute aspiration à proposer une théorie réductrice de la modalité. Ma critique porte plutôt sur le fait que l'abstractionnisme, tout comme le concrétisme, fait appel à des entités existantes de certaines sortes putatives dans la présentation de sa conception sémantique des énoncés modaux. Dans son cas, les entités en question sont des objets abstraits, comme des *propositions* et des *ensembles* de propositions. Mais les propositions et leurs ensembles, s'ils existent, sont simplement des *entités supplémentaires*, au sujet desquelles on doit avoir de multiples vérités modales. Par exemple, pour les ensembles, il doit être vrai qu'ils peuvent contenir différents membres ou que c'est impossible. Supposons que ce soit possible. C'est-à-dire supposons la vérité de cet énoncé modal, dans lequel S est un ensemble donné dont les membres actuels sont certains objets : «Il est possible que S ait des membres différents de ses membres actuels». Qu'est-ce que cela est supposé *vouloir dire*, selon l'Abstractionniste? Manifestement quelque chose de cet ordre : «Un ensemble maximal et consistant de propositions contient la proposition que S a des membres qui sont différents de ses membres actuels». Mais S était supposé être *n'importe quel ensemble*. Ainsi, qu'arrive-t-il si nous laissons S être l'ensemble maximal et consistant de propositions dont les membres actuels

sont toutes les propositions qui sont *actuellement* vraies et seulement elles – en d'autres termes, si nous faisons de *S* l'ensemble
maximal et consistant de propositions que l'Abstractionniste identifie comme étant *le monde actuel, W*? Dans ce cas, l'Abstractionniste traduit la vérité modale supposée « Il est possible que *W* ait
des membres différents des membres actuels » par : « Un ensemble
maximal et consistant de propositions contient la proposition que
W a des membres qui sont différents de ses membres actuels »,
ou, dans le langage des mondes possibles, par : « Dans un monde
possible, le monde actuel est différent de la façon dont il est actuellement ». Mais l'on voit mal comment l'Abstractionniste peut
accepter que *cet énoncé* soit vrai. Cela implique que sa sémantique
des énoncés modaux l'oblige à nier, finalement, qu'un ensemble,
quel qu'il soit, puisse contenir différents membres. Je ne veux pas
contester particulièrement ce point, puisque je considère que c'est
une partie de l'essence d'un ensemble qu'il ait les membres qu'il
a et que *leurs* identités déterminent *son* identité. Cependant, cela
ne peut pas s'imposer simplement sur la base de la machinerie à
laquelle on recourt dans le cadre de la sémantique des énoncés
modaux : cela devrait plutôt émerger d'une compréhension correcte
de ce que *sont* les ensembles – une compréhension qui comporte
des implications modales et une compréhension que l'Abstractionniste lui-même doit avoir *avant* qu'il construise la machinerie
préférée de sa sémantique modale. Que l'abstractionnisme aille en
ce sens, ainsi que des problèmes similaires, tout cela constitue un
symptôme du fait que l'abstractionnisme, comme d'autres théories
des mondes possibles dans la métaphysique modale, a mal placé la
signification et les fondements des vérités modales, en essayant
de les trouver dans des faits relatifs à une classe particulière et
ésotérique d'entités – dans son cas, des ensembles maximaux et
consistants de propositions.

Qu'en est-il finalement du *fictionnalisme*[1] ? Je pense que cette approche peut être rejetée sans plus de manières : cherchant à avoir les avantages du vol sur le travail honnête, elle n'en suppose pas moins qu'un tel travail soit *fait*. Si c'était aussi une perte de temps, on ne pourrait jamais en tirer aucun avantage. Mais nous avons vu que le concrétisme et l'abstractionnisme sont des échecs, même selon leurs propres thèses, et donc il n'y a aucun profit à tirer d'une théorie qui *simule* la vérité de l'un des deux. Pour un fermier, cela reviendrait à moissonner avant que la récolte ait poussé. Qu'il soit ou non interprété d'une manière ontologiquement sérieuse, et *quels que soient* les mondes possibles en question, j'en conclus que le langage des mondes possibles ne peut jeter aucune lumière sur la nature et le fondement des modalités métaphysiques. Si des mondes possibles existent, quels qu'ils soient, c'est intéressant d'un point de vue ontologique – quand on cherche à offrir un inventaire aussi humainement complet et exact que possible, de ce qui est – mais on ne peut pas les solliciter utilement à des fins de métaphysique modale. C'est la raison pour laquelle, à mon sens, nous n'avons pas d'autre solution possible que l'*essentialisme sérieux*[2].

Traduction Roger POUIVET

1. Voir notamment G. Rosen, « Modal Fictionalism », *Mind* 99, 1990.

2. Pour leurs commentaires utiles sur des versions préalables de ce texte, je remercie des auditeurs à l'Université de Liverpool et au Birbeck College (Londres), ainsi que, et plus particulièrement, D. Hill et F. Nef.

UNIVERSAUX ET PROPRIÉTÉS

La querelle des universaux prend son origine dans l'*Isagoge* de Porphyre [1], dans ces quelques lignes où ce dernier se demande si les universaux sont réels ou pas, internes à l'âme ou pas. Les nominalistes, comme Ockham, les conceptualistes, comme Abélard ou les réalistes, comme Thomas ou Scot, ont accepté la grille de questionnement de Porphyre. La question des universaux est une question autant épistémologique que métaphysique; elle articule les dimensions ontologique et sémantique, tout comme la vérité ou l'identité. Cette question a disparu dans les temps modernes, au moment où la théorie des idées, systématisée à la fois dans la *Logique* de Port Royal et les théories empiristes issues de Locke, a consacré la victoire du nominalisme, avant que l'épistémologie kantienne ne sanctionne semble-t-il irréversiblement la disparition des universaux [2].

Dans le débat actuel sur les universaux on distingue un réalisme modéré et un nominalisme des classes [3]. Le réalisme modéré,

1. Voir la traduction et l'édition commentée par A. de Libera et Ph. Segonds, Paris, Vrin, 1999.

2. Pour une histoire détaillée, de Platon à Kant, voir G. Nuechelmans, *Theories of Propositions*, Amsterdam, North Holland, 1973; *Late Scolastic and Humanist Theories of the Propositions*, Amsterdam, North Holland, 1980; *Judgements and Propositions from Descartes to Kant*, Amsterdam, North Holland, 1983

3. Le nominalisme en question peut prendre la forme d'un nominalisme tropiste. Le texte de D.C. Williams dans la première partie, p. 29-53, est une défense d'un tel nominalisme.

défendu par Armstrong, soutient qu'il existe des universaux, parallèlement aux particuliers, à conditions qu'ils remplissent la double condition suivante : ne pas contredire au réalisme scientifique et être instanciés dans des particuliers. La masse est de ce point de vue une universel, tout comme la chaleur. Le nominalisme des classes, lui, nie qu'il existe des universaux, même nécessairement instanciés. Il considère des classes d'équivalences de propriétés, que ces propriétés soient des tropes (voir la première partie, p. 29-84), ou des universaux. Ces derniers sont des abstractions de prédicats et Lewis ne se prononce pas vraiment sur la préférence à leur accorder relativement aux tropes, propriétés particulières.

Cette partie comporte un texte classique, celui de Stout, et deux textes récents, probablement les des deux plus grands métaphysiciens de la fin du XXᵉ siècle, qui exposent des positions diamétralement opposées. Dans « Universaux en tant qu'attribut », D. Armstrtong défend sa théorie des universaux en tant qu'attributs, c'est-à-dire nécessairement instanciés par des particuliers. Il ne défend cependant pas qu'à chaque attribut correspond un universel et il rejette également les universaux négatif ou disjonctifs (*i.e.* formés de la disjonction d'universaux). Par contre il admet des universaux structurels, c'est-à-dire des universaux qui ont des parties, comme « être un cercle = être une figure plane fermée, délimitée par des points équidistants d'un point unique, le centre ». D. Lewis critique cette position de D. Armstrong en rejetant les universaux structurels. La cible de sa critique est la proposition de Peter Forrest qui accepte des universaux non instanciés. Il faut noter que D. Lewis a défendu en 1983, trois ans avant le texte ici traduit, une théorie plus favorable aux idées de Armstrong [1].

---

1. Ce texte, « New Work for a Theory of Universals », est traduit par Gh. Guigon, dans *Concepts et Catégories*, M. Le Du (éd.), *Cahiers Philosophiques de Strasbourg*, 17, 2003, p. 345-404 (avec une postface des traducteurs, p. 405-409).

GEORGE F. STOUT

LA NATURE DES UNIVERSAUX ET DES PROPOSITIONS[*]

Il y a divers types ou formes d'unités qui peuvent être considérés comme des phases partielles de l'unité de l'univers : l'unité du complexe de qualités qui qualifient la même chose ou le même individu concret ; l'unité de l'espace et du temps ou espace-temps ; l'unité téléologique, exemplifiée dans un organisme vivant et d'autres unités qu'il n'est pas nécessaire d'énumérer. Seule l'une d'entre elles m'intéresse ici directement : l'unité d'un genre ou d'une classe en tant que comprenant ses membres ou instances. J'appellerai « universel » cette unité elle-même, si elle est ultime, ou bien, si elle n'est pas ultime, tout principe susceptible de rendre compte de l'unité. Par ce terme, j'entends l'universel abstrait que Bosanquet distingue d'autres formes d'unités, les universaux concrets. En lui-même, ce soi-disant universel abstrait est sans doute plus ou moins superficiel et peu profond. Néanmoins, dans la mesure où il est présupposé dans toutes les autres formes d'unités, il est extrêmement important car sans lui, il ne peut y avoir aucune pensée. Dès lors, en prenant position sur cet universel abstrait, le philosophe détermine toute sa pensée philosophique.

* Annual Philosophical Lecture (Henriette Hertz Trust), 14 décembre 1921, paru dans *Proceedings of the British Academy* 10 (1921-1923), p. 157-172, repris dans M. Tooley (éd.), *The Nature of Properties. Nominalism, Realism, and Trope Theory*, New York-London, Garland Publishing, Inc., 1999, p. 185-200.

Pour ma part, je soutiens que l'unité d'une classe ou d'un genre est tout à fait ultime, et toute tentative d'analyse vouée au cercle vicieux. Mais telle n'est pas l'opinion traditionnelle, ni celle d'éminents philosophes contemporains tels Bradley, Bosanquet, Bertrand Russell, McTaggart, et W.F. Johnson dans son admirable et récent travail sur la logique. Selon ces philosophes, les qualités et relations sont, en tant que telles, des universaux, dans la mesure où la même relation peut relier collectivement et séparément différents ensembles de termes, et les mêmes qualités être communes à un grand nombre de choses particulières différentes. Une pluralité de choses qui partagent un caractère commun est une classe logique, signifiée par un terme général ou distributif applicable à chaque membre de la classe. Les différents particuliers sont la dénotation de ce terme général, et le caractère commun en est la connotation*. Entendue ainsi, l'unité d'une classe ou d'un genre est constituée par l'identité d'un quelconque caractère, simple ou complexe, qui caractérise les choses dénotées par le nom général. Cette identité du caractère étant interprétée strictement et littéralement, l'unité d'une classe ou d'un genre est dès lors dérivée, et non ultime. Il n'y a pas de pluralité des qualités particulières correspondant à la pluralité des choses particulières : la qualité commune est indivisiblement unique. Parce que deux boules de billard sont toutes les deux rondes et lisses, la rondeur de l'une est la rondeur de l'autre, et le lisse de l'une est le lisse de l'autre. Les noms abstraits, en tant qu'ils représentent la qualité dans son unicité, sans référence à aucune multiplicité de choses qualifiées par cette qualité, sont par conséquent considérés comme des termes singuliers, tout comme les noms propres. Et si l'on se demande comment, par exemple, la forme peut être identique dans les choses carrées et dans les choses rondes, la meilleure réponse est celle de Johnson, qui distingue les propriétés indéterminées des propriétés déterminées. La forme est un caractère indéterminé unique capable d'être diversement déterminé

---

* Pour le couple dénotation/connotation, voir J. Stuart Mill, *Système de logique*, trad. fr. L. Peisse, Bruxelles, Mardaga, 1988, p. 30-41.

carré, rond, ou triangulaire. Il en est de même pour les relations. Mon nez est au-dessus de mon menton, et le nez de Smith est au-dessus du menton de Smith. Son nez est différent du mien, et la même chose est vraie de nos mentons. Mais la relation d'identité : « au-dessus de et au-dessous de », qui relie à la fois mon nez à mon menton et son nez à son menton, est unique. La question de savoir si les relations sont ou ne sont pas des caractères prédicables des choses n'importe pas ici. Cependant, afin d'expliciter mon propos ultérieur, je puis soutenir, en accord avec Johnson (qui traite la question dans son chapitre sur les relations), qu'elles sont des caractères prédicables. « Mon nez est au-dessus de mon menton » signifie « mon nez est à mon menton, ce que l'au-dessus de est à l'au-dessous de, le nez étant au-dessus et le menton au-dessous ».

Qu'il s'agisse des qualités ou des relations, il me semble que cette doctrine tout entière – que j'ai brièvement exposée comme celle de l'unicité des caractères – est fondamentalement fausse. Un caractère qui caractérise une chose concrète ou un individu concret est autant particulier que la chose ou l'individu qu'il caractérise. De deux boules de billard, chacune a sa propre rondeur particulière séparée et différente de la rondeur de l'autre, en ce sens même que les boules de billard sont elles-mêmes différentes et séparées. John est séparé et différent de Robinson, et de même, le bonheur particulier de John est séparé et différent de celui de Robinson. Que voulons-nous dire, alors, quand nous disons, par exemple, que la rondeur est un caractère commun à toutes les boules de billard ? Je réponds que l'expression « caractère commun » est elliptique. Elle signifie, en fait, un certain genre général* ou une certaine classe

---

* Nous traduirons *general kind* par « genre général », malgré la redondance, d'une part parce que Stout utilise également l'expression *general sort* ; d'autre part parce que son ontologie comprend des genres spéciaux (cf. *supra*, p. 139). En effet, le genre général – ou caractère commun aux choses – est une classe de caractères qui sont les instances particulières de ce genre. Ces instances particulières du caractère commun sont des genres spéciaux distribués parmi les choses particulières.

générale de caractères. Dire que les choses particulières partagent un caractère commun, c'est dire que chacune d'entre elles possède un caractère qui est une instance particulière de ce genre ou de cette classe de caractères. Les instances particulières sont distribuées parmi les choses particulières et donc partagées entre celles-ci. Il est vrai que, couramment, l'on tend à appliquer le terme « classe » aux classes de choses, tandis que les mots « genre » ou « sorte » sont naturellement appliqués aux qualités et relations. À mon avis, ces termes expriment tous la même forme ou unité ultime : l'unité distributive qui comprend ce qu'on appelle – pour cette raison d'ailleurs – les membres d'une classe, les instances ou exemples d'une sorte ou d'un genre. Définir un terme général exclusivement par référence aux classes de choses implique, par conséquent, un cercle vicieux. Il n'y a aucune généralité dans les substances qui ne soit pas entièrement dérivée. La généralité dans les substances est entièrement constituée par celle des adjectifs qui qualifient les substances, et elle ne consiste pas ultimement en la possession d'adjectifs communs.

Je pense que les noms abstraits ne sont pas des termes singuliers, mais des termes généraux. La forme, par exemple, représente « toutes les formes en tant que telles », et la carréité représente toutes les formes carrées en tant que telles. D'un autre côté, la forme de la table, à laquelle je suis en train d'écrire en ce moment, est un terme singulier. Les noms abstraits fournissent la forme verbale appropriée à la nomination des qualités et relations lorsqu'elles sont elles-mêmes caractérisées par d'autres qualités et relations – par exemple « le bonheur humain est éphémère » – et, les adjectifs et les verbes fournissent la forme verbale appropriée à l'attribution des caractères aux choses. Certains manuels de logique affirment que les adjectifs ne sont pas des noms de qualités mais des noms des choses qu'ils qualifient ; c'est bien sûr absurde.

En accord avec les Nominalistes, je défends que les caractères sont, en tant que particuliers, comme les choses concrètes ou les individus concrets qu'ils caractérisent. Mais je me distingue essen-tiellement de ce courant en maintenant que l'unité distributive d'une classe ou d'un genre est un type d'unité ultime et inana-lysable. Les Nominalistes soutiennent, au contraire, qu'elle peut être expliquée par la relation de ressemblance. Cette opinion me semble totalement indéfendable. L'unité distributive est signifiée par les mots « tout », « chaque », « aucun », « quelque », et l'article indéfini. Le sens de ces mots peut-il être adéquatement établi en fonction de la ressemblance? C'est manifestement impossible. Considérons l'exemple « tous les triangles ». On pourrait dire que cela signifie toutes les formes qui se ressemblent sous un certain rapport. Mais de telles formules présupposent alors que le mot « tout » a une signification propre qui ne peut être réduite à des relations de similarité, et le concept d'unité distributive reste inexpliqué. Le Nominaliste est incapable de montrer comment nous pouvons penser une classe ou un genre comme un ensemble en gardant à l'esprit chacun de ses membres ou instances de manière à discerner des relations de similarité entre eux. Supposer tacitement que cela n'est pas requis par notre appréhension d'une classe ou d'un ensemble n'aide en rien. Selon Berkeley, par exemple, un triangle particulier donné représente toutes les autres figures qui lui ressemblent sous un certain rapport. Mais c'est absurde, à moins que nous puissions penser toutes les autres figures comme un seul objet total sans appréhender la collection de chacune d'entre elles, c'est-à-dire sans en appréhender aucune.

Qui plus est, que signifie ressembler sous un certain rapport? Sous quel rapport les figures doivent-elles se ressembler pour être classées en tant que triangles? Dirons-nous « en étant clôturées par trois lignes »? La réponse est correcte si nous supposons que le fait d'avoir trois côtés est une seule qualité indivisiblement présente dans la pluralité des choses qu'elle qualifie. Mais le nominalisme est fondé sur un rejet de cette position. Par conséquent, dans la bouche du Nominaliste la réponse peut seulement signifier que les figures doivent se ressembler dans la mesure où elles sont toutes des triangles – dans la mesure où elles sont toutes des membres de la classe « figures triangulaires ». C'est manifestement un cercle vicieux que ce qui exige d'être expliqué soit précisément la signification des mots « classe » ou « genre ».

Comment alors les relations de ressemblance sont-elles reliées à l'unité distributive d'une classe ou d'un genre ? Je pense qu'une relation considérée comme subsistant entre des termes présuppose quelque unité complexe sans laquelle les termes et les relations tomberaient ensemble. Cette unité complexe est le *fundamentum relationis*. Par exemple, une relation « au-dessous de et au-dessus de » en tant que subsistant entre *a* et *b* présuppose un complexe spatial incluant à la fois *a* et *b* et la relation spatiale entre eux. De la même manière, la ressemblance présuppose une unité complexe du type particulier que j'appelle l'unité distributive d'une classe. La même chose vaut pour la dissemblance dans la mesure où elle admet des degrés – entre les couleurs –, et n'équivaut pas à la disparité qui rend la comparaison impossible – entre les couleurs et les sons. L'unité du complexe en tant qu'ensemble ne doit pas être confondue avec les relations entre les termes. Ainsi, la ressemblance est toujours entre les membres d'une classe de choses ou entre les instances particulières d'un genre de qualité. L'unité d'une classe ou d'un genre en tant qu'ensemble n'est pas du tout une relation. C'est ce que je voudrais appeler, avec la permission de Johnson, un lien – un *fundamentum relationis*.

Le Nominaliste pense que les caractères sont autant particuliers que les choses ou substances qu'ils caractérisent. Je suis d'accord avec cette thèse et n'en conclus pas qu'il n'y a réellement aucun universel, sinon que l'universel est une unité distributive. Je vais à présent défendre cette thèse et considérer quelques-unes de ses implications.

Il serait bon de commencer par les caractères qui consistent en états, actes, ou processus éphémères, par exemple un éternuement, le vol d'un oiseau, l'explosion d'une mine. Ces exemples sont si manifestement particuliers qu'ils présentent une difficulté toute particulière pour ceux qui soutiennent que les qualités et les relations sont, en tant que telles, des universaux. La difficulté est si profonde qu'elle a conduit plus d'un philosophe contemporain à affirmer que les états ou les actes éphémères sont des substances, et non des caractères de substances. McTaggart, par exemple, après avoir défini une substance comme ce qui a des qualités ou des relations mais n'est pas elle-même une qualité ou une relation, écrit (*Nature of Existence*, p. 73) :

> Un éternuement ne devrait pas normalement être appelé une substance, pas plus qu'une partie de whist, ou même tous les archidiacres aux cheveux rouges. Mais chacun des trois se plie à notre définition, étant donné que chacun d'entre eux a des qualités et que chacun d'entre eux a des relations sans être une qualité ou une relation.

La définition de McTaggart est défectueuse : si nous ne négligeons pas une distinction fondamentale et pertinente, nous devons ajouter à cette définition qu'une substance doit être une existence particulière et non universelle. Cela exclut les archidiacres aux cheveux rouges. Nous pouvons admettre la partie de whist, considérée comme un groupe d'hommes assis à une table et jouant à un jeu. Un éternuement est certainement particulier. Mais il est également certain que ce n'est pas une substance, même selon la définition de McTaggart. Un éternuement peut, en effet, avoir des caractères qui lui soient prédicables : il peut être violent ou incommodant. Mais il est aussi un caractère prédicable d'autre chose, l'homme particulier qui éternue. Il tient son être seulement dans sa concrescence avec les autres qualités et relations de l'individu concret lorsqu'il est en train d'éternuer. L'éternuement ne peut pas continuer d'exister, même altéré, dans une forme extérieure à celui qui a éternué, comme une main ou un œil le peuvent lorsqu'ils sont séparés du corps. De même, quand Johnson dit d'un éclair qu'il est une substance, j'admets que c'est vrai de la lumière, au moment où elle émet son éclair, mais non de l'émission de l'éclair de lumière.

Nous pouvons alors supposer qu'au moins un large et important groupe de caractères sont autant particuliers que les substances qu'ils caractérisent. Est-ce vrai de toutes les qualités et relations ?

Cela devrait l'être, puisqu'il n'y a pas de distinction de substances en tant que particuliers séparés qui n'implique pas une distinction correspondante de leurs caractères comme particuliers séparés. J'appréhende deux boules de billard comme des substances séparées, dans la mesure où chacune est prise comme étant en un lieu séparé. L'une est ici et l'autre là sur la surface de la table de billard. Comment puis-je savoir ou supposer cela, à moins de savoir ou supposer que la rondeur, le lisse et la blancheur de la première boule sont localement séparés de la rondeur, du lisse et la blancheur de l'autre boule, et que la relation de contact entre la première boule et le tapis est localement séparée de la relation de contact entre l'autre boule et le tapis ?

On a objecté que ce qui est réellement la même qualité indivisible peut néanmoins apparaître séparément en différents temps et lieux. Il y a ici, je pense, une grave confusion entre deux sens du mot « apparaître ». Nous disons que quelque chose peut apparaître être ce qu'il n'est pas. Ainsi utilisé, le fait d'apparaître est synonyme du fait de sembler. Par ailleurs, nous ne disons pas que quelque chose apparaît ou semble exister, ou être ceci ou cela, mais simplement qu'il apparaît, en signifiant par là que c'est une apparition réelle, que c'est actuellement présent ou donné dans l'expérience. En ce sens, rien ne peut apparaître, si ce n'est ce qui est réellement, et qui est réellement tel qu'il apparaît. Dans une double vision, je peux avoir deux images d'une seule flamme de bougie. Il apparaît alors ou *semble* y avoir deux flammes de bougie, alors qu'en fait il n'y en a qu'une seule. Mais les présentations visuelles n'apparaissent pas seulement ou ne semblent pas seulement exister et être séparées. Les deux flammes et leur séparation apparaissent réellement, sont réellement présentées ou données, et doivent par conséquent exister réellement. C'est uniquement parce que les images existent réellement et sont réellement séparées qu'il apparaît ou semble y avoir deux flammes. À présent, quand il est dit, par exemple, que l'éclat d'une lumière apparaît séparément de l'éclat d'une autre lumière, ce qui est signifié est la simple apparence et non l'apparaître. Cela doit être ainsi, parce que l'apparence séparée est considérée comme expliquant comment les qualités peuvent sembler être séparées bien qu'elles ne le soient pas, tout comme la double image explique pourquoi l'unique flamme de bougie semble être double. Mais l'explication se réfute elle-même. Si les qualités des choses séparées apparaissent réellement séparées, et si leur séparation apparaît réellement, alors elles sont réellement séparées, et ne semblent pas simplement l'être.

Je peux reformuler mon argument général autrement. Quoi qu'on soutienne de la distinction d'une substance et de ses qualités, il est toujours universellement admis que la substance n'est rien *en dehors de* ses qualités. McTaggart fait de cette proposition le fondement d'un argument pour montrer que les substances ne peuvent pas être différentes sans être, sous un certain rapport, dissemblables. Sur ce point, il a peut-être raison. Mais le même principe semble aussi mener à la conclusion – qu'il rejetterait – que les qualités sont des particuliers distincts, comme le sont les substances. Si la substance n'est rien en dehors de ses qualités, connaître la substance sans connaître ses qualités, c'est ne rien connaître.

Il s'ensuit que nous ne pouvons pas distinguer les substances entre elles sans discerner une distinction correspondante entre leurs qualités. Il s'ensuit également que si la distinction des substances n'est pas préconditionnée par une quelconque dissemblance discernée entre leurs qualités, alors les qualités doivent être ultimement des particuliers séparés, non des universaux. Les universaux seront déduits seulement dans la mesure où ils sont des particuliers de la même sorte générale ou du même genre général. À présent, en regardant par exemple une feuille de papier blanc, je suis capable de discerner plusieurs parties du papier sans discerner de dissemblance qualitative entre chaque partie et chacune des autres. Même si je suis conscient de la dissemblance qualitative entre une partie et quelque autre partie, je peux clairement reconnaître que ce n'est pas le fondement ultime de ce qui les distingue. Que la dissemblance soit grande ou bien qu'elle soit toujours imperceptible voire totalement absente, quoi que je suppose, la diversité est, quant à elle, toujours discernable. Si, en fait, cela n'était pas présupposé, il ne pourrait être question de ressemblance ou de dissemblance. Nous ne pourrions même pas dire que chaque partie est distinguable des autres parties par ses relations distinctives. Donc, pour qu'un particulier puisse être connu comme relié de façon nécessaire à d'autres particuliers, il est logiquement requis qu'il puisse lui-même être connu comme un particulier parmi d'autres.

Mon argument suppose donc qu'une chose n'est rien en dehors de ses caractères et, par conséquent, qu'il ne peut y avoir aucune connaissance de celle-ci qui ne soit connaissance de ses caractères. Mais Bertrand Russell et, je crois, Moore rejettent ce raisonnement stipulant que la connaissance d'une chose, en tant que caractérisée de quelque façon, est seulement connaissance au sujet de celle-ci, et présuppose un préalable logique et une connaissance indépendante des choses elles-mêmes – qu'ils appellent accointance. À partir de là, ils soutiendraient que dans la mesure où les choses peuvent être connues indépendamment de toute connaissance de leurs caractères, il ne peut être vrai, comme je l'ai supposé, qu'elles ne sont rien en dehors de leurs caractères. Une simple accointance avec une chose est supposée n'impliquer aucune appréhension de quoi que ce soit qui pourrait peut-être lui être prédiqué. Ce qui est connu, en ce sens, ne peut être exprimé par des mots. Je suis en accointance avec une présentation de couleur lorsqu'elle est en train d'être présentée, et avec un mal de dents quand je suis en train de le ressentir. Si, cependant, je suis conscient du mal de dents comme étant douloureux ou intense, ressenti, existant, mien, commençant, persistant, cessant, ou de n'importe quelle manière distincte de n'importe quelle autre, ou liée à n'importe quelle autre, ou encore comme étant « une chose ou une autre », une telle conscience est connaissance *au sujet du* mal de dents et non une simple accointance avec celui-ci. L'accointance avec le mal de dents ou avec une présentation de couleur consiste dans le fait que l'un est senti et l'autre présentée, non dans la connaissance de ceux-ci ou de n'importe quel autre fait.

Je ne doute absolument pas que ce qui est appelé ici accointance existe réellement. Sans elle il n'y a aucune connaissance et, par conséquent, si nous n'avions pas d'accointance avec des choses nous ne pourrions rien connaître. C'est ce que j'ai appelé l'apparence effective en distinction de l'apparaître. Elle constitue la signification fondamentale du mot « expérience » qui donne un sens distinctif à toutes ses autres applications – et que j'ai pris l'habitude d'appeler, suivant Bradley : expérience immédiate. Mais cela ne peut pas, je pense, proprement être considéré comme une connaissance. Il est vrai que je ne peux connaître quelque chose au sujet du mal de dents que lorsque j'en ai effectivement l'expérience ; de même que je ne peux rien connaître à son sujet lorsque je n'en ai pas l'expérience. Et nous pourrions éventuellement appeler cette manière de connaître, connaissance par accointance. Ajoutons que la connaissance est seulement connaissance *au sujet de*, et se distingue de l'accointance qui la conditionne. Comment, dès lors, pouvons-nous connaître quoi que ce soit, s'il est supposé que nous ne connaissons absolument rien à son sujet ?

Admettons, toutefois, pour le salut de l'argument, que l'accointance est comme telle une connaissance. Il n'y a toujours pas de justification pour la considérer comme une connaissance des choses nues, en dehors de leurs qualités et relations. Il est vrai, en effet, que nous ne connaissons rien *au sujet* des qualités et des relations quand nous n'avons qu'une accointance de celles-ci. Nous ne savons pas qu'elles existent ni ce qu'elles sont. Nous ne les distinguons pas entre elles ni des choses qu'elles caractérisent. Si des raisons de la sorte prouvent que nous ne connaissons pas les qualités, elles prouvent également que nous ne connaissons pas la chose qualifiée. Donc par la seule accointance, nous ne savons pas que la chose existe ni ce qu'elle est : nous ne la distinguons pas des autres choses ni de ses qualités. Si nous pouvons connaître la chose de façon aveugle, alors de cette même façon aveugle nous pouvons connaître ses caractères. Si nous nous demandons avec quoi, par la pure accointance, nous sommes en accointance, la pure accointance elle-même, étant aveugle et muette, ne peut fournir aucune réponse. La réponse doit être cherchée dans les jugements analytiques qui déduisent la connaissance au sujet de. Mais ces jugements ne révèlent jamais une chose nue sans ses caractères, sinon toujours la chose en tant que caractérisée d'une certaine façon. Le principe qui pose qu'une substance, n'étant rien en dehors de ses adjectifs, ne peut être connue en dehors d'eux, vaut tant pour la seule accointance avec les choses que pour la connaissance à leur sujet.

À ce point, nous sommes confrontés à l'ultime question : quelle est la distinction entre une substance d'une part, et ses qualités et relations d'autre part ? Une seule position me paraît défendable : une substance est une unité complexe d'un type tout à la fois ultime et particulier, comprenant en elle-même tous les caractères véritablement prédicables d'elle. Être véritablement prédicable de la substance, c'est être contenu dans la substance. L'unité distinctive d'un tel complexe est la concrétude. Les caractères des choses concrètes sont particuliers, mais non concrets. Ce qui est concret, c'est le tout dans lequel ils fusionnent les uns avec les autres. Associée à la doctrine selon laquelle les qualités et les relations sont des universaux, la thèse de la substance comme unité complexe conduit naturellement – voire inévitablement – au rejet d'une pluralité ultime de substances. C'est la ligne de pensée que nous trouvons chez Bradley et Bosanquet : la réalité doit être concrète et individuelle, et l'individu ne peut être constitué par une quelconque et simple union d'universaux. Or, si nous nous demandons ce que sont ces soi-disant individus finis, nous ne trouvons rien d'autre que des qualités et des relations, qui, en tant que telles, sont considérées comme des universaux. Le véritable individu dépasse alors la compréhension des pensées finies. Il ne peut y avoir qu'une seule substance, l'absolue et individuelle totalité d'être, dont toutes les existences finies comprenant les Moi finis sont simplement les adjectifs. Et, ultimement, les existences finies ne sont plus que de pures apparences.

Quant à ceux qui maintiennent qu'il y a une pluralité ultime de substances, et pourtant soutiennent que les caractères sont, en tant que tels, des universaux, ils semblent logiquement prêts à rejeter le fait qu'une substance est une unité complexe de toutes ses qualités et relations. Ainsi, McTaggart affirme-t-il, au chap. v de *Nature of*

Existence, que l'unité complexe est seulement un adjectif complexe, et par conséquent présuppose un sujet ultimement distinct de celui-ci. J'ai par ailleurs critiqué un point de cette thèse, suivant lequel l'être entier de la substance consiste en sa relationalité à autre chose : les caractères qui la caractérisent. McTaggart répond alors que lorsque, par exemple, « Smith est dit être heureux », le fait qu'il est heureux est le fait premier, et le fait qu'il est relié à la qualité de bonheur est seulement dérivé (p. 70). Mais la difficulté reste inchangée. Ce que McTaggart appelle le fait premier, le Smith heureux, est, d'après lui, un complexe comprenant deux existences qui ultimement sont tout à fait distinctes l'une de l'autre, la substance d'une part, et tous les caractères prédicables de celle-ci d'autre part. Or, sans un complexe, deux existences distinctes peuvent seulement être reliées par une relation ; et la relation dans ce cas ne peut être autre que ce qui est directement exprimé dans des propositions telle « Smith est heureux ».

McTaggart attaque également la position alternative selon laquelle la substance est l'unité complexe comprenant ce qui est, pour cette raison, appelé ses caractères. Malheureusement, son argument commence par un malentendu. « On a maintenu, dit-il, que suivant le point de vue correct, nous devrions être capable de nous passer de la conception de substance et utiliser seulement la conception de qualités ». Ce n'est certainement pas ce que je considère être le point de vue correct. Pour moi, le complexe concret comprenant tous les caractères d'une chose n'est pas un caractère mais la chose elle-même. Dire que le complexe inclusif doit lui-même être un caractère prédicable, c'est comme dire qu'un triangle doit être le côté d'un triangle, que la classe « des chevaux » doit être un cheval. Ce qui reste de l'argument de McTaggart, après conscience d'un tel malentendu, se réduit seulement à ceci qu'une proposition telle « Smith est heureux » ne peut pas, sans absurdité, être formulée dans le langage de ma théorie. On ne peut, insiste-t-il, affirmer du complexe comprenant tous les caractères prédicables de Smith, qu'il est heureux. On ne le peut pas. Mais cette interprétation de « Smith est heureux » n'est pas la mienne. La mienne serait plutôt : « L'unité concrète comprenant le caractère d'être connu sous le nom de Smith comprend également le caractère d'être heureux ». Je considère que ceci est précisément ce qui est signifié par l'affirmation que Smith est heureux. Interprété suivants les termes de ma théorie, l'argument avancé par McTaggart donnerait : « Le complexe comprenant tous les caractères de Smith comprend, à côté de ceux-ci, un autre caractère de Smith, celui d'être heureux ». C'est du non sens, et je ne vois aucune raison pour que cela fasse sens.

Il reste une question que je n'ai pas encore traitée, bien qu'elle soit d'une extrême importance pour mon argument général. Si j'ai raison, ce qui est signifié par un caractère commun d'une classe de choses c'est un genre général de caractère à partir duquel une instance particulière caractérise chaque membre de la classe. Il s'ensuit que la division logique d'une classe plus étendue en des sous-classes qui s'excluent mutuellement d'après le même *fundamentum divisionis* n'est possible que par une division correspondante d'une classe plus étendue de caractères en sous-classes de caractères. Cette position est, bien sûr, tout à fait incompatible avec la position de ceux qui considèrent un caractère commun comme une qualité unique ou une relation unique appartenant indivisiblement à chacune et à toutes les choses qu'il caractérise. N'ont-ils aucune autre explication alternative ? Je n'en connais pas d'autre que celle proposée au chap. XI de *Logic* de Johnson, sur « Le déterminable ».

Johnson commence par comparer les propositions « rouge est une couleur » et « Platon est un homme ». Il se demande si rouge est asserté être un membre d'une classe appelée « couleurs », comme Platon l'est de la classe « hommes ». Il considère simplement sans discuter et comme allant de soi le fait que le rouge, s'il n'est pas une couleur, est de toute façon un terme singulier, représentant une qualité unique et non un genre général de qualités. Ainsi, à mon avis, il laisse partiellement de côté la question à son problème de fond, dès le début. Avec cette façon de procéder même si le problème est formulé comme il le formule, il semble qu'il y ait une *petitio principii* similaire. Il décide que « couleurs » ne représente pas une classe dont le rouge est un membre. La seule raison qu'il donne est la suivante : tandis que Platon, par exemple, est reconnu être un homme par la qualité d'humanité qui lui est commune aux autres hommes, il n'est pas vrai que le rouge est reconnu être une couleur par une qualité distincte d'elle-même qui lui serait commune aux autres couleurs, comme le bleu et le jaune. Mais, manifestement, il s'agit simplement d'affirmer que dans la mesure où les substances ne sont pas des qualités, les classes de substances ne sont pas des classes de qualités. À tout point de vue, la division des substances en classes est d'une certaine façon dépendante d'une distinction correspondante entre ses adjectifs. En un sens, cela présuppose qu'une pluralité de choses participent d'un caractère commun. Le seul problème est : qu'est-ce qui est signifié par leur participation à un caractère commun ? et je le pose pour dire que chacune des substances est caractérisée par une instance particulière d'un genre général ou classe de caractères. On peut, si l'on veut, appliquer le terme classe exclusivement aux genres généraux de substances. Mais la vraie question est de savoir si les mots « genre » et « classe » représentent le même type ultime d'unité distributive, que l'on trouve dans la substance, seulement parce qu'on la trouve dans ses caractères et dans cette mesure seule, et si, de ce fait, ils ne peuvent pas être ultimement différents des substances et des caractères.

Johnson n'est pas de cet avis. Mais propose-t-il quelque alternative tenable ? Au lieu de distinguer le général du particulier, et le plus ou moins général, il traite des caractères en distinguant le déterminable du complètement ou relativement déterminé :

> Prédiquer *couleur* ou *forme* d'un objet, dit-il, le caractérise évidemment moins que prédiquer de lui *rouge* ou *circulaire* ; donc le premier adjectif peut être dit (…) indéterminé, comparé à ce dernier.

Il y a certainement un sens suivant lequel cette distinction est valide et utile. Si je sais, ou simplement considère que quelque chose est une couleur, cela ne détermine pas quelle sorte spéciale de couleur elle est. Cela est déterminé seulement par beaucoup d'autres propositions qui assertent que ce quelque chose est rouge ou bleu. Ainsi comprise, la distinction est relative à la connaissance intellectuelle, que Johnson appelle « épistémique »[1]. En ce sens, je suis moi-même prêt à utiliser les termes déterminable et déterminé. Mais en ce sens la distinction est applicable aussi bien aux substances qu'aux adjectifs. Si je considère quelque chose simplement comme étant un animal, cela laisse indéterminée la question de savoir si c'est une souris ou un homme.

Plus que cela, pour Johnson la relation de déterminable est constitutive, et non simplement épistémonique : c'est une relation entre les qualités en tant que telles, qui, pour les qualités, tient lieu de distinction entre les degrés de généralité qui est supposée ne valoir que pour les substances. Selon Johnson, la couleur n'est pas un genre général de qualité comprenant le rouge comme un sous-genre. Au contraire, la couleur et le rouge sont tous les deux singuliers, chacun représentant une qualité positive singulière. La couleur, nous dit-il, « quoique indéterminée, est, métaphoriquement parlant, ce à partir de quoi émanent les déterminés spécifiques comme le rouge, le jaune, le vert, etc. ; alors que de la forme émanent des séries de déterminés complètement différents tels le triangulaire, le carré, l'octogonal, etc. Ainsi, notre idée de tel ou tel déterminable a un contexte distinctement positif, qui serait tout à fait inadéquatement représenté par le mot indéterminé ». En ce sens, la proposition « rouge est une couleur » signifie qu'une qualité singulière positive rouge est reliée à une autre qualité positive couleur par une relation particulière qu'on appelle de façon appropriée relation d'un déterminé à son déterminable. À présent, il me semble que Johnson a non seulement échoué à montrer qu'il y a une telle relation, mais il a de plus, par son argumentation, suggéré une raison convaincante de la rejeter. Il souligne très clairement que le rouge n'est pas reconnu comme une couleur au moyen d'une

1. La forme correcte est « épistémonique », mais le barbarisme est plus commode.

quelconque qualité distincte de lui et commune à toutes les couleurs, comme le rouge est partagé par toutes les choses rouges :

> Les diverses couleurs (…) portent le même nom de couleur, non du fait d'un quelconque accord arbitraire, mais de ce qu'un genre spécial de différence distingue une couleur d'une autre.

Je voudrais ajouter qu'il y a aussi bien un genre particulier de ressemblance que de différence. Le rouge et le jaune se ressemblent par un caractère et diffèrent par un autre. L'aspect selon lequel ils sont semblables, *i.e.* la couleur, est aussi l'aspect selon lequel ils sont dissemblables. Ceci vaut pour la carréité et la rondeur. Comme feu Professeur Cook Wilson avait coutume de dire :

> La forme carrée n'est pas la carréité plus la forme ; la carréité elle-même est une manière spéciale d'être une forme.

De telles considérations sont-elles contradictoires avec ma thèse selon laquelle le rouge est une sous-classe de la classe plus générale « couleur », comme les choses rouges sont une sous-classe des choses colorées ? Il y aurait une contradiction seulement s'il pouvait être montré qu'une chose rouge est distinguée d'une chose jaune non pas simplement par sa couleur mais par quelque autre caractère. Mais, comme Johnson lui-même le souligne expressément, ce n'est pas le cas. Dans la division logique d'une classe de choses en sous-classes, le *fundamentum divisionis* est toujours un adjectif déterminable prédiqué de tous les membres de la classe divisée ; et les sous-classes sont toujours distinguées par des adjectifs déterminés de ces déterminables. Il est vrai, en effet, qu'une chose concrète est, ou implique, l'union concrète de nombreux caractères qui ne sont pas reliés entre eux en tant que déterminables et déterminés. Il est donc possible de sélectionner tel ou tel adjectif indéterminé, simple ou complexe, comme une base de division. Nous divisons ainsi les livres selon leur format ou selon leur reliure. Mais une sous-classe n'est jamais divisée par la présence ou l'absence d'un nouvel adjectif qui serait applicable de façon non indéterminée à tous les membres de la classe plus étendue. Quand nous divisons les livres en reliés et non reliés, le *fundamentum* est le statut de livre considéré comme reliure ; appliqué aux livres, le terme « non-relié » a une signification positive qu'il n'aurait s'il était appliqué aux charbons ou aux bougies.

Il n'y a rien dans ces déclarations qui ne soit pas entièrement justifié si nous supposons que la distinction entre le général et le particulier, et les degrés de généralité dans les choses est constituée par – et donc présuppose – la même distinction correspondante dans les adjectifs. Par ailleurs, la position de Johnson n'est pas vraiment auto-consistante. En supposant comme il le fait que le rouge est un terme singulier, et en rejetant que la couleur est une classe comprenant le rouge comme membre, il est forcé de considérer la couleur également comme un terme singulier. De la sorte, elle peut seulement représenter une qualité singulière, simplement comme le rouge représente une qualité singulière. Que peut-on vouloir dire alors lorsque l'on dit que le rouge, le vert, ou le bleu sont des couleurs ? Ce qui est asserté ne peut pas être que chacune est identique à la couleur, car alors, elles seraient identiques entre elles. Il semble que nous soyons contraints d'admettre que le rouge est en partie identique à la couleur et en partie différente. Le rouge doit être un complexe comprenant la qualité indéterminée couleur qui est également présente dans le bleu et le vert, et il doit être aussi une qualité déterminante qui se distingue du bleu et du vert. Mais comme Johnson l'a lui-même montré, cela est inexact. Il n'y a pas de qualité déterminante qui rende le déterminable déterminé. Nous devons, par conséquent, abandonner la supposition initiale selon laquelle le rouge et la couleur sont des termes singuliers.

Elles sont toutes les deux des termes généraux, *i.e.* distributifs. Le rouge, considéré comme un terme général complètement déterminé, représente l'unité distributive des rouges particuliers. Être un rouge particulier, c'est être *soit* telle, telle, *ou* telle autre instance particulière de rouge. Le rouge en général est compris à l'intérieur d'une unité plus comprehensive, la « couleur en général », qui comprend également le jaune et le bleu. Toute instance particulière de rouge est une instance particulière de couleur. La couleur en général n'est rien d'autre que l'unité distributive de ses sous-genres spécifiques, comme ceux-ci sont ultimement l'unité distributive de leurs instances particulières. Être une couleur particulière c'est être un exemple particulier *soit* de tel, de tel, *ou* de tel autre genre spécial de couleur. Les mots « soit, ou » marquent le lien distributif, et excluent la conception de couleur comme une qualité singulière quoique indéterminée.

Bien qu'elle présuppose la généralité, la distinction du déterminable et de ses déterminés a toutefois – comme je l'ai dit précédemment – sa place et sa valeur propres si nous la considérons non comme constitutive mais épistémonique. C'est important surtout concernant la nature des propositions. Mais faute de temps, je me satisferai d'un bref développement sur ce point annoncé dans mon titre.

Quoi qu'elle puisse être, une proposition est quelque chose proposé, ou posé devant l'esprit, comme l'objet de certains processus subjectifs – le questionnement, le doute, l'assertion, la supposition, mais aussi la délibération pratique et la décision. La croyance et la volonté ne consistent pas nécessairement en de tels processus. Je peux être conscient de moi-même assis à une table et écrivant, sans asserter mentalement que c'est ainsi, ni aucunement me demander si c'est le cas ou non. Il y a connaissance au sujet des choses sans acte mental explicite de jugement. De même, je peux volontairement serrer la main à un ami sans par ailleurs penser que je suis en train de le faire, et par conséquent sans choisir ou décider de serrer la main. Ainsi, ce qui est supposé réel constitue un vaste et vague fonds duquel les propositions émergent ici et là.

Rien ne prend la forme d'une proposition, qu'elle soit théorétique ou pratique, à moins qu'il soit suggéré d'une certaine manière, même de manière provisoire, que d'un point de vue général quelconque elle peut ou pourrait être autrement. Si la pensée de son être autrement est prolongée, il y a questionnement ou hésitation pratique. Si c'est encore plus prolongé, et développé en détail, il y a doute ou délibération. Ainsi, nous pouvons dire que la proposition est appréhendée comme une alternative possible. Qu'est-ce alors qu'une alternative ? Il y a deux sens du mot, distincts quoique inséparables. Dans un sens, une alternative est telle seulement relativement à la connaissance variable et à l'intérêt de l'individu. Mais cela présuppose que l'univers objectif soit ainsi constitué qu'il présente des alternatives à l'esprit connaissant et volitif. Leur existence est ultimement impliquée dans l'existence des classes générales ou des genres, des généralités comme l'unité distributive des instances particulières et des sous-classes. Avoir une forme c'est avoir telle, telle, ou telle autre sorte spéciale de forme. C'est ainsi, que l'on connaisse ou non quelle forme spéciale la chose a en réalité. Même quand la chose est connue ou crue carrée, il est toujours vrai qu'elle est soit carrée, soit ronde, soit octogonale, et ainsi de suite. Mais un esprit curieux de savoir quelle est la forme spécifique, et sachant déjà qu'elle est carrée, n'a pas besoin et n'est pas concerné par l'existence d'autres alternatives, à moins que ce soit suggéré, par exemple, par les mots ou le comportement d'autres personnes. Pour autant, la proposition selon laquelle la chose est carrée ne lui viendra même pas à l'esprit. On peut simplement supposer que l'esprit accompagne la nature et les implications d'une alternative comme telles, ignorant, soit partiellement, soit complètement, la question de savoir si elle est réalisée ou le sera. Considérons ce qui suit. « Si j'avais ce poste, je n'aurais pas de temps pour le travail de recherche. », « Si j'avais été affecté à ce poste, je n'aurais pas eu de temps pour le travail de recherche. », « S'il n'y avait pas eu de carbone, il n'y aurait pas eu de vie organique. », « S'il n'y avait pas de qualités incompatibles, la loi logique de la contradiction n'aurait pas d'application. ». Ces propositions portent toutes sur la nature plus ou moins générale d'une possibilité alternative. Elles ont une proposition pour sujet propre. Elles viennent rarement à l'esprit de celui qui sait déjà ou croit pleinement que l'alternative est réalisée, ou qui a déjà décidé qu'elle pouvait en pratique se réaliser. Au contraire, elles naissent souvent dans l'esprit de celui qui sait que l'alternative n'est pas réalisée et ne le sera pas. Elles sont alors appelées fictions.

Cette position implique qu'il y ait réellement des possibilités alternatives. De nos jours, dans l'usage du langage le plus naturel et commun, le réel et le possible sont co-reliés et opposés à un point tel qu'il est presque absurde de dire que le possible *quâ* possible est réel, de même qu'il est absurde de dire que ce qui est au-dessus est, comme tel, au-dessous. Néanmoins, les possibilités en tant que telles ne sont pas de simples inventions de l'entendement, ou de simples apparences. Elles existent réellement. Leur existence n'est pas simplement possible. Quand un homme a à choisir entre la mort et l'apostasie, ces alternatives sont réellement contenues dans la situation générale avec laquelle il est confronté. Mais seulement l'une d'entre elles est réalisée. Laquelle d'entre elles, cela peut dépendre de l'homme lui-même. Seul le déterminisme devenu fou pourrait rejeter qu'il y ait, ici, libre-arbitre.

Le sens des adjectifs « vrai » et « faux », dans leur usage ordinaire, présuppose la conception de la proposition comme alternative. Les alternatives sont telles seulement dans la relation à quelque fait réel. Quand elles sont parfaitement distinguées, une seule d'entre elles, pas plus, est identique au fait réel. Une proposition est vraie quand elle est identique à l'alternative réalisée. Asserter, nier, douter, ou supposer que cette alternative est réalisée, c'est asserter, nier, douter, ou supposer ce qui est vrai. Les alternatives non réalisées sont des propositions fausses.

Bien entendu, la distinction entre la vérité et la fausseté vaut aussi pour le domaine inarticulé * de ce qui est simplement supposé réel. Mais c'est seulement dans la mesure où les alternatives sont appréhendées comme telles, *i.e.* en tant que propositions, que nous devenons conscients de la distinction : seulement alors pouvons-nous considérer et examiner des revendications rivales de vérité. Même à ce stade, nos assertions, nos négations, et nos doutes sont, concernant les problèmes les plus importants, conditionnés et contrôlés par un vaste fonds de ce qui est simplement supposé réel.

---

* En anglais, *inarticulate*. Ce terme désigne ici ce qui n'est pas structuré dans l'appréhension cognitive. Il s'agit du domaine non verbal, non propositionnel. C'est dans une certaine interprétation le langage mental d'Occam, et dans une moindre mesure, le verbe mental de saint Augustin.

Si à tout point de vue il n'y a rien dans ce fonds qui soit susceptible d'être appréhendé comme une alternative, alors, malgré sa valeur transcendentale, nous ne pouvons jamais être conscient de cette alternative comme une proposition exprimable dans le langage et discutable.

Un mot pour conclure sur les orientations métaphysiques de la doctrine logique des universaux.

J'ai déjà signalé de quelle manière la philosophie de ceux qui maintiennent l'unité de l'univers est influencée par la thèse des universaux en termes de qualités et relations. Celle-ci joue également un rôle important chez Russell, pour lequel il n'y a pas d'univers, mais seulement une agrégation indéfinie d'éléments capables d'exister par eux-mêmes. Comme partie intégrante de cette théorie, il disjoint les particuliers et les universaux en deux domaines d'existence intrinsèquement indépendants, pensant que cela est possible parce que les qualités et les relations sont, en tant que telles, des universaux. Elles ne peuvent, alors, en aucune façon constituer une partie de l'être des choses particulières qu'elles qualifient ou relient. Et dans la mesure où elles sont des qualités et des relations, elles ne peuvent pas contenir les choses particulières, car les caractères ne peuvent contenir ce qu'ils caractérisent. Il s'ensuit donc que le domaine des choses concrètes et des individus dans leur propre être intrinsèque se désolidarise du domaine des universaux dans leur être intrinsèque. À partir de là, nous pouvons comprendre la distinction de Russell entre l'accointance avec les choses et la connaissance à leur sujet, et celle, encore plus compliquée, entre la connaissance au sujet de et la connaissance par description.

Manifestement, la nature des idées abstraites et générales est un sujet qui a la même importance philosophique aujourd'hui, qu'elle en eut pour Berkeley; et bien que son traitement des idées fût défectueux, certaines choses qu'il a dites méritent d'être répétées même aujourd'hui – quoique différemment.

Traduction Emmanuelle GARCIA

David M. Armstrong

LES UNIVERSAUX EN TANT QU'ATTRIBUTS *

I. *Des universaux non-instanciés ?*

Si l'on abandonne l'idée que les particuliers ne sont que des faisceaux d'universaux, mais si l'on veut néanmoins admettre des universaux, alors il faut revenir à la conception traditionnelle selon laquelle les particuliers ou *tokens*, *instancient* des universaux : c'est-à-dire qu'ils possèdent certaines propriétés et qu'ils ont certaines relations entre eux. Si l'on fait cela, on doit alors régler un certain nombre de questions sujettes à controverses. Et en premier lieu la suivante : ne devrions-nous pas accepter un *Principe d'Instanciation* pour les universaux ? C'est-à-dire, ne devrions-nous pas exiger que tout universel soit instancié ? C'est-à-dire encore, tout universel de propriété doit-il être la propriété d'un particulier ? Pour tout universel de relation, doit-il exister des particuliers auxquels cette relation s'applique ?

On ne doit certainement pas exiger que tout universel soit instancié *en ce moment*. Il suffirait qu'un universel particulier ne soit pas instancié en ce moment, mais qu'il ait été instancié dans le passé ou qu'il soit instancié dans l'avenir. Il faudrait alors inter-

---

* *Universals, An Opinionated Introduction*, Boulder, Westview Press, 1989, chap. 5, p. 75-112. On suggère en complément de ce chapitre la lecture de D.M. Armstrong, *Nominalism and Realism*, Cambridge, Cambridge UP, 1978, chap. 11, et *A Theory of Universals*, Cambridge, Cambridge UP, 1978, chap. 13-17.

prêter le Principe d'Instanciation comme un principe s'appliquant à tous les temps : passé, présent et futur. Cependant, doit-on maintenir ce principe même sous cette forme relativement généreuse ?

Nous voici à la croisée des chemins. On peut appeler la conception selon laquelle il existe des universaux non-instanciés la conception platonicienne. Il semblerait que ce soit la thèse défendue par Platon, qui apparemment fut aussi le premier philosophe à introduire les universaux. (Il parlait de Formes ou d'Idées – sans qu'il y ait quoi que ce soit de psychologique en ce qui concerne ces Idées).

Une fois que vous avez des universaux non-instanciés, il vous faut un endroit spécial où les placer, un « ciel d'Idées » platonicien, comme disent souvent les philosophes. Car on ne les trouve pas dans le monde ordinaire, dans l'espace et le temps. Et puisqu'il semble que tout universel instancié aurait pu ne pas l'être – par exemple, il aurait pu ne rien exister qui eût cette propriété, que ce soit dans le passé, le présent ou le futur – et si les universaux non-instanciés sont dans un ciel d'Idées platoniciennes, il sera alors naturel de placer tous les universaux dans ce même ciel. Le résultat est que l'on obtient deux mondes (*realms*) : le monde des universaux et le monde des particuliers, ce dernier comprenant les choses ordinaires dans l'espace et dans le temps. On dit souvent que de tels universaux sont *transcendants*. (Russell a explicitement soutenu une thèse de ce genre au début de sa carrière, avant d'adopter une conception des universaux en faisceaux[1]). L'*instanciation* devient alors toute une affaire, car il s'agit d'une relation entre les universaux et les particuliers qui passe d'un monde à l'autre. L'expression latine employée par les Scolastiques pour désigner une théorie de ce genre est *universalia ante res*, « les universaux avant les choses ». Une telle conception est inacceptable pour des naturalistes, qui pensent que le monde spatiotemporel est le seul qui

---

1. Voir B. Russell, *Les problèmes de la philosophie*, trad. fr. F. Rivenc, Paris, Payot, 1989, chap. 9 et 10.

existe. Cela explique pourquoi les empiristes, qui ont tendance à s'allier au naturalisme, rejettent souvent les universaux.

Il est intéressant de remarquer qu'en adoptant des mondes séparés, une théorie des universaux permet de concevoir le particulier comme quelque chose d'informe (*blob*) plutôt que stratifié (*layer-cake*). Car, selon cette conception, en quoi consiste pour une chose d'avoir une propriété? Ce n'est pas le fait qu'elle possède une caractéristique interne, mais plutôt le fait qu'elle ait une relation, la relation d'instanciation, avec certains universaux ou certaines Formes appartenant à un autre monde. La chose elle-même pourrait très bien être informe. Il est vrai que l'on pourrait aussi donner à cette chose une structure de propriétés. Cependant, les propriétés qui constituent alors cette structure ne peuvent pas être des universaux; elles doivent être des particuliers: des tropes [1]. Le particulier contient des tropes de propriétés, mais ces tropes de propriétés sont réunis en des classes naturelles parce qu'ils instancient un certain universel dans le monde des universaux. Quoi qu'il en soit, sans être dans l'obligation d'introduire des tropes, il semble que les théories des universaux d'inspiration platonicienne doivent considérer les particuliers comme informes plutôt que comme stratifiés. Il s'agit là, selon moi, d'un argument contre les théories platoniciennes.

Cependant, si l'on rejette les universaux non-instanciés, on est alors au moins dans la position de ramener les universaux sur terre, si c'est ce que l'on souhaite. On peut adopter la conception à laquelle correspond la formule latine *universalia in rebus* – « les universaux dans les choses ». On peut identifier les propriétés d'une chose à des constituants de cette chose et identifier les propriétés à des universaux. Il se peut que cela ait été la position d'Aristote. (Les spécialistes divergent. Certains en font un Nominaliste; d'autres estiment qu'il croyait aux universaux présents dans ce monde. Il est

---

1. Cette seconde possibilité représente peut-être le candidat naturel pour notre sixième case dans le diagramme du premier chapitre (voir D.M. Armstrong, *Universals*, *op. cit.*, chap. 1, sect. III, p. 17).

cependant hors de doute qu'il a critiqué Platon et ses universaux d'un autre monde). *Universalia in rebus* est, bien sûr, une conception stratifiée avec des propriétés qui, en tant qu'universaux, font partie de la structure interne des choses. (Les relations seront des *universalia inter res*, « des universaux entre les choses » [1]).

Cette position présente bien sûr quelques difficultés, et elle est sujette à certaines objections, comme toute autre solution du problème des universaux que l'on peut proposer. Ce qui a tracassé bien des philosophes, y compris peut-être Platon, est le fait que, selon cette conception, une seule et même chose semble avoir une localisation multiple. Supposez que *a* est F et que *b* aussi est F, F étant un universel de propriété. La même entité doit faire partie de la structure de deux choses en deux endroits. Comment se peut-il qu'un universel soit en deux endroits en même temps ? Je reviendrai à cette question plus tard au cours de ce chapitre.

Pour en finir avec cela, j'évoquerai juste la troisième formule scolastique : *universalia post res*, « les universaux après les choses ». C'est celle que l'on a attribuée aux théories nominalistes. Elle convient mieux au Nominalisme conceptuel ou prédicatif, selon lequel les propriétés, etc. sont pour ainsi dire créées par l'esprit classificateur : ce sont des ombres projetées sur les choses par nos prédicats ou nos concepts.

Cependant, notre tâche actuelle consiste à décider si, oui ou non, nous devons admettre des universaux non-instanciés. Le premier point à préciser est que la charge de la preuve semble se tenir fermement du côté des platoniciens. Il ne fait aucun doute qu'un monde d'espace-temps existe. Mais un monde d'universaux séparé est, purement et simplement, une hypothèse ou un postulat. Si un postulat a une grande valeur heuristique, alors il peut s'agir d'un bon postulat. Mais il doit faire ses preuves. Or pour quelle raison devrions-nous postuler des universaux non-instanciés ?

---

1. F.E. Abbott, *Scientific Theism*, Londres, Macmillan, 1886.

Une chose qui a troublé de nombreux philosophes est ce que l'on peut appeler l'argument tiré de la signification des termes généraux. Dans la *République*, Platon fait dire à Socrate : « Veux-tu que nous commencions notre examen en partant de ce point-ci, selon notre méthode habituelle ? Nous avons, en effet, l'habitude de poser en quelque sorte une forme unique, chaque fois, pour chaque ensemble de choses multiples auxquelles nous attribuons le même nom » [1]. Il se peut que la pensée de Socrate ait été la suivante : un nom ordinaire, c'est-à-dire un nom propre, est celui de quelqu'un qui porte ce nom. Si nous nous tournons vers les termes généraux – des mots comme « cheval » et « triangulaire », qui s'appliquent à de nombreuses choses différentes – alors il nous faut quelque chose qui ait avec ce mot le même genre de relation que le porteur du nom propre a avec ce nom propre. Il doit y avoir un objet qui constitue ou qui correspond à la signification du mot général. Donc il doit y avoir quelque chose comme l'équidité ou la triangularité. Mais considérez maintenant un terme général qui ne s'applique à rien en particulier, un mot comme « licorne » par exemple. Il est parfaitement sensé. Et s'il a un sens, ne doit-il pas y avoir quelque chose dans le monde qui constitue ou qui correspond à ce mot ? Donc il doit y avoir des universaux non-instanciés.

Cet « argument de la signification » est un très mauvais argument. (Par souci d'équité vis-à-vis de Socrate, il n'est pas certain que celui-ci l'ait effectivement employé. D'autres philosophes l'ont fait, en revanche, et souvent sans en mesurer les conséquences). Cet argument présuppose que dans tous les cas où un mot général a un sens, il y a quelque chose dans le monde qui constitue cette signification ou qui lui correspond. Gilbert Ryle l'appelait le sophisme « Fido »-Fido. Certes, Fido correspond au mot « Fido », mais il n'est pas nécessaire qu'une chose unique corresponde à tout terme général.

1. Platon, *République*, 596a, trad. fr. G. Leroux, Paris, GF-Flammarion, 2004, p. 482.

Suivre l'argument de la signification nous entraîne vers une théorie des universaux un peu trop légère. Car s'il est correct, alors nous savons *a priori* que pour tout terme général ayant une certaine signification, il existe un universel. Les prédicats s'alignent aux propriétés d'une manière nette et précise, mais c'est une manière dont nous devrions nous méfier. Est-il si facile de découvrir quels universaux existent ?

Platon a suivi un autre fil de sa pensée, qui l'a mené aux universaux non-instanciés. Il s'agit du fait que les choses dans le monde ordinaire ne parviennent pas à se conformer à des normes exactes. Il semble que rien dans le monde ne soit parfaitement droit ou parfaitement circulaire, et pourtant en géométrie nous discutons des propriétés de lignes parfaitement droites ou de cercles parfaits. De même, rien n'est parfaitement stable. De même encore, il se peut qu'aucun acte ne soit parfaitement juste. Certainement, personne n'est parfaitement vertueux et aucun État n'est parfaitement juste. Pourtant, au cours de discussions éthiques et politiques (comme dans la *République*), nous pouvons discuter de la nature de la vertu et de celle de la justice. En général, nous sommes amenés à constater que le monde ne répond pas à certaines de nos normes. Cela s'explique si, que nous le sachions ou non, nous comparons les choses ordinaires aux Formes, que les choses ordinaires ne peuvent jamais instancier à la perfection. (Cela peut conduire, et a peut-être conduit Platon, à la notion difficile de degrés d'instanciation, le plus haut degré n'étant jamais réalisé).

Il est intéressant de remarquer que cet argument n'a pas toujours conduit Platon là où il souhaitait aller. Prenons l'exemple de la géométrie. En géométrie, on peut souhaiter examiner les propriétés, disons, de deux cercles en intersection. Ces cercles seront parfaitement circulaires. Or il n'y a, bien sûr, *qu'une seule* Forme de cercle. Que sont alors ces deux cercles parfaits ? Apparemment, Platon dut introduire les Choses mathématiques. Comme les Formes mathématiques, elles sont parfaites et donc différentes des choses ordinaires. Mais contrairement à ces Formes, il peut y avoir diverses occurrences du même type, et en cela, elles sont comme les choses ordinaires. Ce sont des particuliers, même si ce sont des particuliers parfaits. Et si c'est le cas, bien que le manquement aux normes ait pu donner à Platon un argument en faveur des Choses mathématiques, il n'est pas clair que ce soit un argument en faveur des Formes.

Mais, dans tous les cas, les normes idéales ne peuvent-elles pas être simplement des choses auxquelles nous pensons ? Nous pouvons tout-à-fait consciemment former des pensées sur ce qui n'existe pas. Dans le cas des normes idéales, rien ne vient correspondre aux normes, mais en extrapolant à partir des choses ordinaires qui s'approchent plus ou moins de cette norme, nous pouvons former la pensée de quelque chose qui s'en approche effectivement. Il se trouve que c'est utile de procéder ainsi. Pourquoi alors attribuer une réalité métaphysique à ces normes ? Elles pourraient n'être que des fictions utiles. En réalité, dans le cas de la géométrie, il semble que l'on puisse acquérir des notions comme une ligne parfaitement droite ou un objet parfaitement circulaire, directement par expérience. Car quelque chose ne peut-il pas paraître parfaitement droit ou parfaitement circulaire, même s'il ne l'est pas vraiment ?

Il faut noter qu'une idée plutôt répandue semble favoriser une théorie des universaux non-instanciés, à savoir : la seule possibilité qu'un universel soit instancié est suffisante pour que celui-ci existe. Au fil de la discussion, j'ai trouvé que cette idée était particulièrement séduisante, s'il est empiriquement possible (c'est-à-dire, s'il est compatible avec les lois de la nature) que ce prétendu universel ait de réelles instances. Supposons par exemple que quelqu'un décrive un motif de papier peint très complexe, sans en faire un schéma ni le fabriquer. Supposons que personne d'autre ne le fasse non plus dans toute l'histoire de l'univers. Il est clair que rien dans les lois de la nature n'empêche que ce motif ait jamais eu une instance, ou qu'il y ait jamais eu d'occurrence de ce type. Mais ce motif n'est-il pas un universel monadique, certes un universel complexe et structural, mais un universel néanmoins ?

Il est apparemment naturel pour un philosophe de raisonner ainsi. Pour ma part, je ne perçois pas la force de cet argument. Aucun philosophe ne raisonne de cette façon dès qu'il s'agit de particuliers. Personne ne soutiendra qu'il est empiriquement possible que la France d'aujourd'hui soit une monarchie et que, par conséquent, l'actuel roi de France existe, bien que – malheureusement pour les royalistes français – celui-ci ne soit pas instancié. Pourquoi alors raisonner de cette façon à propos des universaux ? Est-ce parce que les philosophes pensent que les universaux sont si spéciaux qu'ils peuvent exister indépendamment de l'existence, contingente, des choses particulières ? Si c'est cela, ce n'est selon moi qu'un préjugé, que nous avons peut-être hérité de Platon.

Il existe une version plus subtile de cet argument en faveur des universaux non-instanciés, qui s'appuie aussi sur leur possibilité empirique mais qui selon moi a plus de poids. C'est Michael Tooley qui l'a proposée[1]. Cependant, elle dépend de considérations profondes sur la nature des lois de la nature – ce dont on ne peut discuter ici. Quoi qu'il en soit, l'argument dépend du fait que les lois aient une structure très spécifique, or il est peu probable qu'elles l'aient réellement. Par conséquent, il semblerait que tout ce que cet argument parvient à montrer est que les universaux non-instanciés sont possibles plutôt que réels. Et même cette conclusion peut être évitée[2].

On peut aussi penser que des considérations provenant des mathématiques, comme les propriétés et les relations postulées par les mathématiciens, poussent à reconnaître l'existence d'universaux non-instanciés. Cependant, il n'est pas lieu ici d'explorer le projet de réunir la théorie des universaux et les disciplines des mathématiques, malgré son importance. J'ai esquissé à grands

---

1. M. Tooley, *Causation*, Oxford, Clarendon Press, 1987, 3.1.4 et 3.2.

2. Voir D.M. Armstrong, *What is a Law of Nature*, Cambridge, Cambridge UP, 1983, chap. 8.

traits, dans un livre sur la nature de la possibilité, de quelle façon l'on doit s'y prendre selon moi[1].

Dès lors, je supposerai donc la vérité du Principe d'Instanciation. Comme je l'ai déjà noté, cela ne nous oblige pas à renoncer à une doctrine des deux mondes. Cela ne nous oblige pas à ramener les universaux parmi les choses ordinaires. Mais cela nous *permet* de le faire, et c'est semble-t-il la façon la plus naturelle de développer notre théorie, une fois que l'on a rejeté les universaux non-instanciés.

II. *Les universaux disjonctifs, négatifs et conjonctifs*

Par souci de simplicité, je n'examinerai que la question des universaux de propriétés dans cette section. Mais les conclusions que l'on en tirera s'appliqueront aussi aux relations. Nous avons déjà rejeté les universaux non-instanciés. Or il semble que nous devions encore réduire la classe potentielle des universaux, si nous voulons obtenir une théorie qui soit plausible. Je commencerai par donner les raisons de rejeter les universaux de propriétés disjonctives. Par *propriété disjonctive*, je désigne une disjonction d'universaux (de propriétés). Supposons pour l'instant que les charges électriques particulières et les masses particulières soient des universaux. Avoir la charge C ou avoir la masse M (C et M représentant des valeurs déterminées, c'est-à-dire définies) serait alors un exemple de propriété disjonctive. Pourquoi ne s'agit-il pas d'un universel ? Considérons deux objets. L'un a la charge C mais pas la masse M. L'autre n'a pas la charge C mais il a la masse M. Ils ont donc la propriété disjonctive d'avoir la charge C ou la masse M. Or, cela ne montre pas qu'ils ont par là quelque chose d'identique, dans quelque sens sérieux que ce soit, n'est-ce pas ? Tout l'intérêt des universaux est pourtant qu'ils doivent être identiques dans leurs différentes instances.

1. D.M. Armstrong, *A Combinatorial Theory of Possibility*, Cambridge, Cambridge UP, 1989, chap. 10.

Il y a une autre raison de nier qu'une disjonction d'universaux soit elle-même un universel. Il existe un lien très étroit entre les universaux et la causalité. Le lien est de cette nature : si quelque chose instancie un universel donné, alors il a, en vertu de cela, le pouvoir d'agir d'une certaine manière. Par exemple, si quelque chose a une certaine masse, alors il a un certain pouvoir d'agir sur une balance, ou sur les deux plateaux d'une balance. En outre, différents universaux confèrent différents pouvoirs. La charge et la masse, par exemple, se manifestent de façons très diverses. Je ne suis pas sûr que le lien entre universaux et pouvoirs soit un lien nécessaire, mais il semble bien réel. De plus, si deux universaux différents accordaient exactement les mêmes pouvoirs, comme cela semble possible dans l'abstrait, comment pourrions-nous savoir que ce sont deux universaux différents ? S'ils affectent tout l'équipement expérimental exactement de la même manière, y compris notre cerveau, ne jugerons-nous pas que nous avons affaire à un seul universel ?

Supposez maintenant qu'une chose a la charge C mais pas la masse M. En vertu de la charge C, elle a certains pouvoirs d'agir. Par exemple, elle repousse les choses ayant la même charge. La possession de la propriété disjonctive C ou M n'ajoute rien à son pouvoir. Cela suggère que, si C peut être un véritable universel, C ou M ne l'est pas.

Je pense donc que nous devrions rejeter les universaux disjonctifs. Il semble que le même cas puisse être fait des universaux négatifs : le manque ou l'absence d'une propriété n'est pas une propriété. Si avoir la charge C est l'instanciation d'un universel, alors ne pas avoir la charge C n'instancie pas un universel.

Premièrement, nous pouvons de nouveau recourir à l'identité. Y a-t-il réellement quelque chose de commun, quelque chose d'identique, à tout ce qui n'a pas la charge C ? Bien sûr, il pourrait exister une quelconque propriété universelle qui se trouvât exactement coextensive avec ne pas avoir la charge C. Mais le manque lui-même ne semble pas être un facteur qui se trouverait dans toute chose n'ayant pas la charge C.

Deuxièmement, des considérations causales semblent pointer dans la même direction. C'est une idée assez étrange que les manques ou les absences aient un effet quelconque. Il est naturel de dire que quelque chose agit seulement en vertu de facteurs positifs. Cela aussi suggère que les absences d'universaux ne sont pas des universaux.

Il est vrai que certains indices linguistiques ont tendance à pointer dans l'autre direction. Nous disons effectivement des choses comme « c'est le manque d'eau qui a causé sa mort ». En surface, l'énoncé affirme qu'un manque d'eau a été la cause d'une absence de vie. Mais jusqu'à quel point doit-on prendre au sérieux cette façon de s'exprimer ? Michael Tooley a souligné que nous avons quelques réticences à dire « le manque de poison a causé le fait que nous soyons restés en vie ». Et pourtant, si l'interprétation superficielle du premier énoncé est correcte, alors nous devrions comprendre ce second énoncé de la même manière, et penser qu'il est vrai. Certains énoncés contrefactuels sont vrais dans les deux cas : s'il avait eu de l'eau, alors il aurait pu rester en vie ; si nous avions pris du poison, nous serions morts à présent. Ce sont là des vérités causales. Mais elles nous disent très peu de choses sur les véritables facteurs causaux qui ont opéré dans les deux cas. Nous avons tendance à croire, selon moi, que ces facteurs causaux pourraient être énumérés en des termes purement positifs.

Il est intéressant de remarquer que les conjonctions d'universaux (avoir la charge C et la masse M) échappent aux deux types de critiques portées contre les universaux disjonctifs et négatifs. Avec les conjonctions, nous avons vraiment l'identité. La même conjonction de facteurs est présente en chaque instance. Il n'y a pas de problème de causalité. Si quelque chose instancie cette conjonction, alors il aura certains pouvoirs en conséquence. Ces pouvoirs seront différents de ceux que l'objet aurait eus s'il n'avait eu qu'un seul des facteurs conjoints. Il se peut même que la conjonction puisse produire plus que la somme de ce que chaque propriété pourrait faire, si elle était instanciée sans l'autre. (Comme disent les scientifiques, il pourrait y avoir un effet de synergie. L'effet produit pourrait excéder la somme de chaque cause agissant par elle-même).

Cependant, il y a une condition que l'on doit poser au sujet des universaux conjonctifs : quelque chose (passé, présent, futur) doit réellement avoir ces deux propriétés et en même temps. Il s'agit bien sûr du Principe d'Instanciation simplement appliqué aux universaux conjonctifs.

III. *Prédicats et universaux*

Ce que l'on a dit au sujet des universaux non-instanciés, et aussi des disjonctions et des négations d'universaux, a soulevé un point très important : il n'y a pas de passage automatique des prédicats (des entités linguistiques) aux universaux. Par exemple, l'expression « avoir soit la charge C, soit la masse M » est un prédicat parfaitement valable. Il peut s'appliquer à d'innombrables objets, et être vrai. Mais comme nous avons vu, cela ne veut pas dire qu'il y a un universel correspondant à ce prédicat.

Wittgenstein a fait une fameuse contribution au Problème des Universaux avec sa discussion des *ressemblances de famille*. Il était anti-métaphysicien, et son idée était plutôt de dissoudre le Problème des Universaux que de le résoudre. Il pensait apparemment que ce qu'il avait dit à propos des ressemblances de famille constituait (entre autres choses) une étape vers la disparition de ce problème. Mais je pense que la véritable morale de son propos est que les prédicats ne s'alignent pas simplement sur les universaux.

Dans ses *Recherches philosophiques*, § 66-67, Wittgenstein examine la notion de *jeu*. Voici ce qu'il en dit :

> 66. Considère, par exemple, les processus que nous nommons « jeux ». Je veux dire les jeux de pions, les jeux de cartes, les jeux de balle, les jeux de combat, etc. Qu'ont-ils tous de commun ? – Ne dis pas : « Il *doit* y avoir quelque chose de commun à tous, sans quoi ils ne s'appelleraient pas des "jeux" » – mais *regarde* s'il y a quelque chose de commun à tous. – Car si tu le fais, tu ne verras rien de

commun à *tous*, mais tu verras des ressemblances, des parentés, et tu en verras toute une série. Comme je viens de le dire : Ne pense pas, regarde plutôt ! – Regarde les jeux de pions par exemple, et leurs divers types de parentés. Passe ensuite aux jeux de cartes ; tu trouveras bien des correspondances entre eux et les jeux de la première catégorie, mais tu verras aussi que de nombreux traits communs aux premiers disparaissent, tandis que d'autres apparaissent. Si nous passons ensuite aux jeux de balle, ils ont encore bien des choses en commun avec les précédents, mais beaucoup d'autres se perdent. – Sont-ils tous « divertissants » ? Compare le jeu d'échecs au jeu de moulin. Y a-t-il toujours un vainqueur et un vaincu, ou les joueurs y sont-ils toujours en compétition ? Pense aux jeux de patience. Aux jeux de balle, on gagne ou on perd ; mais quand un enfant lance une balle contre un mur et la rattrape ensuite, ce trait du jeu a disparu. Regarde le rôle que jouent l'habileté et la chance ; et la différence entre l'habileté aux échecs et l'habileté au tennis. Prends maintenant les rondes ; l'élément du « divertissement » y est présent, mais bien d'autres caractéristiques ont disparu. Et nous pouvons, en parcourant ainsi de multiples autres groupes de jeux, voir apparaître et disparaître des ressemblances.

Et le résultat de cet examen est que nous voyons un réseau complexe de ressemblances qui se chevauchent et s'entrecroisent. Des ressemblances à grande et à petite échelle.

67. Je ne saurai mieux caractériser ces ressemblances que par l'expression d'« air de famille » ; car c'est de cette façon-là que les différentes ressemblances existant entre les membres d'une même famille (taille, traits du visage, couleur des yeux, démarche, tempérament, etc.). se chevauchent et s'entrecroisent. – je dirai donc que les « jeux » forment une famille [1].

C'est un passage qui a eu une grande influence. Wittgenstein et ses disciples ont appliqué ces remarques à toutes sortes de notions en dehors de celle de jeu, y compris à des notions qui ont

---

1. L. Wittgenstein, *Recherches philosophiques*, trad. fr. E. Rigal *et alii*, Paris, Gallimard, 2004, p. 64.

un rôle central en philosophie. Mais que doit penser l'adepte des universaux de ce que Wittgenstein a démontré ?

Mettons-nous d'accord, comme il se doit, sur le fait qu'il n'y a pas d'universel être un jeu. Mais que faire à présent de ce « réseau complexe de ressemblances qui se chevauchent et s'entrecroisent » dont parle Wittgenstein ? Tout ce que le Réaliste doit faire, c'est analyser chacune de ces ressemblances en termes de propriétés communes. Cette analyse de la ressemblance n'est pas une idée étrangère ni difficile, même si c'est une analyse que le Nominaliste contesterait. Seulement ici, il n'y aura pas de propriété parcourant toute la classe, qui fera de tous ses éléments des jeux. Pour en donner un schéma grossier et très simplifié, la situation pourrait ressembler à ceci :

Particuliers :	a	b	c	d	e
Leurs propriétés :	FGHJ	GHJK	HJKL	JKLM	KLMN

On suppose que F à N sont de véritables universaux de propriétés, et que le prédicat « jeu » s'applique à cause de ces propriétés. Or, la classe des particuliers $\{a \ldots e\}$, qui est la classe de toutes les instances de jeux, est une famille dans le sens de Wittgenstein. Ici pourtant, j'ai dressé un portrait de famille qui est parfaitement compatible avec le Réalisme des universaux.

Les remarques de Wittgenstein soulèvent néanmoins une question importante. Comment décide-t-on que l'on est ou non en présence d'une véritable propriété ou d'une véritable relation ? Wittgenstein dit à propos des jeux « Ne pense pas, regarde plutôt ». En tant que recette générale, elle semble, pour le moins, bien trop simple.

Je ne pense pas qu'il y ait un moyen infaillible de décider quels sont les vrais universaux. Il semble clair que nous ne devons pas nous arrêter à des considérations sémantiques. Comme je l'ai dit à la Section I, raisonner à partir des données sémantiques sur les universaux particuliers, ou à partir d'un prédicat sur un universel correspondant à ce prédicat, c'est faire preuve d'optimisme et manquer d'empirisme. C'est être ce que j'appelle un *Réaliste a priori*. Je préfère le *réalisme a posteriori*. Car le meilleur guide que nous ayons pour déterminer exactement quels universaux existent, ça reste la science dans son ensemble.

En ce qui me concerne, je pense que cela place la physique dans une position spéciale. Il semble y avoir des raisons (des raisons scientifiques, empiriques, *a posteriori*) de penser que la physique est *la* science fondamentale. Si c'est juste, alors des propriétés comme la masse, la charge, l'étendue, la durée, l'intervalle espace-temps et d'autres propriétés étudiées par la physique sont les vrais universaux monadiques. (Ce sont principalement des ordres de quantités. Les quantités soulèvent des problèmes qui nécessiteront une discussion ultérieure). Les relations spatiotemporelles et les relations causales seront peut-être les vrais universaux polyadiques.

Si cela est correct, alors les types ordinaires – le type rouge, le type cheval, en général les types de l'image manifeste du monde – apparaîtront comme des classifications préliminaires et rudimentaires de la réalité. Pour la plupart, elles ne sont pas fausses, mais elles sont rudimentaires. Beaucoup seront des affaires de familles, comme les jeux. À chaque type correspondra toute une famille d'universaux, et pas toujours une famille très proche. Et même là où les types ordinaires découperont la bête de la réalité selon ses véritables jointures, il reste possible qu'ils n'exposeront pas ces jointures pour ce qu'elles sont. Soulignons toutefois que toute identification des universaux demeure plutôt affaire de spéculation. Dans ce que je viens de dire, j'ai essayé de combiner une philosophie des universaux au physicalisme. D'autres auront peut-être d'autres idées.

IV. *États de choses*

Dans la théorie des Universaux que nous sommes en train d'examiner, les particuliers instancient des propriétés, des couples de particuliers instancient des relations (dyadiques), des triplets de particuliers instancient des relations (triadiques), et ainsi de suite, selon nos besoins. Supposez que *a* est F, F étant un universel, ou que *a* a la relation R avec *b*, R étant un universel. Manifestement, il nous faut admettre le fait que *a* soit F et le fait que *a* ait la relation R avec *b* comme des éléments de notre ontologie. J'appellerai ces éléments des *états de choses*. D'autres les ont parfois appelés des faits[1].

Pourquoi devons-nous admettre des états de choses? Pourquoi ne pas simplement admettre des particuliers, des universaux (comprenant propriétés et relations) et, peut-être, l'instanciation? La réponse est évidente si nous considérons le point suivant. Si *a* est F, cela implique que *a* existe et que l'universel F existe. Cependant, *a* pourrait exister et F pourrait exister sans que *a* est F soit le cas (F est instanciée, mais ailleurs seulement). Le fait que *a* soit F implique quelque chose de plus que *a* et F. Il ne sert à rien d'ajouter simplement le lien fondamental de l'instanciation à la somme de *a* et F. L'existence de *a*, de l'instanciation et de F ne garantit pas le fait que *a* soit F. Ce quelque chose en plus doit être le fait que *a* est F – et c'est un état de choses.

Cet argument repose sur un principe général qu'après C. B. Martin, j'appellerai le principe du vérifacteur. Selon ce principe, pour toute vérité contingente au moins (et peut-être pour toute vérité contingente ou nécessaire), il doit y avoir quelque chose dans le monde qui la rend vraie. « Quelque chose » peut être pris ici dans un sens aussi large que l'on veut. Ce « rendre vrai » n'est pas de l'ordre de la causalité, bien sûr; il renvoie plutôt à quelque chose dans le monde, en vertu de quoi cette vérité est vraie. Gustav Bergmann et ses disciples ont parlé d'un « fondement ontologique » des vérités, et je pense que cela correspond à mon « quelque chose dans le monde » qui rend ces vérités vraies. Un point important à souligner : différentes vérités peuvent avoir le même vérifacteur ou fondement ontologique. Par exemple, ce qui vérifie le fait que cette chose-ci soit colorée, ou rouge, ou écarlate, c'est le fait que cette chose ait telle couleur particulière.

---

1. L. Wittgenstein, *Tractatus logico-philosophicus*, trad. fr. G.-G. Granger, Paris, Gallimard, 1993; B. Skyrms, « Tractarian Nominalism », *Philosophical Studies*, 40, 1981.

Le principe du vérifacteur me semble vraiment évident une fois que l'on y a prêté attention, mais je ne vois pas comment le défendre plus. Il faut cependant noter que, parmi ceux qui prennent parfaitement au sérieux le genre de recherche métaphysique que l'on est en train de mener ici, certains rejettent néanmoins le principe en question [1].

Adopter le principe vérifacteur conduit à rejeter l'idée de Quine [2] selon laquelle on ne doit pas prendre au sérieux les *prédicats* lorsqu'on examine les implications ontologiques des énoncés que l'on tient pour vrais. Considérez la différence entre affirmer qu'une certaine surface est rouge et affirmer qu'elle est verte. Un partisan du principe du vérifacteur pensera qu'il doit y avoir un fondement ontologique, une différence dans le monde, pour expliquer la différence entre l'application du prédicat « rouge » à cette surface et celle du prédicat « vert » à cette même surface. Bien sûr, ce en quoi consiste ce fondement ontologique est une autre question. Il n'y a pas de route toute tracée qui nous mène de ce principe aux universaux et aux états de choses.

Pour en revenir aux états de choses, on peut souligner qu'il y a certaines raisons de les accepter, même lorsqu'on rejette le principe du vérifacteur. Premièrement, nous pouvons apparemment faire référence à des états de choses, avant d'en dire quoi que ce soit d'autre. Or, les philosophes concèdent en général, sinon à l'unanimité, que ce à quoi l'on peut faire référence existe. Deuxièmement, les états de choses sont des candidats potentiels au titre de termes de relations causales. L'état de choses *a* est F peut être la cause de ce que *b* soit G. Troisièmement, comme nous le verrons en section VIII, les états de choses peuvent servir à résoudre un problème assez pressant pour la théorie des universaux : comment comprendre la

---

1. Voir en particulier D. Lewis, « Comment on Forest and Armstrong », *Australasian Journal of Philosophy* 64, 1986.

2. W. V. Quine, « De ce qui est », dans *Du point de vue logique*, trad. fr. S. Laugier (éd.), Paris, Vrin, 2003, p. 25-48.

localisation multiple des universaux de propriétés et l'absence de localisation des universaux de relations.

Il est intéressant de voir que les états de choses ne semblent pas nécessaires pour un Nominaliste de classe ou pour un Nominaliste de la ressemblance, et il s'agit bien sûr d'une économie importante plaidant en faveur de leurs théories respectives. Le Nominaliste de classe analyse « *a* est F » comme « *a* est le membre d'une classe (ou d'une classe naturelle) comprenant {*a*, *b*, *c*, …} ». Mais ici nous avons simplement *a* et cette classe. La relation d'appartenance à une classe est interne et dictée par la nature des termes. Nous n'avons donc pas besoin de la considérer comme quelque chose de plus que les termes. Ceux-ci sont par eux-mêmes suffisants en tant que vérifacteurs. Ainsi, nous n'avons plus besoin des états de choses.

Le Nominaliste de la ressemblance analyse « *a* est F » comme une question de relations de ressemblance entre *a* et, disons, certains Fs paradigmatiques. Mais cette relation est aussi interne, dictée par ce que j'ai appelé la nature particularisée de *a* et de ces objets paradigmatiques. Là encore, nous n'avons pas besoin d'états de choses.

(Cependant, il semble qu'un Nominaliste de prédicats, *lui*, aura besoin des états de choses. Le fait que *a* est F sera analysé comme le fait que *a* tombe sous le prédicat F. Mais comment le fait de tomber sous un prédicat peut-il être simplement dicté par *a* et par l'objet linguistique F ? La subsomption est une relation externe).

Passons maintenant à quelque chose de très important. Les états de choses ont quelques caractéristiques plutôt surprenantes. Appelons *a*, *b*, F, R, etc. les constituants des états de choses. Il se trouve qu'il est possible pour deux états de choses différents d'avoir néanmoins *exactement les mêmes constituants*.

Voici un exemple simple. Soit R une relation non symétrique (par exemple, aimer). Supposons que *a* a la relation R avec *b* et *b* la relation R avec *a*, de manière tout à fait contingente. Deux états de choses existent : le fait que *a* ait R avec *b* et le fait que *b* ait R avec *a* (*a* aime *b*, et *b* aime *a*). À vrai dire, ces états de choses sont *complètement* distincts, au sens où il est possible que l'un de ces états de choses ne soit pas réalisé tandis que l'autre existe. Pourtant, ces deux états de choses ont exactement les mêmes constituants.

Le même phénomène se produit avec les propriétés aussi bien qu'avec les relations, comme Lewis l'a montré[1]. Supposons, comme il me semble juste de supposer, qu'une conjonction d'états de choses soit elle-même un état de choses. Considérez alors 1) *a* est F et *b* est G; et 2) *a* est G et *b* est F. Deux états de choses complètement distincts, comme il se peut, mais exactement les mêmes constituants.

À ce stade, il est bon de se rendre compte qu'en reconnaissant l'existence des universaux, nous ne sommes pas les seuls à avoir besoin des états de choses, mais que c'est aussi le cas pour toute philosophie qui admet des propriétés et des relations, que celles-ci soient universelles ou particulières. C'est très important dans la mesure où nous avons vu, en examinant les théories des classes naturelles et de la ressemblance, quelles difficultés se présentent lorsqu'on nie l'existence des propriétés et des relations (en épousant ainsi une conception de particuliers informes).

Supposez que *a* a R1 avec *b*, R1 étant une relation particulière mais non symétrique. Si *b* a « la même » relation avec *a*, alors, selon une philosophie des tropes, nous avons le fait que *b* a R2 avec *a* : donc deux états de choses avec des constituants différents (bien que se recoupant). Car l'amour qui lie *a* à *b* est un objet différent de l'amour qui lie *b* à *a*. Néanmoins, le fait que *a* a R1 avec *b* implique l'existence des constituants *a*, R1 et *b*, mais l'existence de ces constituants n'implique pas que *a* a R1 avec *b*. Les états de choses semblent donc toujours être quelque chose de plus que leurs constituants.

Avec les tropes, vous n'obtenez jamais différents états de choses construits à partir d'exactement les mêmes constituants. Mais un ensemble de constituants étant donné, c'est plus d'un état

1. D. Lewis, « Comment on Forrest and Armstrong », *op. cit.*

de choses ayant juste ces constituants qui est *possible*. À partir de *a*, du trope R1 et de *b*, par exemple, nous pourrions obtenir *a* ayant R1 avec *b* ou *b* ayant R1 avec *a*. Il existe un moyen pour une philosophie des tropes d'éviter de postuler des états de choses. Mais laissons cela de côté pour le moment [1].

J'ai parlé des constituants d'états de choses. Pouvons-nous aussi y penser et en parler comme de *parties* d'états de choses ? Je pense qu'il serait très imprudent de penser et de parler ainsi. Les logiciens ont accordé une attention particulière aux notions de tout et de partie. Ils ont établi un calcul formel pour manipuler ces notions, que l'on appelle parfois le calcul des individus ou, mieux, *méréologie* (du grec *meros*, partie). L'un des philosophes qui y a le plus contribué est Nelson Goodman, et son livre *La structure de l'apparence* contient un exposé de méréologie [2]. Un des principes de méréologie est très important pour nous ici : s'il y a un certain nombre de choses et si elles forment une somme, c'est-à-dire un tout dont elles sont les parties, alors elles forment exactement une seule somme.

Je dis *si* elles forment une somme, parce que l'on peut débattre sur le fait qu'un certain nombre de choses puisse *toujours* former une somme. La racine carrée de 2 et l'Opéra de Sydney peuvent-ils constituer une somme ? Les philosophes ont des avis divergents sur ce qui doit être permis en méréologie, c'est-à-dire sur la question de savoir s'il y a des limites à ce que vous pouvez unir dans une somme et, s'il y a bien des limites, où celles-ci doivent s'arrêter. Pour ma part, je suis prêt à accorder une permissivité totale pour la constitution de sommes. Mais tout ce dont on a besoin ici c'est un principe qui mette tout le monde d'accord : à chaque fois que l'on peut réunir un ensemble de choses en un tout, pour chaque ensemble de choses, il n'y a qu'un seul tout. Or, nous venons de voir que l'ensemble des constituants d'un état de choses est susceptible de se retrouver dans

1. Voir D. M. Armstrong, *Universals*, *op. cit.*, chap. 6.

2. N. Goodman, *La Structure de l'apparence*, trad. fr. J.-B. Rauzy (dir.), Paris, Vrin, 2005.

un état de choses complètement différent, et même que cela arrive réellement. Donc les constituants ne se rapportent pas à des états de choses comme des parties à un tout.

Il est bon de remarquer que les universaux complexes ont des constituants plutôt que des parties. En tous les cas, c'est ainsi si nous adoptons le Principe d'Instanciation. Considérez par exemple les universaux conjonctifs. Si être P et Q est un universel conjonctif, alors il doit exister un particulier, x, tel que x est à la fois P et Q. Mais dire cela revient à dire qu'il existe au moins un état de choses de la forme x est P et x est Q. Pour que l'universel conjonctif existe, il faut qu'il y ait un état de choses d'une certaine sorte. Par conséquent, il est trompeur de dire que P et Q sont des *parties* de l'universel conjonctif, quelque chose que j'ai pu moi-même affirmer par le passé[1].

Un type très important d'universel complexe est ce que l'on appelle une propriété *structurale*. Une propriété structurale implique qu'une chose instancie un certain motif, comme un drapeau. Les différentes parties (les parties méréologiques) de la chose qui instancie cette propriété structurale auront certaines propriétés. Si la propriété structurale implique des relations, comme le fait un drapeau, certaines ou toutes ses parties seront liées de diverses manières. Il est facile de voir que l'on doit alors avoir recours aux états de choses. Si a a P et b a Q, et si a a R avec b, alors et seulement alors l'objet $[a + b]$ a la propriété structurale que l'on peut désigner pour faire court, par P-R-Q.

Une remarque finale avant de quitter cette section particulièrement importante. Le fait que les états de choses, s'ils existent, ont un mode de composition non-méréologique peut avoir des conséquences sur la théorie que l'on a examinée dans le chapitre précédent : la conception selon laquelle les particuliers ne sont que des faisceaux d'universaux. (Il me semble que cette remarque vient de Mark Johnston). Nous avons vu que différents états de choses

<hr />

1. D.M. Armstrong, *A Theory of Universals*, *op. cit.*, chap. 15, sect. II.

peuvent avoir exactement les mêmes constituants (*a* aime *b*, *b* aime *a*). Nous avons auparavant critiqué la théorie des faisceaux car deux faisceaux contenant exactement les mêmes universaux sont impossibles : ce serait le même et unique faisceau. Pourtant, à considérer la question indépendamment de cette théorie, pourquoi deux particuliers différents ne peuvent-ils pas être exactement pareils ? Supposez maintenant que nous traitions un faisceau d'universaux comme un état de choses. Pourquoi exactement les mêmes universaux ne pourraient-ils pas être réunis en faisceaux de différentes façons ?

Il faut reconnaître que c'est concevable. Mais pour cela, il faudrait que le théoricien des faisceaux mette au point un procédé qui autorise la constitution de différents faisceaux à partir des mêmes choses. Cela n'a pas été fait dans les théories qui ont été proposées jusqu'à présent. Donc, si l'on souhaite prendre cette voie-là, l'initiative doit venir des théoriciens des faisceaux : à eux de développer leur théorie d'une nouvelle manière.

V. *Un monde d'états de choses ?*

Dans la section précédente, on a défendu l'idée qu'une philosophie qui admet des particuliers et des universaux doit admettre des états de choses (faits), qui ont eux-mêmes des particuliers et des universaux comme constituants (non comme parties). En réalité, nous avons vu qu'introduire des propriétés et des relations, même en tant que particuliers, impliquerait apparemment des états de choses. Mais notre propos actuel ne concerne que les universaux.

La suggestion que l'on va faire maintenant est que nous devrions penser le monde comme un monde d'états de choses, les particuliers et les universaux n'ayant d'existence qu'à l'intérieur des états de choses. Nous avons déjà défendu le Principe d'Instanciation pour les universaux. Si ce principe est vrai, alors la voie est libre pour considérer un universel comme un élément identique, présent dans différents états de choses. Un particulier qui existerait en dehors des états de choses ne serait pas recouvert de propriétés ou de relations. On doit alors l'appeler un particulier *nu*. Si le monde est un monde d'états de choses, nous devons ajouter au Principe d'Instanciation un Principe de Rejet des particuliers nus.

Ce second principe a l'air assez plausible. Dans une théorie des universaux, ce sont les universaux qui donnent sa nature à une chose, à une espèce ou à une sorte. Un particulier nu n'instancierait aucun universel, et il n'aurait donc pas de nature, ne serait d'aucune espèce, ni d'aucune sorte. Que ferions-nous d'une telle entité? Peut-être n'est-il pas nécessaire qu'un particulier ait des relations avec un autre particulier – peut-être pourrait-il rester complètement isolé. Mais il doit au moins instancier une propriété.

VI. *Particuliers minces et particuliers épais*

John Quilter a soulevé un problème qu'il a appelé « l'antinomie des particuliers nus »[1]. Supposons qu'un particulier *a* instancie la propriété F. *a* est F. Ce « est » n'est évidemment pas le « est » d'identité, comme dans « *a* est *a* » ou « F est F ». *a* et F sont des entités différentes, d'un côté un particulier, de l'autre un universel. Le « est » auquel nous avons affaire est le « est » d'instanciation – un lien fondamental entre particulier et propriété. Or, si ce « est » n'est pas le « est » d'identité, alors il apparaît que *a* considéré en lui-même est vraiment un particulier nu, sans aucune propriété. Mais dans ce cas, *a* n'a pas la propriété F. La propriété F reste en dehors de *a* – exactement comme les formes transcendantes restent en dehors du particulier dans la théorie de Platon.

Je pense que l'on peut au moins aborder cette difficulté en faisant la distinction importante entre particulier *mince* et particulier *épais*[2]. Le particulier mince est *a*, pris indépendamment de ses propriétés (le *substratum*). Il est relié à ses propriétés par

---

1. J. Quilter, « What Has Properties? », *Proceedings of the Russellian Society*, Philosophy Dept, University of Sydney, 10, 1985.

2. Voir D.M. Armstrong, *Universals*, *op. cit.*, chap. 4, sect. I.

l'instanciation, mais il ne leur est pas identique. Il n'est pas nu parce que, pour être nu, il faudrait qu'il n'instancie aucune propriété. Mais, bien que couvert, il est mince.

Toutefois, ce n'est pas la seule manière dont on peut penser à un particulier. On peut aussi y penser en tant qu'il implique certaines propriétés. À vrai dire, cela semble être la manière normale de penser aux particuliers. C'est le particulier épais. Mais parce qu'il enveloppe le particulier mince et ses propriétés, tenus ensemble par instanciation, ce particulier épais ne peut être qu'un état de choses.

Supposez que *a* instancie les propriétés F, G, H… Elles comprennent la totalité des propriétés (non relationnelles) de *a*. Formez alors la propriété conjonctive F & G & H… Appelez cette propriété N, où N est un raccourci pour la nature de *a*. *a* est N est vrai, et le fait que *a* est N est un état de choses (plutôt complexe). C'est aussi le particulier épais. *Le particulier épais est un état de choses.* Les propriétés d'une chose sont « contenues en elle » parce que ce sont les constituants de cet état de choses. (Remarquez que les états de choses, tels que le fait que *a* est N, ne sont pas répétables. Donc, à la suite des particuliers minces, on peut aussi les appeler des particuliers).

Par conséquent, en un certain sens, un particulier est sans propriété. C'est le particulier mince. Dans un autre sens, il enveloppe les propriétés en lui. Dans ce cas, il s'agit du particulier épais et c'est un état de choses. Je pense que cela répond à la difficulté soulevée par l'antinomie des particuliers nus.

Deux remarques avant de quitter cette section. Premièrement, la distinction entre particuliers minces et particuliers épais ne dépend pas d'une doctrine des propriétés comme universaux. Ce qu'elle présuppose, c'est la conception d'un particulier en termes de substance et attribut, plutôt qu'une conception en faisceaux. Mais nous avons déjà vu qu'il est possible d'adopter une conception substance-attribut avec des attributs comme particuliers, c'est-à-dire des tropes. Le particulier mince demeure le particulier, abstraction faite de ses attributs. Encore une fois, le particulier épais est un état de choses : le fait que le particulier mince a les attributs (particuliers) qu'il a.

Deuxièmement, le particulier mince et le particulier épais sont en réalité les deux extrémités d'une même échelle. Au milieu se trouve le particulier couvert de certaines de ses propriétés, mais seulement de quelques-unes. Certaines propriétés peuvent être, pour une raison ou une autre, particulièrement importantes. Ce particulier intermédiaire sera, bien sûr, un état de choses, mais moins complet que l'état de choses correspondant au particulier épais.

VII. *Les universaux comme manières d'être*

La discussion de la section précédente, telle quelle, n'est pas entièrement satisfaisante. Elle nous laisse toujours avec l'image du particulier mince et de ses propriétés comme des nodules métaphysiques distincts qui sont liés dans des états de choses pour former le particulier épais. Cela donne un caractère arbitraire au Principe d'Instanciation et à celui du Rejet des particuliers nus. Pourquoi les nodules doivent-ils se produire ensemble ? Ne peut-on pas les séparer ? Mais n'obtiendrait-on pas alors ces créatures indésirables : des universaux non-instanciés et des particuliers nus ?

Je me tournerai ici vers une suggestion qui a souvent été dans l'air, mais que l'on n'a jamais exposé systématiquement avant le livre de David Seargent sur la théorie des universaux de Stout[1]. Contrairement à Stout, Seargent admet des universaux, et dans le chapitre 4 de son livre, il affirme qu'on devrait les considérer comme des *manières d'être*. Les propriétés sont les manières dont sont les choses. La masse ou la charge d'un électron est la manière d'être de cet électron (dans ce cas, la manière d'être de n'importe quel électron). Les relations sont des manières dont les choses se rapportent les unes aux autres.

---

1. D.A.J. Seargent, *Plurality and Continuity, an Essay in G. F. Stout's Theory of Universals*, La Haye, Martinus Nijhoff, 1985.

Si une propriété est la manière d'être d'une chose, alors cela place cette propriété dans une relation très intime avec cette chose, mais sans détruire la distinction que l'on peut faire entre elles. On peut percevoir l'intérêt qu'il y a à concevoir l'instanciation comme une connexion ou un lien fondamental, plus proche qu'une simple relation. Et personne ne sera alors tenté par l'idée d'une propriété non-instanciée. La manière d'être de certaines choses peut difficilement exister par elle-même.

De même, personne ne sera tenté de dire que la manière dont une chose se rapporte à une autre, une relation, peut exister par elle-même, indépendamment de ces choses. (Non que l'idée ait jamais été très attrayante ! Il est plus facile de substantialiser des propriétés que des relations).

On peut objecter que les expressions « manières dont sont les choses » et « manières dont les choses se rapportent les unes aux autres » ne font qu'éluder la question des universaux non-instanciés. N'aurais-je pas dû parler de manières dont les choses pourraient être et de manières dont elles pourraient se rapporter les unes aux autres, en annulant ainsi l'implication que ces manières d'êtres sont celles des choses bien réelles ?

Cependant, mon argument ne cherche pas à tirer parti de cette question sémantique. Mon propos est le suivant : une fois que l'on conçoit les propriétés et les relations non comme des choses, mais comme des manières d'être, il est profondément contre-nature de concevoir ces manières d'être comme flottant librement au-dessus des choses. Ce que je veux dire, c'est que l'on interprète naturellement les manières d'être comme les manières dont les choses réelles sont ou dont elles se rapportent entre elles. L'idée selon laquelle les propriétés et les relations peuvent exister sans être instanciées se nourrit de l'idée qu'elles ne sont pas des manières d'être, mais des choses.

Avant de conclure cette section, j'aimerais faire remarquer que la conception des propriétés et des relations comme manières d'être ne dépend pas du fait que nous les considérions comme des universaux. Nous pouvons toujours concevoir la propriété de *a* comme une manière d'être de a, même si la propriété est particulière – même si c'est un trope. On dira juste que rien d'autre que a ne peut être de cette manière. De même, une relation entre a et b peut toujours être la manière dont a et b se rapportent l'un à l'autre, quand bien même cette manière ne serait pas répétable.

Il est très important de se rendre compte que les notions d'état de choses et de leurs constituants, la distinction entre particuliers minces et particuliers épais, et la conception des propriétés et des relations comme manières dont les choses sont et se rapportent entre elles restent toutes aussi pertinentes dans une philosophie des tropes que dans une philosophie des universaux.

VIII. *La localisation multiple*

Pour déloger les universaux de leur royaume platonicien et les ramener sur terre, dans l'espace-temps, il nous faut – semble-t-il – affirmer quelque chose de plutôt étrange : les universaux sont, ou peuvent être, localisés en de multiples endroits. Car ne les trouve-t-on pas là où l'on trouve les particuliers qui les instancient ? Si deux électrons différents ont chacun la charge e, alors on trouve e, une seule et même chose, un universel, en deux endroits différents, là où sont ces deux électrons, et néanmoins entièrement et complètement à chaque endroit. Cela a paru extrêmement paradoxal à bien des philosophes.

Il se trouve que Platon soulève cette difficulté dans le *Philèbe*, 15b-c. Il demande, à propos des Formes : « doit-on admettre que chacune de ces unités s'est dispersée et multipliée, ou bien qu'elle est entièrement séparée d'elle-même, ce qui paraîtrait la supposition la plus inadmissible de toutes […] ? »[1]. Une théorie qui déciderait de maintenir les universaux dans un monde séparé des particuliers échapperait au moins à cette difficulté-là !

Vous pouvez essayer d'accepter la localisation multiple des universaux. Certains philosophes l'ont fait. Mais alors la difficulté

1. Platon, *Philèbe*, 15b-c, trad. fr. J.-F. Pradeau, Paris, GF-Flammarion, 2002, p. 86.

suivante se présente : qu'en est-il des relations ? Peut-être pourra-t-on donner une localisation multiple à des *propriétés*. Mais où exactement placerez-vous les relations « à localisation multiple » ? Dans les choses reliées ? Cela ne va pas. Si *a* précède *b*, la relation est-elle dans *a* et dans *b* ? Ou dans la chose [*a* + *b*] ? Aucune réponse ne semble convenir. Mais si la relation n'est pas dans les choses, où se trouve-t-elle ?

Je suis tenté de répondre à cette difficulté en disant qu'il n'est pas tout à fait correct de parler de localisation des universaux, encore que cela soit préférable à les confiner à un domaine réservé. Ce que l'on doit d'abord affirmer, à mon avis, c'est que le monde est un monde d'états de choses. Ces états de choses comprennent des particuliers ayant des propriétés et ayant des relations les uns avec les autres. Ces propriétés et ces relations sont des universaux, ce qui signifie à la fois que différents particuliers peuvent avoir exactement la même propriété et que différents couples, triplets… de particuliers peuvent avoir exactement la même relation entre eux. Je ne pense pas que tout cela soit une affirmation très surprenante.

Cependant, si le naturalisme est vrai, alors le monde est une diversité spatiotemporelle unique. À quoi cela revient-il, dans les termes de la théorie des états de choses ? C'est-à-dire : comment pouvons-nous réconcilier le naturalisme avec la conception esquissée dans le paragraphe précédent ? En donner ne serait-ce que l'ébauche d'un détail serait une entreprise considérable, mobilisant certainement la science fondamentale comme la philosophie. Tout ce que l'on peut dire ici, c'est que le monde de l'espace-temps devrait alors être une énorme pluralité ou réunion d'états de choses, tous les particuliers figurant dans les états de choses étant liés par des relations spatiotemporelles (dans des états de choses).

Parler de localisation des universaux dans l'espace-temps apparaît donc comme une façon de parler, assez rudimentaire. L'espace-temps n'est pas une boîte dans laquelle on dépose les universaux. Les universaux sont les constituants des états de choses. L'espace-temps est une conjonction d'états de choses. En ce sens, les universaux sont « dans » l'espace-temps. Mais ils le sont en tant qu'ils contribuent à le constituer. Je crois que c'est là une interprétation raisonnable de l'expression *universalia in rebus*, et j'espère que cela répond à l'objection de Platon[1].

IX. *Les types d'ordre supérieur*

Nous avons vu * que le Nominalisme de classe et le Nominalisme de ressemblance sont en difficulté face aux types d'ordre supérieur : les types dont les occurrences sont elles-mêmes des types. La difficulté est en grande partie due au fait que ces théories essaient de rendre compte de nos propos sur les propriétés et les relations sans autoriser l'existence des propriétés et des relations. Aucune difficulté de ce genre ne se pose à une théorie qui, comme la théorie des universaux, adopte les propriétés et les relations. Mais une fois que l'on a des propriétés et des relations, les possibilités se multiplient. Car il devient alors possible que ces propriétés et ces relations de premier ordre aient elles-mêmes des propriétés et des relations.

Sommes-nous en train de suggérer que nous devrions introduire des propriétés et des relations d'*ordre supérieur* afin d'expliquer les types d'ordre supérieur ? Ici, nous devons faire très attention. Considérez l'énoncé suivant :

Le rouge ressemble plus à l'orange qu'au jaune.

On pourrait prendre cela pour une relation de second ordre, celle consistant à ressembler plus à... qu'à..., qui s'applique à trois universaux de premier ordre. (En supposant que ce sont des universaux, ce que l'on peut contester). Cependant, nous avons vu que la ressemblance est une relation *interne*, une relation qui découle nécessairement de la nature des termes. (La plupart des philosophes considéreraient la proposition ci-dessus comme une vérité nécessaire).

---

1. Pour plus de développements sur cette question, voir mon article « Can a Naturalist believe in Universals ? », dans Ullmann-Margalit (éd.), *Science in Reflection*, Dordrecht, Kluwer Academic Publishers, 1988, ainsi que le commentaire critique de G. Bar-Elli dans ce même volume.

* Armstrong, *Universals*, *op. cit.*, chap. 2, VIII et 3, IX.

Toutefois, j'ai déjà suggéré [1] que là où nous avons une relation interne, nous n'avons rien de plus, ontologiquement parlant, que les termes de la relation. La relation survient sur les termes : dans tous les mondes possibles qui contiennent ces termes, la relation s'applique. Selon moi, la relation ne mange pas de pain ontologique. Mais si c'est bien le cas, nous n'avons pas besoin de postuler une véritable relation d'ordre supérieur.

Or, beaucoup de vérités que nous souhaitons dire sur les propriétés et les relations semblent être des vérités nécessaires. Considérez les énoncés « rouge est une couleur », « un mètre est plus long qu'un pas », « être distant d'un mile est une relation symétrique ». Toutes semblent être des vérités nécessaires. J'aurais tendance à traiter cette nécessité comme un indice : une fois que nous aurons trouvé une explication ou une analyse claire et nette de ces vérités (ce qui n'est pas une mince affaire !), nous n'éprouverons plus le besoin de postuler des propriétés ou des relations d'ordre supérieur.

Une relation interne très intéressante qui peut s'appliquer à des universaux dépend de la *complexité* de ces universaux. Nous avons remarqué qu'il est risqué de parler de parties d'universaux, parce que cela évoque les relations entre tout et parties qu'étudie la méréologie. Mais les universaux complexes ont bien des constituants, et différents universaux peuvent néanmoins contenir les mêmes constituants. Un exemple assez simple est donné dans les propriétés complexes P & Q et Q & R. Q est un constituant commun à ces deux propriétés différentes. En vertu de ces constituants communs, on peut considérer certains universaux complexes comme imparfaitement identiques les uns aux autres.

Il me semble que ces relations d'identité imparfaite entre universaux sont d'une très grande importance. En particulier, ils peuvent servir à expliquer ce que sont les *quantités*. Considérez tout l'éventail que peut prendre une quantité comme la masse (une

---

1. D.M. Armstrong, *Universals*, *op. cit.*, chap. 3, sect. X.

masse d'une once, une masse d'une tonne, etc.). Je suggère que ce qui unifie cette classe d'universaux, ce sont les identités imparfaites entre deux membres quelconques de cette classe. Mais je laisserai de côté le développement de ce point pour le moment.

Avons-nous alors jamais besoin de postuler de véritables propriétés et relations d'ordre supérieur pour les propriétés et les relations de premier ordre ? Pour ma part, je le pense. En particulier, les relations entre universaux sont nécessaires pour donner une explication satisfaisante des lois de la nature. On ne doit pas concevoir celles-ci à l'instar de Hume, comme de simples régularités dans la façon dont les choses se comportent. Les lois de la nature renvoient plutôt à ce que la présence d'une propriété rende certaine ou probable la présence d'une autre propriété. Il s'agit de relations, de relations externes et contingentes, entre l'une et l'autre propriétés.

Qu'en est-il des propriétés d'ordre supérieur ? Je pense qu'il peut y avoir besoin de postuler ces propriétés en relation avec l'analyse des lois *fonctionnelles*. Mais je ne peux pas me lancer dans cette discussion ici [1].

Je laisserai là la question des relations et des propriétés d'ordre supérieur. Ce qui nécessite une plus ample discussion, c'est la question de la ressemblance entre universaux. Je la préfacerai cependant d'une discussion sur les propriétés formelles de la relation de ressemblance. Nous verrons que la théorie des universaux est très bien placée pour expliquer ces propriétés formelles.

X. *Les propriétés formelles de la ressemblance*

On se souviendra que le Nominaliste de la ressemblance, pour lequel la ressemblance est une notion primitive, doit recourir à toute une série d'axiomes spéciaux sur les caractéristiques de la ressem-

---

1. Voir D.M. Armstrong, *What is a Law of Nature ?*, *op. cit.*, pour une description des lois de la nature comme relations entre universaux. Les lois fonctionnelles sont traitées dans le chapitre 7 de ce livre.

blance, axiomes qu'il ne peut justifier mais seulement énoncer. (Le Nominaliste des classes naturelles doit également recourir à des axiomes spéciaux pour les degrés de naturalité des classes).

Tout d'abord, la ressemblance est symétrique. Si a ressemble à b à un certain degré, alors b ressemble à a au même degré. Cette symétrie, le partisan des universaux peut en donner une explication réductrice directe : il s'agit simplement de la symétrie de l'identité. Dans le cas le plus simple, la ressemblance est juste une affaire de propriétés communes, c'est-à-dire identiques. Cependant, un cas moins simple peut se présenter : a et b n'ont pas de propriété identique, mais ont pourtant une ou plusieurs propriétés *semblables*. Dans la prochaine section, je défendrai l'idée que dans ce cas, les propriétés ont alors des constituants communs, c'est-à-dire identiques. Si c'est correct, alors la symétrie de la ressemblance des propriétés s'explique encore par la symétrie de l'identité.

Si a est exactement comme b, et b exactement comme c, alors a doit être exactement comme c. La ressemblance exacte n'est pas simplement symétrique : elle est transitive. La théorie des universaux analyse cette situation en disant que a, b, et c ont exactement les mêmes propriétés, des propriétés identiques. Et l'identité est transitive.

Nous avons vu que la transitivité de la ressemblance exacte n'est qu'un exemple particulier de quelque chose de plus général. Si a ressemble à b à un certain degré, et si b ressemble exactement à c, alors a ressemble à c exactement au même niveau auquel a ressemble à b. La ressemblance à un degré quel qu'il soit se conserve à travers la substitution d'objets exactement semblables. On voit bien que cette propriété formelle s'appliquera si la ressemblance implique toujours une certaine identité de propriétés, et si la ressemblance exacte est l'identité de toutes les propriétés.

Une ressemblance moins exacte ne sera pas transitive ; a peut ressembler à b à un certain degré, b ressembler à c au même degré, et pourtant a ne pas ressembler à c à ce même degré. À nouveau, la théorie des universaux explique la situation sans la moindre difficulté. a et b ont quelque chose d'identique, b et c également. Mais parce que l'identité est seulement partiale (imparfaite), elle peut ne pas l'être sous les mêmes aspects (*identiques*). Ainsi, la transitivité échoue dans certains cas, mais pas dans tous.

La théorie des universaux explique également pourquoi la notion de degrés de ressemblance est aussi rudimentaire. Si la ressemblance est une question d'identités différentes dans différents cas, on voit bien que des degrés de ressemblance seront en partie subjectifs, selon les propriétés particulières auxquelles nous nous intéressons, dans un contexte particulier. Une théorie de la ressemblance, au contraire, doit se contenter d'accepter la nature rudimentaire de la ressemblance comme un fait primitif.

XI. *La ressemblance entre les universaux*

Les particuliers, les occurrences, se ressemblent à différents degrés. Une théorie des universaux commence au moins par essayer d'analyser cela en termes de propriétés communes. Mais il semble que les propriétés elles-mêmes se ressemblent. Le rouge, l'orange et le jaune se ressemblent tous : nous les regroupons en tant que couleurs. La triangularité et la rectangularité se ressemblent : ce sont des formes. L'once, le kilo et la tonne se ressemblent : ce sont des masses. Tout comme la ressemblance entre particuliers, la ressemblance entre propriétés admet des degrés. Le rouge ressemble plus à l'orange qu'au jaune. Une once ressemble plus à un kilo qu'à une tonne. Ces ressemblances au niveau des propriétés se diffusent au niveau du premier ordre des particuliers. Si l'on fait abstraction du reste, une chose rouge ressemble plus à une chose orange qu'à une chose jaune.

Dans la section III de ce chapitre, j'ai analysé les réflexions de Wittgenstein sur le mot « jeu » et sur d'autres notions de ressemblance de famille. J'ai présenté l'image schématique suivante, montrant comment une théorie des universaux pourrait analyser une telle situation :

Particuliers :	a	b	c	d	e
Leurs propriétés :	FGHJ	GHJK	HJKL	JKLM	KLMN

Nous voyons bien maintenant que cette image est sérieusement insuffisante lorsqu'il s'agit de décrire la situation typique. Ce qui contribue à la ressemblance sans identité des différentes sortes de choses comprises sous un même terme général, ce sont des ressemblances sans identité dans les propriétés F, G, H… Par exemple, tous les objets tombant sous un mot général peuvent le faire en vertu de leur forme ou de leur masse. Mais ils peuvent avoir différentes sortes de forme et de masse, de telle sorte que les propriétés impliquées dans l'emploi de ce mot sont différentes dans différents cas, présentant pourtant une certaine ressemblance.

Cette manière préliminaire de concevoir la ressemblance des universaux est attrayante. De nombreuses propriétés (couleurs, formes, masses, etc.). se rangent sous des *ordres*. (Les ordres peuvent avoir ou non une seule dimension). Ces ordres, qui sont dans l'ensemble objectifs et pas simplement des manières pour nous d'arranger les propriétés, sont des ordres de *ressemblance*. Deux propriétés qui sont proches au sein d'un certain ordre se ressemblent étroitement. Une couleur, par exemple, est une propriété qui se situe dans un certain ordre de ressemblance. De même une forme ou une masse. Vous pouvez passer d'une couleur à une autre grâce à la ressemblance étroite entre intermédiaires. C'est ce qui fait des couleurs des *couleurs*. Cela explique ce que nous voulons dire lorsque nous disons, par exemple, que le rouge est une couleur. La même chose vaut pour les formes, les masses, et ainsi de suite.

Or, parce que les relations en jeu sont des relations de ressemblance, ce sont des relations internes, déterminées par la nature de leurs termes. (Je dirais qu'elles ne sont rien d'additionnel à ces termes). Mais comment analyserons-nous les relations de ressemblance impliquées ici ?

Une analyse s'inspirant d'une théorie des universaux consisterait à recourir aux propriétés communes des choses semblables. Cela impliquerait des propriétés communes à des propriétés. Cependant, bien qu'il ne semble y avoir aucune objection de principe à une telle démarche, il est difficile de voir comment une telle analyse pourrait s'appliquer aux cas présents. Si l'ordre en question contient un grand nombre de propriétés différentes à ordonner, comme c'est le cas pour la plupart des quantités, cela nécessitera une foule énorme de propriétés de second ordre. Or, nous n'avons pas de contrôle indépendant sur ces propriétés en dehors du rôle qu'elles jouent dans la résolution de notre problème actuel.

Peut-être devrions-nous nous acheminer vers une théorie de la ressemblance? Le chapitre 3 a montré quelles en étaient les nombreuses difficultés[1]. Mais elles étaient liées au rejet des propriétés au niveau du premier ordre. Maintenant, nous disposons des propriétés de premier ordre. Devrions-nous dire que certaines de ces propriétés de premier ordre présentent entre elles des relations de ressemblance inanalysables? Bien qu'inanalysables, ces relations de ressemblance auront différents degrés de proximité. Ces ressemblances découleront de la nature des universaux semblables. (Rappelez-vous la nature particularisée que j'ai introduite afin de rendre plausible le Nominalisme de ressemblance. Ici, cependant, nous faisons appel à la nature des universaux).

Sur la question des universaux, recourir à une ressemblance de ce genre, inanalysable, primitive, représente selon moi une position de repli pour le Réaliste. Nous devrons peut-être finir par l'accepter, au moins dans certains cas. Mais il s'agit d'un compromis qui nous met dans une position inconfortable, un compromis fidèle aux apparences mais qui n'a pas le pouvoir ni la profondeur d'une théorie selon laquelle la ressemblance met toujours en jeu un certain degré d'identité.

Un phénomène particulier qu'un ou deux philosophes ont remarqué pourra nous encourager un peu dans cette voie. Si nous prenons des particuliers ordinaires, de premier ordre, alors deux choses, tout en restant deux choses distinctes, peuvent être exactement semblables[2]. La ressemblance exacte est au moins possible (à supposer que l'Identité des indiscernables ne soit pas une vérité

1. D.M. Armstrong, *Universals*, *op. cit.*, chap. 3, p. 39-58.
2. *Ibid.*, chap. 4, p. 64-70.

nécessaire). À la limite, la ressemblance entre particuliers ne donne jamais l'identité. Mais considérez maintenant la ressemblance entre universaux. Lorsque la ressemblance entre propriétés devient de plus en plus étroite, nous arrivons à la limite de l'identité. Les deux ne font plus qu'un. Cela suggère que lorsque la ressemblance devient plus étroite, de plus en plus de constituants des propriétés semblables deviennent identiques, jusqu'à ce que tous les constituants soient identiques, et que nous ayons l'identité au lieu de la ressemblance.

Voici une illustration de cette idée dans un cas simple : prenez la propriété de peser exactement cinq kilogrammes. Pour avoir cette propriété, une chose doit être constituée de deux parties, des parties qui ne se recoupent pas et telles que l'une pèse exactement quatre kilos et l'autre, exactement un kilo. C'est une forme simple de propriété structurale, simple parce qu'on n'a pas besoin de relation spéciale entre les deux parties : celles-ci peuvent très bien être disjointes. Nous pouvons alors employer le langage des états de choses. L'état de choses selon lequel quelque chose est un objet de cinq kilos est la conjonction de deux états de choses : celui selon lequel quelque chose fait quatre kilos plus l'état de choses selon lequel quelque chose d'autre (un objet distinct) fait un kilo.

Nous comprenons maintenant la ressemblance (relativement étroite) entre la propriété de peser cinq kilos et celle de peser quatre kilos. (Nous voyons aussi, en passant, pourquoi deux objets ne peuvent avoir ces deux propriétés en même temps). Peser cinq kilos implique que la chose pesant cinq kilos ait une partie qui pèse quatre kilos, une partie propre, pour employer une expression technique. (En outre, quelque chose qui pèse quatre kilos ne peut jamais être plus que la partie propre d'un objet de cinq kilos). Les propriétés se ressemblent parce qu'un objet de quatre kilos est une large portion d'un objet de cinq kilos. Plus la partie est grande, plus l'on se rapproche de l'identité et plus la ressemblance sera donc étroite.

J'ai dans l'idée que c'est de cette manière, ou d'une manière comparable, que l'on peut expliquer les ressemblances entre propriétés. Les propriétés semblables ne sont jamais des propriétés simples. Différentes propriétés simples ne se ressemblent jamais, en tout cas en l'absence de propriétés de second ordre. Les propriétés semblables sont des propriétés complexes, leur complexité étant établie au moyen de l'analyse logique ou, plus vraisemblablement, grâce à une identification empirique ou scientifique. Cette complexité impliquera régulièrement des structures, les parties des choses qui ont cette propriété ayant elles-mêmes des propriétés et, peut-être, ayant des relations avec d'autres parties. Ainsi, on doit identifier la « sonorité » du son avec la structure ondulatoire appropriée d'un médium approprié. Les ressemblances entre les sons doivent être analysées en termes de ressemblances entre ces structures ondulatoires, renvoyant en dernier lieu à des choses comme la longueur, que l'on peut traiter de la même manière que celle indiquée pour la masse.

(Hume pensait que différentes propriétés simples *peuvent* se ressembler. Dans la note du *Traité*, I, I, VII, il écrit :

> Il est évident que même différentes idées simples peuvent avoir de la similitude ou de la ressemblance, et il n'est pas nécessaire que le point ou la circonstance par lesquels elles se ressemblent soient distincts ou séparables de ceux par lesquels elles diffèrent. *Bleu* et *vert* sont des idées simples différentes, mais elles se ressemblent plus que *bleu* et *écarlate*, même si leur parfaite simplicité exclut toute possibilité de séparation ou de distinction [1].

En fait, Hume défend ici la ressemblance primitive entre propriétés. Je lui objecterais l'idée que les propriétés de couleur ont une complexité cachée, une complexité qui opère sur nous en produisant la conscience d'une ressemblance. La conception de Hume selon laquelle les « idées simples » doivent être telles qu'elles semblent être, c'est-à-dire simples, l'empêcherait pourtant d'accepter cette idée).

---

1. D. Hume, *Traité de la nature humaine*, Appendice, trad. fr. Ph. Baranger et Ph. Saltel, Paris, GF-Flammarion, 1995, p. 386.

Que l'on puisse mener à bien ce programme ou non, l'idée que nous pouvons nous débarrasser des ressemblances primitives entre universaux est une idée attrayante. Mais elle pose d'énormes difficultés. Ma tentative la plus récente de faire avancer ce programme se trouve dans un article intitulé « Les quantités sont-elles des relations ? » [1].

XII. *Le lien fondamental*

Qu'en est-il de la nécessité d'un lien fondamental – le lien ou la connexion d'instanciation ? Beaucoup de gens pensent qu'il s'agit d'une difficulté insurmontable pour la théorie des universaux. Je ne pense pas que la difficulté que nous avons à définir la nature de ce lien doive nous retenir. C'était ce qui préoccupait Platon dans la première partie du *Parménide*. Et c'est aussi là qu'il a montré, de manière conclusive, que la relation entre le particulier et la forme ne peut être ni la « participation », ni l'« imitation ». Il est cependant parfaitement raisonnable pour un partisan des universaux, d'affirmer que l'instanciation est une primitive et qu'aucune analyse, définition ou métaphore ne peut l'expliquer. Néanmoins, le partisan des universaux peut continuer à dire que nous comprenons tous ce qu'est juger ou même percevoir qu'un particulier a une propriété ou qu'une relation existe entre deux termes ou plus. Après tout, la théorie des classes naturelles considère que la notion de classe naturelle est primitive, et le Nominaliste de la ressemblance fait de même avec la relation de ressemblance. Alors pourquoi ne pas faire de l'instanciation une primitive directement saisie ?

Le problème consiste plutôt en la régression qu'elle semble impliquer. Le particulier *a* instancie la propriété F. *Prima facie*, l'instanciation est cependant un universel, que l'on trouve partout où les choses ont des propriétés. Cet état de choses, *a* instanciant la propriété F, est donc une occurrence du type *instanciation* (mais

1. D.M. Armstrong, « Are Quantities Relations ? », *Philosophical* Studies, 54, 1988.

une instanciation qui est alors dyadique). L'état de choses instancie l'instanciation. Or ici nous avons une autre occurrence d'instanciation. Donc l'état de choses (cet état de choses qui instancie l'instanciation) instancie aussi l'instanciation. Et ainsi de suite à l'infini. La régression qui en résulte est donc vicieuse, ou pour le moins dispendieuse.

C'est cette régression que j'ai appelée autrefois la régression de la relation. On pourrait aussi l'appeler la régression du lien fondamental ou la régression de la connexion. Elle prend le lien fondamental prôné par certaines solutions au problème des universaux, et elle applique ensuite cette solution à ce lien particulier en essayant d'en déduire une régression.

La théorie des classes naturelles utilise comme liaison l'appartenance à une classe ; le Nominaliste de la ressemblance utilise la ressemblance primitive. J'ai essayé de répondre à cet argument de la régression tel que Russell l'a déployé contre la théorie de la ressemblance [1]. J'ai suggéré que ce qui sauvait la théorie de la ressemblance était le fait que la ressemblance soit une relation interne, dictée par la nature des termes, les choses semblables. On peut raisonnablement penser que les relations internes ne sont rien au delà de leurs termes. La même chose vaut pour les ressemblances entre situations de ressemblance, et ainsi de suite. Mais s'il en est ainsi, la régression est aussi inoffensive que, disons, la régression de la vérité.

La même chose vaut pour l'appartenance de classe. Soit a et $\{a, \ldots\}$, la relation d'appartenance de classe survient. Ainsi, semble-t-il, on ne doit pas craindre la régression. Il n'y a pas de régression ontologique, pas besoin de postuler une infinité d'entités supplémentaires (avec chacune soulevant le même vieux problème).

Mais au moins en général, et peut-être dans tous les cas, le fait qu'un objet instancie une certaine propriété ne découle pas de la

---

1. D.M. Armstrong, *Universals*, *op. cit.*, p. 53-57.

nature de l'objet ni de la nature de l'universel en question. La connexion est contingente. Et si un objet est lié à un autre objet et si la relation est externe, cela reste valable. Donc il peut sembler que, contrairement aux cas de ressemblance et d'appartenance de classe, la régression de l'instanciation nous mette à l'épreuve.

Cependant, j'ai dans l'idée que l'on peut bloquer la régression de l'instanciation dès la première étape. Nous devons admettre l'introduction d'une liaison ou d'un lien fondamental : l'instanciation. Mais supposez que nous ayons : a instancie F, ou bien : a et b, dans cet ordre, instancient R. Est-il nécessaire d'aller plus loin ? Je ne le pense pas. Car notez bien que l'étape suivante, contrairement à la première, est déterminée logiquement par les états de choses que l'on a postulés. Si a instancie F et si l'instanciation est une entité comparable aux universaux, alors nous sommes forcés par la logique à dire que a, F, et l'instanciation instancient l'instanciation, et ainsi de suite. Mais peut-être pouvons-nous l'autoriser tout en niant qu'à « a, F, et l'instanciation instanciant l'instanciation » corresponde un nouvel état de choses en ce monde. Tandis que l'on active la régression, nos énoncés restent vrais mais, pour que tous ces énoncés soient vrais, il n'est pas nécessaire d'introduire de nouveaux vérifacteurs.

Je ne suis pas complètement sûr de ma réponse. Mais supposez qu'elle ne soit pas satisfaisante. Son caractère insuffisant ne va-t-il pas rouvrir la question des deux autres régressions, la régression de classe et celle de la ressemblance ? Si l'on doit analyser l'obtention de l'instanciation en termes d'instanciation, ne sera-t-il pas juste d'insister pour qu'il faille analyser l'effectivité d'une appartenance de classe en termes de classes, et celle de la relation de ressemblance en termes de ressemblances ? Quelle théorie pourra alors en réchapper ? Comme Berkeley le faisait remarquer à plusieurs reprises, une même objection à toutes les théories ne fait rien pour en favoriser certaines au détriment des autres.

Un dernier point très important. Dans la section IV de ce chapitre, nous avons rencontré la notion d'états de choses, avec les particuliers (minces) et les universaux comme constituants de ces états de choses. Or, nous avons dit que le fait que a est F est quelque chose de plus que ses simples constituants a et F. On peut voir maintenant que parler d'états de choses ou d'instanciation, c'est parler du même phénomène. L'état de choses selon lequel a est F existe si et seulement si a instancie F, parce que ce sont deux manières de parler de la même chose. De même, si R est une relation symétrique, alors a ayant R avec b est la même chose que a et b instanciant R. Si R est asymétrique, alors la situation est un peu plus complexe. Il existe des états de choses possibles que l'on peut traduire par a et b instanciant R : a ayant la relation R avec b, et b ayant la relation R avec a. À vrai dire, cela suggère que parler d'états de choses est plus simple et plus clair que parler d'instanciation. Le *lien fondamental* de la théorie des universaux n'est que l'assemblage des particuliers et des universaux dans des états de choses.

XIII. *L'équipement ontologique d'une théorie des universaux*

La théorie des universaux, dans sa forme sujet-attribut, nécessite une ontologie relativement large pour pouvoir décrire l'existence objective des classes naturelles. Premièrement, elle comprend des propriétés et des relations. Cependant, compte tenu des difficultés importantes créées par les théories qui essaient de construire les propriétés et les relations à partir d'autres matériaux, ce peut-être plus une marque de prudence que d'extravagance. Deuxièmement, elle admet l'existence d'états de choses. Ce sont des entités complexes ayant des constituants, mais ces constituants diffèrent des parties de touts qui font l'objet du calcul méréologique. Il est vrai que toute adoption des propriétés et des relations, même en tant que particuliers, en tant que tropes, impliquera apparemment des états de choses. Mais les règles de composition des états de choses possibles qui n'impliquent que des tropes seront en quelque sorte plus proches des règles de touts et parties. (Par exemple, si R est une relation asymétrique, une théorie des universaux a la possibilité de choisir entre deux états de choses complè-

tement distincts : aRb et bRa, composés des mêmes constituants.
Avec les tropes, les deux Rs ne pourraient pas être identiques. Soit
a, trope R' et b, on pourrait avoir $aR'b$ ou $bR'a$ mais pas les deux
ensemble, bien que l'on pourrait avoir, par exemple, $aR'b$ et $bR''a$).

La théorie des universaux requiert la notion d'instanciation
d'une propriété, l'instanciation d'une relation dyadique, triadique
... ou n-adique. (Si la question de savoir quels universaux existent
est contingente, et impossible à déterminer de manière *a priori*,
alors il n'est pas nécessaire que toutes ces sortes d'instanciation
existent réellement). Mais remarquez que la théorie des tropes,
dans sa forme sujet-attribut, nécessite aussi des liens fondamentaux
monadiques, dyadiques, triadiques... Au contraire, une théorie
des faisceaux de tropes ne requiert pas de lien monadique (elle y
substitue la co-présence dyadique des propriétés), mais elle requiert
néanmoins des relations dyadiques, triadiques... *entre* faisceaux.

Néanmoins, comme nous l'avons remarqué, une théorie des
universaux ne requiert pas à la fois des états de choses et un
ensemble de liens fondamentaux. Avoir l'un, c'est avoir l'autre. Il
est possible que la théorie des universaux nécessite une notion
primitive des degrés de ressemblance entre universaux. Mais cela
semble être un engagement supplémentaire plutôt lourd à porter
pour la théorie. Il se peut donc qu'en fin de compte, beaucoup de
choses dépendent de la question de savoir si l'on peut analyser cette
sorte de ressemblance en termes de recoupement des constituants
d'universaux semblables.

Traduction Gaël KERVOAS

DAVID K. LEWIS

CONTRE LES UNIVERSAUX STRUCTURELS *

Introduction

Deux conférences visant à utiliser des entités abstraites comme ersatz de mondes possibles furent proposées au Colloque de 1983 de l'Association australasienne de philosophie. La première était la mienne, qui distinguait trois versions d'ersatzisme et soulevait différentes objections contre chacune[1]; la seconde celle de Peter Forrest. Il proposait que des universaux structurels servent en tant qu'ersatz de mondes possibles : l'universel actualisé est instancié par le monde concret, les autres sont non-instanciés (ou bien instanciés par des parties propres du monde actuel – j'omettrai par la suite cette complication)[2].

Forrest et moi demandions tous les deux où sa proposition entrerait dans ma classification et laquelle de mes objections je pourrais soulever contre elle. Je trouvais difficile, de manière inattendue, d'y répondre directement. J'ai fini par poser un trilemme et

* *The Australasian Journal of Philosophy* 64, 1986, p. 25-46, repris dans *Papers in Metaphysics and Epistemology*, Cambridge, Cambridge UP, 1999, p. 78-107.

1. D. Lewis, « Ersatz Modal Realism : Paradise on the Cheap ? », présenté à la Conférence de l'A.A.P., Adelaïde. Une version très révisée est parue sous la forme du chapitre III de *On the Plurality of Worlds*, Cambridge, Blackwell, 1986.

2. P. Forrest, « Ways Worlds Could Be », *Australasian Journal of Philosophy* 64, 1986, p. 15-24.

demander à en savoir plus sur la doctrine des universaux structurels sur laquelle la proposition de Forrest devait se fonder.

J'en suis arrivé à la conclusion que j'ai après tout peu d'objections contre l'usage que fait Forrest des universaux structurels, pour la plupart non-instanciés comme ersatz abstraits de mondes. À la place, j'ai des objections contre les universaux structurels eux-mêmes. Mais j'avais besoin de distinguer différentes versions de la doctrine des universaux structurels et soulever des objections différentes contre chacune. J'ai découvert que ce que j'avais à dire sur le sujet serait en majeure partie parallèle à mes objections aux différentes versions d'ersatzisme.

Peu de temps auparavant, dans « New Work for a Theory of Universals » [1], j'avais adopté un point de vue plutôt favorable, mais sans pour autant m'y engager, envers la théorie des universaux de David Armstrong, une théorie qui accepte des universaux structurels mais pas d'universaux non-instanciés [2]. J'avais dit que cette doctrine nous offrait une manière tenable de tracer la différence indispensable entre les classes naturelles et non-naturelles, mais je disais aussi que cette distinction pouvait également être faite à l'intérieur d'une théorie nominaliste des classes, si nous nous servions d'une notion primitive de similitude, certes désagréablement compliquée. (La meilleure façon de faire cela pourrait être de prendre le caractère naturel de classes comme primitive). La théorie d'Armstrong nous encombrait avec plus d'ontologie qu'une forme adéquate de nominalisme des classes avec une distinction primitive qui semble plutôt artificielle. J'avais pris au sérieux les mérites et

1. *Australasian Journal of Philosophy* 61, 1983, p. 343-377, repris dans *Papers in Metaphysics and Epistemology*, Cambridge, Cambridge UP, 1999, p. 1-55 [trad. fr. G. Guiguon, « Une nouvelle tâche pour une théorie des universaux », *Les Cahiers philosophiques de Strasbourg*, 17, 2004, p. 345-399].

2. D.M. Armstrong, *Universals and Scientific Realism*, 2 vol., Cambridge, Cambridge UP, 1978. La discussion principale des universaux structurels par Armstrong est dans le vol. II, p. 69-71, voir aussi vol. I, p. 39 et vol. II, p. 120-127.

défauts des deux solutions et estimais qu'entre eux les avantages étaient à peu près égaux. Ce jugement doit être à présent reconsidéré.

J'aurais dû mentionner aussi comme digne d'intérêt une théorie clairsemée* des tropes – une troisième solution non moins méritante que celles que j'avais considérées. Des tropes sont censés être des propriétés particularisées : des parties non-spatiotemporelles de leurs instances qui ne peuvent avoir lieu de manière répétée mais qui peuvent avoir des doubles exacts. J'ai en tête plus ou moins la théorie des tropes professée par D. C. Williams[1], sauf pour une chose : si les classes naturelles doivent être définies par des classes de doubles de tropes, il faut entendre la théorie des tropes clairsemée et sélective précisément de la manière dont la théorie d'Armstrong des universaux est clairsemée et sélective. Dans le cas contraire, il y aurait des classes de doubles de tropes disjonctives ou de doubles de tropes négatives qui caractériseraient des classes excessivement diverses de choses. Comme théorie des universaux, une théorie des tropes nous encombre avec une ontologie que le simple nominalisme évite. Comme le nominalisme des classes, elle exige une primitive de similitude. Cependant, sa primitive de similitude – la duplication exacte des tropes – semble bien moins artificielle et donc plus acceptable que la naturalité primitive des classes.

Si Armstrong a raison dans son argument selon lequel une théorie des universaux devrait inclure des universaux structurels et si j'ai aussi raison de dire que les universaux structurels ont des problèmes, alors ensemble nous apportons de mauvaises nouvelles

1. Voir D.C. Williams, « On the Elements of Being », *Review of Metaphysics* 7, 1953, p. 3-18 et p. 171-192, repris dans Williams, *Principles of Empirical Realism*, Ch. Thomas (éd.), 1966. D'autres versions de la théorie de tropes ont été récemment avancées par K. Campbell, « The Metaphysics of Abstract Particulars », *Midwest Studies in Philosophy* 6, 1981, p. 477-488, et par M. Johnston, *Particulars and Persistence*, thèse de l'université de Princeton, 1983.

*En anglais, *sparse*, « rare » par opposition à « abondant ». Les théories des propriétés « abondantes » admettent de nombreuses propriétés correspondant à des prédicats ou des conjonctions de prédicats, alors que les théories de propriétés « rares » les limitent à certaines propriétés primitives (par exemple, naturelles).

pour les universaux. Les problèmes concernant les universaux structurels tendraient à montrer que les avantages ne sont pas égaux après tout, si bien que dans ma recherche de classes naturelles, je devrais employer ou bien la naturalité primitive ou bien des tropes et laisser de côté les universaux.

La discussion qui suit est motivée par un intérêt pour les deux projets : la recherche par Forrest d'ersatz de mondes et ma recherche des classes naturelles. Les deux projets diffèrent. Le projet de Forrest exige que de nombreux universaux structurels soient non-instanciés, mais pas le mien. Armstrong, bien entendu, n'accepte aucun universel non-instancié quel qu'il soit. Donc bien que je doive bien sûr m'occuper des conceptions d'Armstrong sur les universaux structurels, mon but ne sera pas seulement de discuter sa théorie.

Que sont les universaux structurels ?

Qu'est-ce qu'un universel structurel est censé être ? En premier lieu, c'est un universel, quelque chose qui a lieu de manière répétée ou au moins peut se répéter ainsi. Il est instancié par différents particuliers à des positions spatiotemporelles différentes et partout où il est instancié il est tout entier présent. Quand il est instancié, c'est une partie non-spatiotemporelle du particulier qui l'instancie[1].

En second lieu, c'est un type distinctif d'universel. Tout ce qui l'instancie doit avoir des parties propres ; il y a une connexion nécessaire entre le fait d'instancier l'universel structurel par le tout et le fait d'instancier d'autres universaux par les parties. Disons que l'universel structurel *comprend* ces autres universaux – un mot suffisamment imprécis qui nous laissera toute liberté pour demander par la suite ce que cette « compréhension » peut être. Il n'est pas exigé, du moins à ce stade, que les universaux en question

---

1. Je veux dire ce qu'Armstrong appelle le particulier « épais », pas le particulier « mince » qui résulte de la soustraction méréologique des universaux. Voir *Universals and Scientific Realism*, vol. I, p. 114-115.

doivent eux-mêmes être simples. Il n'est pas non plus exigé que les universaux doivent tous être monadiques. C'est un cas spécial mais souvent un universel structurel comprendra aussi des universaux dyadiques (ou plus généralement n-adiques). Si c'est le cas, alors le fait que quelque chose instancie cet universel structurel dépend en partie des propriétés des parties de cette chose et dépend en partie de la manière dont ces parties sont en relations externes (par exemple en relations spatiotemporelles).

(Il faut distinguer deux sens selon lesquels un universel pourrait être appelé « simple ». Il pourrait être un universel qui n'en comprend pas d'autres et donc pas un universel structurel. C'est ce que j'ai voulu dire par ce terme et ce que j'entendrai par la suite. En un second sens, cela pourrait être méréologiquement *atomique* : il pourrait n'avoir aucune partie propre, aucune partie autre que lui-même. Je suppose que dans toute théorie, des universaux simples s'avèrent atomiques mais nous considérerons plus tard une théorie selon laquelle des universaux structurels sont aussi atomiques).

Supposons par exemple que nous ayons des universaux mona-diques *carbone* et *hydrogène*, instancié par des atomes de ces éléments et un universel dyadique de *liaison*, instancié par des paires d'atomes entre lesquelles il y a une liaison covalente. (Je devrais plutôt parler de phases momentanées mais laissons le temps de côté par simplicité). En ce cas, nous avons par exemple un universel structurel de *méthane* qui est instancié par les molécules de méthane. Il comprend les trois universaux déjà mentionnés ainsi : nécessairement quelque chose instancie le méthane si et seulement s'il est divisible en cinq parties spatiales c, h_1, h_2, h_3, h_4 de telle manière que c instancie le *carbone*, chacun des h instancie l'*hydrogène* et chacune des paires c-h instancie la *liaison*.

Pourquoi y croire ?

Pourquoi devrait-on croire aux universaux structurels ? Pourquoi ne pas préférer une théorie des universaux encore plus clairsemée que celle d'Armstrong et n'admettre que des universaux simples [1]? Une telle théorie est simple et élégante. Pourquoi ne pas s'en contenter?

Une raison que l'on pourrait donner ne doit pas nous retenir trop longtemps.

1) Il y a un universel pour tout prédicat que nous pouvons formuler, y compris des expressions de prédicats complexes ou pour toute classe à laquelle des choses peuvent appartenir. Il y a des prédicats comme « être une molécule de méthane », il y a des classes comme la classe de toutes les molécules de méthane. Donc il existe les universaux correspondants, et ils doivent être structurels.

Mais soutenir une théorie rare des universaux consiste, entre autres choses, à rejeter la prémisse selon laquelle il y a un universel qui correspond exactement à chaque classe ou prédicat. Et tout théoricien qui considère les universaux comme *immanents* a tout intérêt à soutenir une théorie rare des universaux. Il est ridicule de prime abord qu'une chose ait autant de parties non-spatio-temporelles qu'il existe de prédicats différents sous lesquelles elle tombe ou de classes différentes auxquelles elle appartient.

Une seconde raison est meilleure:

2) La principale fonction d'une théorie des universaux est de rendre compte de la ressemblance, les choses peuvent se ressembler en étant de même structure, en étant composées de parties similaires arrangées de manière similaire. Nous avons besoin d'universaux structurels de façon à rendre compte de cette sorte de ressemblance structurelle en tant que mise en commun d'universaux.

Mais c'est une chose de dire que la ressemblance doit être expliquée par des universaux communs, c'en est une autre de dire qu'à chaque fois que deux particuliers sont similaires, ce sont ces deux particuliers *eux-mêmes* qui ont un universel en commun.

1. Comme dans le système principal de N. Goodman, *The Structure of Appearance*, Cambridge, Harvard UP, 1951 [trad. fr. J.-B. Rauzy (dir.), Paris, Vrin, 2005], si ce n'est que je considère non une structure de l'apparence mais de la réalité en général.

Pourquoi ne pas dire que la ressemblance structurelle de *A* et *B* doit être expliquée non pas par des universaux communs entre la totalité de *A* et la totalité de *B* mais plutôt par des universaux communs entre des parties correspondantes de *A* et de *B* ? (Ou bien plus généralement, par le fait de partager des universaux *n*-adiques entre des *n*-uplets correspondants de parties). Seule la manière la plus simple d'expliquer la ressemblance par des universaux communs exige des universaux structurels communs.

Une autre raison est avancée par Forrest :

3) Les universaux structurels peuvent servir d'ersatz de mondes possibles et d'individus possibles, ce qui permet un traitement objectuel de la modalité sans exiger de croire dans une abondance invraisemblable de particuliers concrets en d'autres mondes.

Je ne nie pas cela, à condition, bien entendu, qu'on puisse avoir une conception appropriée des universaux structurels. Je tiens juste à mettre en garde sur le fait que ces ersatz de mondes ne nous donneront pas tous les bénéfices garantis par les choses authentiques. En particulier, je ne pense pas que le plan de Forrest permet une analyse éliminative de la modalité. D'abord, on peut trouver des appels à la modalité dans certaines conceptions des universaux structurels eux-mêmes, comme on le verra par la suite. De plus, une théorie des ersatz de mondes a besoin de pouvoir expliquer ce que signifie de dire que tel ou tel état de chose est le cas *selon* (ou « *dans* ») un ersatz de monde. Je peux concevoir comment nous pourrions dire sans modalité ce que c'est d'être un ersatz de monde dans lequel a lieu tel ou tel agencement (*pattern*) d'instanciation d'universaux simples – tel ou tel arrangement spatiotemporel de masses, de charges, etc. Mais qu'est-ce qu'être un ersatz de monde selon lequel il y a une mule qui parle ? Ou bien qu'est-ce qu'être un ersatz de monde selon lequel une tortue soutient la Terre ? Je doute que Forrest autoriserait « *être une mule qui parle* » ou « *être une tortue* » comme des universaux authentiques – Armstrong le refuserait sans aucun doute. Forrest n'a pas d'autre solution que la réponse modale :

> Un tel ersatz de monde est un universel structurel tel que nécessai-
> rement tout particulier qui l'instancie a comme partie une mule qui
> parle ou bien a comme partie une tortue soutenant (une contrepartie
> de) la Terre.

Mais si nous abandonnons cette objection et acceptons que les
universaux structurels puissent faire tout ce que nous demandons
des ersatz de monde, cela demeure une étrange raison de croire en
eux. Les ersatz de mondes sont censés servir la cause de l'actualisme et nous nous attendrions à ce qu'un actualiste établisse d'abord
l'ontologie de ce monde et n'adapte qu'ensuite son traitement de la
modalité. Si les exigences d'un traitement de la modalité contrôlent
chez l'actualiste la théorie stipulant quels sont les universaux qui
existent pour instancier les choses relatives à des mondes, il semble
mettre sa charrue modale avant ses bœufs actuels. De plus, même
si les universaux structurels pouvaient faire office d'ersatz de
mondes, d'autres solutions rivales pourraient faire aussi bien. Une
théorie des universaux simples devrait fournir un cadre idéal pour
un ersatzisme « combinatoire », et bien que cette version ait ses
propres problèmes, je pense qu'elle s'en sort au moins aussi bien
que toute version de l'ersatzisme de Forrest avec ses universaux
structurels. D'ailleurs, dans une autre version – la conception
linguistique discutée par la suite – les universaux structurels et les
ersatz combinatoires de mondes s'avèrent très similaires.

Armstrong, bien entendu, ne suggérerait jamais que nous ayons
besoin d'un universel pour chaque prédicat. Et ce n'est qu'après
avoir déjà accepté les universaux structurels qu'il s'engage à
expliquer les ressemblances structurelles de la manière simple [1]. Il
ne soutiendrait pas non plus le programme de Forrest, puisqu'il
prend les ersatz de mondes non-actualisés comme des universaux
non-instanciés. Ses raisons pour accepter les universaux structurels
sont différentes. Il en a trois, dont certaines sont d'après moi plus
persuasives que les autres. Par ordre d'importance croissante :

---

1. *Universals and Scientific Realism*, vol. II, p. 96.

4) Une autre fonction d'une théorie des universaux est de fournir des ressources à une théorie anti-humienne des lois de la nature que Dretske, Tooley et Armstrong ont mise en avant. Cette théorie dit que nous avons une loi (fondamentale) que les F sont des G quand il existe une certaine relation législatrice de second ordre N entre deux universaux de premier ordre F et G. Mais si nous nous confinions aux cas où F et G sont des universaux simples, nous ne pourrions sans doute avoir que les plus simples des lois et il est déraisonnable de penser que nous pourrions couvrir d'une telle manière simple toutes les lois de la nature qui existent et encore moins toutes celles qui pourraient exister [1].

Je pense que c'est une bonne raison, dans la théorie DTA de la légalité naturelle. Mes raisons pour la trouver peu convaincante sont seulement celles pour préférer une théorie élaborée de la régularité plutôt que la théorie DTA [2]. Même à l'intérieur de la théorie DTA, je pense pourtant qu'elle n'est pas entièrement décisive. Une autre option consiste à ne pas avoir seulement une seule relation législatrice mais une famille de telles relations et mettre ainsi la complexité qui manque aux simples F et G dans les N qui s'appliquent à eux. Je suppose qu'il serait possible de développer la théorie DTA d'une telle manière, mais s'il nous prenait la fantaisie d'introduire sur demande une famille de N, ce serait une complication inutile.

5) Pour les universaux structurels, sinon pour les universaux en général, il est possible de dire quelque chose sur ce qui rend un universel similaire à un autre ou incompatible avec un autre. Armstrong se sert de l'exemple des universaux structurels de

1. Voir *Universals and Scientific Realism*, vol. II, p. 149-153; F. Dretske, « Laws of Nature », *Philosophy of Science* 44, 1977, p. 248-268; M. Tooley, « The Nature of Laws », *Canadian Journal of Philosophy* 4, 1977, p. 667-698 et D.M. Armstrong, *What Is a Law of Nature ?*, Cambridge, Cambridge UP, 1983 [« DTA » pour Dretske, Tooley et Armstrong, théorie des lois de la nature comme relation entre universaux par opposition à une théorie de régularité « MRL », Mill-Ramsey-Lewis].

2. Voir mon « New Work For a Theory of Universals », p. 366 [trad. fr. G. Guigon, *Cahiers philosophiques de Strasbourg*, n° 17, 2004, p. 381].

longueur. Si un bâton fait 9 mètres de long et un autre 8 mètres de long, alors nécessairement une grande partie du premier bâton fait 8 mètres et nécessairement aucun bâton de 8 mètres ne fait 9 mètres. Ces nécessités s'ensuivent toutes les deux des connexions nécessaires entre les universaux de longueur et d'autres universaux qu'ils comprennent : un bâton de 9 mètres doit avoir deux parties propres distinctes, une de 8 mètres et une d'un mètre. C'est ce qui rend les universaux « *long de 9 mètres* » et « *long de 8 mètres* » à la fois similaires et incompatibles. Un traitement parallèle pourrait être fait pour la ressemblance et l'incompatibilité de forme et peut-être de couleur [1].

Mais n'avons-nous en fait pas besoin de comprendre comment les universaux en général, qu'ils soient simples ou structurels, peuvent être similaires ou incompatibles ? Par exemple, une charge positive et négative pourrait être des universaux simples incompatibles. Si nous avons besoin d'une théorie générale, alors la valeur d'une théorie qui ne fonctionne que pour un cas particulier est limitée.

6) Pouvons-nous être certains qu'il y a des universaux simples ? Si ce n'est pas le cas, alors nous ne pouvons pas nous dispenser d'universaux structurels en faveur des universaux simples qu'ils comprennent, parce qu'en ce cas ils ne comprennent aucun universel simple et seulement d'autres universaux structurels. Prenons notre exemple précédent. Nous ne sommes certainement pas arrivés à des universaux simples : un atome de carbone consiste en électrons, protons et neutrons dans une certaine structure de liaison, les protons et les neutrons consistent à leur tour en quarks ; spécule-t-on que les quarks sont à leur tour des composés… Peut-être n'y a-t-il aucune fin à cette complexité. Peut-être n'y a-t-il aucun simple, seulement des structures de structures *ad infinitum*. (Ou peut-être y a-t-il des simples, mais pas assez, si *l'électronité* était simple mais que la *protonité* dépendait de structures *ad infinitum*, cela serait

1. *Universals and Scientific Realism*, vol. II, p. 120-127.

suffisant pour mettre en échec la stratégie de se dispenser de l'*hydrogène* en faveur des simples qu'il comprend). Même si nous croyions qu'il y a assez de simples, devrions-nous adopter une doctrine des universaux qui le présuppose et ne laisser aucun espace à la possibilité d'une complexité infinie [1] ?

Je considère cette dernière raison comme de loin la plus importante. La complexité infinie ne semble pas à première vue être une possibilité authentique. Je pourrais examiner l'idée de la traiter comme un point négociable : si les universaux structurels sont un problème et que les universaux simples gardent leur charme, alors tant pis pour la prétendue possibilité qu'il n'y ait aucun simple ! Mais cela semble désinvolte, voire franchement inacceptable.

Supposons que nous reconnaissions cette possibilité. Cela impose une exigence sur une théorie des universaux, une exigence sévère si j'ai raison de penser que les universaux structurels ont des problèmes. (Il est inapproprié qu'une possibilité aussi peu plausible, comme je suppose qu'elle l'est, doive tant limiter notre théorie de la constitution de ce monde-ci). Si, comme Armstrong, vous pensez que les universaux offrent la seule réponse convenable à la question obligatoire de ce qui fait la similitude entre des choses semblables, alors vous aurez besoin de remplir cette exigence du mieux possible. Si, comme moi, vous pensez que les universaux offrent seulement une des trois réponses qui semblent de prime abord tenables, vous voudrez voir de plus près les autres solutions.

Je remarque que le nominalisme des classes, avec une distinction primitive entre les classes naturelles et non-naturelles, n'a aucun problème avec une complexité infinie. Il pourrait arriver qu'à chaque fois que nous avons une classe naturelle, ses membres soient toujours des individus composés et que leurs parties (et les paires, triplets… de leurs parties) tombent à leur tour dans des classes naturelles.

---

1. *Universals and Scientific Realism*, vol. II, p. 67-68.

De même, une théorie des tropes n'a pas de problème avec la complexité infinie. Il pourrait arriver que tout trope soit divisible en parties spatiotemporelles reliées entre elles et que deux tropes doubles soient divisibles de telle manière que leurs parties correspondantes soient à leur tour des doubles.

La conception linguistique

Je vais maintenant présenter trois conceptions différentes de ce qu'est un universel structurel et à chaque fois différentes objections. Je ne peux pas prouver que ces conceptions sont les seules qui soient disponibles. C'est seulement que je ne peux pas en trouver d'autres. Une manière de me répondre serait donc de produire une quatrième conception. J'appelle ces trois conceptions (en écho à ma classification précédente de l'ersatzisme) *linguistique*, *picturale* et *magique*.

D'après la conception linguistique, un universel structurel est une construction ensembliste d'universaux structurels, de même qu'une expression linguistique analysée en constituants peut être considérée comme une construction ensembliste de ses mots[1]. Nous pensons à l'universel structurel comme un prédicat complexe dans un langage dont les mots sont les universaux simples. Ou plutôt, les universaux simples ne sont que *certains* des mots; ils forment le vocabulaire non-logique. Nous avons aussi besoin de mots logiques – les connecteurs habituels, les quantificateurs et les variables – et nous avons besoin des prédicats méréologiques d'identité, d'inclusion et de chevauchement. Ces mots peuvent être tout ce que les ressources de constructions ensemblistes peuvent offrir en général. Un langage dans ce sens généralisé n'a pas besoin d'être quelque chose que nous pouvons parler ou écrire! Ce qui importe est que nous ayons une analyse en constituants et une

---

1. Comme dans mon article « General Semantics », *Synthese* 22, 1970, p. 18-67, repris dans *Philosophical Papers*, vol. I, Oxford, Oxford UP, 1983; ou dans M. J. Cresswell, *Languages and Logics*, Londres, Methuen, 1973.

interprétation. Les mots du langage sont interprétés par stipulation, et une partie de notre stipulation est que chaque universel simple doit être un prédicat qui est satisfait exactement par les particuliers qui l'instancient. (Des universaux dyadiques simples sont des prédicats à deux places, satisfaits par des paires de particuliers, et ainsi de suite). Des expressions complexes, y compris celles que nous prenons comme les universaux structurels, sont interprétées de manière dérivée. On stipule des règles récursives par lesquelles l'interprétation d'une expression analysée dépend des interprétations de ses constituants immédiats sous l'analyse en constituants et en une ou plusieurs étapes nous arrivons aux interprétations stipulées des mots dont cette expression est constituée. Nous spécifions ainsi en particulier ce que c'est pour quelque chose de satisfaire un prédicat complexe dans le langage.

Ce sont ces prédicats (ou certains d'entre eux comme par exemple ceux qui sont assez non-disjonctifs) que nous considérons comme les universaux structurels, et satisfaire le prédicat est instancier l'universel. Nous disposons des connexions nécessaires requises entre le fait d'instancier un universel structurel par la totalité et le fait d'instancier des universaux simples par ses parties. Il n'y a de plus aucun mystère pour savoir comment ces connexions peuvent être nécessaires : elles sont là par définition. Ce sont juste des conséquences d'une récurrence sémantique qui définit la satisfaction de prédicats complexes par la satisfaction des prédicats simples qui sont le vocabulaire à partir duquel les prédicats complexes sont construits; en d'autres termes : qui définit l'instanciation d'universaux structurels par l'instanciation des universaux simples qu'ils comprennent.

Croire en des universaux structurels, ainsi compris, n'a rien de difficile. Ce qui le serait, serait de ne pas y croire. Une fois que nous avons des simples, nous n'avons besoin que de croire en des constructions ensemblistes à partir des choses auxquelles nous croyons déjà. Il n'y a aucun engagement ontique supplémentaire, si ce n'est l'engagement envers les ensembles que la plupart d'entre nous acceptons comme inévitable.

Est-il juste d'appeler ces constructions des *universaux*? Je pense que oui. Cela peut étendre un peu l'idée puisque ce sont des ensembles alors que des universaux simples sont des individus; mais si c'est le cas, c'est une idée que l'on développe de manière routinière. Un ensemble d'individus localisés est lui-même localisé, de la manière plurielle appropriée à un ensemble : l'ensemble *est* là où ses membres *sont*. (Il pourrait être mieux de déroger à la grammaire en disant que l'ensemble *sont* où *sont* ses membres). De même pour les rangs supérieurs : un ensemble d'ensembles est là où sont les membres de ses membres, et en général une construction ensembliste est là où sont les individus à partir desquels elle est construite. Dans le cas de l'un de nos universaux structurels putatifs, ces individus sont ses simples; en tant qu'universaux, ils sont tout entiers présents dans chacune de leurs instances; parmi leurs instances sont les parties appropriées de toute instance des universaux structurels. C'est ainsi que l'universel structurel est tout entier présent dans chacune de ses instances. L'universel structurel a lieu de manière répétée, comme il se doit pour un universel. Donc il mérite bien ce nom [1].

Jusque-là, tout va bien, mais le problème de la conception linguistique devrait être maintenant facile à voir : elle construit les universaux structurels à partir de simples. Le besoin principal d'universaux structurels pour Armstrong consistait exactement à couvrir la possibilité qu'il n'y ait pas de simple ou pas assez de simples et des constructions à partir des simples sont donc sans intérêt pour remplir ce besoin. Là où le besoin d'universaux

---

1. J. Bigelow a remarqué une particularité : dans la conception linguistique, un universel structurel est apte à être présent non seulement dans ses instances mais aussi ailleurs. Notre universel méthane sera tout entier présent, parce que ses simples le sont, non seulement là où il y a une molécule de méthane mais aussi partout où il y a une sorte de molécule qui est faite de carbone et d'hydrogène liés. Autant que je le voie, il n'y a pas de problème réel : nous devons seulement prendre soin de distinguer l'instanciation et la simple présence.

structurels est le plus grand, les ressources pour les fabriquer sont manquantes.

Si nous écartons les préoccupations au sujet de la complexité infinie, les universaux structurels de la conception linguistique pourraient être de quelque utilité. Ils pourraient faire office d'ersatz de mondes, à condition que nous nous satisfassions de nous limiter à des possibilités qui sont pleinement données par des arrangements de quelque réserve de simples existant dans la réalité en acte (et à condition que nous n'aspirions pas à une analyse éliminative de la modalité). Cela revient à une version d'ersatzisme combinatoire. Ils sont partagés par des choses qui sont similaires de la même manière que des molécules de méthane par exemple le sont en étant isomorphes dans une structure d'arrangement de simples. Le fait qu'ils partagent des sous-structures (des expressions linguistiques constituantes) peut fournir une théorie de la similarité et d'incompatibilité de longueurs, de formes et peut-être de couleurs. Ils pourraient être faits comme les *relata* d'un universel créant une loi, à condition qu'un théoricien DTA soit prêt à accepter des entités aussi douteuses que des ensembles pour instancier d'authentiques universaux. Mais aucune de ces manœuvres ne semblent réellement diverger d'une théorie très clairsemée des universaux qui se limite aux simples. Les formulations sont simplifiées mais nous n'y gagnons aucune force additionnelle. Ce que nous avons sont des universaux structurels pour que ceux qui n'acceptent pas les vrais « fassent semblant ».

La conception picturale

Dans la conception picturale, un universel structurel est isomorphe à ses instances. L'atome de méthane consiste en un atome de carbone et quatre atomes d'hydrogène avec le carbone en liaison à chacun des quatre hydrogènes. L'universel structurel de méthane consiste de même en plusieurs parties, une pour chacun des cinq atomes, et une pour chacune des quatre liaisons. Comparez avec un modèle avec boules et ressorts : une grande boule centrale et quatre boules plus petites attachées par des bâtonnets. Ce modèle est une image en trois dimensions. Elle représente par isomorphisme une molécule de méthane – n'importe quelle molécule de méthane, pas une en particulier.

Le modèle avec boules et bâtons est un objet particulier entièrement distinct de chacune des molécules de méthane avec lesquelles il est isomorphe. (Ce n'est que dans un climat bien plus froid qu'on pourrait le fabriquer en méthane gelé). L'universel structurel méthane, d'un autre côté, est un universel immanent en même temps qu'un isomorphe. Il est tout entier présent comme partie non-spatiotemporelle de chacune des molécules de méthane qui l'instancie.

Puisqu'il est un universel, capable d'occurrences répétées, ses parties doivent être des universaux aussi. Car partout où le tout est présent, les parties sont présentes aussi, donc les parties doivent avoir lieu de manière aussi répétée que le tout, ce qu'ils ne pourraient pas faire si c'était des particuliers. Que peuvent donc être ces parties ? Une réponse est immédiate : ce sont les universaux qui sont instanciés par les parties de la molécule de méthane. Quand le tout de la molécule instancie le tout de l'universel, les parties de la molécule instancient les parties appropriées de l'universel. L'universel structurel *méthane*, comme nous l'avons supposé, comprend, à titre de parties, trois universaux plus simples : les universaux monadiques *carbone* et *hydrogène* et l'universel dyadique *liaison*. L'atome central de toute molécule de méthane instancie le *carbone*, les quatre autres instancient l'*hydrogène* et les quatre paires carbone-hydrogène instancient la *liaison*. De cette manière, partie par partie, la molécule entière instancie l'universel entier *méthane*.

Dans cette conception, un universel structurel est un individu, non un ensemble. Il est méréologiquement composite. Les universaux plus simples qu'il comprend sont présents en lui comme des parties propres. Il n'est rien de plus au-dessus d'eux, au sens propre où il n'est rien de plus que leur somme méréologique. Ces universaux plus simples peuvent pourtant ne pas être des simples. En fait il pourrait ne pas y avoir de simples du tout : cette fois, nous aurions une conception qui permettrait une complexité infinie. Un universel est simple si et seulement s'il est méréologiquement atomique; dans cette conception nous n'avons pas besoin de distinguer les deux notions.

Jusqu'ici, tout va bien. Nous disposons nos universaux structurels et n'exigeons pas qu'ils soient réductibles à des simples. Mais s'il y a des simples, les universaux structurels ne sont rien de plus au-dessus de leurs parties simples, de même qu'une molécule n'est rien de plus au-dessus de ses atomes. Un tout est un objet supplémentaire de notre ontologie seulement dans le sens minimal qu'il n'est identique à aucune de ses parties propres, mais il n'est pas distinct d'elles non plus, si bien que lorsque nous acceptons les parties ce n'est pas un fardeau supplémentaire d'accepter le tout. De même en général, un universel structurel n'est rien de plus au-dessus de ses parties *plus* simples, que ses parties soient simples *simpliciter* ou pas. De plus, nous évitons les ressources de la théorie des ensembles avec sa manière étrange de tisser de vastes richesses à partir de rien ou presque ; nous évitons de plus la magie modale que je dénoncerai ensuite.

À l'époque où je ne me préoccupais pas des universaux structurels, je pense que je soutenais la conception picturale, mais pas d'une manière parfaitement explicite. Armstrong soutient-il la conception picturale ? Ses écrits le suggèrent certainement très souvent, assurément il en affirme des parties et je ne peux pas voir comment concevoir autrement ce qu'il dit. Mais il voit aussi ce qui ne convient pas dans cette théorie dont il en rejette une partie. Ce qui n'est pas clair à mes yeux est quelle proportion il répudie.

Qu'*est*-ce qui ne va pas ? J'espère avoir été assez explicite pour que le problème suivant se voie comme le nez au milieu de la figure : chaque molécule de *méthane* n'a pas un atome d'hydrogène mais quatre. Donc si l'universel structurel méthane doit être un isomorphe des molécules qui sont ses instances, il doit avoir l'universel *hydrogène* comme partie non pas une fois mais quatre fois. De même pour la liaison, puisque chaque molécule a quatre paires d'atomes liées. Mais que peut vouloir dire que quelque chose ait quatre fois une partie ? Quatre fois quoi ? Il n'y a pas quatre fois de l'universel d'*hydrogène* ou de l'universel de *liaison*, il n'y en a qu'un. La conception picturale que j'ai présentée a de nombreuses vertus mais la cohérence n'en fait pas partie.

La discussion que mène Armstrong sur ce problème est brève. Il choisit un exemple simple où la structure ne comprend qu'un universel solitaire monadique. Il rejette un universel dyadique de non-identité. Il écrit :

> Considérez la propriété structurelle d'*être (juste) deux électrons*, une propriété possédée par toutes les collections d'électrons de deux membres. Nous ne pouvons pas dire que cette propriété comprend le même universel, *être un électron*, pris deux fois, parce qu'un universel est toujours un et non multiple. Nous pouvons seulement dire que l'universel plus complexe comprend la notion de deux particuliers d'une certaine sorte, deux instances du même état de choses universel [1].

Ce que « nous pouvons seulement dire » est très bien mais cela ne remplace ce que « nous ne pouvons pas dire ». J'aimerais bien savoir ce qu'il pense que nous *pouvons* dire, non pas sur les notions ni sur les instances mais sur les universaux eux-mêmes. *Être un électron* (pris seulement une fois) est-il une partie d'*être deux électrons* ? Si ce n'est pas le cas, cela signifie-t-il que les deux universaux (par opposition à leurs instances ou aux concepts que nous en avons) sont entièrement distincts ? S'il en est une partie, est-ce une partie propre ou bien le tout ? Si c'est une partie propre, quelle autre partie y a-t-il ? Si c'est le tout, comment les deux universaux peuvent-ils cependant être différents ?

Il fait partie de la théorie d'Armstrong que les universaux en général et les universaux structurels tout comme les autres sont des abstractions à partir de leurs instances particulières [2]. Cette doctrine

1. *Universals and Scientific Realism*, vol. II, p. 69-70.

2. Je trouve cela énoncé de la manière la plus explicite non pas dans *Universals and Scientific Realism*, mais dans *What is a Law of Nature ?*, p. 83-84.

de l'abstraction nous autorise-t-elle à écarter les questions sur la méréologie des universaux abstraits eux-mêmes et de parler seulement de la méréologie non-problématique de leurs instances ? Cela pourrait-il résoudre nos difficultés ? Cela dépend de ce que veut dire Armstrong quand il dit qu'un universel est « une abstraction à partir » de ses instances. Je connais trois choses qui pourraient être signifiées ainsi, et trois seulement. Mais deux d'entre elles ne correspondent pas à ce qu'Armstrong veut dire et la troisième ne peut pas nous aider[1].

1) Quand on dit qu'une chose est abstraite à partir d'autres choses, l'abstraction pourrait n'être qu'une simple fiction verbale. Nous pourrions faire comme si nous parlions d'un « surhomme » nommé Geach alors qu'en fait les seules entités auxquelles nous faisons référence sont les multiples personnes nommées Geach[2]. Nous pourrions faire référence à elles d'une manière indéterminée et partielle, pas plus à un Geach qu'à un autre et nous garder des ennuis en ne parlant que de choses à propos desquelles les différences entre les Geach ne font aucune différence. Nous pourrions même dire qu'il n'y en a qu'un, qui serait celui qui apparaîtrait vrai dans toute résolution de l'indétermination de notre référence. (D'une autre manière, nous pourrions le dire en comptant non pas par identité mais par la relation d'homonymie). En ce cas, le surhomme Geach n'est rien du tout, ou alors il est l'un des multiples Geach mais nous n'avons jamais besoin d'établir lequel. Si c'était ce qu'Armstrong voulait dire quand il nous dit qu'un universel est une abstraction à partir de ses instances, alors en effet les ennuis sur

1. Notez bien que ma question concerne l'expression relationnelle « abstrait à partir de ». À cette occasion, je n'entrerai même pas dans le bourbier de sens dans lesquels des choses sont dites être des « entités abstraites » bien qu'elles ne soient pas abstraites de quoi que ce soit en particulier.

2. Voir P.T. Geach, *Logic Matters*, Oxford, Blackwell, 1972, p. 222-223 et 245-246. Bien sûr il n'est pas exigé que nous rejoignions Geach dans son rejet de l'identité absolue pour considérer les surhommes comme de simples fictions verbales [Ici un « surhomme » – *surman* – serait la référence qui a le même nom de famille en anglais *surname*].

la méréologie des universaux structurels se dissiperaient. En effet, ils seraient alors écartés avec leurs parties comme des fictions et nous nous retrouverions avec la méréologie non-problématique de leurs instances. Mais si c'était le cas, alors Armstrong serait un faux ami des universaux, un Nominaliste tortueux, ce qu'il n'est assurément pas.

2) Quand les mathématiciens abstraient une chose à partir d'autres, ils prennent une classe d'équivalence. La direction commune à de nombreuses droites du plan euclidien est la classe d'équivalence de ces droites sous la relation d'être parallèle. De cette manière, d'abstraitre l'un à partir du multiple n'est au moins pas une entité fictive (sauf si les classes elles-mêmes sont des fictions). Mais elle n'est que superficiellement quelque chose d'un, de manière sous-jacente une classe est toujours multiple. À l'exception de ce point, mon commentaire reste le même. Si Armstrong était un Nominaliste des classes tortueux, cela répondrait bien aux questions sur la méréologie des universaux structurels, mais il ne l'est pas.

3) Ce qu'Armstrong *peut* vouloir dire, sans trahir ses principes, est que l'universel unique est abstrait à partir de ses multiples instances dans un sens méréologique : elles le partagent toutes comme une partie commune. C'est sa doctrine. Il parle souvent d'universaux immanents entièrement présents dans leurs instances et de l'identité partielle entre différentes instances du même universel. S'il hésite parfois à dire directement qu'un universel est une partie de ses instances, je suppose que c'est seulement pour apaiser ceux qui insistent pour limiter le mot « partie » à des parties spatio-temporelles, ou à des parties spatiales, ou même à des parties spatiales bien délimitées, et qui semblent stupéfaits quand ils entendent le mot employé dans son sens plein général. Mais dire qu'un universel comme *être un électron* ou *être deux électrons* est une abstraction à partir de ses instances, et signifier par là que chaque universel est une partie de ses instances ne contribue en rien à répondre à notre question de savoir si le même universel unique est une partie de l'autre.

Variantes de la conception picturale

Il y a peut-être un espoir de réparation. Cela conviendrait-il si nous retirions l'isomorphisme de l'universel vis-à-vis de ses instances mais continuions à soutenir qu'un universel structurel est un composite méréologique, ayant comme parties les universaux plus simples qu'il comprend ? Il y a les trois universaux de *carbone*, d'*hydrogène*, de *liaison*, l'universel *méthane* est composé exacte-ment de ces trois parties, chacune entrant en lui seulement une fois et il reste qu'à chaque fois que l'universel est présent dans ses instances, ses parties sont aussi présentes, l'universel étant instancié par les parties appropriées de ses instances ou des paires de parties.

Mais considérez à présent le butane. Ses molécules consistent en quatre atomes de carbone dans une chaîne droite avec des atomes adjacents en liaison et les derniers atomes de carbone liés aussi à trois atomes d'hydrogène chacun et ceux du milieu à deux. Donc nous aurions pu vouloir dire que l'universel structurel de *butane* consiste dans l'universel *carbone* quatre fois, l'universel d'*hydro-gène* dix fois et l'universel dyadique de *liaison* treize fois. Mais si nous écartons cette manière de parler étrange avec des parties qui réapparaissent à nouveau plusieurs fois, nous devons dire qu'elle consiste en trois universaux de *carbone*, d'*hydrogène*, et de *liaison*, comme l'universel de *méthane*. Mais ici nous avons deux univer-saux différents – comme l'atteste le fait que certaines molécules instancient l'une et d'autres – la seconde et les deux sont composées exactement des trois mêmes parties !

Mais comment deux choses différentes pourraient-elles être composées des mêmes parties ? Je sais comment deux choses peuvent être faites de parties qui sont qualitativement les mêmes – ce n'est pas un problème – mais cette fois, les deux choses sont censées être faites non pas de parties doubles mais de parties numériquement identiques. C'est selon moi inintelligible.

Deux mauvaises réponses possibles.

1) C'est le cas pour les ensembles. – Je ne suis pas d'accord. C'est une erreur de dire que les ensembles offrent un précédent où

de nombreuses choses sont composées, sans doute dans un sens spécial non-méréologique, à partir des mêmes parties. La vérité est que deux ensembles – de fait, d'innombrables ensembles différents – peuvent être engendrés à partir des mêmes individus. Nous le voyons dès les singletons. Prenez Bruce, un seul individu : alors nous avons son singleton, le singleton de son singleton, et ainsi de suite *ad infinitum*. Mais est-ce un cas dans lequel des choses différentes sont composées à partir des mêmes parties ? Non ! ce n'est pas une composition du tout. Alors qu'un singleton est fait à partir de son seul membre, une chose est faite à partir d'une seule chose. Or la composition est le fait de combiner de nombreuses choses en une. Si nous voulons découvrir de la composition parmi les ensembles, nous devrions regarder ailleurs. Les parties d'un ensemble sont ses sous-ensembles (non-vides) et donc tout ensemble à plusieurs membre est composé de manière ultime de ses singletons. C'est une authentique composition – combinaison de plusieurs choses en une seule – qui obéit aux canons de la méréologie. En particulier, il n'y a pas deux ensembles composés exactement des mêmes sous-ensembles. La génération des ensembles à partir de leurs éléments, par opposition à leurs sous-ensembles, n'est pas une forme non-méréologique de composition. C'est plutôt un mélange de deux choses que nous avons distinguées : la génération de singletons à partir de leurs membres, qui n'est pas une composition du tout (Dieu seul sait ce que c'est) et la composition authentique, méréologique des ensembles à plusieurs membres à partir des sous-ensembles singletons. Les deux ensembles, appliqués de manière alternée, produisent la hiérarchie entière des ensembles (non-vides). L'ensemble de Bruce et de moi-même est la somme méréologique de nos singletons ; l'ensemble d'Armstrong et de Forrest et de l'ensemble déjà cité est de même une somme de trois singletons, dont l'un est le singleton d'une somme de singletons, et ainsi de suite en remontant.

2) Des choses différentes peuvent être faites à partir des mêmes parties à des temps différents, comme lorsqu'on démonte les briques d'une maison en Lego* pour la remonter sous forme de voiture. – Je réponds que la vérité n'est pas que deux choses sont faites des mêmes parties mais que deux choses sont faites de parties différentes, des segments temporels différents des mêmes morceaux persistants des constituants. Certes, cette réponse a pour prémisse une conception controversée sur la manière dont les choses persistent à travers le temps. Mais si vous rejetez cette conception et pensez à la place que les morceaux des constituants jouets endurent de manière identique à travers le temps vous ne diriez quand même pas que deux choses sont faites exactement des mêmes parties ! Vous diriez plutôt qu'une seule chose est faite de ces parties. Cette chose n'est pas une maison ou une voiture *simpliciter*. C'est plutôt une chose qui est dans la relation « être une maison à » un certain moment et dans la relation « être une voiture à » un autre. Mais si vous pensez que la persistance est une endurance de l'identité, vous persistez à transformer une simple classification de choses en d'étranges relations externes entre des choses et des temps, comme c'est le cas ici.

Voici une deuxième tentative de réparation : nous pourrions rétablir la manière de parler des parties qui ont lieu plusieurs fois à nouveau en accordant que deux choses différentes ne peuvent pas être faites des mêmes parties, en soulignant toutefois que deux choses peuvent être faites des mêmes parties si la différence est dans le nombre de fois où les parties sont répétées. Telle est la différence entre l'universel structurel méthane et butane. De plus, nous pourrions prendre l'expression « plusieurs fois à nouveau » adverbialement : si A a B comme partie quatre fois au total, cela ne signifie pas qu'il y a quatre quoi que ce soit. Les entités en questions sont bien A et B, il n'y a qu'un seul B mais « quatre fois » est la manière dont A a B comme partie.

---

* Lewis fait en fait référence aux jouets en bois « *tinkertoys* », ancêtres des Lego.

Je pense que cette manière de parler du fait d'avoir des parties d'une manière ou d'une autre est vide ; j'aimerais savoir ce que cela peut avoir avec le fait que dans les instances nous avons quatre quelque chose. (Je soupçonnerais alors de la magie modale, de la sorte qui sera discutée ensuite). Mais laissons cela, il y a une objection plus simple. Considérez l'isobutane. Là où le butane a une chaîne droite, l'isobutane a des branches. Ses molécules consistent en un atome central de carbone lié à trois atomes de carbone extérieurs, l'atome de carbone central est lié aussi à un atome d'hydrogène et chaque atome de carbone extérieur est lié à trois atomes d'hydrogène. Donc l'universel structurel *isobutane* consiste dans l'universel *carbone* quatre fois au total, l'universel *hydrogène* dix fois, et l'universel dyadique *liaison* treize fois, exactement comme l'universel *butane*. Mais ces deux universaux structurels sont différents, comme l'attestent les molécules différentes qui les instancient. Même si nos différences adverbiales avaient un sens, elles ne résoudraient donc pas notre problème.

Voici une troisième tentative de résolution : à nouveau, nous parlons du fait d'avoir des parties d'une manière ou d'une autre, plutôt que de composition *simpliciter*. Et à nouveau nous posons une forme *sui generis*, non-méréologique de composition par laquelle de nombreuses choses peuvent être faites à partir des mêmes parties. Supposons que nous ayons différentes opérations se combinant, chacune d'entre elles s'appliquent à plusieurs universaux pour produire un nouvel universel. Chaque opération obéit à un principe d'unicité : pour tout argument donné dans un ordre donné, il produit au plus une seule valeur. Mais si nous appliquons les opérations de manière répétée, en commençant par la même réserve initiale d'universaux, nous pouvons produire plusieurs universaux structurels selon l'ordre dans lequel les opérations sont appliquées[1]. À chaque fois que nous appliquons les opérations, nous

---

1. Les opérations qui construisent des universaux structurels à partir des universaux plus simples qu'ils comprennent pourraient être formellement parallèles à certaines des opérations qui sont utilisées pour construire des prédicats dans des

obtenons un universel structurel qui comprend les universaux auxquels l'opération a été appliquée ; ces derniers sont donc en ce sens plus simples. Mais il n'y a aucun besoin de supposer que nous commençons avec des simples ou même de supposer qu'il y en ait.

Mon objection contre cela est que je ne vois pas au nom de quoi les opérations seraient appelées des opérations de combinaison. Une opération s'applique à plusieurs universaux, elle produit un nouvel universel. Mais si ce qui s'effectue est non-méréologique, en quel sens le nouvel universel est-il *composé* des anciens ? En quel sens non-méréologique sont-ils présents en lui ? Après tout, il n'est pas vrai que toute opération qui fabrique de nouvelles choses à partir d'anciennes est une forme de composition ! Il n'y a aucun sens à dire que mes parents sont des parties de moi, et aucun sens à dire que deux nombres sont des parties de leur plus grand facteur commun ; je doute qu'il y ait un sens à dire que Bruce est une partie de son singleton.

Si le partisan de la composition *sui generis* n'ait pas sérieux quand il dit que le nouvel universel est composé des anciens, s'il prend cela comme une métaphore qu'on pourrait éviter, s'il n'insiste pas sur le fait que les anciens universaux sont toujours présents dans le nouveau, tout va bien. En ce cas, il n'est en rien une sorte de picturaliste, il soutient plutôt la conception magique des universaux structurels dont je m'occuperai ensuite.

Mais s'il insiste pour dire que sa composition même non-méréologique est bien une composition, dans un sens parfaitement littéral, alors j'ai besoin qu'on me dise pourquoi. L'affirmer ne suffit pas à le rendre vrai. Quelle est la notion générale de composition, dont la forme méréologique est censée n'être qu'un cas particulier ? J'aurais pensé que la méréologie décrirai déjà la composition dans sa pleine généralité. Si les ensembles étaient composés d'une manière non-méréologique à partir de leurs membres, cela

formulations sans variables de logique des prédicats, par exemple dans le système de W. V. Quine, « Variables Explained Away », dans *Selected Logical Papers*, New York, Random House, 1966. (Je dois cela à P. Forrest).

suffirait comme précédent pour montrer qu'il peut y avoir des formes non-méréologiques de composition mais j'ai déjà remis en cause ce précédent.

Voici une dernière tentative de résoudre la théorie – je ne pense pas qu'elle fasse l'objet d'une réfutation décisive mais elle s'éloigne vraiment de toute théorie ordinaire des universaux et elle devient finalement si bizarre que je ne peux pas la prendre au sérieux : nous pourrions rétablir un isomorphisme authentique entre l'universel structurel et ses instances et faire face aux conséquences. Concédons que lorsque l'universel *méthane* comprend l'universel *hydrogène*, nous n'avons pas seulement l'universel unique *hydrogène* après tout. Nous avons quatre fois quelque chose et tous les quatre sont des parties de l'universel *méthane*. (Et il y en a dix qui sont parties de l'universel *butane*, sans mentionner l'universel *dodécane* * ou les divers autres polymères supérieurs !). Notre nouveau problème de l'un sur le multiple à l'intérieur de l'universel structurel lui-même doit être résolu en acceptant les multiples.

J'ai auparavant soutenu que les parties d'un universel doivent être capables d'occurrences répétées autant que l'universel lui-même ; cette conclusion tient toujours. Par conséquent quand nous avons de multiples quelques choses, au lieu d'un universel unique d'hydrogène, les multiples sont toujours des universaux. Ou du moins ce ne sont pas des particuliers. Mais il n'est pas clair non plus qu'ils soient des universaux puisqu'ils sont tous semblables. Les universaux sont censés expliquer la similitude et la duplication, de telle manière que deux particuliers sont des doubles si et seulement s'ils partagent exactement les mêmes universaux. Mais en ce cas, nous aurions intérêt à ne pas avoir des universaux doubles, sans quoi des choses pourraient être des doubles sans partager exactement les mêmes universaux si elles ont à la place des universaux doubles. Il est difficile de savoir comment appeler des choses qui

---

* $C_{12}H_{26}$.

font comme les universaux en ayant lieu de manière répétée et pourtant font comme des particuliers dans la manière dont ils peuvent être doubles les uns des autres. Je les appellerai des « *amphibiens* ».

Nous avons besoin de quatre amphibiens d'hydrogène comme parties de l'universel *méthane*, un pour chacun des quatre atomes d'hydrogène dans les molécules qui l'instancient. Dans le cas particulier du *méthane*, nous pouvons encore nous contenter d'un universel unique de *carbone*, mais dans le cas du *butane*, nous avons besoin d'amphibiens de carbone et il serait sans doute mieux de traiter tous les cas de manière semblable.

Qu'en est-il de *liaison*? Avons-nous aussi besoin d'amphibiens dyadiques? Je pense que non – en tout cas pas si nous sommes prêts à laisser l'universel unique *liaison* relier des amphibiens de la même manière qu'il relie des particuliers. Dans ce cas, l'occurrence quadruple de liaison dans l'universel méthane peut être comprise au même niveau que l'occurrence quadruple dans une molécule particulière de méthane : l'universel unique est instancié par quatre différentes paires. Et il vaut mieux laisser *liaison* reliee les amphibiens, sinon nous aurions toujours des problèmes avec les universaux *butane* et *isobutane*. Il ne suffirait pas de dire que chacun consiste en quatre amphibiens de carbone, dix amphibiens d'hydrogène et treize amphibiens dyadiques de liaison. Cela nous donne au moins la différence numérique requise entre les deux dans l'hypothèse où ils sont faits d'amphibiens numériquement différents mais nous nous retrouvons avec un mystère : pourquoi un universel est instancié par les molécules de butane en chaîne droite et l'autre par des molécules d'isobutane en chaînes avec des branches. Il vaut mieux avoir des chaînes droites ou avec branches d'amphibiens à l'intérieur des universaux – comme l'exigerait le fait de prendre l'isomorphisme au sérieux – et pour cela nous avons besoin d'amphibiens en liaison et si nous avons des amphibiens en liaison; nous n'avons pas besoin d'amphibiens de liaison.

Nous en arrivons donc à cela : un universel structurel est composé de parties; certaines de ces parties sont des amphibiens qui remplacent nos universaux originels monadiques; des amphibiens peuvent être reliés par des universaux *n*-adiques; et dans ce cas ces universaux *n*-adiques sont aussi des parties des universaux structurels. Quand l'universel structurel est instancié par un particulier, le particulier consiste en parties qui correspondent une à une aux amphibiens qui sont parties de l'universel. Chaque amphibien est entièrement présent, comme partie non-spatiotemporelle, dans la partie correspondante du particulier – peut-être pouvons-nous toujours appeler cela une «instanciation». Et les parties du particulier sont reliées par les mêmes universaux *n*-adiques qui relient les parties correspondantes de l'universel[1].

Nous devons faire face à des questions fascinantes: 1) Qu'arrive-t-il à nos universaux monadiques originels comme l'universel unique hydrogène? Les avons-nous en plus de leurs amphibiens, peut-être instanciés par leurs amphibiens? 2) Le même amphibien peut-il avoir lieu comme partie de deux universaux structurels différents? 3) Si nous avons deux atomes d'hydrogène dans deux molécules de méthane différentes, y a-t-il en fait une distinction entre le cas dans lequel elles instancient le même amphibien de l'universel structurel méthane et le cas où elles instancient des amphibiens différents? Mon intention n'est pas de poser ces questions avec l'idée qu'elles ne peuvent recevoir aucune réponse. Je pourrais même en suggérer. Mais je n'en ferai rien. Je vais suggérer plutôt que les questions sont trop bizarres pour être prises

---

1. Les amphibiens sont-ils des tropes? Non, bien qu'il y ait des points en commun. Comme les tropes et les particuliers, les amphibiens peuvent être dupliqués; comme les tropes et les universaux ordinaires, les amphibiens peuvent être des parties non-spatiotemporelles des choses; comme les universaux mais *contrairement* aux tropes, les amphibiens peuvent avoir lieu de manière répétée. Même si comme Campbell et Johnston, nous disons que des choses ressemblant à des tropes peuvent persister en endurant de manière identique, et dans cette mesure peuvent être entièrement présentes à des temps différents, nous n'avons cependant pas exactement des amphibiens parce que les amphibiens peuvent être répétés même quand il n'est pas question d'une même chose unique qui persiste – comme lorsque le même amphibien d'hydrogène est présent partout où il y a une molécule de méthane.

au sérieux. La théorie qui les pose doit être en train de se fourvoyer sur une fausse piste. Vient un moment où il vaut mieux ne plus aller là où l'argument nous conduit !

J'en conclus qu'aucune version picturale n'est satisfaisante, il ne sert à rien qu'un universel structurel soit composé d'universaux plus simples qui n'en sont pas littéralement des parties [1].

La conception magique

Dans la conception magique, un universel structurel n'a pas de parties propres. C'est cette conception selon laquelle « simple » doit être distingué d'« atomique ». Un universel structurel n'est jamais simple ; il comprend d'autres universaux, plus simples. (*Plus* simples mais peut-être pas *simples*). Mais il est méréologiquement atomique. Les autres universaux qu'il comprend ne sont pas présents en lui comme des parties. Les autres universaux ne sont pas pas non plus des constituants ensemblistes ; l'universel structurel n'est pas un ensemble mais un individu. Il n'y a donc aucune manière d'après laquelle il serait composé par eux.

---

1. Il y a une place différente pour la méréologie dans une théorie des universaux. Supposons que nous ayons deux universaux monadiques F et G et voulions un universel conjonctif F & G qui soit seulement instancié par ces choses qui instancient à la fois F et G. En ce cas, il serait assez naturel de prendre F & G comme la somme méréologique de F et G. (Plus généralement, nous pourrions joindre des universaux n-adiques par sommation, tant que n est le même pour tous les éléments joints). Ainsi nous garantissons que les conjoints doivent être présents partout où est la conjonction, et aussi que la conjonction n'est rien de plus au-dessus de ses conjoints, et ces deux conclusions sont désirables. Les universaux sont méréologiquement atomiques seulement s'ils sont non-conjonctifs, il pourrait y en avoir ou pas, car ici aussi nous pouvons permettre une possibilité de complexité infinie. Je n'ai pas de problème avec quoi que ce soit de tout cela. Nous n'avons pas besoin de conjoints pris plusieurs fois, ou d'universaux conjonctifs isomères qui diffèrent parce qu'ils ont les mêmes conjoints arrangés différemment, et ainsi nous évitons les problèmes qui menacent la composition des universaux structurels. Par simplicité cependant, j'ignorerai les universaux conjonctifs dans ce qui suit.

Ou plutôt il n'y aucune manière qui soit entièrement littérale. Nous pouvons parler de composition dans la mesure – et seulement dans cette mesure – où c'est métaphorique, et ce dont cela est la métaphore est le fait de comprendre un universel en un autre. Si nous disons que l'universel *méthane* consiste dans les universaux *carbone*, *hydrogène* et *liaison*, le plus que nous puissions dire est qu'une instance de méthane doit consister, d'une certaine manière, dans des instances des autres. Le fait de comprendre, à son tour, est un fait de connexion nécessaire entre le fait d'instancier un universel et le fait d'en instancier un autre; dans la conception magique, les universaux ainsi connectés sont entièrement distincts d'individus atomiques.

C'est là que se trouve la magie. Pourquoi faut-il que si quelque chose instancie *méthane*, alors certaines de ses parties doivent nécessairement instancier *carbone*? En gros, selon la conception linguistique, c'est construit par le biais d'une spécification récursive de ce que signifie le fait d'instancier *méthane*; selon la conception picturale, c'est parce que *carbone* est une partie de *méthane* et que le tout ne peut être entièrement présent sans sa partie. Mais selon la présente conception, cette connexion nécessaire est seulement un fait modal brut.

Si vous disiez qu'à chaque fois que le *carbone* est instancié, le *brome* doit nécessairement être instancié à côté, cela pourrait avoir un sens en tant que nécessité nomologique. Il n'y a pas une telle loi de la nature mais il aurait pu y en avoir. Mais supposons que vous disiez que c'était une question de nécessité *simpliciter* – une nécessité absolue «logique» ou «métaphysique». Ce que vous dites alors n'est pas seulement faux, c'est entièrement inintelligible. Comment cela pourrait-il être vrai? Pourquoi quelque chose ici ne pourrait-il pas coexister avec quoi que ce soit là bas? Et en particulier pourquoi la présence d'une instance de *carbone* ici ne pourrait-elle pas coexister avec l'absence d'instance de *brome* là-bas?

Certes, le cas d'un universel structurel et des universaux plus simples qu'il implique n'est pas aussi fâcheux. Les particuliers en question ne sont pas distincts : l'instance de *carbone* est censée être une partie propre de l'instance de *méthane*. Mais à quoi cela doit-il servir quand les universaux en question sont entièrement distincts ? Qu'y a-t-il à propos de l'universel *carbone* qui fasse qu'il soit compris dans des connexions nécessaires avec *méthane* ? Pourquoi *carbone* ? Pourquoi pas un autre universel, par exemple *rubidium* ? Après tout, l'universel *carbone* n'a rien de plus en commun avec l'universel *méthane* que l'universel *rubidium* ! Il y a trois individus atomiques distincts et c'est tout. Il n'y a aucune raison concevable pour laquelle l'universel *méthane* doive par nécessité stricte, traîner l'universel *rubidium* partout où il va. Comment arrive-t-il en ce cas à traîner le *carbone* ?

On pourrait croire que je pinaille beaucoup à propos de quelque chose d'assez facile. Par définition, le méthane consiste en du carbone et de l'hydrogène liés ensemble dans un certain arrangement, donc bien entendu nous devons avoir un atome de carbone comme partie de toute molécule de méthane. Les atomes de carbone instancient l'universel *carbone*, les molécules de méthane instancient l'universel *méthane*, et donc bien sûr il doit y avoir une instance d'un universel comme partie de chaque instance de l'autre. Que pourrait-il y avoir de plus aisé à concevoir ?

Mais vous pouvez faire passer tout problème pour facile si vous l'énoncez en présupposant qu'il est déjà résolu. Nommer un universel « *méthane* » et l'autre « *carbone* » (ou de manière plus prolixe, « *être une molécule de méthane* » et « *être un atome de carbone* ») c'est les nommer de manière descriptive et donc tendancieuse. Certes, il n'y a pas deux universaux qui méritent ces deux noms si le premier n'entraîne pas le second avec lui, c'est-à-dire s'il n'est pas nécessaire d'une manière ou d'une autre, entre autres, que chaque instance du premier contienne une instance du second comme sa partie centrale. Bien sûr. Mais notre question est : comment deux universaux – des universaux compris comme atomiques – peuvent-ils possiblement mériter ces deux noms ? Comment deux universaux, que nous pourrions d'abord appeler par des noms neutres comme « Matthieu » et « Carl », peuvent-ils possiblement entrer dans la connexion nécessaire qui nous autoriserait à les appeler « *méthane* » et « *carbone* » à la place ? Cela ne fait que dissimuler notre problème si nous les appelons ainsi dès le départ. Le magicien fait disparaître notre problème par un simple tour de prestidigitation verbale.

Les universaux structurels, conçus de cette manière magique, sont un cas d'épreuve frappant pour la méthode philosophique. Le type de connexions nécessaires requises est réellement tout à fait clair, de même que la façon dont il doit être fait usage des connexions en wuestion pour expliquer comment un universel structurel enveloppe des universaux plus simples. Ce devrait être un jeu d'enfant que de formaliser cette conception systématiquement dans un langage modal approprié. Et c'est tout ce que demandent de nombreux philosophes. Mais cela suffit à montrer que leurs standards d'intelligibilité sont incomplets. Bien que nous comprenions seulement quelles connexions nécessaires sont censées être le cas (*to obtain*), on ne nous a donné aucune notion de la manière dont elles pourraient possiblement être. Je pourrais dire que la conception magique porte un prix inacceptable dans son mystère ou peut-être ferais-je mieux de nier qu'il y ait là quelque conception que ce soit par opposition à de simples mots.

Universaux structurels non-instanciés

Le plan de Forrest d'utiliser des universaux structurels comme ersatz de mondes possibles exige que nous acceptions des universaux structurels non-instanciés. Ce sont les ersatz de mondes non-actualisés et ils sont dans une écrasante majorité. Armstrong, à l'opposé, a une objection générale contre les universaux non-instanciés, structurels ou simples. Dans cette dernière section, considérons si les universaux structurels non-instanciés sont plus problématiques que ceux qui sont instanciés.

(Je me hâte de dire que ma question concerne les universaux qui sont non-instanciés *simpliciter*. Il n'y a certainement aucun problème spécial au sujet des universaux qui sont instanciés dans des pays lointains mais non-instanciés ici. De même, si j'ai raison de penser que notre monde n'est que l'un de plusieurs mondes possibles, il n'y a aucun problème spécial au sujet des universaux qui sont instanciés dans d'autres mondes mais non-instanciés dans la réalité actuelle. Forrest et Armstrong, qui ne croient pas dans d'autres mondes, font face à la question de savoir s'ils devraient croire en des universaux qui pourraient être instanciés mais se trouvent seulement ne pas l'être. Pour moi, il n'y a pas de telle question : tout ce qui pourrait être, *est*).

Nous pourrions espérer extraire un argument contre les universaux non-instanciés de la doctrine d'Armstrong selon laquelle les universaux sont des abstractions à partir de leurs instances. Peut-être pourrions nous avancer qu'une abstraction ne peut pas exister s'il n'y a rien dont elle est abstraite : cette instance ou cette autre peut être facultative puisque l'universel est entièrement présent dans chacune mais il est absurde de dire que c'est une abstraction à partir de ses instances s'il n'y a aucune instance. Mais encore une fois je ne sais pas ce que nous pouvons signifier par « abstraction » qui satisfasse les besoins de l'argument. Si les universels qu'on a abstraits étaient des classes d'équivalence ou des fictions verbales, alors ils ne pourraient pas exister sans les particuliers dont ils sont abstraits ; mais si c'était le cas, on n'aurait pas des universaux authentiques du tout. Il serait préférable de dire que les universaux sont des parties non-spatiotemporelles de leurs instances parti-culières et que l'abstraction qu'on en fait est seulement une sous-traction méréologique. Mais si « abstraction » signifie cela, cela ne soutient aucun argument contre des universaux non-instanciés. Chaque main est une partie d'un corps humain, intégrée de manière appropriée au reste. Chacune peut être « abstraite » du corps par soustraction méréologique du reste du corps. Mais une main qui est en fait une partie d'un corps pourrait avoir existé par elle-même, ou en tout cas un double ou une contrepartie pourrait avoir exister par elle-même ; et quelque chose qui est intrinsèquement exactement comme les mains qui sont parties du corps pourrait exister sans être une partie d'un corps. Et pourquoi ne pourrait-on pas dire la même chose sur les parties non-spatiotemporelles. L'argument contre les universaux non-instanciés exige que si quelque chose est une abstraction, alors il l'est essentiellement et ne pourrait pas exister sans l'être. Mais si les abstractions sont seulement des parties des choses (ou des parties non-spatiotemporelles des choses), alors il semble que si une chose est une abstraction, elle ne l'est que de manière contingente. Nous aurions besoin d'un argument indépendant contre les universaux non-instanciés pour établir qu'ils étaient des abstractions essentiellement.

Un universel est entièrement présent à chaque fois qu'il est instancié, et présent nulle part ailleurs. Par conséquent, un universel non-instancié n'est présent nulle part. Mais ce n'est pas une raison forte pour nier son existence. C'est une question ouverte que savoir si tout ce qui existe a quelque sorte de localisation spatio-temporelle. L'ensemble vide et les ensembles purs en général sont censés être non-localisés; si c'est le cas, c'est peut-être une mauvaise nouvelle pour les ensembles purs ou peut-être est-ce une mauvaise nouvelle pour la thèse selon laquelle tout est localisé.

(Je ne nierai pas personnellement que des choses non-localisées sont des parties de ce monde possible ou d'un autre, mais ce n'est pas pertinent puisque je ne prétends pas que tout ce qui est doive être une partie d'un monde ou d'un autre. Les ensembles purs sont peut-être un contre-exemple).

Je ferais une objection différente contre les universaux non-instanciés [1]. En quoi sont-ils des universaux ? Quand on nous dit ce que cela signifie d'être un universel, on nous dit surtout que les universaux sont entièrement présents de manière répétée, comme partie non-spatiotemporelle de choses à différents temps et différents lieux ; et on nous dit aussi que cette répétition des universaux fait la similarité. Mais des universaux non-instanciés ne satisfont aucune partie de cette description. Loin d'être d'entièrement présents de manière répétée, et de faire ainsi des similarités, ils ne sont présents nulle part.

---

1. L'argument qui suit vient dans une large mesure de M. Johnston.

(Dans une moindre mesure, ma récrimination porte aussi sur les universaux avec une seule instance. Il n'y a pas de répétition, et pas de similitude ou de duplication faite par une telle répétition. Mais l'universel à une seule instance est au moins entièrement présent comme une partie non-spatiotemporelle de quelque chose).

Je pensais savoir ce qu'étaient les universaux – mais s'il y en a qui vont à l'encontre de tout ce qu'on m'avait dit sur leur comportement distinctif, nous ferions mieux de tout reprendre !

Je connais la réponse, bien entendu. Un universel non-instancié (ou à une seule instance) est censé mériter le nom parce qu'il pourrait être instancié de multiples fois. Il pourrait être entièrement présent de manière répétée et faire ainsi des similarités. Il pourrait faire ce que les universaux font de manière distinctive, même si en fait, il se trouve ne pas le faire.

Cela signifie que la définition d'un universel est modale. Un universel est quelque chose qui satisfait une certaine condition modale *de re* : il a une certaine potentialité, qu'elle soit réalisée ou non. Pour l'instant, tout va bien. Mais qu'est-ce qui fait qu'une chose a la potentialité d'une présence répétée et qu'une autre chose en soit dépourvue, quand en fait aucune de ces deux choses n'est présente de manière répétée ? Est-ce un fait modal brut ? J'espère que non. Pour la plupart, les choses ont leurs potentialités en vertu de leurs caractéristiques non-modales.

(J'expliquerais cela ainsi : une chose pourrait satisfaire une condition si et seulement si elle a une contrepartie qui le fait ; c'est la ressemblance qui fait les contreparties, et ce sont les caractéristiques intrinsèques et extrinsèques de deux choses qui font les ressemblances entre elles. Mais je suppose que plusieurs parmi ceux qui ne veulent pas expliquer la modalité *de re* ainsi accepteraient pourtant l'idée que les choses ont leurs potentialités en vertu de caractéristiques non-modales qu'elles ont dans la réalité actuelle).

Si des potentialités brutes doivent être rejetées, alors la réponse modale est un asile précaire. La définition repose sur une meilleure réponse, d'après des caractéristiques non-modales que les universaux ont en réalité. Nous pourrions donc plutôt donner directement la meilleure réponse. Cela devrait être ainsi. Il y a les universaux qui sont présents de manière répétée; et il y a les universaux non-instanciés qui ne sont pas présents de manière répétée et qui ne sont en fait présents nulle part. Mais ce sont toutes des choses d'une seule et même espèce. Les universaux qui exhibent le comportement distinctif de leur espèce et ceux qui ne le font pas mais auraient pu le faire sont unis sous une nature commune. C'est la raison pour laquelle ces derniers méritent le nom d'universaux; c'est aussi le fait non-modal en vertu duquel ces derniers pourraient se comporter comme le font les autres.

Mais que signifie ici « d'une même espèce » ? D'habitude, dans une théorie des universaux, les choses de même espèce sont censées partager un universel. Est-ce que les universaux non-instanciés partagent un universel de second ordre d'universalité avec ceux qui sont instanciés ? Ce serait au mieux une complication importune qui conduirait directement à la régression du Troisième Homme. Ou bien devons-nous avoir recours à quelque notion primitive de mêmeté des espèces – une sorte de similarité – qui ne s'expliquerait pas en termes d'universaux partagés ? Je n'ai personnellement pas de grandes objections contre une similarité primitive, si on l'offre comme une autre solution rivale d'une théorie des universaux. Mais à quoi servent les universaux si ce n'est à permettre de rendre compte de la similarité ? Investir dans les universaux et en appeler pourtant à une similarité primitive entre les universaux instanciés et ceux qui ne le sont pas revient à faire l'acquisition d'un chien pour aboyer soi-même.

Si nous n'avons affaire qu'à des simples, je ne vois aucune autre manière d'expliquer comment ceux qui sont instanciés et ceux qui ne le sont pas sont d'une même espèce. Par conséquent, je pense qu'il est assez insatisfaisant d'accepter des universaux simples non-instanciés. Il n'y a aucune bonne manière d'en faire des universaux.

Mais si nous avons affaire à des universaux structurels, nous pouvons au contraire y avoir intérêt car nous avons de nouvelles façons de dire comment ceux qui sont instanciés et ceux qui ne le sont pas sont d'une même espèce. Certainement c'est le cas dans la conception linguistique : nous pouvons dire qu'ils sont construits d'une manière semblable, en accord avec les mêmes règles syntaxiques, à partir du même vocabulaire de simples. La conception linguistique a donc le droit d'utiliser des universaux structurels non-instanciés si et seulement s'ils sont construits à partir de simples instanciés.

De même dans la conception picturale. On ne peut comprendre comment des universaux structurels pourraient être composés méréologiquement à partir d'universaux plus simples. Tentons cependant d'imaginer qu'ils le sont d'une manière ou d'une autre. En ce cas, pourquoi ne pas dire que les universaux structurels instanciés et non-instanciés sont d'une même espèce parce qu'ils sont composés de la même manière (mystérieuse) à partir d'universaux plus simples ? Finalement nous devons descendre jusqu'à des universaux instanciés, peut-être des simples ou peut-être seulement des universaux structurels plus simples. (Cette dernière solution couvre le cas de la complexité infinie, ce que ne peut pas traiter la conception linguistique). À condition que nous atteignions les universaux structurels tôt ou tard, il semble que nous n'ayons pas de problème supplémentaire quand nos universaux structurels complexes sont non-instanciés.

Mais la conception linguistique ou la conception picturale, même si on parvenait à faire qu'elles marchent, ne suffiraient pas à remplir tout le besoin de Forrest d'universaux structurels pour servir d'ersatz de mondes possibles. Il est possible, je suppose, qu'il puisse y avoir des propriétés naturelles simples différentes de toutes celles qui sont instanciées dans notre monde. Pour couvrir cette « sphère extérieure » de possibilité, il ne suffit pas d'avoir des universaux structurels non-instanciés qui sont construits de manière ensembliste ou bien composés méréologiquement à partir d'universaux plus simples instanciés[1]. S'il veut couvrir toute l'étendue des possibilités, Forrest a également besoin de simples

---

1. Sur les sphères intérieures et extérieures de possibilité, voir D. M. Armstrong, « Metaphysics and Supervenience », *Critica* 14, 1982, p. 3-17.

non-instanciés et rien de ce que nous pouvons construire à partir des ingrédients de ce monde-ci ne l'aidera pour cela.

Seule la conception magique pourrait y aider. Elle est tellement immergée dans une modalité brute qu'un peu plus n'aggraverait pas les choses. Quitte pour le magicien à avoir des ennuis, autant que cela en vaille la peine : qu'il accepte des universaux structurels non-instanciés et aussi des simples non-instanciés, en disant que c'est encore un autre fait modal brut que ces derniers pourraient avoir été présents de manière répétée et que c'est donc pourquoi ils méritent le nom d'universel. Cette position, si seulement sa modalité brute était intelligible, satisferait ainsi les besoins du projet de Forrest.

Traduction Frédéric FERRO
revue par Emmanuelle GARCIA, Michel LE DU et Frédéric NEF

ESPACE-TEMPS, IDENTITÉ
ET MONDES POSSIBLES

Les deux précédentes sections livraient des explorations sur la structure ontologique profonde de la réalité en termes de particuliers, de propriétés et d'essences. Mais la réalité a aussi une structure métaphysique[1], qui comporte le temps, l'espace et le ou les mondes[2]. Certains philosophes ont nié la réalité du temps[3]. Aucun n'a nié l'existence d'un problème métaphysique du temps : est-il un accident, une relation, un cadre relationnel absolu? Récemment la discussion sur le temps s'est cristallisée sous la forme d'une joute entre partisans du présentisme et ceux du quadridimensionnalisme. La première de ces deux doctrines soutient qu'il n'existe que des choses présentes; la seconde que les objets qui forment l'étoffe du monde ont outre leurs trois dimensions spatiales une quatrième dimension, temporelle. Une autre discussion métaphysique concerne l'unicité ou la pluralité des mondes. Certains philosophes, nommés « actualistes », rejettent purement et simplement les mondes possibles et s'en tiennent à notre brave vieux

1. Nous reprenons ici la distinction classique entre ontologie et métaphysique : la première concerne tous les mondes possibles, seconde notre monde, le monde actuel.

2. Nous n'avons pas fait figurer de texte sur la métaphysique de la causation, outre les problèmes récurrents de place, pour la raison suivante : ces textes impliquent forcément une épistémologie détaillée et souvent très formelle qui rend cette littérature difficile à présenter pour une introduction au domaine.

3. *Cf.* l'argument de McTaggart, dans S. Bourgeois-Gironde (2000), p. 91-117.

monde (Lowe, Armstrong, Plantinga, mais aussi Quine). D'autres, nommés « possibilistes », utilisant les mondes possibles pour interpréter les logiques modales acceptent un engagement ontologique plus ou moins fort, subséquent à de tels mondes (Kripke, Lewis). La question métaphysique centrale est certainement celle de la nature de l'actualité : est-elle absolue ? indexicale ? La forme de ces choix métaphysiques explique l'existence de différents débats fondamentaux : les possibilistes quadri-dimensionnalistes affrontent par exemple les actualistes présentistes, en faisant valoir les droits d'une meilleure conformité à la science, les présentistes possibilistes essaient par exemple de prouver la cohérence de leur position.

Le texte de R. Merrihew Adams expose les problèmes métaphysiques liés à l'analyse du concept d'actualité dans le cadre de la découverte des sémantiques modales par Kripke et consorts et des discussions qui s'en suivirent, à partir de *Naming and Necessity* (1972), sur la nature des *possibilia*. Malgré sa relative ancienneté, il conserve toute sa pertinence, par le rappel qu'il opère des difficultés inévitables liées à l'élucidation des modalités. Il présente l'avantage pour un public français de montrer que la discussion métaphysique contemporaine peut d'un même geste, d'un même regard, s'attaquer aux théories classiques (ici Leibniz) et aux découvertes les plus récentes (dans ce texte la théorie de l'actualité comme indexicalité de D. Lewis). Le texte de Van Inwagen traite des difficultés métaphysiques de la théorie quadri-dimensionnaliste. Certains philosophes (Th. Sider (2003)) ont prétendu depuis résoudre ces difficultés, mais il importe d'en prendre la mesure exacte. Rien ne serait plus dangereux que de traiter une sorte de fausse évidence à ces théories des individus étendus dans l'espace-temps, sommes de sections temporelles constituées par l'instanciation de propriétés en des points d'espace-temps. On rencontre ici à nouveau des arguments qui peuvent servir à la réhabilitation du concept vénérable de substance. Le texte de A. Plantinga enfin critique le possibilisme de D. Lewis qui se présente comme un réalisme des possibilités (ou « réalisme modal », expression à prendre *cum grano salis*). Il expose de manière détaillée les deux stratégies qui s'offrent au métaphysicien des modalités : l'authentique réalisme et le réductionnisme (dans lequel il range D. Lewis). A. Plantinga de manière minutieuse montre les différents degrés d'engagement modal, envers les mondes et les propriétés. Et défend un certain type d'actualisme.

Robert Merrihew Adams

LES THÉORIES DE L'ACTUALITÉ *

I

Je commencerai par exposer le problème dont je veux discuter en me livrant à un exercice d'imagination audacieux. Imaginons que nous soyons dans la position du Dieu de Leibniz. Dans Son entendement infini, Il a une connaissance parfaite d'une infinité de mondes possibles, chacun étant complètement déterminé (sans doute jusqu'au moindre détail). L'un d'entre eux est le monde auquel Il a conféré l'actualité : le monde actuel. Que lui a-t-Il conféré au juste en l'actualisant ? Qu'est-ce que ce monde possède en étant actuel que les autres mondes possibles ne possèdent pas ? En quoi consiste l'actualité du monde actuel ?

Mon objectif ici est d'examiner les principales solutions qui ont été apportées à ce problème et de tenter d'en garder la meilleure. Comme on le verra, la plupart des théories qui seront discutées ont été suggérées par des choses que Leibniz a pu dire (sur cette question Leibniz n'a pas eu de conception arrêtée).

Pour commencer, je ne présupposerai aucune théorie particulière de ce qu'est un monde possible ou une pluralité de mondes possibles car dans ce domaine les désaccords manifestent déjà des conceptions divergentes de l'actualité. En revanche, je supposerai qu'il y a une pluralité de mondes possibles complètement déter-

* *Noûs* 5, 1974, p. 211-231.

minés. En affirmant que les mondes sont complètement déterminés, j'entends signifier au moins deux choses : 1) Pour tout monde possible w et pour toute paire de propositions contradictoires, l'une est vraie dans w et l'autre est fausse dans w. 2) Si l'on conçoit un monde possible comme étant temporellement ordonné, chaque monde possible est une histoire mondaine complète et non une tranche momentanée de cette histoire. Le monde actuel inclut donc aussi bien tout ce qui existe ou ce qui se produit maintenant que tout ce qui a existé ou ce qui s'est produit actuellement, et tout ce qui existera ou se produira actuellement. Tout ceci relève du domaine de l'actualité.

En présupposant qu'il y a une pluralité de mondes possibles complètement déterminés, j'exclus d'emblée une certaine théorie de l'actualité, celle de Charles Hartshorne. Pour lui, l'actualité du monde actuel consiste précisément dans sa détermination complète et au sens strict, il n'existe aucun autre monde possible mais seulement d'autres sortes de mondes possibles. La thèse selon laquelle « affirmer qu'un monde possible est aussi déterminé et complexe que le monde actuel […] réduit à néant la distinction entre le possible et l'actuel. Ce qui compte c'est la détermination et la détermination c'est « l'âme de l'actualité ». Si la possibilité était aussi déterminée que l'actualité, il serait superflu de chercher à l'actualiser » [1].

Il y a un autre point préliminaire qu'il me semble important d'aborder. La question de l'actualité a été le plus souvent discutée par les philosophes en termes d'existence. Je crois qu'il y a eu ici une tendance à confondre deux questions bien distinctes. Il est certain qu'une chose existe dans le monde actuel ssi c'est une *chose actuelle*. Mais la question de savoir ce qui fait qu'une chose est actuelle (étant donné qu'une chose actuelle est une chose qui existe dans le monde actuel) peut se subdiviser en deux questions : 1) En quoi consiste, pour un monde possible, le fait d'être le monde

---

1. Hartshorne (1965), p. 189 *sq.*

actuel? 2) En quoi consiste, pour une chose, le fait d'exister dans un monde possible donné (qu'il soit ou non le monde actuel)? J'appellerai la première de ces questions, le *problème de l'actualité*, et la seconde le *problème de l'existence*. C'est le problème de l'actualité, et non le problème de l'existence, que je cherche à résoudre dans cet article, bien que tout ce qui est dit ici puisse avoir certaines conséquences pour le problème de l'existence.

II

Commençons par examiner deux théories simples mais manifestement inadéquates de l'actualité que l'on trouve nettement suggérées dans certains fragments de Leibniz. J'appellerai la première d'entre elles, la *théorie de l'actualité par le choix divin* :

> Même s'il est certain que ce qui est le plus parfait existera, le moins parfait reste néanmoins possible. Les énoncés de fait enveloppent l'existence. La notion d'existence est telle que l'existant est le genre d'état de l'univers que Dieu choisit [littéralement : « qui plaît à Dieu »]. Mais Dieu choisi librement ce qui est le plus parfait. Une action libre est donc finalement enveloppée <dans la notion d'existence> [1].

D'après la théorie envisagée ici, être actuel pour un monde possible c'est être le monde choisi par Dieu. (On pourrait m'objecter que cet extrait ne formule pas une théorie de l'actualité mais une théorie de l'existence qui soutient qu'une chose existe dans un monde possible seulement si elle est choisie par Dieu *dans ce monde*. Je ne pense pas que c'est ce que Leibniz veut dire. Lorsque Leibniz dit ici que Dieu choisit le plus parfait, il est clairement entendu que Son choix s'effectue entre des mondes possibles considérés comme des touts complets et non entre des parties de ces mondes).

---

1. Leibniz (1903), p. 405 [pour cet extrait d'un fragment latin de Leibniz, comme pour tous les autres, nous restons fidèles à la traduction anglaise qu'en donne ici Adams].

Bien sûr, cela fait aussi partie de la théorie que Dieu (qui, selon Leibniz, existe nécessairement) choisit librement et qu'Il aurait pu choisir un autre monde possible que celui qu'Il a choisi. Une autre version de la théorie de l'actualité par le choix divin consisterait à dire que le monde actuel est le seul monde que Dieu aurait pu choisir mais je doute que Leibniz ou quiconque ait défendu ce genre de conception. De toute manière, cette version nécessitariste de la théorie s'exposerait à des objections semblables à celles que j'avancerai un peu plus bas à l'encontre de la théorie optimiste de l'actualité.

La version historique et non nécessitariste de la théorie de l'actualité par le choix divin rencontre certaines difficultés. En effet, s'il y a une pluralité de choix divins possibles, le monde actuel doit être distingué des autres mondes possibles comme étant l'objet du choix *actuel* de Dieu. Si c'est ce qu'affirme la théorie de l'actualité par le choix divin, alors elle ne résout en rien le problème de l'actualité. Au mieux elle se contente de repousser le problème de la nature de l'actualité, des mondes aux choix divins. (Leibniz semble avoir vu la difficulté notamment dans Leibniz (1948), p. 388).

Une des raisons qui amènent Leibniz à penser que le choix actuel de Dieu est distinct de tous Ses autres choix possibles, vient de ce que le choix actuel de Dieu constitue le choix du meilleur des mondes possibles. Or cela nous amène, de fait, à une autre théorie de l'actualité : la *théorie optimiste de l'actualité* qui soutient que l'actualité du monde actuel consiste dans le fait d'être le meilleur des mondes possibles. Leibniz la formule très clairement lorsqu'il affirme que « rien ne peut expliquer l'existence, mis à part le fait de figurer dans la série la plus parfaite de choses »[1].

Aussi étrange que cela puisse paraître, la théorie optimiste comprend l'actualité comme une propriété évaluative. À vrai dire, je doute que cette théorie soit aussi optimiste qu'elle le prétend. En effet, qu'y a-t-il de si étonnant dans le fait d'apprendre que le

---

1. Leibniz (1903), p. 9.

meilleur des mondes possibles est actuel, si son actualité ne signifie rien d'autre si ce n'est qu'il est le meilleur ?

On pourrait suggérer que ce qu'il y a d'étonnant dans le fait d'apprendre que le monde actuel est le meilleur des mondes c'est que le monde actuel est *notre* monde après tout. On pourrait néanmoins en douter et la théorie optimiste ne nous donne malheureusement aucune raison de croire que *nous* sommes dans le monde actuel. Il se peut que notre monde soit effectivement le meilleur des mondes possibles et si c'est le cas, Dieu est sans aucun doute en mesure de le savoir. Mais nous, contrairement à Dieu, nous ne pouvons pas le savoir car nous ne pouvons pas contempler l'ensemble des mondes possibles afin de déterminer si le nôtre est bien le meilleur. On rétorquera peut-être que la bonté de Dieu garantit que notre monde est le meilleur des mondes possibles. Il est cependant difficile d'expliquer pourquoi la bonté de Dieu impliquerait que notre monde soit le meilleur, sans supposer au préalable que notre monde est le monde *actuel*, en un sens de « actuel » qui n'a rien à voir avec le fait d'être le meilleur des mondes – autrement dit selon un tout autre sens que celui autorisé par la théorie optimiste de l'actualité[1]. Si nous adoptons la théorie optimiste de l'actualité, nous n'avons plus aucune raison valable de croire que nous sommes dans le monde actuel. La théorie échoue à l'un des tests les plus fondamentaux d'une théorie adéquate de l'actualité, puisque c'est un fait que nous savons que nous sommes actuels. Or une théorie satisfaisante de l'actualité ne doit pas nous priver d'une telle connaissance.

III

Examinons à présent une autre théorie de l'actualité. Selon la *théorie indexicale de l'actualité* « le monde actuel », « actuel » et

---

1. Par ailleurs je ne pense pas que la bonté de Dieu implique que le monde actuel soit le meilleur des mondes possibles mais c'est une autre question. Sur ce point voir Adams (1972).

« actuellement » sont des expressions indexicales. La signification d'une expression indexicale est définie par la façon dont sa référence varie de façon systématique en fonction d'un trait pertinent du contexte d'usage. Dans le cas qui nous intéresse, le trait pertinent du contexte doit être identifié au monde possible dans lequel on utilise l'expression. Si on utilise « actuel » au sens où l'entend le partisan de la théorie indexicale, alors tout usage de « le monde actuel » dans un monde possible w réfère à ce monde w. Selon cette conception, « le monde actuel » signifie seulement « *ce* monde », « le monde dans lequel *nous* sommes » ou « le monde dans lequel *cet* acte d'énonciation linguistique se produit », et « actuel » signifie seulement « ce qui se produit dans *ce* monde ». Dans la théorie indexicale de l'actualité, l'actualité du monde actuel ne consiste en rien d'autre que dans le fait d'être *ce* monde – le monde dans lequel *cet acte d'énonciation linguistique se produit*.

Je ne suis pas sûr que Leibniz ait vraiment défendu la théorie indexicale de l'actualité mais elle est suggérée dans l'un de ses fragments [1]. Toutefois, cette théorie a trouvé aujourd'hui son porte-parole dans la personne de David Lewis [2].

À la différence de la théorie optimiste, la théorie indexicale n'achoppe pas sur le problème soulevé par la connaissance de notre actualité. C'est le principal argument que Lewis avance en faveur de la théorie indexicale :

> Le fait que l'analyse indexicale de l'actualité puisse rendre compte de l'absurdité du scepticisme au sujet de notre propre actualité constitue le meilleur argument en sa faveur. Comment pouvons-

---

1. Leibniz, *op. cit.*, p. 271 *sq*. Dans ce passage, Leibniz dit que « l'adjectif "existant" signifie toujours [...] que cette série de choses est posée ». À première vue l'affirmation n'a rien que de très banal sous la plume de Leibniz et laisse la porte ouverte à un grand nombre de théories de l'actualité puisqu'elle revient à dire qu'un actuel F existant est un F qui existe ou se produit dans le monde actuel. Ce qui m'intéresse ici en revanche c'est la façon dont Leibniz identifie ou fait référence au monde actuel : il y fait référence au moyen d'un indexical, en disant « *cette* série de choses ».

2. Lewis (1970).

nous savoir que nous ne sommes pas les habitants possibles non actualisés d'un monde possible non actualisé? [...]. L'analyse indexicale explique comment nous pouvons le savoir : nous le savons de la même façon que je sais que je suis moi, que *cet* instant est présent ou que je suis ici. Toutes les phrases comme « Ceci c'est le monde actuel », « Je suis actuel », « J'existe actuellement » et celles du même genre sont vraies à chaque fois qu'il est possible de les énoncer et dans tous les mondes possibles. C'est la raison pour laquelle le scepticisme à propos de notre propre actualité est si absurde [1].

Dans les sections IV et VI, je soutiendrai toutefois que la théorie indexicale n'est pas la seule à pouvoir rendre compte de la certitude de notre propre actualité. En outre, la théorie indexicale s'expose à des objections importantes qui, à mon avis, la rendent inacceptable. Je discuterai ici deux de ces objections.

a) La première et la plus fondamentale est la suivante. D'après la théorie indexicale, l'actualité est une propriété que le monde actuel possède non pas absolument, mais relativement à nous, ses habi-tants. Considéré absolument, l'actuel en tant que tel n'a pas un statut différent du possible en tant que tel. Le but que Lewis poursuit en introduisant la théorie indexicale dans Lewis, *op. cit.* tient justement à ce point.

Cette conception indexicale ne me semble vraiment pas crédible. Elle s'écarte considérablement de notre façon ordinaire de penser à l'actualité, conception que je ne suis pas prêt à abandonner. D'ordinaire, nous pensons que l'actualité en tant que telle, consi-dérée absolument, a un statut métaphysique spécial – l'actuel considéré absolument nous semble plus réel que le simple possible. Nous ne pensons pas que la différence qui existe entre Henry Kissinger et le Magicien d'Oz à l'égard de l'actualité tienne seulement à la relation qu'ils entretiennent avec nous.

Notre croyance ordinaire dans le caractère absolu de l'actualité se manifeste également dans nos jugements de valeur. Nous

1. Lewis, *op. cit.*, p. 186.

pouvons être affectés par les joies et les peines d'un personnage que nous savons être fictionnel; mais nous ne croyons pas réellement que cela soit une mauvaise chose que des maux surviennent dans un monde possible non actuel ou que cela soit une bonne chose qu'on éprouve de la joie dans un monde possible non actuel, alors que bien sûr ce serait respectivement une mauvaise et une bonne chose que cela se produise dans le monde actuel. Le fait que nous désapprouvions l'actualisation délibérée de maux manifeste, je pense, notre croyance dans le caractère absolu, et pas simplement relatif, du statut spécial dont jouit l'actualité. Si nous lui posons la question « qu'est-ce qu'il y a de mal à actualiser des maux, puisque s'ils ne se produisent pas dans ce monde, ils se produiront dans d'autres mondes possibles? », je doute que la théorie indexicale puisse apporter une réponse qui soit complètement satisfaisante d'un point de vue éthique.

b) Une autre objection sérieuse qu'on peut adresser à l'encontre de la théorie indexicale a trait à la question de l'identité des personnes et des événements à travers les mondes possibles. D'après moi, cette objection amène à conclure que la théorie indexicale n'offre pas une analyse correcte des concepts d'actualité que nous utilisons dans nos jugements prédictifs ordinaires.

En matière d'identité individuelle au travers des mondes possibles, les cas les plus intéressants sont ceux dans lesquels on envisage les cours alternatifs que pourrait prendre l'histoire d'un individu dont l'identité a déjà été fixée par son histoire passée. D'ordinaire, on pense qu'à bien des moments du passé, il aurait pu être au moins logiquement possible pour *moi* (la même personne que celle que je suis maintenant) de faire quelque chose que je n'ai pas fait ou de m'abstenir de faire quelque chose que j'ai fait. On pense aussi qu'il y a un grand nombre d'actes futurs qu'il *m*'est au moins logiquement possible d'accomplir ou de ne pas faire. Ces croyances jouent un rôle important dans nos vies; elles interviennent dans bon nombre d'attitudes et de croyances relatives au bien, au mal et à la responsabilité morale. On peut les formuler en disant que *moi*, la même personne que celle qui existe actuellement, j'existe dans plusieurs mondes possibles – dans des mondes dans lesquels je fais des choses que je me suis abstenu ou que je m'abstiendrai de faire – au même titre que j'existe dans le monde actuel.

Ceci m'amène à formuler cette condition suffisante de l'identité des individus à travers les mondes possibles :

C. Si (1) un individu a existe dans un monde possible w au moment t, et si un individu a' existe dans un monde possible w' à un moment t' ; si (2) l'histoire complète de w' jusqu'à t' inclus (et pour aucun autre moment dans w') est exactement la même qualitativement que l'histoire complète de w jusqu'à t inclus (et pour aucun autre moment dans w), si (3) l'histoire complète et l'état présent de a jusqu'à t' (et aucun autre individu dans w') est exactement la même qualitativement que l'histoire complète et l'état présent de a jusqu'à t (et aucun autre individu dans w), alors : a est numériquement identique à a'.

Cette condition appelle plusieurs remarques. Elle reflète certaines de nos intuitions, par exemple que rien de ce qui aurait pu arriver après ma naissance n'aurait pu changer le fait que moi (la même personne que celle je suis actuellement) je fusse né et que j'eusse existé. Quand il est mentionné que l'histoire et l'état de a et de a' à t et à t' sont qualitativement les mêmes, ceci implique que les événements antérieurs sont qualitativement les mêmes, mais cette ressemblance qualitative ne concerne pas nécessairement les événements futurs. La condition d'unicité attachée aux évènements dans la clause (2) est nécessaire afin d'exclure le problème que pourrait poser l'existence d'individus satisfaisant la condition (C) dans des mondes possibles nietzschéens dont l'histoire se répète perpétuellement dans un passé infini. On a également besoin de la condition d'unicité attachée aux individus dans la clause (3) afin d'éviter que des individus distincts dans un monde possible puissent être identiques à un même individu dans un autre monde possible, ce qui rentrerait en conflit avec la transitivité de l'identité. Enfin, il me semble que la condition (C) est suffisante pour ne pas nous exposer au problème de transitivité ou de symétrie de l'identité que soulève, selon David Lewis [1], l'idée d'une identité stricte des individus au travers des mondes possibles.

Je suggère d'utiliser (C) comme une condition *suffisante* de l'identité des individus au travers des mondes possibles. Je ne discuterai pas ici de la question de savoir si elle en constitue aussi une condition nécessaire ni comment on pourrait la modifier afin d'en faire une condition nécessaire et suffisante. Je ne prétends pas non plus que la condition (C) s'accorde parfaitement avec toutes nos intuitions relatives à l'identité contrefactuelle, même à titre de simple condition suffisante. Mais elle me semble s'y conformer suffisamment pour conserver une certaine valeur de généralité.

Je pense qu'on peut assez facilement étendre la condition (C) afin de donner une condition suffisante de l'identité des *événements* au travers des mondes possibles. Si par exemple, j'investis dans le marché des titres, on considère habituellement qu'il est logiquement possible que cet événement soit suivi d'un profit et qu'il est logiquement possible que le même événement soit au contraire suivi d'une perte financière. On pourrait exprimer cette idée au moyen de (Ce), une condition qui résulte de la substitution dans (C) de « événement » à « individu », de « s'est produit » à « existe » et de « l'histoire complète de... jusqu'à... inclus » à « l'histoire complète et l'état présent de... jusqu'à... ». J'en viens à mon objection relative aux prédictions.

Supposons que je réalise maintenant l'énonciation qui consiste à écrire : « Actuellement, les hommes marcheront sur Mars en 2100 ap. J.-C. » [2]. Appelons cet énoncé (S1). Je réalise aussi une certaine énonciation en écrivant « Actuellement, il n'est pas le cas que les hommes marcheront sur Mars en 2100 ap. J.-C ». Appelons cet énoncé (S2). On arrive maintenant à T, moment postérieur au moment où j'ai proféré les deux énoncés. On peut supposer de façon plausible qu'il existe un premier type de mondes logiquement possibles dans lesquels les hommes auront marché sur Mars

1. Lewis (1968), p. 115 *sq*.

2. Voir l'exemple donné par Lewis dans Lewis (1970), p. 186.

en 2100 ap. J.-C., et un second type de mondes logiquement possibles dans lesquels ils n'auront pas marché sur Mars en 2100 ap. J.-C. On peut penser aussi que certains mondes possibles appartenant à ces deux types différents ont des histoires exactement semblables à celle du monde actuel jusqu'à T inclus. Si l'on accepte (Ce), on peut raisonnablement considérer que ces mondes de types distincts incluent les événements de mes énonciations de (S1) et de (S2).

Mais demandons-nous à présent : « (S1) est-il vrai ? (S2) est-il vrai ? ». Les réponses dépendent de l'interprétation que l'on donne de « actuellement ». Si « actuellement » dans (S1) et (S2) signifie « dans *le* monde possible dans lequel cette énonciation linguistique se produit », alors aucune des énonciations de (S1) et de (S2) n'est vraie. En effet, celles-ci se produisent dans plusieurs mondes possibles. Par conséquent, la condition d'unicité de la référence qui est impliquée ou présupposée par la description définie n'est pas satisfaite. En revanche, si on suppose que « actuellement » signifie « dans *un* monde possible dans lequel cette énonciation linguistique se produit », cette fois-ci les énoncés (S1) et (S2) sont tous les deux vrais. Comme on le voit, les deux interprétations rendent vaine toute prédiction.

Une conception indexicale alternative consisterait à dire que « actuellement » dans (S1) et (S2) signifie « dans ce monde possible », où « ce monde possible » désigne de façon ambiguë tous les mondes possibles dans lesquels se produisent mes énonciations de (S1) et de (S2) – ce qui inclut par exemple le monde w_m, dans lequel les hommes marchent sur Mars en 2100 ap. J.-C., et le monde w_n, dans lequel les hommes ne marchent pas sur Mars en 2100 ap. J.-C. Le problème avec ce genre d'interprétation, c'est que (S1) est ambiguë : (S1) signifie tantôt la vérité selon laquelle les hommes dans w_m marcheront sur Mars en 2100 ap. J.-C., tantôt la fausseté selon laquelle les hommes dans w_n ne marcheront pas sur Mars en 2100 ap. J.-C. De même (S2) signifie de façon ambiguë un grand nombre de vérités et de faussetés. Ceci rend ce genre de prédictions sans objet puisque quelle que soit la prédiction qu'on

choisit de faire, celle-ci donnera lieu de façon ambiguë à autant de
faussetés que de vérités.

Reste que l'indexicaliste peut soutenir que « actuellement »
dans les énoncés (S1) et (S2) signifie « dans ce monde possible », et
que dans chaque monde w dans lequel je réalise les énonciations de
(S1) et (S2), ce monde w, à exclusion de tout autre, est désigné *sans*
ambiguïté par « ce monde possible ». De sorte que, si mon énonciation de (S1) se produit à la fois dans w_m et w_n, l'énoncé (S1) est vrai
sans ambiguïté de w_m et faux sans ambiguïté de w_n. L'idée qu'en
réalisant la même énonciation de « ce monde possible », je pourrais
désigner sans ambiguïté un grand nombre de mondes possibles
distincts me semble suspecte. De toute façon, même si on acceptait
cette conception indexicale de la signification de « actuellement »
et de « ce monde possible », les prédictions perdraient tout intérêt.
En effet, si cette conception est juste, je peux savoir à l'avance que
si je profère (S1), mon énonciation sera vraie dans certains mondes
dans lesquels elle se produit, et fausse dans d'autres et je peux aussi
savoir à l'avance que l'énoncé (S2) sera vrai dans les mondes dans
lesquels (S1) est faux et faux dans ceux dans lesquels (S1) est vrai.
Mais au moment où je réalise mon énonciation, je ne peux distinguer aucun monde en particulier qui me donnerait une raison
d'affirmer qu'elle sera vraie dans ce monde plutôt que dans
n'importe quel autre. Car, pour ce qui est de mon existence et de
celle de tous mes actes et états à ce moment-là, tout se passe
exactement de la même façon dans tous ces mondes.

Je ne vois pas comment un indexicaliste qui accepte (Ce)
pourrait résoudre ce problème. De son côté, David Lewis surmon-
terait probablement la difficulté en rejetant (Ce) et en arguant qu'un
événement possible ne peut se produire que dans un seul monde
possible. De même il rejetterait certainement la condition (C) en
considérant qu'un individu possible existe ou se produit dans un
seul monde possible. Lewis a élaboré une théorie logique de la relation de « contrepartie », relation qu'un individu dans un monde peut
entretenir vis-à-vis d'un (ou plusieurs) individu(s) suffisamment
similaire(s) dans un autre monde (et qu'il peut aussi bien avoir

envers lui-même et envers rien d'autre dans son propre monde).
Lewis rejette l'idée qu'un individu dans un monde possible puisse
être identique au sens strict à un individu dans un autre monde
possible[1]. Ce rejet de l'identité transmondaine (*transworld identity*) au profit de la relation de contrepartie ne tient pas spécialement
à des considérations liées à l'indexicalité de « actuel ». Les raisons
qu'il invoque ne me semblent pas convaincantes mais ce n'est pas
le lieu pour en discuter[2]. De ce que j'ai déjà dit plus haut, il apparaît
assez clairement que la théorie indexicale de l'actualité que défend
Lewis lui donne des raisons supplémentaires de rejeter l'identité
stricte des individus, et tout spécialement celle des événements, au
travers des mondes possibles.

Aussi longtemps que nous parlons de mondes possibles, nous
pouvons difficilement ne pas reconnaître à David Lewis le droit de
parler d'événements ou d'individus spécifiquement attachés à un
monde (*world-specific individuals**). En effet, comme il le fait lui-
même remarquer, si on part d'individus transmondains existant
dans plusieurs mondes possibles, on peut toujours construire des
individus spécifiquement attachés à un monde comme des paires
ordonnées dont le premier membre est un individu transmondain et
le second un monde possible[3]. Mais on ne peut pas non plus nous
contester le droit de parler d'événements et d'individus transmondains car on peut toujours en construire en partant d'événements ou
d'individus lewisiens spécifiquement attachés à un monde[4]. On
pourrait par exemple partir de l'idée qu'un individu transmondain
est un ensemble d'individus spécifiquement attachés à un monde

1. Lewis (1968).
2. Les choix de Lewis semble très influencés par l'idée que l'identité transmondaine suscite des difficultés lorsqu'on la combine avec la symétrie et la transitivité de
l'identité mais j'ai déjà fait remarquer qu'on pouvait y échapper sans rejeter l'identité
transmondaine.
3. Lewis, *op. cit.*, p. 115.
4. Je suis redevable sur ce point à J. Perry.
* L'expression est équivalente à celle de « *worldbound individuals* » généralement utilisée dans la littérature depuis Plantinga (1973).

dont tous les membres satisfont la condition (C)[1] à l'égard de tous les autres. On pourrait appliquer la même stratégie aux événements.

On peut tout aussi bien forger des concepts d'événements et d'individus spécifiquement attachés à un monde que des concepts d'événements ou d'individus transmondains. Quels sont ceux auxquels on recourt habituellement? Les concepts d'entités transmondaines, à mon sens. D'ordinaire, on pense qu'un individu possède des futurs alternatifs qui sont autant de possibilités qui pourraient arriver à un même individu et on pense qu'un événement pourrait avoir plusieurs successeurs alternatifs tout en restant le même. Ainsi, je n'utilise jamais « je » ou « ceci » pour désigner un événement ou un individu spécifiquement attaché à un monde parmi tous les autres qui appartiennent au même événement ou individu transmondain.

Il ne me paraît donc pas vraisemblable de dire que lorsque nous prédisons la réalisation d'un certain événement, nous lui attribuerions une certaine relation qu'il entretiendrait avec nous-mêmes et avec nos actes de langage considérés comme des individus ou des événements *spécifiquement attachés à un monde*. Pourtant, c'est ce que le théoricien indexicaliste doit dire, sans quoi je ne vois pas bien comment il pourrait rendre compte des prédictions ordinaires.

IV

On peut appeler *théorie de l'actualité comme propriété simple*, la théorie qui considère que l'actualité est une propriété simple et inanalysable du monde actuel qui le distingue de tous les autres mondes possibles. Selon cette théorie, le concept d'actualité n'a donc pas besoin d'être analysé. On la trouve chez Descartes et je soupçonne qu'on pourrait en trouver la trace bien avant lui. Descartes a soutenu que la notion d'existence (tel que je le

---

1. Par commodité, je traite ici la condition (C) comme si elle constituait une condition nécessaire et suffisante de l'identité transmondaine. Si une telle condition peut être trouvée, on doit la substituer ici à la condition (C).

comprends, au sens d'actualité), est une de ces « notions les plus simples » qu'on rendrait confuses si on tentait de les définir[1]. Leibniz dit des choses assez semblables au sujet de l'existence (entendue là aussi je pense au sens d'actualité) : « L'existence est une notion non composée et inanalysable (*irresolubilis*) »[2]; « L'existant ne peut pas être défini [...] au moyen d'une notion plus claire pour nous »[3].

À la différence de la théorie indexicale, la théorie de l'actualité comme propriété simple aborde l'actualité du monde actuel comme une propriété qu'il possède absolument et non comme une propriété qu'il ne possèderait que relativement à ses propres habitants. En effet, si on n'a pas à analyser l'actualité, on n'a pas non plus à l'analyser comme une propriété indexicale relative.

À la différence aussi de la théorie optimiste, la théorie de l'actualité comme propriété simple peut rendre compte de la certitude qui accompagne notre connaissance de l'actualité. On peut avancer l'idée que l'actualité est une propriété simple qui est possédée non seulement par le monde actuel entendu comme une totalité mais aussi par chaque chose qui existe dans ce monde. Nous serions immédiatement familiarisés avec notre propre actualité comme nous le sommes avec nos propres pensées, sentiments et sensations. On pourrait alors supposer de façon assez plausible que notre familiarité avec notre propre actualité joue un rôle important dans l'acquisition du concept d'actualité en nous procurant un cas paradigmatique d'actualité. Nous pourrions dire en quelque sorte que « si je ne suis pas actuel, alors je ne sais pas ce qu'est l'actualité ».

Bien qu'elle présente des avantages comparativement aux théories indexicale et optimiste, la théorie de l'actualité comme propriété simple échoue comme la théorie du choix divin, et pour les mêmes raisons qu'elle, à apporter une solution complètement

---

1. *Principes de la Philosophie*, I, § 10 [Descartes, Ch. Adam et P. Tannery (éd.) (1964-1974), vol. IX, p. 28].

2. Leibniz (1875), I, p. 271.

3. Leibniz (1948), p. 325.

satisfaisante au problème de l'actualité. En effet, on peut penser que les mondes possibles non actuels auraient pu être actuels et qu'en ce sens ils sont possiblement actuels. Chaque monde possible est actuel dans un monde possible – à savoir en lui-même, de son propre point de vue. Dans ces conditions, comment le monde actuel pourra-t-il différer des autres mondes possibles à l'égard de la propriété primitive d'actualité? Bien entendu, il possède cette propriété actuellement et pas seulement à titre de simple possibilité. On peut présumer qu'avoir actuellement cette propriété consiste à la posséder dans le monde actuel. Par conséquent, le monde actuel possède la propriété d'être actuel dans le monde actuel. Mais ceci nous dit seulement que le monde actuel est actuel *en lui-même* et nous avons vu que n'importe quel monde possible est actuel *en lui-même*. Comment le monde actuel pourra-t-il donc différer des autres mondes possibles? Quelle est la différence entre l'actuel-lement actuel et le possiblement actuel? Comme on le voit, le problème qui consiste à distinguer l'actuel du seulement possible ressurgit pour la propriété d'être actuel, c'est-à-dire pour la propriété qui était censée justement le régler.

La théorie de l'actualité comme propriété simple pourrait résoudre ce problème à condition d'être prête à rejeter l'idée que les mondes possibles non actuels sont possiblement actuels. Mais ceci conduirait à dire qu'il n'y a pas d'actualité contingente. On devrait alors conclure que le monde actuel, dans le moindre de ses détails, est le seul monde possible qui aurait pu être actuel et on se retrouverait bien embarrassé pour expliquer en quel sens les autres mondes sont possibles puisqu'ils n'auraient pas pu être actuels.

V

On peut faire d'intéressantes généralisations en partant du dilemme auquel est confrontée la théorie de l'actualité comme propriété simple. Les mondes possibles sont complètement déter-minés. Par conséquent, pour tout monde possible w et w', et pour toute interprétation de la notion d'actualité, la proposition que w est actuel est ou bien vraie ou bien fausse dans w'. Il semble qu'il y ait ici deux options.

a) On peut tout d'abord juger que, pour tout monde possible w, la proposition que w est actuel est vraie dans w et fausse dans tous les autres mondes possibles. Dans ce premier cas de figure, on préserve l'intuition selon laquelle chaque monde possible aurait pu être actuel et est actuel en lui-même mais la propriété de l'actualité devient alors entièrement relative à un monde. Chaque monde est actuel mais seulement de son propre point de vue. Sous cette hypothèse, on voit mal quelle différence il pourrait y avoir entre être *le* monde actuel et être un monde possiblement actuel à la façon de tous les autres mondes possibles (comme on l'a vu en discutant la théorie de l'actualité comme propriété simple et celle du choix divin). Si chaque monde possible doit être distingué comme *le* monde actuel, il doit l'être d'un certain point de vue dans le système des mondes possibles. Le point de vue le plus indiqué est celui de la personne qui tente de faire cette différence. La théorie indexicale de l'actualité fait ce choix et endosse l'idée de la relativité de l'actualité.

b) On peut de façon alternative juger qu'il y a un monde w qui est tel que la proposition que w est actuel est vraie dans tous les mondes possibles. Le monde w est actuel *dans* chaque monde possible et il n'existe aucun autre monde qui serait actuel dans un monde possible. Ainsi, le monde w est absolument *le* monde actuel. Dans ce cas de figure, il n'y a pas d'actualité contingente. Aucun autre monde que w n'aurait pu être actuel. La théorie optimiste emprunte cette voie. En effet, on peut supposer que la question qui est de savoir quel monde possible est le meilleur (s'il y en a un) ne reçoit pas de réponses différentes d'un monde à l'autre. Nous avons vu également que la théorie de l'actualité comme propriété simple – qui présente certains avantages sur la théorie optimiste – pouvait, elle aussi, s'accommoder de cette alternative.

Compte tenu des hypothèses que nous avons faites plus haut, il semble que nous soyons contraints de rejeter ou bien le caractère absolu de l'actualité du monde actuel ou bien la contingence de son

actualité. Les deux branches de l'alternative me semblent inaccep-
tables. Pour échapper au dilemme, nous devons donc modifier nos
hypothèses de départ.

Nous pourrions tout d'abord abandonner ou modifier l'hypothèse d'après laquelle les mondes possibles sont complètement
déterminés, en disant que l'actualité est une propriété (peut-être
une propriété simple) que les mondes possibles possèdent ou non,
absolument, mais pas *dans* tous les mondes possibles. Pour tout
monde possible w, nous pourrions défendre l'idée que la proposition que w est actuel est vraie ou fausse mais nier qu'elle soit vraie
ou fausse *dans* w ou *dans* tout autre monde possible. De la sorte
nous ne traiterions pas l'actualité comme une propriété relative à un
monde. Nous ne serions pas non plus conduits à dire que le monde
actuel est nécessairement actuel puisqu'il n'est pas actuel *dans* tous
les mondes possibles. Je pense cependant que la notion de mondes
possibles perd de son attrait à partir du moment où l'on touche au
caractère complètement déterminé des mondes. De même, on
l'affaiblirait si on était dans l'incapacité d'appliquer à certains cas
de possibilités l'idée d'après laquelle ce qui est possible c'est ce qui
est le cas dans un monde possible. Pourtant, c'est bien ce à quoi
conduit la stratégie que nous envisageons. En effet, nous cherchons
à dire que des mondes qui ne sont pas actuels auraient pu l'être. Or,
selon la stratégie examinée ici, cette affirmation n'équivaudrait pas
à dire que chacun de ces mondes possibles est actuel *dans* un monde
possible (puisque c'est ce que nous cherchons justement à éviter).

Je préfère donc adopter une approche différente que j'appelle la
théorie *actualiste* de l'actualité, par opposition à toutes les théories
discutées dans les sections II à IV ci-dessus que je qualifie de *possibilistes*. Ces théories partent du système total des mondes possibles
et traitent le monde actuel avant tout comme un monde possible,
c'est-à-dire comme un membre parmi d'autres de ce système. Je
propose à l'inverse de partir du monde actuel et de traiter le discours
portant sur le système des mondes possibles comme une façon de
parler de certaines parties propres du monde actuel. De la sorte, on
gagne un point de vue extérieur au système des mondes possibles à

partir duquel on peut proférer des jugements d'actualité qui ne sont plus relatifs à un monde. L'actualisme en matière de mondes possibles soutient que tout énoncé vrai rapportant l'existence de mondes possibles non actuels doit pouvoir être réduit à un énoncé dans lequel les seules choses dont on affirme l'existence sont des entités du monde actuel, c'est-à-dire des entités qui ne sont pas des possibles non actuels[1]. Si la notion de mondes possibles est considérée comme primitive, l'actualiste rejette l'idée selon laquelle il existerait des mondes possibles non actuels. À l'inverse, le possibilisme en matière de mondes possibles soutient qu'il existe des mondes possibles non actuels et exclut qu'on puisse analyser la notion de mondes possibles en termes d'entités actuelles. Dans certains cas, la différence entre l'actualisme et le possibilisme peut sembler se réduire à une divergence dans l'ordre de l'analyse mais ceci n'a rien de trivial. Comme nous le verrons, cette divergence reflète deux conceptions de la vérité, celle de vérité absolue et celle de vérité relative à un monde.

Certains philosophes qui s'accorderaient avec moi pour rejeter les théories possibilistes de l'actualité pourraient être tentés de dire que la meilleure façon de ne pas tomber dans ces théories et leurs invraisemblances c'est de rejeter tout simplement l'idée qu'il y aurait des mondes purement possibles. C'est la position de l'*actualisme radical* (*hard actualism*). L'actualiste radical peut continuer à parler d'une pluralité de mondes possible à titre de simple fiction, comme une heuristique lui permettant d'aborder les théories et les problèmes liés à la modalité; mais les mondes possibles ne figureront pas dans la théorie qu'il choisit d'adopter à l'issue de son enquête. À l'inverse, selon l'*actualisme modéré* (*soft actualism*), il y a bien des mondes possibles non actuels mais ce sont des

---

1. Le terme d'«actualisme» a déjà été utilisée par D. Williams (1959). Son «actualisme» peut être qualifié d'actualisme en mon sens dans la mesure où il rejette l'idée que les mondes possibles seraient des entités primitives. Notons toutefois que je qualifie aussi d'actualistes des théories ontologiquement plus libérales que celle de Williams. Ce dernier exclut en effet les forces et, semble-t-il aussi, les intensions.

constructions logiques composées d'éléments du monde actuel.
Tout énoncé vrai affirmant leur existence peut faire l'objet d'une
réduction conforme aux exigences de l'actualisme. À première vue,
la distinction entre l'actualisme radical et l'actualisme modéré
peut sembler purement verbale mais elle est en fait assez substantielle car à la différence de l'actualiste radical, l'actualiste modéré
s'engage à dire qu'il y a suffisamment de composants du monde
actuel pour construire logiquement une pluralité de mondes
possibles complètement déterminés. C'est un engagement fort,
comme on le verra, mais je le trouve attrayant car il s'accorde bien
avec la thèse intuitivement plausible d'après laquelle la possibilité
est holistique plutôt qu'atomique, au sens où ce qui est possible
l'est en vertu du fait qu'il figure comme partie d'un monde possible
complètement déterminé. Pour cette raison, je préfère la forme
modérée de l'actualisme à sa forme radicale et je jetterai ici les
linéaments d'une théorie actualiste modérée de l'actualité.

VI

Il y a plusieurs sortes d'analyse actualiste modérée de la notion
de mondes possibles. La façon, par exemple, dont Goodman[1]
réduit les énoncés portant sur des mondes possibles à des énoncés
attribuant des propriétés dispositionnelles aux objets actuels, peut
être comprise comme une analyse actualiste modérée. Celle que
j'ai à l'esprit consiste quant à elle à réduire le discours portant sur
les mondes possibles à un discours portant sur des ensembles de
propositions.

Disons qu'un *scénario de monde* (*world-story*) est un ensemble
maximal consistant de propositions. Autrement dit, c'est un
ensemble qui comprend l'un des membres de chaque paire de
propositions mutuellement contradictoires et qui est tel que tous
ses membres peuvent être vrais ensemble. La notion de mondes
possibles peut recevoir une analyse contextuelle en termes de

1. Goodman (1984), p. 68-75.

scénarios de mondes. À titre d'exemples, on analysera les énoncés (1), (3) et (5) comme étant équivalents aux énoncés (2), (4) et (6) :

1) Il y a un monde possible dans lequel p.

2) La proposition que (p) est membre d'un scénario de monde [1].

3) Dans tous les mondes possibles, q.

4) La proposition que (q) est membre de n'importe quel scénario de mondes.

5) Soit un monde possible w dans lequel r. Dans w, t.

6) Soit s un scénario de monde qui comprend la proposition que (r) comme membre. La proposition que (t) est membre de s.

On peut maintenant donner une analyse contextuelle similaire de la notion d'actualité. « Dans le monde actuel, p » s'analyse comme « la proposition que (p) est vraie ». Conformément à cette analyse, nous pouvons dire que le monde actuel diffère des autres mondes possibles en ce que tous les membres de son scénario de monde (l'ensemble de toutes les propositions qui sont vraies dans ce monde) sont vrais, tandis que les scénarios de tous les autres mondes possibles comprennent des propositions fausses à titre de membre. Cette analyse actualiste modérée peut être appelée la *théorie de l'actualité comme scénario vrai*.

Cette analyse ne présente aucun des désavantages des théories possibilistes que nous avons examinées. Elle traite l'actualité du monde actuel comme une propriété distinctive qu'il possède absolument et pas seulement relativement à lui-même. De plus, cela n'implique pas que le monde actuel serait actuel dans tous les mondes possibles et donc nécessairement actuel plutôt qu'actuel de façon contingente.

En outre, à la différence de la théorie optimiste de l'actualité, la théorie de l'actualité comme scénario vrai est en mesure d'expliquer comment nous pouvons savoir que nous sommes actuels. Pour commencer, il suffit simplement d'admettre que nous reconnaissons la vérité de propositions tout à fait ordinaires à propos de nous-

---

1. Dans les cas prêtant à confusion, j'utilise les parenthèses afin d'indiquer la portée de l'expression « que » créatrice d'opacité.

mêmes. Imaginons par exemple que je ressente une douleur. Dans ce cas, je sais qu'il est vrai que je ressens une douleur. Si je sais cela et si j'accepte la théorie de l'actualité comme scénario vrai, je peux inférer que je ressens une douleur dans le monde actuel. De la même façon, je peux savoir que j'ai beaucoup d'autres expériences dans le monde actuel. Je peux ainsi inférer que j'existe dans le monde actuel – bien que cette dernière inférence nous fasse passer d'une théorie de l'actualité à une théorie de l'existence.

Si quelqu'un me demande comment je sais que je ne ressens pas seulement une douleur dans un monde possible (mais inactuel), je réponds que ressentir une douleur dans le monde actuel et ressentir une douleur dans un monde seulement possible sont deux choses très différentes et qu'on peut difficilement les confondre dès lors que l'on comprend bien cette différence. Pour moi, ressentir une douleur dans un monde possible ne consiste en rien d'autre que l'appartenance de la proposition que je ressens une douleur à un certain ensemble de propositions (à savoir celui d'un scénario de monde)[1]. Mais pour moi, ressentir une douleur dans le monde actuel c'est ressentir une douleur. Et si je comprends autant que je le pense, ce en quoi consiste ressentir une douleur, alors lorsque je ressens une douleur, je sais que je ressens une douleur.

En anticipant certaines objections qu'on pourrait adresser à ma théorie, je voudrais conclure en discutant deux aspects sous lesquels l'ordre de l'analyse dans la théorie de l'actualité comme scénario vrai diverge de celui qui prévaut dans les théories possibilistes.

a) Nous devons distinguer entre la notion de vérité et la notion de vérité relative à un monde possible. Dans la théorie de l'actualité comme scénario vrai, la notion de vérité est présupposée, sinon

---

1. En disant que la proposition que je ressens une douleur est incluse dans un scénario de monde, on s'engage à reconnaître une modalité *de re* que certains pourraient juger contestable, même si quant à moi je n'y vois aucune difficulté. De toute façon, on manifeste le même engagement envers les modalités *de re* en affirmant que *je* ressens une douleur *dans un monde possible*.

à titre de notion primitive[1], du moins comme une notion plus fondamentale que la notion d'actualité puisque cette dernière est analysée au moyen de la première. Cet ordre de l'analyse est un point central de la théorie et c'est quelque chose de très naturel pour un actualiste modéré. Parce qu'il considère les mondes purement possibles comme des constructions et non comme des entités primitives, l'actualiste modéré ne rencontre pas le problème qui consiste à distinguer le monde actuel des autres mondes possibles, sinon à un niveau conceptuel beaucoup moins fondamental que celui auquel appartient la notion de vérité.

Certains possibilistes voudraient peut-être traiter ces concepts cruciaux dans un ordre différent, en tenant les notions de vérité *dans* un monde possible et d'actualité pour plus primitives que celle de vérité et en définissant celle-ci comme la vérité *dans* le monde *actuel*. (David Lewis semble adopter une stratégie assez semblable[2]). D'un point de vue possibiliste, la vérité dans un monde possible est comprise comme une relation entre une proposition ou un énoncé et un objet (à savoir ce monde possible) dont le statut ontologique est tout à fait indépendant de celui de la proposition ou de l'énoncé. La vérité n'est alors rien d'autre qu'un cas particulier de cette relation qui se distingue des autres cas seulement par l'actualité du monde qui y est engagé. De son côté, le théoricien du scénario vrai considère qu'un monde purement possible est construit logiquement à partir de l'ensemble des propositions qui sont vraies dans ce monde. Pour lui, la vérité d'une proposition dans un monde possible relève essentiellement d'une relation de consistance entre des propositions, plutôt que d'une relation de correspondance à un objet indépendant. De ce point de vue, il est

1. C'est ce que Russell a défendu notamment dans Russell (1904). C'est vraisemblablement la notion de vérité absolue plutôt que celle de vérité relative à un monde qu'il juge inanalysable. À vrai dire, je ne pense pas qu'il y ait eu beaucoup de philosophes à défendre l'idée que la notion de vérité doit être fondée sur une notion de vérité dans un monde possible qui serait plus primitive.

2. Lewis (1973), p. 173.

beaucoup moins naturel de comprendre la notion de vérité comme un cas particulier de la notion de vérité *dans* un monde possible.

On doit s'attendre à ce que les possibilistes tiennent la notion de vérité absolue pour aussi peu compréhensible que celle d'actualité absolue. Il leur sera difficile de comprendre comment la possession d'une propriété pourrait être absolue plutôt que relative à un monde ; si une chose x a une propriété F, elle doit l'avoir relativement à un monde possible *dans* lequel x possède F. Nous avons déjà relevé cette difficulté dans le cas où x est un monde possible et F est la propriété d'être actuel. Des considérations semblables valent également dans le cas où x est une proposition et F est la propriété d'être vrai.

Dans la théorie du scénario vrai, en revanche, on peut aussi bien attribuer des propriétés absolues que des propriétés relatives à un monde, et aucun type d'attribution n'empiète sur l'autre. Ceci provient de ce qu'avoir F et avoir F dans un monde possible dans lequel p *ne* sont *pas* considérés comme des attributions de même type qui différeraient seulement par le lieu, pour ainsi dire. Le théoricien du scénario vrai peut dire que x possède F absolument, ce qui ne signifie rien d'autre que le fait que x possède F. Il peut aussi dire que x possède F dans un monde possible dans lequel p, ce qui signifie seulement que la proposition que (x possède F) est membre d'un scénario de monde qui a pour membre la proposition que (p). Et ceci s'applique notamment au cas où x est une proposition et F la propriété d'être vrai.

b) Il y a un autre aspect sous lequel l'ordre de l'analyse du possibiliste peut diverger de celui de la théorie du scénario vrai. S'il admet la notion de proposition, le possibiliste nourrit vraisemblablement l'espoir de l'analyser en termes de mondes possibles – peut-être comme une fonction de l'ensemble des mondes possibles sur des valeurs de vérité (comme chez Montague[1]). Il y a ici une équivalence familière entre les mondes possibles inactuels

1. Montague (1969), p. 163.

et les intensions (comme les propositions) qui fait que l'on peut construire les secondes au moyen des premiers ou du moins faire jouer aux premiers le rôle qui incombait aux secondes.

Comment procéder ? Commencer avec les mondes possibles et construire à partir de là les propositions ou commencer avec les propositions et construire les mondes possibles à partir des propositions ? C'est une question cruciale pour qui met en balance le possibilisme et la théorie du scénario vrai et je suis loin d'affirmer que tous les avantages sont du côté des propositions plutôt que des mondes possibles. En effet, la notion de proposition soulève un certain nombre de difficultés, c'est là le point faible de la théorie du scénario vrai. Qu'est-ce qu'une proposition ? Si nous voulons disposer d'une ontologie de propositions suffisamment riche pour construire des mondes possibles complètement déterminés, nous ne devons pas considérer que les propositions sont des signes linguistiques ou des énonciations, ni qu'elles sont toutes exprimables dans un langage, ni même qu'il en existe une infinité dénombrable. Nous pourrions tenir la notion de proposition pour primitive et considérer les propositions comme des objets subsistants par eux-mêmes ; mais cela n'est pas nécessaire dans la mesure où nous pourrions aussi tenter de les construire logiquement à partir de composants du monde actuel. Leibniz soutient par exemple que le statut ontologique des essences (leur «réalité»), des vérités nécessaires et des possibles dépend de ce qu'ils sont actuellement pensés par Dieu[1]. C'est un trait récurrent de la philosophie de Leibniz qui tranche avec ses tendances possibilistes. Si on pouvait réduire les propositions aux pensées de l'entendement divin, on obtiendrait quelque chose de tout à fait cohérent avec la théorie du scénario vrai. Je laisse ici de côté, comme une tâche qu'il incombe au théoricien du scénario vrai d'achever, la recherche d'une réponse adéquate à la question de la nature des propositions.

---

1. Dans les paragraphes 43 et 44 de la *Monadologie*, G.P. (1975-1890), V, p. 429 et VI, p. 226, p. 229, et dans bien d'autres passages.

On sait que l'élaboration d'une théorie logique satisfaisante des propositions (ou plus généralement des intensions) doit faire face à un certain nombre de problèmes formels et de paradoxes menaçants. L'une de ces menaces intéresse tout particulièrement la théorie de l'actualité comme scénario vrai. La théorie semble impliquer qu'il existe des ensembles consistants composés de l'un des membres de chaque paire de propositions mutuellement contradictoires. Si l'on accepte l'idée que chaque monde possible est actuel de son propre point de vue, il s'ensuit aussi de la théorie que tout scénario de monde s comprend à titre de membre la proposition que tous les membres de s sont vrais. Nous sommes ici à deux doigts de tomber dans le paradoxe, mais à deux doigts seulement car notre formulation des axiomes et des définitions de la théorie n'est pas assez précise pour savoir si elle conduit à des paradoxes. Si l'on remplaçait « proposition » par « énoncé » dans toutes les conséquences de la théorie et si l'on comprenait « consistant » comme un prédicat sémantique, la théorie serait amenée à faire certaines affirmations au sujet des énoncés qui seraient incompatibles avec la stratification en langage-objet et en méta-langage qui permet habituellement de prévenir les paradoxes sémantiques. On peut se demander alors s'il est possible de formuler précisément la théorie du scénario vrai sans engendrer une sorte d'analogue des paradoxes sémantiques. On ne peut mettre fin à ce genre de doute qu'en donnant une formulation suffisamment précise de la théorie que je ne suis pas en mesure de donner ici mais qui, je pense, doit pouvoir être trouvée. Elle requerrait sans doute une modification de la notion de scénarios de mondes et une restriction quant au genre de propositions qui peuvent leur appartenir. On peut suggérer de façon assez plausible qu'un ensemble maximal consistant de propositions *non sémantiques* serait suffisant pour construire un monde possible complètement déterminé. Si le scénario de monde qu'on considère inclut la proposition que les girafes existent, on n'a pas à y rajouter la proposition qu'il est vrai que les girafes existent. Nous pourrions dire alors que, même si elle n'appartient pas elle-même au scénario de monde, cette dernière proposition est vraie dans le monde possible que l'on vient de construire en vertu du fait qu'elle est impliquée par une proposition qui figure déjà comme membre du scénario. Néanmoins il est bien plus difficile de voir comment s'y prendre vis-à-vis de la proposition que (quelqu'un croit que certaines propositions sont vraies). Peut-être pourrait-on, sans trop de risques, faire figurer cette proposition dans un scénario de monde ; peut-être même n'est-ce pas nécessaire. J'ignore si une solution satisfaisante peut être trouvée en adoptant la stratégie avancée ici. La recherche d'une telle solution devra probablement s'intégrer à une théorie logique des propositions beaucoup plus large[1].

Ces problèmes encore non résolus doivent sans doute, au moins pour le moment, être comptés comme autant d'inconvénients de la théorie de l'actualité comme scénario vrai. Néanmoins la théorie comporte deux grands avantages. Son premier avantage c'est d'incarner la conception actualiste modérée selon laquelle il existe en un certain sens une multitude de mondes possibles complètement déterminés qui sont seulement des constructions logiques composées d'éléments du monde actuel. Or je pense que l'actualisme en général et l'actualisme modéré en particulier constituent des positions attrayantes et intuitives. Son deuxième avantage c'est que sous réserves que l'on puisse résoudre les difficultés soulevées par la théorie des propositions, la théorie du scénario vrai offre au problème de l'actualité une solution satisfaisante ou du moins plus satisfaisante, me semble-t-il, que toutes les solutions possibilistes[2].

Traduction Filipe DRAPEAU-CONTIM

1. Je suis redevable à T. Burge de m'avoir signalé cette difficulté de la théorie du scénario vrai ainsi que de toutes les discussions qui ont pu m'aider sur ce point.

2. Des versions de cet article ont été présentées lors de colloques à l'université du Michigan, au MIT et à UCLA. Ce travail est redevable des nombreuses discussions et critiques qui ont pu y contribuer. Je remercie tout particulièrement M. McCord Adams, J. G. Bennett, T. Burge, D. Kaplan, D. Lewis, J. Perry ainsi que les relecteurs du journal *Noûs*.

Peter Van Inwagen

LES OBJETS QUADRIDIMENSIONNELS*

On dit parfois qu'il existe deux théories de l'identité à travers le temps. Il y a, en premier lieu, le « tridimensionnalisme », pour lequel les objets persistants sont étendus dans les trois dimensions spatiales, n'ont aucune autre sorte d'étendue, et persistent en « durant à travers le temps » (quelle que soit la signification exacte de ces termes). En second lieu, il y a le « quadridimensionnalisme », pour lequel les objets persistants sont étendus non seulement dans les trois dimensions spatiales, mais aussi dans une quatrième dimension, temporelle celle-là, et persistent simplement en étant étendus temporellement.

Dans cet article, je soutiendrai qu'il n'y a pas deux mais trois théories possibles de l'identité à travers le temps, et je défendrai l'une d'entre elles, une théorie qui peut, en première approche, être identifiée à ce que j'ai appelé le « tridimensionnalisme ». Je présenterai ces trois théories comme autant de théories sur la manière dont les noms que nous donnons aux objets persistants sont reliés aux occupants (ou aux supposés occupants) de certaines régions de l'espace-temps.

* *Noûs* 24, 1990, p. 245-255.

I

Pour commencer, considérons un objet qui persiste, dure ou manifeste une identité à travers le temps. Je prendrai Descartes comme exemple d'un tel objet. Dessinons un diagramme de l'espace-temps, qui représente la « carrière » de Descartes. Pour permettre à ce diagramme de représenter les choses le plus exactement possible, nous imaginons deux choses : 1) que le diagramme est tridimensionnel – fait en fil de fer, disons, avec l'axe z perpendiculaire à la page – et 2) que Descartes était un « habitant du Plat Pays » *, qu'il ne possédait que deux dimensions spatiales.

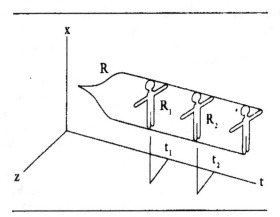

Le contour de la région tridimensionnelle mise en évidence sur le diagramme – ou, puisque nous imaginons que le « diagramme » sort de la page et qu'il est fait en fil de fer, parlons de modèle – représente une région à 2 + 1 dimensions de l'espace-temps, appelée R. (Nous représentons le caractère dimensionnel des régions de l'espace-temps et des objets qui sont étendus aussi bien dans le temps que dans l'espace, par des expressions de la forme « n + 1 ».

---

* Littéralement : « flatlandais » de *Flatland*, ouvrage de J. Abbott, qui retrace les tracas d'habitants d'un monde à deux dimensions.

Dans de telles expressions, « n » représente le nombre de dimensions spatiales incluses dans la région ou manifestées par l'objet) R est cette région dont certains diront qu'elle était occupée par l'objet Descartes à $2+1$ dimensions; d'autres en parleront comme de l'union de la classe des régions que l'objet Descartes, totalement bidimensionnel, a occupées successivement au cours de sa carrière. R_1 et R_2 sont des sous-régions de R dont l'étendue temporelle est nulle. Certains décriront R_1 comme la région occupée par la plus grande partie de Descartes totalement limitée à t_1 : d'autres diront que R_1 est la région que Descartes occupait à t_1. Toutefois, quelle que soit la manière dont il convient de décrire les relations de R, R_1, et R_2 avec Descartes, on voit clairement de quelles régions de l'espace-temps – c'est-à-dire de quels ensembles de points de l'espace-temps – il *s'agit*.

Nous pouvons maintenant présenter trois théories sur la manière dont le nom « Descartes » est relié sémantiquement aux occupants de R et des sous-régions de R comme R_1 et R_2. (On trouve un écho de deux de ces théories, la deuxième et la troisième, dans les désaccords que j'ai mentionnés sur la façon de décrire R et R_1).

THÉORIE 1. Si vous dîtes « Descartes avait faim à t_1 », vous référez et attribuez la faim à un objet bidimensionnel qui occupe (tient exactement dans) R_1 et aucune autre région de l'espace-temps. Si vous dîtes, « Descartes avait soif à t_2 », vous référez à un objet bidimensionnel *distinct*, un objet qui occupe R_2, et c'est à *celui-ci* que vous attribuez la soif. Supposons que les descriptions « le philosophe qui avait faim à t_1 » et « le philosophe qui avait soif à t_2 » dénotent toutes les deux quelque chose. Il est évident qu'elles ne peuvent pas dénoter la *même* chose. Il est donc évident que la phrase « le philosophe qui avait faim à t_1 = le philosophe qui avait soif à t_2 » ne peut pas être vraie. Ainsi, si l'on veut que puissent être vraies les phrases du français ordinaire qui *semblent* asserter qu'une seule et même personne (édifice, rivière…) existait à deux moments différents, ce qui en elles ressemble au « est » de l'identité doit être interprété comme renvoyant à une autre relation que l'identité – appelons-la la génidentité.

THÉORIE 2. Lorsque vous utilisez le nom « Descartes », vous référez toujours à ce tout à $2 + 1$ dimensions qui occupe R. Quand vous dîtes « Descartes avait faim à t_1 », vous référez à ce tout et lui attribuez la propriété d'avoir une partie-t_1 qui a faim. Ainsi, cette phrase est exactement analogue à « Water Street est étroite à la sortie de la ville » : en disant *cela*, vous référez au tout que forme Water Street et vous lui attribuez la propriété d'avoir une partie-sortie-de-la-ville étroite. Ce qui occupe R_1 n'est pas ce à quoi quelqu'un, à quelque moment que ce soit, même à t_1, réfèrerait en utilisant « Descartes » ; c'est plutôt une partie temporelle propre de cet unique référent que « Descartes » a toujours.

THÉORIE 3. Toutes les régions comme R_1 et R_2 – « tranches » instantanées de R – sont occupées par exactement le même objet bidimensionnel. Lorsque nous disons que Descartes avait faim à t_1, nous disons (faites votre choix) soit que cet objet était, par rapport à la propriété temporellement indexée *faim-à-t_1*, dans la relation *avoir*, soit qu'il était, par rapport à la faim, dans la relation temporellement indexée *avoir-à-t_1*.

Le partisan de la théorie 3, dès lors, s'accorde avec celui de la théorie 2 sur ceci que « Le philosophe qui avait faim à t_1 = le philosophe qui avait soif à t_2 » peut être une authentique phrase d'identité et être vraie ; et il s'accorde avec le partisan de la théorie 1 sur ceci que chacun des termes de cette phrase réfère à un objet bidimensionnel – ou, dans le monde réel, à un objet tridimensionnel. (Il ne faut cependant pas pousser trop loin ce second parallèle. Le tenant de la théorie 1 soutient que les termes de la phrase en question réfèrent à des objets qui possèdent une étendue non nulle dans les dimensions spatiales, mais possèdent une étendue temporelle qui, elle, est nulle : dans *ce* sens, ils sont bidimensionnels dans notre monde imaginaire et tridimensionnels dans le monde réel. Mais de son côté, le tenant de la théorie 3 ne voudra probablement pas parler du tout d'étendue temporelle, pas même d'une étendue temporelle dont la mesure serait nulle. Je reviendrai dans un instant sur ce point).

Je suis partisan de la théorie 3. Dans cet article, je n'envisage pas de dire ne serait-ce qu'une fraction de ce qu'il y a à dire sur les questions que soulèvent ces trois théories. Je veux simplement faire deux choses. Premièrement, aborder certains arguments qui concluent que la théorie 3 est incohérente, et deuxièmement, présenter un argument qui conclut que la théorie 2 engage ses partisans à accepter une analyse en termes de contreparties des énoncés modaux portant sur les individus. Bien sûr, cela ne constitue pas vraiment une réfutation de la théorie 2, mais si c'est vrai, il s'agit là d'une vérité importante : et il semble que la plupart des philosophes, y compris, je suppose, de nombreux partisans de la théorie 2, trouvent la théorie des contreparties assez peu attrayante. (Je ne discuterai pas plus avant la théorie 1, sauf sur un point très particulier. Je doute que quelqu'un puisse préférer la théorie 1 à la théorie 2).

II

Dans cette section, je répondrai à quatre arguments qui conduisent à conclure que la théorie 3 est incohérente. Je tenterai aussi de répondre à deux questions incisives que mes réponses à ces arguments sont susceptibles de soulever [1].

Argument A. Ce qui remplit exactement une région de l'espace-temps ne peut pas être ce qui en remplit exactement une autre.

Réponse. La plausibilité que peut avoir cette assertion procède d'une analogie illégitime avec le principe suivant qui, lui, est à l'évidence vrai :

---

1. Trois des arguments – A, B, et D – ainsi que les questions pertinentes sont tirés de lettres que j'ai reçues de divers philosophes et de conversations que j'ai eues avec eux. Je suis particulièrement reconnaissant, à cet égard, à D. Armstrong, M. Heller, F. Howard, M. Levin, D. Lewis et M. Patton. L'argument C est une adaptation de certaines remarques faites par D. Lewis. Voir sa discussion du « problème des intrinsèques temporaires », dans *On the Plurality of Worlds*, Oxford, Blackwell, 1986, p. 202-204 et 210.

> Ce qui remplit exactement une région de *l'espace* à un moment
> donné ne peut pas être ce qui remplit exactement une région distincte
> de *l'espace* à ce même moment.

Ceci vaut pour un espace à un nombre quelconque de dimensions. Supposons que l'espace-temps possède $9+1$ dimensions, comme dans les théories des « supercordes ». L'espace est alors à neuf dimensions, et ce qui occupe une région, quadridimensionnelle par exemple, de l'espace à t n'est pas ce qui occupe une autre région quadridimensionnelle à t – encore moins une région à deux ou sept dimensions. Mais le principe correspondant en termes d'espace-temps est faux, ou à tout le moins ne va pas de soi, et serait erroné, ou n'irait pas de soi, quel que soit le nombre de dimensions considéré.

Le principe appliqué à l'espace-temps peut recevoir un coup de pouce illusoire de notre modèle physique tridimensionnel d'un espace-temps à $2+1$ dimensions. La région bidimensionnelle de l'espace qui représente R_1 dans le modèle physique, et la région bidimensionnelle de l'espace qui représente R_2 dans le modèle, ne peuvent pas, bien sûr, être occupées simultanément par le même objet physique bidimensionnel. Cependant, il ne s'ensuit pas plus que R_1 et R_2 doivent avoir des occupants différents qu'il ne s'ensuit du fait que deux photographies sont à des endroits différents au même moment, qu'il ne s'agit pas de photographies du même objet. Notre modèle occupe une région tridimensionnelle de l'espace ; un axe du modèle s'est vu assigné arbitrairement la tâche de représenter la dimension temporelle d'un espace-temps à $2+1$ dimensions. Mais cette région tridimensionnelle de l'espace *n'est* absolument *pas* une région à $2+1$ dimensions de l'espace-temps, et les propriétés d'une région à $2+1$ dimensions de l'espace-temps ne peuvent être interprétées à partir du modèle qu'avec prudence. À mon avis, tout au moins, tout soutien que le modèle physique semble fournir au principe de l'espace-temps n'est qu'un « artéfact du modèle ». Nous pourrions peut-être imaginer un univers – appelons-le le Plat Pays – associé à un espace-temps à $2+1$

dimensions, un univers dont les dimensions spatiales à différents moments coïncideraient avec celles de coupes transversales appropriées du modèle. Et si la vitesse de la lumière dans le Plat Pays était suffisamment lente, il pourrait même se faire que les équivalents d'intervalles temporels dans l'espace-temps du Plat Pays coïncident de manière non arbitraire avec des intervalles spatiaux appropriés dans le modèle. Néanmoins, l'espace qu'occupe le modèle ne serait pas un double de l'espace-temps du Plat Pays, mais seulement une représentation de celui-ci.

Argument B. (Le tenant de la théorie 2 parle) « Dites-vous qu'une partie seulement de Descartes occupe R_1, ou que c'est lui tout entier qui occupe R_1 ? Dans le premier cas, vous êtes d'accord avec moi – dans le second, ma foi, il est tout à fait clair que tout Descartes ne rentre pas là-dedans ».

Réponse. Je ne peux pas encore répondre à cette question parce que le sens qui convient de « partie » et de « tout » n'a pas encore été défini. Je reviendrai sur cette question. Pour le moment, je dirai qu'à mon avis, *Descartes* occupe à la fois R_1 et R_2, et que si vous comprenez « partie de Descartes » et « tout Descartes », alors vous comprenez « Descartes ».

Argument C. La théorie 3 doit employer soit des propriétés temporellement indexées soit la relation à trois termes « x possède F à t ». Mais comment doit-on comprendre ces propriétés ou cette relation ? Prenons le cas de la relation. La relation « x possède F », celle qui existe entre un objet et ses propriétés, nous est familière. Si nous voulons comprendre la relation à trois termes, il nous faut pouvoir la définir en utilisant la relation à deux termes et d'autres notions que nous comprenons. (Nous ne pouvons pas nous contenter de prendre « x possède F à t » comme primitive, car cela laisserait inexpliquées les connexions logiques entre la relation à deux termes et celle à trois termes). Le tenant de la théorie 2 dispose bien d'une telle définition : x possède F à t =$_{df}$ la partie-t de x possède F.

Le tenant de la théorie 3 ne dispose pas, quant à lui, d'une telle définition. Il laisse planer un mystère sur le rapport entre *possède-*

à-t et *possède* – et un mystère, qui plus est, totalement injustifié. On pourrait tout aussi bien postuler une connexion mystérieuse et inexplicable entre « x possède F » et « x possède F dans le lieu l ». De même qu'il est évident que « Les États-Unis sont peuplés de manière dense dans le Nord-Est » signifie « La partie Nord-Est des États-Unis est densément peuplée », de même il est évident que « En 1800, les États-Unis avaient un peuplement dispersé » signifie « La partie-1800 des États-Unis avait un peuplement dispersé ».

Réponse. On peut dire à la fois que la relation « x possède F à t » est primitive et que sa connexion avec « x possède F » n'est pas inexplicable. Il suffit de soutenir que « x possède F » est la relation définie ou dérivée, et que « x possède F à t » est la relation non définie ou primitive. (De tels cas sont assez communs. Considérons, par exemple, « x est un enfant de y » et « x est un enfant de y et de z »). Et c'est ce que je soutiens. Dire que Descartes possédait la propriété d'être humain, c'est dire qu'il possédait cette propriété à chacun des moments auquel il a existé. Dire qu'il possédait la propriété d'être philosophe, c'est dire qu'il possédait cette propriété à chaque moment d'une certaine classe importante et saillante de moments – sa vie d'adulte, disons. Je concède que « x possède F » est primitive et que « x possède F dans le lieu l » est dérivée (ou, plus exactement, que « x possède F à t » est primitive et que « x possède F à t dans l » est dérivée). Mais je ne vois aucune raison d'envisager l'interaction entre le lieu et la prédication comme un modèle pour penser l'interaction entre le temps et la prédication. Il se peut que l'espace et le temps soient tous deux des abstractions tirées de la réalité concrète de l'espace-temps. Mais ce sont des abstractions *différentes*, qui peuvent être reliées de manière différente à de nombreuses choses, dont la prédication.

Argument D. Ce qui occupe R_1 – appelons-le D_1 – est rasé de près. Ce qui occupe R_2 – appelons-le D_2 – est barbu. Par conséquent, D_1 n'est pas identique à D_2.

Réponse. R_1 et R_2 sont des *indices*. Descartes est rasé de près à R_1 et barbu à R_2. Soit R_3 une région de l'espace-temps qui fut occupée par Mark Brown à un certain instant en 1973. Je pourrais pointer Brown du doigt et dire (de manière correcte), « Voyez ce barbu là-bas ? Il est rasé de près à R_3 ».

Question incisive 1. Donc, « ce barbu là-bas » occupe R_3, région comprise dans l'année 1973. Mais *quand* l'occupe t-il ?

Réponse. Quand la proposition qui dit que Descartes est né le 31 mars 1596 est-elle vraie ? Dîtes-moi ce que vous voulez : qu'elle est vraie de manière intemporelle, que la question est dépourvue de signification, que la proposition en question est toujours vraie, que, à strictement parler, il n'y a pas de *moment* auquel elle est vraie... et j'adopterai volontiers la réponse subséquente à votre question.

Question incisive 2. Donc, Descartes occupe à la fois R_1 et R_2. Mais qu'est-ce qui occupe R ? Et quelles sont ses propriétés ? S'il vous plaît, décrivez-les-moi soigneusement.

Réponse. Ma foi, il n'est pas évident que je sois forcé de dire que *quelque chose* occupe R. Mais supposons que ce soit le cas. Il semble plausible de supposer que si quelque chose occupe R_1 et R_2, alors, si quelque chose occupe $R_1 \cup R_2$, il doit s'agir de la somme méréologique de ce qui occupe R_1 et de ce qui occupe R_2. Et il semble plausible de généraliser cette thèse : si quelque chose occupe l'union d'une classe de régions de l'espace-temps, et si chaque membre de cette classe est occupé par quelque chose, alors la chose qui occupe cette union doit être la somme méréologique des choses qui, individuellement, occupent les membres de cette classe.

Maintenant, la région R est l'union d'une classe infinie de régions, qui inclut R_1 et R_2 ainsi qu'une quantité indénombrable d'autres régions semblables. Chacune de ces régions, dis-*je*, est occupée par Descartes, et seulement par lui. Il suit de là et de notre « supposition plausible » que c'est *Descartes* qui occupe R.

Vous me demandez de décrire soigneusement les propriétés de cet objet. Un historien des débuts de la philosophie moderne le ferait mieux que moi, mais je peux assurément vous dire que c'était un humain, qu'il était français, qu'il fut éduqué par les Jésuites, qu'il a écrit les *Méditations de Philosophie première*, qu'il croyait que son essence était pensante, qu'il mourut en Suède, et bien d'autres choses de cette nature.

Bien sûr, la question est un peu imprécise, puisque l'occupant de R possédait des propriétés différentes à différents indices – par exemple, il avait faim dans R_1 et était repu dans de nombreuses autres régions. Si vous insistez pour traiter R comme un index, et si vous me demandez quelles propriétés l'occupant de R possédait *dans* R, il semble que le plus raisonnable soit de répondre : seulement les propriétés qu'il avait à *tous* les indices « momentanés » comme R_1 et R_2 : disons, *être un humain*, ou *être né en 1596*.

Nous pouvons noter que si Descartes occupe R aussi bien que R_1 et R_2, cela explique pourquoi le partisan de la théorie 3 et celui de la théorie 1 ne peuvent pas signifier tout à fait la même chose quand ils disent que le référent de l'expression « le philosophe qui avait faim à t_1 », par exemple, est – dans le monde réel et non notre monde simplifié à 2 + 1 dimensions – un objet tridimensionnel. Pour le tenant de la théorie 1, un objet tridimensionnel (du moins dans ce contexte) est un objet qui possède une étendue non nulle dans chacune des trois dimensions spatiales, et une étendue nulle dans la dimension temporelle. Mais le partisan de la théorie 3, s'il choisit l'option que nous considérons en ce moment, croit que Descartes occupait R_1, dont l'étendue temporelle est nulle, et qu'il occupait *aussi* R, dont l'étendue temporelle est de cinquante-quatre ans – et, vraisemblablement, qu'il occupe des régions ayant des étendues dont les mesures en années correspondent à chaque nombre réel compris entre 0 et 54. Par conséquent, dans cette perspective, Descartes ne possédait pas une étendue temporelle unique. Autrement dit, il n'avait pas d'étendue temporelle du tout ; le concept d'étendue temporelle ne s'applique pas à Descartes ou à quelque autre objet qui persiste, dure ou manifeste une identité à travers le temps. Ainsi, lorsqu'il dit que le philosophe qui avait faim à t_1 était un objet tridimensionnel, le tenant de la théorie 3 veut dire qu'il possédait une étendue non nulle selon chacune des trois dimensions spatiales – un point c'est tout.

Voilà qui complète ma tentative pour répondre aux arguments les plus évidents visant à établir l'incohérence de la théorie 3. J'en viens maintenant à l'argument que j'ai promis en faveur de la conclusion selon laquelle la théorie 2 engage ses partisans à recourir à la théorie des contreparties pour comprendre les énoncés modaux portant sur les individus.

III

La théorie 2 a pour conséquence que les objets persistants, des objets comme Descartes, sont des sommes de *parties temporelles*. Autrement dit, le défenseur de la théorie 2 soutient que les objets persistants sont étendus dans le temps et sont des sommes d'objets temporellement étendus «plus brefs». Descartes, par exemple, s'étendait de 1596 à 1650, et, pour n'importe quel sous-intervalle connecté de cet intervalle de cinquante-quatre ans, ce sous – intervalle était occupé par une partie temporelle de Descartes. (Il se peut aussi qu'il ait eu des parties temporelles discontinues ou «entre-coupées de blancs», mais si c'est le cas, nous n'aurons pas à en tenir compte).

Maintenant, il ne semble pas que ce soit de manière essentielle que Descartes possédait une étendue temporelle de cinquante-quatre ans : son étendue temporelle aurait pu être d'un an ou de cinquante-cinq ans ou même de cent ans. Mais comment le tenant de la théorie 2 comprend-il ce fait modal, étant donné sa thèse selon laquelle Descartes est un agrégat de parties temporelles ? Il est presque certain qu'il ne dira pas *ceci* : si Descartes avait eu une étendue temporelle différente de son étendue temporelle actuelle, il aurait été composé exactement des mêmes parties temporelles qui le composaient dans l'actualité, mais certaines de ces parties, voire toutes, auraient eu une étendue temporelle différente de leur étendue temporelle actuelle. Par exemple, il est peu probable que le partisan de la théorie 2 dise que si Descartes avait eu une étendue temporelle de quatre-vingt-un ans, il aurait été composé d'exacte-ment les mêmes parties temporelles, qui auraient eu chacune une étendue temporelle plus grande de moitié que son étendue tempo-relle actuelle. Non, le partisan de la théorie 2 dirait que si un objet étendu temporellement, comme Descartes, a des étendues temporelles différentes dans des mondes possibles différents, il ne peut accomplir cet exploit qu'en étant la somme d'ensembles différents (quoique se recouvrant peut-être) de parties temporelles dans ces mondes. Et le tenant de la théorie 2 dira cela parce que pour lui les parties temporelles (c'est-à-dire les objets qui sont des parties temporelles de quelque chose) possèdent leurs étendues temporelles *de manière essentielle*. Le partisan de la théorie 2 ne manquera pas de dire que cela n'aurait aucun sens d'affirmer que la partie temporelle de Descartes qui occupait l'année 1620 aurait pu avoir une étendue d'un an et demi : un objet qui dans un autre monde possible possède une étendue temporelle d'un an et demi est un objet différent de celui qui est, dans l'actualité, la partie-1620 de Descartes. Nous pouvons résumer ce point en disant que le tenant de la théorie 2 soutiendrait que les parties temporelles sont « modalement inductiles » (et également « modalement incompressibles »). Et je suis convaincu que le défenseur de la théorie 2 a raison de vouloir dire ce genre de choses. S'il existe des objets du genre de ceux que le partisan de la théorie 2 appelle des parties temporelles, alors leurs étendues temporelles doivent appartenir à leur essence.

Mais alors l'argument contre la théorie 2 en devient étonnamment simple. Si la théorie 2 est correcte, alors Descartes est composé de parties temporelles et toutes les parties temporelles sont modalement inductiles. Mais Descartes lui-même est l'une de ses propres parties temporelles – la plus grande, la somme de toutes. Mais alors, Descartes est lui-même modalement inductile, ce qui veut dire qu'il n'aurait pas pu avoir une étendue temporelle supérieure à cinquante-quatre ans. Or, ceci est manifestement faux, et la théorie 2 est par conséquent erronée.

Nous pouvons aussi parvenir à cette conclusion par une voie légèrement différente. Si la théorie 2 est correcte, alors il y a un objet, une partie temporelle de Descartes, que nous pouvons appeler sa « première moitié ». Maintenant, supposons que Descartes ait été annihilé à la moitié de sa durée de vie actuelle : dans ce cas, Descartes aurait *été* l'objet qui constitue sa « première moitié » dans l'actualité. (C'est du moins ce que je pense. Dans un monde possible dans lequel Descartes a cessé d'exister au moment en question, Descartes aurait bien existé – c'est ce que nous avons stipulé – et il en irait de même pour l'objet qui constitue sa première moitié dans l'actualité. Du moins, je *pense* qu'il aurait existé. Comment pourrait-il d'ailleurs en être autrement ? Mais si les deux ont existé dans un tel monde, quelle pourrait bien être leur relation si ce n'est l'identité ?). Mais s'il est vrai que Descartes et un objet numériquement distinct de lui auraient pu être identiques, c'est qu'ensemble ils violent le principe modal très bien établi qui veut qu'une chose et une autre n'auraient pas pu être une chose et elle-même.

Il me semble n'y avoir qu'une manière pour le tenant de la théorie 2 de répondre à ces arguments. Il doit adopter une analyse en termes de contreparties des énoncés modaux sur les individus. Et il doit supposer que deux relations différentes de contrepartie figurent dans nos énoncés modaux sur l'objet X qui est à la fois la personne Descartes et la plus grande partie temporelle de Descartes : une relation de contrepartie *en tant que personne* et une relation de contrepartie *en tant que partie temporelle*. De ce point de vue, un objet dans un autre monde sera considéré comme une contrepartie de X en tant que partie temporelle seulement s'il a la même étendue temporelle que X – tout ce à quoi cette caractéristique fait défaut sera *ipso facto* trop peu semblable à X pour en être une contrepartie selon cette relation-ci de contrepartie. Mais un objet dans un autre monde sera considéré comme une contrepartie de X en tant que personne seulement si, tout comme X, il consiste en un agrégat maximal de parties temporelles de personnes. (C'est-à-dire, seulement si c'est une partie temporelle d'une personne et si son union méréologique avec une partie temporelle d'une personne qui n'est pas une de ses propres parties n'est pas elle-même une partie temporelle d'une personne). Ce dispositif nous permettra de dire que X, qui est à la fois une partie temporelle et une personne, n'aurait pas pu avoir une étendue temporelle plus grande *en tant que* partie temporelle mais aurait pu avoir une étendue temporelle plus grande en tant que personne. Autrement dit, alors que toute contrepartie de X en tant que partie temporelle a la même étendue temporelle que X, certaines contreparties de X en tant que personne ont des étendues temporelles plus grandes que X. (Quant au second argument : a) la théorie des contreparties permet aux habitants d'un même monde d'avoir une contrepartie commune dans un autre monde ; b) une telle générosité n'est pas pertinente dans le cas présent, car si un objet Y dans un autre monde est un agrégat maximal de parties temporelles de personnes, agrégat qui constitue un double intrinsèque de la première moitié de X, Y ne sera pas à la fois une contrepartie de X *et* de la première moitié de X selon l'une ou l'autre relation de contrepartie).

Cette réponse à nos deux arguments est certainement satisfaisante – à condition que l'on soit prêt à accepter la théorie des contreparties. (Il est important de se rendre compte que, comme l'a indiqué Stalnaker, on peut accepter la théorie des contreparties sans accepter l'ontologie modale – le réalisme modal « extrême » ou « authentique » de David Lewis – qui la motivait à l'origine [1]). Je ne vois aucune autre façon de répondre de manière satisfaisante aux arguments en question. J'en conclus que les partisans de la théorie 2 s'engagent à accepter une analyse en termes de contreparties des énoncés modaux portant sur les individus [2].

Traduction Franck LIHOREAU

1. R. Stalnaker, « Counterparts and Identity », *Midwest Studies in Philosophy* 11, 1986, p. 121-140.

2. Des versions de cet article furent présentées à un colloque départemental de l'Université du Massachussetts à Amherst, à l'Institut Polytechnique et à l'Université d'état de Virginie, à l'Université d'état Wayne, et à l'Université d'York. Je suis reconnaissant aux auditoires présents à ces colloques pour leurs remarques et leurs questions utiles. Des remerciements tout particuliers sont dus à D. Cowles, F. Feldman, Ed. Gettier, T. Karmo, C. Paul, L. Powers, et J. Vogel.

ALVIN PLANTINGA

DEUX CONCEPTS DE LA MODALITÉ : LE RÉALISME MODAL ET LE RÉDUCTIONNISME MODAL[*]

Les propositions nécessaires et contingentes, les objets avec des propriétés accidentelles et essentielles, les mondes possibles, les essences individuelles – voilà les *phénomènes de la modalité*. J'établirai un parallèle entre deux conceptions opposées des phénomènes modaux[1]; l'une des deux est qualifiée proprement de *réalisme modal*, tandis que l'autre est le *réductionnisme modal*. Le « réalisme modal », tel que je l'entends, n'a rien à faire avec le fait de savoir si certaines phrases ou propositions ont des valeurs de vérité; il a également peu à voir avec la question de savoir si nos théories favorites pourraient en fait se révéler fausses. Je parlerai plutôt de réalisme *existentiel* et d'antiréalisme[2]. Le Réaliste existentiel relativement aux universaux soutient qu'il existe par exemple des choses de ce genre et que le rôle qu'on leur fait jouer est en fait joué par des entités d'un autre genre. Le Réaliste existentiel relativement aux soi-disant entités théoriques dans les

---

[*] *Philosophical Perspectives* 1, *Metaphysics*, 1987, p. 189-231, avec l'accord de l'auteur, que je remercie pour son attention. Des modifications ont été apportées à ce texte : un passage et la dernière section du texte ont été omis (II C, II D), des incises ont été reportées en notes.

1. Les phénomènes modaux ne doivent bien sûr pas être confondus avec les noumènes modaux; mon usage est platonicien et non pas kantien.

2. Voir mon article, « How to be an Anti-Realist », *Proceedings of the American Philosophical Association*, vol. 56, p. 47-49.

sciences – disons les quarks ou les chromosomes – affirme qu'il y a effectivement des choses dont les savants disent qu'elles ont des propriétés telles qu'elles les possèdent ; l'anti-Réaliste le nie. Dans la première partie de ce texte, j'esquisserai une version du réalisme modal ; dans la seconde, je présenterai et discuterai brièvement le réductionnisme modal. Mon principal exemple sera l'importante théorie modale de David Lewis : je soutiendrai qu'il n'est pas du tout un Réaliste modal et/ou un Réaliste au sujet des mondes possibles – il l'est approximativement au sens auquel Guillaume d'Occam est un Réaliste au sujet des universaux,

I. Le réalisme modal

A. Degré I : propriétés essentielles et accidentelles

Il y a (pour transposer une affirmation célèbre[*]) trois degrés de réalisme modal ; commençons donc par le commencement et examinons le premier. Ici nous pouvons commencer avec la modalité *de dicto* et les distinctions habituelles entre les propositions nécessaires et contingentes. D'après le Réaliste modal, il y a des *propositions* : les choses qui sont à la fois vraies ou fausses et susceptibles d'être crues ou non crues. Toute proposition est vraie ou fausse (nous pouvons ignorer l'affirmation – erronée d'après moi – que certaines propositions ne sont ni l'un, ni l'autre) ; et toute proposition est telle qu'elle peut être crue ou pas, ou les deux[1]. C'est le caractère *intentionnel* des propositions qui est le plus fondamental et qui importe le plus. Les propositions sont des *affirmations* ou des *assertions* ; elles *attribuent* ou *prédiquent* des propriétés aux objets ou des objets ; elles *représentent* la réalité ou une partie de celle-ci

---

1. D'après le théiste classique, toute proposition est *en fait* (et bien sûr *nécessairement*) crue ou pas crue – par Dieu qui est un être nécessaire et essentiellement omniscient.

[*] Cette distinction classique des trois degrés d'engagement ontologique provient de Quine. On la trouve notamment dans « Three Grades of Modal Involvment » dans *Ways of Paradox*, Cambridge, Mass., Harvard UP, 1966.

comme ayant un certain caractère. Une proposition est une sorte de chose *d'après laquelle* les choses sont ou se tiennent d'une certaine manière.

Le Réaliste modal soutient donc qu'il y a des propositions. L'affirmation propre au Réaliste *modal* est cependant que les propositions vraies ressortissent à deux variétés : celles qui auraient pu, et celles qui n'auraient pas pu être fausses.

Quelques-unes des propositions vraies, mais pas toutes, excluent la fausseté, par leur nature même. Appartiennent au premier groupe les théorèmes de la logique du premier ordre ; les vérités des mathématiques ; peut-être celles de la théorie des ensembles, ainsi qu'une multitude hétérogène d'items moins bien enrégimentés, tels que : « rien n'est plus grand que soi-même, le rouge est une couleur, aucun être humain n'est un nombre pair », et (au moins d'après certains) « il y a un être qui est tel qu'il n'est pas possible qu'il y en ait un plus grand »[*]. De telles propositions sont nécessairement vraies ; elles ont la propriété d'être vraies et de posséder cette propriété de manière nécessaire – c'est-à-dire qu'elles la possèdent d'une manière telle qu'elles ne peuvent pas ne pas la posséder. D'autres propositions, d'un autre côté, ont certes la propriété d'être vraies, mais la possèdent accidentellement : elles pourraient ne pas la posséder. Il y a des propositions contingentes, par exemple « Socrate était le maître de Platon », et « Armidale (en Australie) est à peu près de la taille de Saskatoon (Saskatchewan) ». Les propositions nécessaires sont absolument nécessaires, au sens le plus fort du terme. Cette sorte de nécessité – supposons que nous l'appelons « nécessité logique au sens large »[1] – doit être distinguée de la nécessité causale ou naturelle (on peut présumer que nos lois et constantes physiques auraient pu de manière subtile ou non être différentes), ainsi que l'auto-évidence (au sens large ou étroit), de

---

1. Voir *The Nature of Necessity*, Oxford, Clarendon Press, 1974, p. 2.

[*] *Cf.* Anselme du Bec, *Proslogion* : il s'agit de la description définie qui peut être substituée au nom propre : « Dieu ».

ce qui peut être connu ou connaissable *a priori*, et ce à quoi nous ne pouvons renoncer (s'il existe de telles choses)[1].

Une proposition nécessaire a donc la vérité (la propriété d'être vraie) de manière essentielle; une proposition (vraie) contingente l'a de manière contingente. Ici nous avons un cas particulier d'une distinction plus générale : celle qui existe entre un objet qui a une propriété de manière essentielle, et un objet qui l'a de manière accidentelle. La modalité *de dicto* est un cas particulier important de modalité *de re* : le cas particulier où l'objet en question est une proposition et où la propriété en question est la vérité. Mais c'est seulement un cas particulier; d'après le Réaliste modal au premier degré, *tous* les objets ont à la fois des propriétés accidentelles et essentielles : il y a des objets et des propriétés et les premiers ont certaines des secondes essentiellement et certaines autres accidentellement. Les propriétés « être identique à soi, être une personne » et « être possiblement conscient » me sont essentielles; les propriétés de « porter des chaussures » et d'« aimer les montagnes » me sont accidentelles. Neuf, pour reprendre un exemple célèbre[2] a de manière essentielle la propriété d'être impair, mais de manière accidentelle celle d'être le nombre des planètes. Bien sûr, il y a des variations sur le thème du réalisme modal au premier degré; au lieu de dire que tous les objets ont à la fois des propriétés essentielles et accidentelles, nous pourrions avoir dit que *certains* objets ont à la fois des propriétés accidentelles et essentielles. De manière plus atténuée encore, nous pourrions avoir considéré le réalisme modal au premier degré comme l'affirmation (*pace* Quine et d'autres) qu'il y a réellement une distinction entre nécessité et possibilité, comptant comme un Réaliste modal quiconque affirme cela, même s'il affirme aussi (peut-être avec Brand Blanshard et d'autres

1. *Op. cit.*, p. 2-9. Au premier groupe.

2. Exemple de Quine : s'il est nécessaire que 9>7 et si le nombre des planètes=9, il ne s'ensuit pas qu'il est nécessaire que le nombre des planètes>7 [*cf.* notamment *D'un point de vue logique*, trad. fr. S. Laugier (éd.), Paris, Vrin, 2003, p. 202-203 et 218-219].

idéalistes) que tous les objets possèdent leurs propriétés de manière essentielle.

B. *Degré II : Mondes possibles*

Insatisfait de l'affirmation que tous les objets ont à la fois des propriétés accidentelles et essentielles, le réaliste modal au second degré asserte qu'il y a des choses comme les *mondes possibles*. Pour tout état de choses ou proposition (temporellement invariant) S, S est possible si seulement il y a un monde possible qui l'inclut ou l'implique. Il peut penser de plus d'une façon aux mondes possibles. Il peut affirmer par exemple qu'il y a des états de choses aussi bien que des propositions, un état de choses étant un item tel que « Socrate étant sage », « 7 + 5 étant égal à 12 » et « n'existant pas de lions en Australie ». Ou un état de choses est *actuel* et est *présent*, ou il n'est pas actuel et échoue à être présent. Un état de choses S *inclut* un état de choses S* ssi il n'est pas possible que S soit actuel et que S* échoue à être actuel. Comme les propositions, les états de choses ont des compléments, ou des négations : en effet les états de choses et les propositions sont isomorphes, l'« actualité » et l'« inclusion » pour les états de choses remplaçant la vérité et l'implication pour les propositions. Le Réaliste modal peut aussi penser, comme moi, que certaines propositions (et certains états de choses) sont temporellement *variables*, leur valeur de vérité pouvant varier au fil du temps. Ainsi la proposition « Paul mange » est vraie au moment présent, mais non – et c'est heureux – à tout moment. Je considère qu'une phrase telle que « Paul mange » assertée à un temps t n'exprime pas la proposition temporellement invariante Paul mange à t mais une variante temporelle, vraie seulement au moment où Paul mange. Puisque les états de choses sont isomorphes aux propositions, il y a aussi des variantes temporelles des états de choses – « Paul mangeant » par exemple – état de choses qui est présent à certains moments, mais pas à d'autres [1]. Les mondes possibles sont alors des états de choses possibles : plus précisément ils sont des états de choses temporellement invariants. De manière encore plus précise, un monde possible est un état de choses possible *maximal*, un état de choses S étant maximal ssi pour tout état de choses S* ou bien S inclut S* ou bien S inclut le complément ¬S* de S*. À l'inverse, nous pouvons dire qu'un monde possible est une *proposition* maximale possible : une proposition qui est possible pour toute proposition p ou bien entraîne (au sens le plus large) p ou entraîne ¬p. (Bien sûr si les états de choses *sont* simplement des propositions, alors « à l'inverse » n'est pas approprié).

Il est clair que le second degré est évidemment une étape au-delà du premier : même s'il existe à la fois des états de choses nécessaires et contingents, à la fois des propositions nécessaires et contingentes, il ne s'ensuit pas, par une simple question de logique, qu'il y ait des propositions ou des états de choses possibles maximaux [2]. Peut-être pour chaque proposition possible p, y a-t-il une proposition possible q qui pour toute proposition p implique ou bien p ou son complément. (Ou peut-être y a-t-il des propositions ou des états de choses possibles qui ne sont pas impliqués ou inclus au sens propre dans des propositions ou états de choses quelconques, mais qui néanmoins ne sont pas maximaux). De plus, supposons que nous soyons d'accord qu'il y a au moins un monde possible : ceci exige un argument non trivial pour montrer que pour tout état de choses ou proposition S, S est possible ssi il y a un monde possible qui l'inclut ou l'implique [3].

1. Voir « Self-Profile », dans *Alvin Plantinga*, J. Tomberlin et P. Van Inwagen (éd.), Dordrecht, Reidel, 1985 (désormais cité *Profiles*) p. 90-91 et J. Pollock, « Plantinga on Possibles Worlds », *op. cit.*, p. 122.

2. Voir Pollock, *op. cit.*, p. 121-126 et ma réponse dans « Replies to my colleagues », *Profiles* (désormais cité *Replies*), p. 327-329.

3. *Loc. cit.*

D'après le Réaliste modal au second degré, pour toute proposition ou état de choses (possible) temporellement invariable, il y a un monde possible dans lequel elle est vraie ou est présente. De plus, il y a un monde possible qui inclut tout état de choses actuel[1] : le monde actuel, que j'appellerai « alpha ». Seul alpha est actuel, même si bien sûr tous les mondes existent actuellement. Qui plus est, ce vaste assemblage de mondes est complet et invariant du point de vue des mondes : chacun des mondes existe nécessairement et il ne pourrait y avoir un monde distinct de chacun de tous les mondes qui en fait existent. (Je m'exprime ainsi ; l'existentialiste[2] serait en désaccord). Nous pouvons maintenant avancer l'assertion traditionnelle mettant en relation la vérité dans des mondes avec la modalité *de dicto* : une proposition est nécessairement vraie ssi elle est vraie dans tout monde possible.

C. *Degré III : les choses ont des propriétés dans des mondes*

D'après le Réaliste modal au troisième degré, des objets concrets, tels que vous et moi, ont des propriétés dans des mondes. Cela n'est pas aussi trivial qu'il y paraît. Un objet x a une propriété P dans un monde w ssi il n'est pas possible que w soit actuel et que x existe mais échoue à être P – à l'inverse ssi w inclut x ayant P. Un objet ayant, de manière évidente, une propriété dans un monde n'est pas autre chose qu'un cas particulier d'objet ayant une propriété dans une proposition ou un état de choses : x a P dans une proposition A ssi il n'est pas possible que A soit vrai et que x existe mais échoue à avoir P.

---

1. Étant donné une proposition (ou un état de choses) P, il y a typiquement plusieurs propositions distinctes (ou états de choses) qui lui sont équivalentes ; pour des raisons de brièveté, j'ignorerai la question de savoir si cela s'applique aussi aux mondes possibles.

2. Voir « On Existentialism », *Philosophical Studies*, 1983, vol. 44, p. 1-20, voir aussi Pollock, *op. cit.*, p. 134-140 et ma réponse (*Replies*, p. 324-327) [il faut entendre ici apparemment par « existentialisme » la doctrine métaphysique de la contingence et non le courant historique germanopratin issu de Kierkegaard].

Mais n'est-il pas indubitable, en dehors de toute controverse, que Socrate, par exemple, a la propriété d'être sage dans la proposition « Socrate est sage » ? Cela n'est ni évident, ni indiscutable, parce qu'il n'est pas indiscutable qu'il y ait une proposition telle que « Socrate est sage » (ou un état de choses comme « Socrate étant sage »). Plus exactement, ce qui n'est pas indiscutable est que Socrate et la proposition exprimée par « Socrate est sage » sont tels qu'il n'est pas possible que la seconde soit vraie et que le premier échoue à être sage. En effet, supposons qu'une théorie des noms comme celle de Frege soit vraie : dans cette théorie un nom propre tel que « Socrate » est sémantiquement équivalent à une description définie telle « le maître de Platon », ou « le philosophe grec le plus abrupt ». Un nom propre exprime donc une propriété ; il exprime une propriété telle que : « étant le (seul) maître de Platon ou étant le philosophe grec le plus abrupt ». Une telle propriété est évidemment un accident de Socrate – ce dernier pourrait avoir existé, mais ne pas la posséder. S'il en est ainsi, alors la proposition exprimée par la phrase « Socrate est sage » pourrait avoir été vraie même si Socrate (la personne qui effectivement *est* le maître de Platon) n'était pas sage, pourvu qu'il existât quelqu'un qui fut sage et fût le seul maître de Platon. Si cette théorie des noms est correcte, alors la phrase « Socrate est sage » n'exprimerait pas une proposition dans laquelle Socrate a la sagesse. Il peut être soutenu de manière plus générale qu'il n'existe pas du tout de phrases qui expriment une proposition ainsi mise en relation avec Socrate et qu'il n'y a pas non plus de propositions ainsi reliées à lui. Soutenir cette vue c'est soutenir qu'il n'y a pas de proposition qui soit *singulière* relativement à Socrate. Une proposition est singulière en effet relativement à un objet x seulement si c'est une proposition dans laquelle x a une propriété ou une autre. Supposez ainsi qu'il n'y a aucune proposition singulière relative à des êtres concrets, contingents, tels que vous et moi : alors il n'y a pas de mondes singuliers relativement à nous et donc pas de mondes dans lesquels nous avons des propriétés. Dans cette théorie, les mondes seront ramsifiés*: il y aura des propositions générales ou des états de choses spécifiant que certaines propriétés et relations – certaines propriétés et relations *qualitatives* (en tant que distinguées des *quidditatives*[1]) sont exemplifiées. De tels mondes spécifieront pour chacun de nous individuellement et pour nous tous collectivement, différents rôles que nous aurions pu jouer; mais aucun monde ne spécifiera que vous ou moi joue un rôle donné. Un objet x a donc la propriété P dans un monde, seulement s'il y a des propositions singulières relativement à x et P. Mais s'il y a une proposition singulière relativement à x, alors clairement il y a un monde dans lequel x a P. Les objets ont donc des propriétés dans des mondes, ssi il y a des propositions singulières.

De plus, les objets ont des propriétés dans des mondes ssi il y a des *essences individuelles* qui sont les propriétés essentielles à un objet et essentiellement uniques relativement à cet objet[2]. Premièrement, il est évident que si un objet a une essence individuelle, alors il y a des mondes dans lesquels il a des propriétés. En effet supposons que Socrate a une essence **E** : alors il y a une proposition et un état de choses dans lequel Socrate possède la sagesse : « E et la sagesse sont co-exemplifiées » et « E étant co-exemplifiée avec la sagesse ». Évidemment, alors il y aura des mondes possibles dans lesquels Socrate possède la sagesse : ces mondes incluant les états de choses ou propositions en question. Ainsi s'il y a des essences individuelles, alors il y a des propositions singulières.

1. Voir « On Existentialism », p. 2.

2. Des exemples de telles propriétés seraient « être Socrate, être identique à cette chose même » (je fais référence au nombre 7) et des propriétés indexées à un monde et uniques pour un objet comme « être le premier chien, être né à la mer dans alpha » (pour des précisions sur les propositions indexées à des mondes, voir *The Nature of Necessity*, p. 62-65).

*La ramsification consiste à mettre une théorie sous forme d'énoncés dits de Ramsey, c'est-à-dire d'énoncés ne contenant que des variables liées existentiellement et ne contenant que des termes non théoriques.

Mais il est également facile de voir que s'il y a des propositions singulières, alors, étant donné certaines hypothèses plausibles, il y a aussi des essences individuelles. En effet supposons que nous sachions ce que c'est pour une proposition que de *prédiquer une propriété* d'un objet. Une proposition A prédique une propriété P d'un objet x si nécessairement, si A est vrai, alors x possède P[1]. Cette notion étant fournie, nous pouvons voir ceci que s'il y a des propositions singulières, il y aura aussi des essences. Considérons ainsi la proposition singulière « Socrate est sage ». Cette proposition prédique la sagesse de Socrate et rien d'autre. Il y a donc ainsi la propriété étant la personne dont la proposition *Socrate est sage* prédique la sagesse (ou la propriété étant vis-à-vis de la proposition Socrate est sage dans la relation dans laquelle un objet se tient à l'égard d'une proposition ssi cette dernière prédique la sagesse de l'objet) et cette propriété est une essence de Socrate. Elle lui est en effet clairement *essentielle* : il ne pourrait pas avoir existé et être comme si cette proposition ne prédique pas la sagesse à son égard. Elle est néanmoins essentiellement unique relativement à Socrate ; il ne pourrait pas y avoir quelqu'un distinct de Socrate qui serait comme cette proposition prédiquerait la sagesse à son propos. C'est donc une essence de Socrate.

D'après le Réaliste modal au troisième degré, les objets ont donc des propriétés dans les mondes. Au vu des équivalences données plus haut, il pourrait aussi bien avoir dit qu'il y a des propositions singulières, puisque les objets ont des propriétés ssi il y a des propositions singulières. Ou il pourrait avoir dit qu'il y a des essences individuelles, puisque les objets ont des propriétés dans les mondes ssi il y a des essences individuelles. Étant donné que

---

1. Cette condition est nécessaire, mais pas suffisante. La proposition « 7 est premier » prédique la propriété d'être premier au nombre 7 ; elle ne prédique pas cette propriété du nombre 5, en dépit d'une équivalence au sens logique large du mot de « 7 est premier » et « 5 est premier ». La proposition « Socrate est sage » prédique la sagesse de Socrate et ne prédique pas « être premier » de 7, en dépit de l'équivalence logique large de « Socrate est sage » et « 7 est premier ».

les objets ont des propriétés dans les mondes, nous pouvons avancer les assertions traditionnelles connectant la possession d'une propriété essentielle avec la possession de propriétés dans des mondes : un objet x a une propriété P de manière essentielle ssi x possède P dans tout monde où x existe ; x possède P de manière accidentelle ssi x possède P et s'il y a un monde dans lequel x existe, mais ne possède pas P.

Supposons maintenant que nous nous accordions sur le fait que les choses ont en effet des propriétés dans des mondes, de sorte qu'il y a en fait des essences individuelles. Surgissent alors des questions fascinantes, que je ne ferai que mentionner, sans les discuter. Premièrement : les objets ont-ils des essences *qualitatives*, c'est-à-dire des essences constructibles à partir de propriétés purement qualitatives ? Peut-être des disjonctions infinies de conjonctions infinies de propriétés de cette sorte ? Deuxièmement : une haeccéité d'un objet étant la propriété pour cet objet d'être cet objet-là, existe-t-il des *haeccéités* ? Les haeccéités sont-elles non qualitatives, s'il en est ainsi ? Existe-t-il, dans l'affirmative, d'autres essences non qualitatives ? Troisièmement : on avance un cas très intéressant d'essence individuelle, le cas de celles qui sont non exemplifiées, qui auraient certes pu être exemplifiées, mais qui en fait ne le sont pas. Les *existentialistes* – comme Robert Adams[1], Kit Fine[2] et Arthur Prior[3] – nient qu'il existe de telles choses, au prix, exorbitant, de nier l'une au moins de trois prémisses tout à fait plausibles[4]. Propositions singulières et propriétés quidditatives,

1. Voir par exemple « Theories of Actuality », p. 227-253 et « Actualism and Thisness », *Synthese*, vol. 49, 1981.

2. Voir son post-scriptum, dans A.-N. Prior et K. Fine, *Worlds, Times and Selves*, Londres, Duckworth, 1977 et « Plantinga on the Reduction of Possibilist Discourse », *Profiles*.

3. Voir par exemple « Modal Logic and the Logic of Applicability » et « Supplements to "Modal Logic and the Logic of Applicability" », dans *Worlds, Times and Selves*, et « The Possibly True and the Possible », dans *Papers in Logic and Ethics*, Londres, Duckworth, 1976.

4. Voir « On Existentialism », p. 9-20 et *Replies*, p. 340-349.

sont, disent-ils, dépendantes des individus qui les impliquent. Ainsi si Socrate n'avait pas existé, il en irait alors de même pour son essence individuelle.

D. L'actualisme et l'actualisme sérieux

Qu'en est-il alors des possibles – des *purs* possibles? Un *possible* serait une chose qui n'existe pas, bien qu'elle le pourrait; une chose qui n'existe pas dans le monde actuel mais dans un autre monde. Ne devrions-nous pas ajouter un quatrième degré de réalisme modal : celui propre à ceux qui soutiennent qu'en plus des choses qui existent, il y a celles qui n'existent pas? J'en doute. Il n'y a rien de spécifiquement modal dans ces choses dont il est allégué qu'elles n'existent pas – ou plus exactement il n'y a là rien de plus spécifiquement modal que dans n'importe quoi d'autre. Toute chose, qui existe est un *possible*; la réputation à laquelle prétendent ces soi-disant non existants ne naît pas de la prétention modale à exister de manière possible, mais de la prétention ontologique selon laquelle en même temps qu'il y *a* en effet de telles choses, elles n'*existent* tout simplement pas. Je ne pense donc pas que nous devions ajouter un degré de plus dans le réalisme modal pour des éléments qui sont source de désordre. Le réalisme modal doit cependant prendre position sur la question de savoir si des choses comme des purs possibles existent ou pas. Je suggère qu'il les rejette comme un piège, une illusion, et qu'il embrasse ce que l'on nomme parfois l'« actualisme ». L'actualisme dit qu'il n'y a pas et ne pourrait y avoir des choses qui n'existent pas (en comprenant nos quantificateurs comme complètement non restreints[*]). « Actualisme » n'est pas un terme convenable pour désigner l'actualisme. Il encourage de manière trompeuse une confusion entre actualité et existence, apparemment trop séduisante, au vu de ses mérites réels. L'actualiste ne soutient pas que tout est *actuel*; il reconnaît évidemment que certains états de choses ne sont pas actuels et certaines

---

[*] Quantificateur non restreint : quantificateur dont le domaine de quantification n'est pas restreint par exemple par le contexte.

propositions fausses. Il soutient que tout *existe* (à nouveau le quantificateur est pris de manière non restreinte) : il n'y a pas de choses qui n'existent pas[1]. L'usage du terme « actualisme » semble néanmoins solidement établi, en vertu de quoi il doit malgré tout être maintenu. Le Réaliste modal accompli sera donc appelé un actualiste. Il peut y avoir plus de choses que n'en rêve notre philosophie, mais il n'y a pas de choses en dehors de celles qui existent. En dépit du fait qu'il pourrait y avoir des choses distinctes de toutes celles qui existent, il ne s'ensuit pas qu'il existe certaines choses qui n'existent pas, mais qui auraient pu le faire[2]. Il suit de là, à mon avis, qu'il existe des essences non exemplifiées.

Embrassons donc l'actualisme ! Faisons un pas de plus : embrassons l'actualisme *sérieux* ! L'actualiste sérieux soutient de manière assez naturelle qu'absolument tout existe, mais il ajoute qu'une chose n'a pas de propriété dans les mondes où elle n'existe pas. En d'autres termes : pour tout monde w, si Socrate a une propriété dans w, alors Socrate existe dans w. Pour tout monde w, si w est tel que s'il avait été actuel, alors Socrate aurait possédé P, alors w est tel que s'il avait été actuel Socrate n'aurait pas pu avoir une propriété sans exister.

À la lumière de ce qui précède, l'actualisme sérieux semble certainement être *de rigueur* pour l'actualiste. S'il ne peut pas y avoir d'objets qui n'existent pas, comment serait-il possible que Socrate aurait du avoir une propriété quelconque, tout en n'existant pas ? S'il avait eu une propriété quelconque, alors il y aurait eu une chose telle que Socrate, auquel cas (en vertu de l'actualisme) il aurait *existé* une chose telle que Socrate. Certains actualistes rejettent cependant l'actualisme sérieux. Kit Fine[3] et John Pollock[4], tous

---

1. Cela s'oppose aussi à Meinong et plus précisément à la quantification meinongienne [*cf.* F. Nef, *L'objet quelconque*, Paris, Vrin, 1997, p. 232-241].

2. Voir « Actualism and the Possible Worlds », *Theoria*, 42, 1976, p. 160 ; également dans Loux (éd.), *The Possible and the Actual*, p. 272.

3. *Op. cit.*, p. 165-171.

4. *Ibid.*, p. 126-130.

deux des actualistes résolus, maintiennent que Socrate a des propriétés dans des mondes où il n'existe pas. Ils disent qu'il possède dans de tels mondes la non-existence, le complément de l'existence. Nous sommes tous d'accord, affirment-ils : il y a des mondes dans lesquels Socrate n'existe pas. Qu'y aurait-il alors de plus raisonnable, selon eux, que d'affirmer qu'il possède dans ces mondes la propriété de non-existence? Cette opinion, je le concède, est plausible, mais elle est superficielle. En l'examinant cependant de plus près nous pouvons voir, je pense, à la fois que l'actualisme sérieux est un corollaire de l'actualisme *tout court* et que la plausibilité apparente de l'opinion contraire est seulement apparente.

Premièrement, je propose donc de soutenir que si l'actualisme est vrai, alors Socrate n'a ni la propriété d'existence, ni le complément de cette propriété, dans les mondes où il n'existe pas. J'argumente à partir des deux prémisses suivantes :

> 1) Nécessairement pour toute propriété P, si P est exemplifiée, alors il y a quelque chose qui l'exemplifie,
>
> 2) Nécessairement, pour toute propriété P, tout ce qui exemplifie P existe.

J'admets (1) comme évident; (2) est une conséquence immédiate de l'actualisme. (Si nécessairement, comme l'atteste l'actualisme, tout existe, alors nécessairement tout ce qui remplit cette condition existe). Mais (1) et (2) impliquent (3) :

> 3) Nécessairement, si la non-existence est exemplifiée, elle est exemplifiée par quelque chose qui existe.

Il est clairement impossible que la non-existence (le complément de l'existence) soit exemplifiée par quelque chose qui existe; il est donc impossible que la non-existence soit exemplifiée. Supposons ainsi que Socrate a la propriété P dans un monde w dans lequel il n'existe pas : alors si w avait été actuel, Socrate aurait exemplifié « P & l'existence » (la conjonction de P et de l'existence) ou « P & la non-existence ». Il ne pourrait pas avoir exemplifié cette dernière conjonction; car si c'était le cas, la non-existence serait alors non exemplifiée, or nous avons vu que c'est impossible. Nous aurions donc exemplifié la première conjonction; nous aurions par conséquent exemplifié l'existence. Si c'est le cas, Socrate exemplifie l'existence dans tout monde dans lequel il exemplifie une propriété quelconque – exactement ce que prétend l'actualiste sérieux.

S'il en est ainsi, cependant, d'où vient que l'opinion inverse est plausible? Pourquoi semble-t-il conforme au sens commun d'affirmer ceci: Socrate exemplifie la non-existence dans les mondes dans lesquels il n'existe pas? Nous pouvons l'expliquer comme suit. En tant que Réaliste modal au troisième degré, nous acceptons qu'il y ait des propositions singulières. Une fonction propositionnelle est associée à chaque propriété P; sa valeur pour un objet donné, x, est la proposition singulière que x a P. Appelons ces fonctions des *conditions*. Une condition est alors associée à la propriété «être sage». Elle associe un objet – disons Socrate – et la proposition qu'il est sage. Bien sûr il y a aussi la condition associant Socrate et la proposition «il est faux que Socrate est sage» – proposition différente de la proposition «Socrate est non sage»[1]. Nous avons donc quatre conditions:

x est sage
x est non sage
¬(x est sage)
¬(x est non sage)

Les deux premières conditions sont *prédicatives*, selon l'actualiste sérieux – c'est-à-dire leurs valeurs, pour un objet quelconque x pris comme un argument, prédiquent une propriété de x. Leurs valeurs, pour Socrate pris comme un argument, prédiquent respec-

---

1. Cette dernière proposition est vraie seulement dans les mondes dans lesquels Socrate existe et possède le complément de la sagesse, tandis que la première est vraie dans ces mondes, mais aussi dans les autres mondes où Socrate n'a pas cette propriété, c'est-à-dire les mondes dans lesquels Socrate n'existe pas.

tivement la sagesse et la non-sagesse ; pour Socrate pris comme un argument, elles prédiquent en effet une propriété (la fausseté) des propositions « Socrate est sage » et « Socrate est non sage » ; elles ne prédiquent néanmoins aucune propriété de Socrate lui-même. Plus généralement, la valeur de la condition imprédicative pour un objet x prédique aucune propriété de x, bien qu'elle puisse prédiquer une propriété d'une proposition prédiquant une propriété de x.

Il est peut-être dès lors plausible de penser que les propriétés sont simplement des conditions – ou au moins sont si intimement connectées avec elles que pour chaque condition distincte il y a une propriété distincte : la propriété que la valeur de cette condition prédique de x, pour un objet donné x pris comme argument. En d'autres termes, il est plausible de penser que les conditions *prédicatives* sont intimement connectées avec les propriétés. Comme nous l'avons vu, selon l'actualiste sérieux la valeur d'une condition imprédicative, pour un objet x ne prédique pas une propriété de x. L'actualisme néanmoins implique par l'argument ci-dessus qu'aucun objet peut satisfaire une condition prédicative dans un monde dans lequel il n'existe pas. L'actualisme sérieux est ainsi justifié.

L'actualiste opposé à l'actualisme sérieux (l'« actualiste frivole ») n'est pas à court de réponse. « Est-il aussi évident », dit-il, « qu'une proposition comme il est faux que Socrate est sage prédique aucune propriété de Socrate ? Il est exact qu'elle prédique la fausseté de la proposition Socrate est sage ; mais pourquoi cela devrait-il l'empêcher de prédiquer une propriété de Socrate – peut-être la propriété d'être tel que la proposition qu'il est sage est fausse ? Mais si ceci est correct, alors après tout les conditions que nous appelons imprédicatives ne le sont pas et donc Socrate peut satisfaire *ces* conditions dans des mondes où il n'existe pas. Sûrement, par exemple, il peut satisfaire les conditions "$\neg(x$ existe$)$" et "$\neg(x$ est sage$)$" dans ces mondes où il n'existe pas ; après tout les valeurs de ces fonctions pour Socrate pris comme argument sont vraies dans ces mondes ».

Nous devons cependant accorder ici une attention soigneuse à cette idée d'un objet satisfaisant une condition dans un monde – ou plutôt nous devons distinguer deux notions qui sont liées et cachées dans ces questions. D'un côté il y a l'idée qu'un objet x satisfait une condition C dans un monde w ssi nécessairement si w avait été actuel, alors x aurait satisfait C. D'un autre côté, il y a l'idée qu'un objet x satisfait une condition C dans un monde w ssi C(x) est vrai dans w – c'est-à-dire ssi w avait été actuel, alors la valeur de C pour x pris comme argument aurait été vraie. Nous pouvons formuler cela ainsi :

> D1. x satisfait C dans w ssi nécessairement, si w avait été actuel, alors x aurait satisfait C.
>
> D2. x satisfait C dans w ssi nécessairement C(x) est vraie dans w.

Pour marquer la différence entre les deux, disons que x satisfait C *dans* w si x, C et w sont liés comme dans D1 et que x satisfait C *à* w s'ils sont reliés comme dans D2. Il faut noter alors que si l'actualisme est vrai, aucun objet ne satisfait une condition (ou a une propriété) *dans* un monde dans lequel il n'existe pas, bien qu'un objet comme Socrate satisfait une condition telle que « ¬x est sage » *à* des mondes dans lesquels il n'existe pas. On peut se persuader de cela par un argument qui est le parallèle exact de celui qui a été donné plus haut (p. 282) pour la conclusion selon laquelle Socrate n'a pas de propriétés dans les mondes dans lesquels il n'existe pas. Mes prémisses sont :

> 4) Nécessairement, pour toute condition C si C est satisfaite, alors il y a quelque chose qui la satisfait.
>
> 5) Nécessairement, pour toute condition C tout ce qui satisfait C existe.

À nouveau (4) est évident et (5) découle de l'actualisme. Mais (4) et (5) impliquent conjointement (6) :

> 6) Nécessairement, si la condition « ¬(x existe) » est satisfaite, alors elle est satisfaite par quelque chose qui existe.

Le conséquent de (6) est cependant impossible; il est donc impossible que « ¬(x existe) » soit satisfaite. Il peut sembler quelque peu étrange qu'il y ait des conditions ne pouvant être satisfaites, alors même qu'il y a des mondes dans lesquels elles le peuvent. Cette bizarrerie purement verbale est due à une idiosyncrasie relative à notre définition de : « satisfait *à* ». C est bien sûr satisfait *dans* quelque monde possible seulement si C peut être satisfait, la même chose ne pouvant être dite de la satisfaction *à*.

Il s'ensuit cependant qu'il n'y a pas maintenant de monde possible dans lequel Socrate satisfait « ¬(x existe) ». Supposons en effet qu'il satisfait cette condition dans un monde possible w, alors w n'est pas possible après tout, contrairement à l'hypothèse. Ni Socrate, ni quoi que ce soit d'autre, ne satisfont donc « ¬(x existe) » *dans* aucun monde (bien qu'évidemment Socrate et beaucoup d'autres choses satisfont « ¬(x existe) » *à* beaucoup de mondes possibles). Nous pouvons poursuivre, comme auparavant, en montrant que Socrate ne satisfait aucune condition dans un monde qui n'existe pas. En effet, supposons que Socrate satisfait C (= « x est C ») dans w. Alors ou bien Socrate satisfait « x est C & x existe dans w », ou Socrate satisfait « x est C et ¬(x existe) dans w ». Comme nous l'avons vu, la dernière condition est impossible; donc si Socrate satisfait C dans w, alors il satisfait aussi « x existe dans w », auquel cas il existe dans w. Penser qu'un objet peut satisfaire n'importe quelle condition, prédicative ou imprédicative dans des mondes dans lesquels il n'existe pas est donc erroné. Un objet satisfait donc une condition ou exemplifie une propriété dans un monde possible, seulement s'il existe dans ce monde, exactement comme l'actualiste sérieux le prétend. L'actualisme sérieux découle donc de l'actualisme *simpliciter*; la tentation de penser autrement trouve, je crois, son origine dans une tendance à confondre *satisfaction dans* et *satisfaction à*. Il est facile de confondre les deux et cette confusion conduit immédiatement à l'idée que Socrate satisfait la non-existence dans les mondes où il n'existe pas. Le Réaliste modal au premier degré soutient donc que les individus en général et les propositions en particulier ont des propriétés à la fois accidentelles et essentielles ; le Réaliste modal au second degré ajoute qu'il existe des mondes possibles. D'après le réalisme modal au troisième degré, les objets ont des propriétés dans des mondes – en d'autres termes, les objets ont des essences. Le Réaliste modal soutiendra aussi, je l'espère, qu'il n'y a pas de choses non existantes dans le monde qui est en fait actuel. En fin de compte, puisqu'il est actualiste, il doit aussi embrasser l'actualisme sérieux.

II. *Le réductionnisme modal*

Supposez ceci : vous êtes, comme, disons, W. V. Quine, un amateur de paysages désertiques ; vous ne croyez en rien à l'exception des individus concrets et des constructions ensemblistes édifiées sur leur base. Supposez de plus que vous êtes porté à accepter nos opinions modales communes : vous croyez que les choses pourraient avoir été différentes de multiples façons, que si les choses avaient été différentes de manière appropriée, alors vous auriez eu des propriétés qui en fait vous manquent, et qu'il aurait pu y avoir des gens distincts de tous ceux qui actuellement existent. Alors, vous vous heurteriez à un problème : comment construire ces faits modaux sans recourir à des propositions qui sont vraies mais qui pourraient être fausses, des propriétés qu'un objet a accidentellement, des mondes possibles qui sont purement possibles et des essences qui ne sont pas exemplifiées. En effet aucune de ces choses ne semble s'accommoder de l'idée suivant laquelle tout ce qui existe est ou un individu concret ou un ensemble.

Que faire ? Eh bien, vous pouvez *quiniser** toute la bande en goguette : vous dites qu'*il n'y a* tout simplement *pas* d'essences, de mondes possibles, de propriétés, de propositions et d'autres choses semblables. La science sérieuse, vous le proclamez, n'a pas de

---

* *Quiniser* : réduire un fragment de langage ou une théorie à une logique extensionnelle, du premier ordre, en supprimant tout ce qui est modal, temporel ou indexical. L'expression se trouve aussi chez Dennett où elle signifie réduire, naturaliser l'intentionnalité.

place pour de tels éléments malsains et vous poursuivez en blâmant une éducation pernicieuse et précoce de notre tendance puissante à penser en termes modaux. Une alternative plus subtile existe cependant ; vous pouvez adopter toute cette ménagerie bigarrée, en faisant montre d'un enthousiasme tout extérieur, tout en cherchant à la dompter, pour introduire de l'ordre – en l'analysant en termes d'objets que vous préférez : vous pouvez les *modéliser* eux et leurs propriétés, à partir des *concreta* et des ensembles. C'est là la stratégie de David Lewis, dont la pensée modale puissante et subtile me fournira le principal exemple de réductionnisme modal.

A. *La théorie modale de Lewis*

La théorie de Lewis de la modalité et des mondes possibles a pris d'abord la forme d'une « théorie de la contrepartie » (*counterpart theory* *) :

> La relation de contrepartie (*counterpart relation*) est notre substitut de l'identité des choses à travers les mondes. Là où certains affirment que vous existez dans plusieurs mondes, dans lesquels vous avez des propriétés quelque peu différentes et où vous arrivent des choses dans une certaine mesure différentes, je préfère dire que vous existez dans le monde actuel et dans aucun autre, mais que vous avez des contreparties dans de nombreux autres mondes. Vos contreparties vous ressemblent étroitement à beaucoup d'égards, dans le contenu et le contexte. Ils vous ressemblent plus que les autres choses dans leurs mondes. Mais ils ne sont pas vous. Car chacun d'eux est dans son propre monde et vous seulement êtes dans le monde actuel. Nous pourrions dire en effet, en parlant simplement, que vos contreparties sont vous dans d'autres mondes, que vous et eux sont les mêmes ; mais cette ressemblance n'est pas plus une identité littérale que la ressemblance entre vous aujourd'hui et

---

* Je traduis « *counterpart* » par « contrepartie », de préférence à « réplique », suivant la traduction par J.-P. Cometti et M. Caveribère de D. Lewis, *La Pluralité des Mondes*, Paris, L'éclat, 2007. Je renonce à « homologue » qui est exact, mais vraiment trompeur.

vous demain. Il vaudrait mieux dire que vos contreparties sont des hommes que vous auriez été, si le monde avait été différent[1].

D'après cette manière de voir, vous et moi existons dans un seul monde possible : le monde actuel. Maintenant, pourquoi Lewis dirait-il une telle chose ? Pourquoi différerait-t-il si nettement du Réaliste modal, qui soutient typiquement que chacun de nous existe dans des mondes possibles différents ? Voici sa réponse dans « Counterpart and Modal Logic » :

> P2, le postulat d'après lequel rien n'existe dans plus d'un monde, sert seulement à écarter des problèmes d'individuation qu'on peut éviter (*op. cit.* p. 114).

Cependant, dès que nous parvenons à discerner ce que Lewis pense à propos des mondes possibles, nous apercevons une meilleure réponse. Les mondes possibles, dit-il, sont des individus concrets spatiotemporellement isolés, ce qui n'était pas complète-ment clair dans ses premiers écrits. Considérez donc le passage célèbre de *Counterfactuals* :

> Je crois qu'il y a des mondes possibles autres que celui dans lequel il se trouve que nous habitons. Si nous avons besoin d'un argument, le voici. Il est indubitable que les choses auraient pu être différente d'un nombre infini de façons. Mais qu'est-ce que cela signifie ? Le langage ordinaire autorise la paraphrase : il y a beaucoup de manières dont les choses peuvent être différentes de ce qu'elle sont actuellement. Cette paraphrase est une quantification existentielle. Elle dit qu'il existe beaucoup d'entités qui satisfont la description « manières dont les choses auraient pu être ». Je crois que les choses auraient pu être différentes d'un nombre innombrable de manière ; je crois des paraphrases admissibles de ce que je crois : prenant la para-phrase au pied de la lettre, je crois donc dans l'existence des entités

---

1. « Counterpart Theory and Quantified Modal Logic », *Journal of Philosophy*, 1968, p. 114-115, repris dans Lewis, *Philosophical Paper*, Oxford, Oxford UP, 1983.

qui peuvent être appelées « manières dont les choses auraient pu être ». Je préfère les appeler des « mondes possibles »[1].

Cette suggestion semble davantage compatible avec l'idée que les mondes possibles ne sont pas des *concreta*, tels que vous, moi et Dieu, mais des *abstracta*, comme l'ensemble vide et le nombre 7. « Les manières dont les choses auraient pu être », peut-on penser raisonnablement, seraient peut-être des propriétés ou des propositions, ou des états de choses, ou d'autres *abstracta*[2]. Lewis a néanmoins éclairci récemment sa manière de voir les choses :

> Y a-t-il d'autres mondes ? Je dis qu'il y en a. Je plaide pour la pluralité des mondes, ou *réalisme modal*... qui soutient que notre monde n'est qu'un monde parmi de nombreux autres. Il y a d'innombrables autres mondes, d'autres choses inclusives. Nous et ce qui nous entoure, même éloignés dans le temps et l'espace, constitue notre monde. Exactement comme une chose de grande taille ayant des parties plus petites, ainsi d'autres mondes ont des choses imaginaires comme des parties. Les mondes sont quelque chose comme des planètes lointaines, à l'exception que la plupart sont plus grands que de pures planètes et ne sont pas éloignés. Ni ils ne sont à portée de la main. Ils ne sont à aucune distance spatiale quelconque d'ici. Ils ne sont pas plus dans le passé et dans le futur, ni en l'occurrence proches ; ils ne sont à aucune distance temporelle de maintenant. Ils sont isolés : il n'y a ni relations spatiotemporelles entre des choses qui appartiennent à des mondes différents, ni une chose survenant dans un monde qui cause la survenance de quelque chose dans un autre monde[3].

1. *Counterfactuals*, Cambridge, Mass., Harvard UP, 1973, p. 84.

2. Comme je l'ai affirmé en discutant les vues de Lewis dans *The Nature of Necessity*, p. 102-114.

3. *On the Plurality of Worlds*, Oxford, Blackwell, 1986, p. 2 (désormais cité *Plurality*, les références à D. Lewis, comportant uniquement l'indication des pages, renverront désormais uniquement à cet ouvrage).

Ainsi, les mondes sont des particuliers concrets – certains d'entre eux énormes, mais d'autres pas plus gros qu'une mouche [1]. Tout monde, de plus, est *maximal*, au sens où chacune de ses parties est reliée spatiotemporellement à chacune de ses parties et seulement de ses parties. Supposez donc qu'on les appelle des « objets maximaux ». Les objets maximaux, alors, ne sont pas des individus qui n'existent pas mais auraient pu exister ; chacun d'eux existe tout à fait, bien qu'ils ne soient pas spatiotemporellement reliés à vous et moi (à l'exception de celui dont nous sommes une partie). Ce à quoi nous référons habituellement par « l'univers » est l'un de ces objets maximaux ; Lewis l'appelle le « monde actuel ». Mais si les mondes possibles sont des objets maximaux et si vous et moi sommes des parties d'un tel objet maximal, alors il est facile d'apercevoir là une bonne raison de penser que vous et moi existons dans un seul objet maximal : si nous existions dans plus d'un, alors chacun serait spatiotemporellement relié à l'autre (en vertu du fait de partager quelque partie) et donc ne serait pas, dans ce cas, maximal [2].

Ainsi j'existe dans un seul monde ; comment se fait-il alors que j'aie des propriétés accidentelles ? S'il n'y a pas d'autre monde dans lequel j'existe, alors pour chaque propriété que je n'ai pas, il n'y a pas de monde dans lequel je l'ai – alors comment se fait-il que j'aie une telle propriété ? Lewis répond : j'ai une propriété de manière possible si j'ai une contrepartie – quelqu'un qui dans ce [3] monde ou

1. En fait certains d'entre eux *sont* des mouches ; Lewis soutient que chaque particulier concret a un double qui est coextensif avec ce monde et donc qui *est* ce monde.

2. Il y a un exposé plus détaillé de la conception de Lewis des mondes possibles dans P. van Inwagen « Two Concepts of Possibles Worlds » (*Midwest Studies in Philosophy* XI, 1986, p. 185-192), exposé qui comporte également une critique efficace.

3. Dans *Plurality* Lewis autorise, à la différence de « Counterpart Theory and Modal Logic » (*sic*), qu'un objet puisse avoir une contrepartie dans son propre monde.

un autre est suffisamment semblable à moi – qui la possède[1]. Il est possible que je sois pieds nus aujourd'hui ; c'est-à-dire que dans un certain monde il y a quelqu'un qui me ressemble et qui est pieds nus. Un objet a une propriété accidentellement ssi il l'a et a une contrepartie qui ne l'a pas ; un objet a essentiellement une propriété ssi il l'a et que toutes ses contreparties l'ont également.

Les mondes possibles sont par conséquent des objets maximaux. Le monde actuel est l'objet maximal dont nous sommes des parties ; les autres objets maximaux et leurs parties sont des *possibilia*. D'après Lewis un *possible* est un individu concret qui est une partie (ou la totalité) d'un monde et qui est spatiotemporellement non relié à nous. *Pace* Meinong, Castañeda et Parsons, les *possibilia* ne sont pas des choses qui n'existent pas mais qui auraient pu ; bien plutôt ce sont des choses qui existent aussi solidement que vous et moi, bien que dans aucune de nos dimensions spatiotemporelles (à l'exception de ceux qui occupent le même monde). Les *propriétés* sont des ensembles – n'importe quel ensemble ; un objet a une propriété ssi il est un membre de cet ensemble. Une *essence individuelle* est l'ensemble d'un individu donné et de ses contreparties. Les *propositions* (ou les états de choses : Lewis ne fait pas la distinction) sont des ensembles de mondes possibles : une proposition est *vraie* ssi le monde actuel est un membre de l'ensemble, *possiblement vraie* ssi il n'est pas vide, *nécessaire* ssi il est l'ensemble de tous les mondes possibles et *impossible* ssi il est l'ensemble vide. Certaines propositions bien sûr, sont des singletons ; puisque certains mondes sont des ânes ou des mouches, certaines propositions sont des singletons d'ânes ou de mouches.

---

1. Nous pouvons ignorer ici une complication : Lewis soutient qu'il existe plusieurs relations de contrepartie relatives à différents contextes, de manière qu'un objet peut être une contrepartie dans un contexte et pas une contrepartie dans un autre contexte.

B. *Réalisme modal ?*

À première vue, Lewis semble être un modèle de Réaliste modal; Robert Stalnaker et d'autres l'appellent même un Réaliste modal *extrême*. Prenez le premier degré du réalisme modal, la théorie selon laquelle il y a des objets qui ont des propriétés accidentelles et essentielles. Lewis assume-t-il cette théorie? Un objet a une propriété P *essentiellement*, affirme-t-il, ssi il est un membre de P et s'il en va ainsi de toutes ses contreparties; il a P *accidentellement* ssi il est un membre de P, mais a une contrepartie pour qui ce n'est pas le cas. Il soutient que chacun de nous a des contreparties, qui ont des propriétés que nous n'avons pas; il soutient aussi que chacun de nous et toutes nos contreparties sont des membres de l'ensemble universel des individus. Ne devrions-nous pas alors conclure que d'après lui les objets ont des propriétés, à la fois essentiellement et accidentellement? Prenez la modalité *de dicto*, ce cas particulier de premier degré. Lewis soutient que parmi les ensembles d'objets maximaux contenant l'objet maximal dont nous sommes une partie, certains contiennent moins que tous ces objets et certains (au moins un) les contiennent tous – devons-nous conclure que d'après lui certaines propositions sont contingentes et d'autres nécessaires? Tournons-nous vers le second degré de réalisme modal : Lewis ne prétend-il pas en effet, en insistant avec obstination, qu'il y a des mondes possibles? Tournons-nous enfin vers le troisième degré de réalisme modal : Lewis n'affirme-t-il pas à la fois qu'il existe des essences individuelles (l'ensemble constitué par un individu et ses contreparties) et que les objets ont des propriétés dans des mondes (un objet a une propriété dans un monde ssi il est un membre de cette propriété et est une partie de ce monde)? Ne s'ensuit-il pas alors que la théorie de Lewis est un échantillon de réalisme modal et un échantillon également de réalisme des mondes possibles?

Non, tout au contraire. La théorie de Lewis n'est réaliste *qu'en apparence*; en réalité cependant elle n'est pas du tout réaliste – du moins essaierai-je de le montrer. Bien entendu, cela n'est en rien dirigé contre l'opinion en question : personne ne peut exiger que vous deviez être un Réaliste modal. Tournez-vous d'abord vers la modalité *de dicto*, ce cas particulier de réalisme modal au premier degré d'après lequel certaines propositions vraies sont contingentes et d'autres nécessaires, et dites qu'une théorie est *réaliste* si elle asserte qu'il y a effectivement des choses de cette sorte, *anti-réaliste* si elle asserte qu'il n'existe pas de telles choses, et *non réaliste* si elle n'est pas réaliste. Je crois que la théorie de Lewis est en l'occurrence un exemple d'antiréalisme. Il est vrai que Lewis semble *affirmer* qu'il y a des propositions contingentes et nécessaires, mais il dit aussi qu'elles sont des *ensembles*. Il y a beaucoup de propositions contingentes ; chacune est un ensemble d'objets maximaux. Il y a juste une proposition nécessaire : l'ensemble de tous les objets maximaux ; il y a uniquement une seule proposition nécessairement fausse : l'ensemble vide.

Je ne déplore pas seulement que dans sa théorie il y ait seulement une proposition nécessaire (ou nécessairement fausse), alors qu'en fait il est clair qu'il y en a beaucoup. C'est une plainte légitime : une personne peut savoir que $1 + 2 = 3$, même s'il ignore que l'arithmétique est incomplète ou que la conjecture de Goldbach est vraie (si elle l'est) ou qu'il existe une personne telle que Dieu. Ce reproche est donc légitime ; mais si c'est la multiplicité que nous voulons, Lewis est prêt à nous satisfaire. Il a d'autres constructions ensemblistes à sa disposition pour « jouer le rôle » des propositions et parmi elles il y en a avec autant de multiplicité que vous le désirez (p. 57). Mais mon accusation va droit au fait et se présente comme à la fois beaucoup plus évidente et beaucoup plus radicale : les ensembles, comme nous le savons tous, ne sont pas de ces sortes de choses qui peuvent être vraies ou fausses. Vous enseignez un cours de théorie des ensembles. Lors du premier cours, un étudiant agressif et confus demande à connaître votre opinion sur l'ensemble vide : est-il vrai, demande-t-il, ou est-il est faux ? Il ajoute (un peu brutalement) que d'après lui il est complètement faux. Votre réponse, qui est la bonne, est qu'il n'est ni vrai, ni faux ; les ensembles ne sont pas ce genre de chose qui peut être vraie ou fausse. Lorsque cet étudiant prétend que l'ensemble vide est faux, ce qu'il dit est évidemment erroné. Faut-il que cette affirmation pour être absolument erronée soit le fait d'un philosophe de talent, et non celui d'un étudiant confus ? Peut-être la ligne de réponse de Lewis serait-elle alors la suivante : des choses comme des propositions *existent* – c'est-à-dire des choses qui sont vraies ou fausses et peuvent être crues ou pas crues – cela relève de l'opinion commune et c'est quelque chose que nous savons tous de manière préthéorique. Mais nous ne savons pas de manière préthéorique ce que sont ces choses ou quelle est leur nature : *cela* est une question non pour l'opinion commune, mais pour le théoricien[1] (peut-être Lewis dirait ici, comme il le dit dans un autre contexte, que si « l'intuition naïve prétend décider sur une question si abstruse, nous devons lui conseiller de tenir sa langue » (p. 246)). Ici la théorie subit une faible pression de la part de l'opinion commune ou du savoir préthéorique. Mais alors aucune théorie ne peut être anti-réaliste relativement aux propositions, simplement en disant que les propositions sont des ensembles (ou en leur attribuant cette nature).

Il est clair que tout cela est partiellement vrai : beaucoup de choses concernant la nature des propositions ne sont pas sues de manière préthéorique. Sont-elles, comme certains l'ont pensé, des phrases d'un langage donné, vaste et puissant ? Sont-elles, comme Augustin et la tradition médiévale l'ont répété, des pensées divines ? Ont-elles une structure interne ? Ont-elles des propriétés, des objets concrets, comme constituants ? Y a-t-il des propositions singulières ? Lewis a raison : il n'y a pas de réponse préthéorique à ces questions. Cependant nous connaissons *quelque chose* de la nature des propositions, antérieurement à cette théorie. (En vertu de

---

1. « "Propriété" et le reste [par exemple "proposition"] sont des noms associés en premier lieu avec des rôles dans notre pensée. C'est un engagement ferme du sens commun qu'il y a des entités qui jouent des rôles et correspondent à des noms, mais notre maîtrise pratique des usages des noms ne prouve pas que nous ayons beaucoup d'intuition du type d'entités dont il s'agit. C'est un problème réservé aux théoriciens », *Plurality*, p. 189.

cette connaissance préthéorique, nous savons par exemple que les propositions ne peuvent être des phrases de l'Anglais ou de l'Allemand). Il est concevable qu'elles se révèlent être en fin de compte des phrases idéalisées ou des pensées divines ; mais elles ne peuvent se révéler être en fin de compte simplement *quelque chose* – par exemple des ânes, des mouches ou des tables[1]. Nous savons qu'aucune proposition n'est un âne ou une mouche. Nous savons que personne ne croit les mouches ou les ânes[*] (et ceci nullement à cause d'une tendance déprimante de ces derniers à mentir).

D'après la théorie de Lewis, aucune proposition n'est un âne ou une mouche (bien que certains mondes possibles soient de telles choses), mais certains d'entre eux – qui sont innombrables – sont des singletons de mouches et d'ânes. Je maintiens que cela est quelque chose que nous savons préthéoriquement être faux. De même que nous pouvons voir qu'une proposition ne peut être un âne ou une mouche, nous pouvons voir qu'une proposition ne peut être un singleton d'une mouche, ou tout autre ensemble de mouches ou d'ânes, ou de tout autre animal – ou un ensemble d'objets concrets de n'importe quelle sorte. Vous ne pouvez pas croire un ensemble et un ensemble ne peut être vrai ou faux. Le problème fondamental est que les ensembles, comme les ânes, manquent de manière évidente des propriétés intentionnelles en question – les propriétés intentionnelles que possèdent les propositions. Un ensemble n'est ni une affirmation, ni quelque chose comme une affirmation ; il ne représente ses membres ou quelque chose d'autre comme étant tel et tel ; il n'est jamais ni ne produit une telle

---

1. Selon R. Cartwright « On dit que Moore a eu une fois un cauchemar dans lequel il était incapable de distinguer entre des propositions et des tables », « Propositions », dans R.J. Butler (éd.), *Analytical Philosophy*, New York, Barnes et Noble, Inc., 1962, p. 103.

[*] Bien entendu il s'agit de croire dans un sens fort : dans un sens faible (ou imagé) on peut croire quelqu'un, si croire signifie autre chose que « croire que p ». Plantinga fait ici une observation syntaxique : le complément d'objet de croire, au sens strict, est une proposition. Croire au sens fort quelqu'un est un exemple de violation catégorielle.

affirmation sur la manière d'être des choses [1]. Le singleton d'un âne par exemple ne représente pas le membre de ce singleton comme étant un âne, ou un non âne, ou quoi que ce soit d'autre ; il est muet à ce sujet comme sur tout autre. Il est certain qu'il ne représente pas les choses comme étant telles qu'il n'y ait pas de chevaux et que tous les cochons volent, comme ce serait le cas dans la théorie de Lewis, si son membre était un objet maximal. Dans la théorie de Lewis, l'ensemble vide est la proposition impossible. (S'il est nécessaire qu'il y ait un ensemble vide, alors l'ensemble vide, d'après cette théorie, est la proposition qu'il n'y a pas d'ensemble vide!). Mais pourquoi dire que c'est *cette* proposition? Si l'ensemble vide est une proposition, pourquoi ne serait-elle pas une proposition nécessaire, ou tout autre proposition? J'affirme évident que l'ensemble vide n'est aucune proposition, d'aucune sorte. Ce n'est pas l'affirmation qu'il y a des célibataires mariés ou que $3 + 1 = 7$ ou qu'il n'y a pas de telle chose que l'ensemble vide, ni la négation de ces affirmations. Un ensemble n'est pas une affirmation ; il ne représente pas plus les choses comme étant d'une certaine manière qu'un éléphant a des sous-ensembles. D'après Lewis il y a des *possibilia* concrets, des ensembles, et rien d'autre [2]. Cependant s'il en est ainsi, il n'y a pas de propositions du tout, et donc aucune qui soit nécessaire ou contingente. Je crois donc que la théorie de Lewis est non réaliste et même antiréaliste relativement au cas particulier du réalisme modal au premier degré.

Supposez maintenant que nous nous tournons vers la thèse plus générale du réalisme modal au premier degré, suivant laquelle les

1. Lewis bien sûr ne serait pas d'accord : bien sûr il suggère qu'un objet concret – par exemple une autre personne – peut me représenter comme étant ceci ou cela ; elle peut me représenter comme étant *cela* : « Ce n'est pas un autre monde quelconque, différent du notre de manière haeccéitique, qui représente *de re* à propos de moi que je suis Fred ; c'est Fred lui-même, situé comme il l'est dans notre monde » (p. 232).

2. Mais les choses ne sont pas si simples ; Lewis parle d'individus et de constructions ensemblistes qui en dérivent comme les choses « envers lesquelles il est le plus engagé » et il a aussi de la sympathie pour l'idée qu'il y a des universaux immanents ou des tropes (mais probablement pas les deux) (p. 64-69).

objets ont à la fois des propriétés essentielles et accidentelles. Est-elle vraie dans la théorie de Lewis? Est-il vrai dans la théorie de Lewis que Socrate aurait pu avoir la propriété d'être insensé? Bien sûr il peut assumer la suite de mots : « Socrate aurait eu la propriété d'être insensé »; d'après lui cette phrase est vraie, exprime une vérité. Mais le fait d'énoncer ou d'écrire de manière assertive ou sincère « Il y a des X » est insuffisant pour soutenir qu'il y a des X, quand ma théorie assigne la vérité à cette phrase. Peut-être par exemple j'emploie les mots en question d'une telle manière qu'ils n'expriment pas en fait les propositions mentionnées. Comparez le théologien ultralibéral qui dit que d'après lui il y a certes une personne comme Dieu – la phrase « Il y a un Dieu » exprime une vérité – mais qu'il n'y a pas d'êtres surnaturels et que, lorsqu'il emploie le mot « Dieu », celui-ci dénote le processus « évolutif et historique » qui l'a fait exister[1]. Il est infiniment probable que la théorie de ce théologien n'est pas réaliste relativement à Dieu.

Dans la théorie de Lewis, se pose donc la question : est-ce que les individus ont des propriétés accidentelles? D'après la théorie, vous avez des contreparties qui sont des membres d'ensembles dont vous n'êtes pas un membre. Cela est présenté comme une analyse de votre possession accidentelle de certaines propriétés. Cette analyse est-elle néanmoins correcte? Supposez qu'il existe une personne qui est tout à fait comme vous et qui soit un membre d'un ensemble dont vous n'êtes pas membre : est-ce que cela est *pertinent* pour le fait d'avoir une propriété quelconque pour vous? Il est difficile de voir en quoi. D'après cela, qu'il y ait une personne insensée qui par ailleurs est comme Socrate n'a rien à voir avec la question : Socrate aurait-il pu être insensé? Ce n'est certainement pas suffisamment pertinent pour la possibilité d'être insensé en ce qui concerne Socrate. Le fait, si c'est un fait, que cette personne est non reliée à nous et à Socrate spatiotemporellement n'aide pas non

---

1. G. Kaufman, *Theology for a Nuclear Age*, Manchester, Manchester UP, 1985, p. 43 (bien entendu je ne suggère en aucune façon une parenté réelle entre la pensée de David Lewis et la théologie libérale contemporaine).

plus. Ce n'est pas non plus nécessaire; même si tout le monde était sage (même ceux, s'il en existe, qui habitent des objets maximaux distincts des nôtres), il pourrait être tout de même le cas que Socrate aurait été insensé. L'existence d'autres objets maximaux et de contreparties qui sont des membres d'ensembles dont je ne suis pas membre est clairement non pertinente en ce qui concerne le phénomène de la modalité. J'aurais certainement pu être nu-pieds même si tout le monde, même ceux dans les objets maximaux s'il y a, portait des chaussures. L'analyse proposée est sûrement incorrecte; elle ridiculise la vérité préthéorique évidente selon laquelle ce qui est une possibilité pour moi ne dépend pas de cette manière de l'existence et du caractère d'autres objets concrets.

Lewis considère sa théorie comme «en désaccord avec l'opinion immuable du sens commun» (p. 133), tout particulièrement relativement à son ontologie – cette quantité non dénombrable d'ânes non reliés spatiotemporellement à nous et ces objets maximaux plus que non dénombrables. L'opinion immuable du sens commun est évidemment incrédule sur ces sujets; il n'y a pas de raison préthéorique de croire qu'il y a plus qu'un objet maximal; il existe une tendance préthéorique puissante à être pour le moins agnostique en ce qui concerne cela. L'idée qu'il y a une quantité plus que dénombrable de ces objets maximaux semble difficile à admettre. De plus, l'opinion commune a tendance à être agnostique ici et pourrait peut-être se laisser convaincre par une sorte d'évidence correcte [1]. Là où l'opinion commune tient fermement à ce qu'il soit *nécessaire* qu'il y ait tous ces ânes et ces objets maximaux. Il semble clairement *possible* qu'il y ait au plus un objet

---

1. Il serait plus difficile de convaincre un théiste traditionnel : de son point de vue il ne pourrait exister tous ces ânes non reliés spatiotemporellement à nous. Supposons que x a été créé* par Dieu si ou bien **x** a été créé par Dieu ou bien a été créé par quelque chose qui a été créé* par Dieu. D'après le théiste traditionnel, c'est une vérité nécessaire que tout particulier concret non divin a été créé par Dieu. Tous les ânes qui existent sont donc causalement reliés à Dieu. Mais (nécessairement) les choses reliées causalement à la même chose sont reliées les unes aux autres; il ne peut donc y avoir aucun particulier concret non relié à vous et moi.

maximal et seulement un nombre fini de nombreux ânes et il est possible que tous les ânes qui existent soient spatiotemporellement reliés à nous.

L'idée qu'il y a plus qu'une multiplicité non dénombrable d'ânes et d'objets maximaux est donc problématique. Le véritable problème, d'un point de vue modal, est néanmoins lié non à *cette* idée mais à l'affirmation qu'une chose a de manière possible une propriété ssi elle a une contrepartie qui possède la propriété en question. Peut-être j'ai en effet une contrepartie qui sait parler français; il est toutefois clair que même si ce n'est pas le cas, il est tout de même possible que je parle français. Les contreparties, les objets concrets non reliés spatiotemporellement à nous, d'autres objets maximaux – tout ceci ne relève en rien de la modalité.

De plus, même si cette analyse est incorrecte il ne s'ensuit pas que la théorie de Lewis soit ou non réaliste, ou anti-réaliste relativement aux objets qui ont des propriétés essentiellement et accidentellement, ce qui, tout bien posé, est ce qui est en question. (Même si mon analyse de la causation est incorrecte, il ne s'ensuit pas que je ne crois pas dans la causation). Néanmoins la théorie de Lewis si elle est prise au pied de la lettre est, d'après moi, un rejet complet de la possession de propriété essentielle ou accidentelle. La raison en est, fondamentalement, que dans sa théorie il n'y a pas de propriétés du tout. Lewis considère une propriété comme un ensemble – au premier sens un ensemble de tous ces membres qui appartiennent à ce monde et d'autres membres – mais si nous ne sommes pas satisfaits de *ces* ensembles dans le rôle des propriétés, il en a d'autres à notre disposition (p. 56-59). Il est cependant suffi-samment clair que les propriétés *ne sont pas* des ensembles. Lewis voit les choses ainsi : nous savons de manière pré-théorique qu'il y a des choses telles que des propriétés – au minimum nous croyons fermement qu'il y a des entités qui méritent ce nom –, mais (comme dans le cas des propositions) nous ne savons pas grand chose d'un point de vue pré-théorique de leur nature. Effectivement, il y a beaucoup de choses que nous ne savons pas à leur sujet. Mais nous savons *quelque chose* de leur nature et assez pour voir qu'elles ne

sont pas des ensembles. Prenez par exemple la propriété d'être un
âne, que Lewis propose d'identifier à l'ensemble des ânes (ceux qui
habitent ce monde et ceux qui ne l'habitent pas). Il est clair que *cet*
ensemble-*ci* n'aurait pas pu être vide ; il n'aurait pu être l'ensemble
vide. (S'il n'y avait pas eu d'ânes, cet ensemble n'aurait pas existé).
Mais la propriété d'être un âne pourrait n'avoir pas été exemplifiée.
Il est évident qu'il aurait pu n'y avoir absolument aucun âne, ici ou
dans n'importe quel objet maximal, s'il y en a d'autres. L'asinité
est exemplifiée de manière contingente ; l'ensemble des ânes
(puisqu'il existe des ânes) est essentiellement non vide ; donc la
propriété d'être un âne n'est pas l'ensemble des ânes [1]. Bien entendu,
Lewis peut *obtenir* dans son modèle *l'effet* propre à la contingence ; quelques objets maximaux w, mais pas tous, sont tels que
l'ensemble des ânes-dans-w est vide. En quoi cela nous aide-t-il ?
L'ensemble des ânes – c'est-à-dire l'ensemble de tous les ânes – a
une propriété de plus qui manque à l'asinité ; donc l'ensemble est
différent de la propriété. J'affirme donc qu'il est évident que les
propriétés ne sont pas des ensembles. Il est évident qu'aucune
propriété est le singleton constitué d'un seul âne, ni un ensemble
plus grand d'ânes, ou n'importe quel ensemble d'animaux ou de
concreta [2]. Mais s'il est évident qu'aucune propriété n'est un
ensemble, alors la théorie de Lewis rejette en fait le réalisme modal
au premier degré.

Je me tourne maintenant vers le second degré du réalisme
modal, l'affirmation qu'il y a des mondes possibles. Comment
situer Lewis relativement à cette affirmation ? Est-ce qu'il y a de
telles choses dans sa théorie ? Je pense que ce n'est pas le cas. (Bien
sûr il y a les choses qu'il *appelle* les mondes possibles – il y a au

1. À proprement parler, cet argument exige la prémisse additionnelle et certaine
que si la propriété d'être un âne est l'ensemble des ânes, alors l'ensemble des ânes est
essentiellement non vide si la propriété d'être un âne est exemplifiée de manière
essentielle.

2. Il est évident qu'aucune propriété n'est un ensemble, mais je dois admettre
qu'il n'est pas *aussi* évident qu'aucune proposition n'est un ensemble.

moins *une* de ces choses). Premièrement, il est clair, je pense, que l'expression « monde possible » est une manière de parler propre aux philosophes pour « manière dont les choses auraient pu être » ou mieux « la manière totale dont les choses auraient pu être ». (Ainsi l'usage de « monde » dans « monde possible » est complètement différent de son usage dans par exemple « Dieu a créé le monde »[1]). Cette idée pré-théorique de la manière dont une chose aurait pu être (tout comme les idées de proposition et de propriété) comporte un certain caractère non défini : une manière dont les choses auraient pu être pourrait être un état de choses ou peut-être une propriété, ou une proposition ou peut-être même (en laissant de côté les problèmes de cardinalité) un ensemble de propositions ou d'états de choses. Mais, les mondes possibles, les manières dont les choses auraient pu être, se révèlent-ils être des objets maximaux ? Il est difficile de voir comment ce pourrait être le cas. Il y a au moins deux caractéristiques centrales et évidentes des mondes possibles (ou manières totales dont les choses auraient pu être). Premièrement, ils sont tels que s'il existe au moins un objet qui a une propriété de manière accidentelle, alors il s'ensuit qu'il y a au moins deux mondes possibles : s'il y a n propriétés telles que j'aurais pu avoir n'importe quelle combinaison de ces propriétés, alors il y a au moins 2n mondes possibles. Deuxièmement, les mondes possibles sont tels que s'il existe au moins une proposition contingente alors il s'ensuit qu'il y a au moins 2n mondes possibles. Il n'en est pas ainsi pour les objets maximaux. S'il est possible qu'il y ait plus qu'un objet maximal (et peut-être il n'y en a pas), c'est une question contingente de savoir combien il y en a en fait ; il peut y avoir deux ou six ou (moins probablement) une infinité dénombrable (Pourrait-il y en avoir au moins 2^c, comme l'exige la théorie de Lewis ?). Ce qui cependant est le plus important dans le contexte actuel est ceci : le nombre des objets maximaux, à la différence du nombre des mondes possibles, est indépendant du nombre des

---

1. Voir la note 4 de Van Inwagen, « Two concepts of Possible Worlds ».

propositions logiquement indépendantes (et indépendantes du nombre de combinaisons de propriétés que j'aurais pu avoir). Il y a des objets qui ont des propriétés de manière contingente et des propositions qui sont contingentes. Cela est vrai indépendamment du nombre d'objets maximaux qui existent. J'ai la propriété de porter des chaussures accidentellement ; la proposition « Paul mesure plus de 2 mètres » est contingente ; ceci est le cas même si, comme la plupart d'entre nous le croient, il y a un seul objet maximal. Donc, les mondes possibles ne peuvent être des objets maximaux[1]. La théorie de Lewis n'est donc pas un réalisme à l'égard des mondes possibles.

Qui plus est, cette théorie est même, je pense, un *antiréalisme* relativement aux mondes possibles. Comme les propositions, les mondes possibles ont cette propriété intentionnelle : un monde possible est tel que les choses sont telles et telles *relativement à* lui ; un monde possible *représente* les choses comme étant d'une certaine manière. Mais aucun objet concret ou construction ensembliste ne se comporte ainsi. Donc, si tout ce qui existe est soit un individu concret, soit une construction ensembliste, alors il n'y a pas de mondes possibles. Dans la théorie de Lewis c'est tout ce qu'il y a, donc il n'y a pas de mondes possibles et la théorie de Lewis est un exemple d'antiréalisme à l'égard des mondes possibles. Supposez que quelqu'un dise : « Dans ma théorie il y a un autre univers qui n'est pas dans une continuité spatiotemporelle ou causale du nôtre. Cet univers contient des doubles de certains d'entre nous et des choses semblables à d'autres que nous. Mais tous les objets soit dans cet univers, soit dans le nôtre, soit n'importe où ailleurs, sont des constructions ou concrètes et particulières, ou ensemblistes ». Dans la théorie de cette personne, il n'y a ainsi pas de mondes possibles et ajouter plus d'objets maximaux n'y changerait rien. Donc, je crois que la théorie de Lewis est

---

[1]. Des puristes pourraient préférer formuler l'argument ci-dessus non en termes de mondes possibles et d'objets maximaux, mais en termes de propriétés « être un monde possible et être un objet maximal ».

antiréaliste à l'égard des mondes possibles. Mais, s'il en est ainsi, il n'est pas vrai que les objets ont des propriétés dans des mondes ; la théorie de Lewis est alors un anti-réalisme du troisième degré, comme il l'est déjà du premier et du second. La conclusion correcte est, je pense, que Lewis est autant un Réaliste modal que W. V. Quine. Je me hâte d'ajouter qu'il ne s'agit pas d'un dénigrement de sa théorie ; personne ne prétend que le *réalisme modal* est *de rigueur* pour les théoriciens des modalités. Je n'entends ici que corriger ce qui est un malentendu très répandu.

Bien entendu, il y a *quelque chose* de proche vis-à-vis de quoi Lewis est un Réaliste, une chose aussi inhabituelle et intéressante que ceci : une pluralité d'objets maximaux. Comme Quine, il préfère les paysages désertiques : des objets concrets et des ensembles. Le désert de Lewis est cependant plus étendu et moins continu que celui de Quine. Lewis est certainement un Réaliste d'un type intéressant, mais il n'est pas un Réaliste *modal*. Dans sa théorie, comme je la comprends, il n'y a pas de propositions, d'états de choses, de mondes possibles, d'essences ou d'objets avec des propriétés essentielles et accidentelles. Il y a à la place de tout cela des objets concrets et des constructions ensemblistes qui les prennent pour base, certaines d'entre elles jouant des rôles formellement similaires à ceux qui sont joués par les phénomènes de la modalité, dans le cas où le Réaliste modal aurait raison.

E. *Réflexions conclusives*

Bien que Lewis propose pour notre discours modal des modèles réductionnistes sémantiques, il n'est pas clair du tout qu'il soit un Réductionniste sémantique, parce que ce qu'il propose que nous fassions avec ces modèles n'est pas clair. Sa théorie a malgré tout des affinités avec le réductionnisme sémantique et en conclusion je souhaite expliquer brièvement pourquoi je pense que l'analyse réductive sémantique est une impasse. En effet, en quoi consiste son projet ? On commence par une conviction ontologique – il y a seulement des particuliers concrets et peut-être des constructions ensemblistes. Cette conviction semble difficile à concilier avec l'opinion commune (y compris sa propre opinion) au sujet des vérités et des faussetés, propriétés, possibilités etc. On espère remédier à la situation en donnant l'analyse sémantique réductive en question. Mais dans quelle mesure cette analyse est-elle utile ? Offrir une analyse sémantique fait très peu en faveur de l'opinion commune, car elle préserve les phrases que l'on utilise typiquement pour exprimer l'opinion commune, mais pas l'opinion qu'elles expriment. C'est une opinion commune que certaines propositions sont vraies et d'autres fausses et que j'aurais pu porter d'autres chaussures. Le Réductionniste respecte ces *phrases*; elles sont considérées vraies dans son analyse. Mais dans sa bouche la première phrase signifie que certains ensembles d'objets maximaux incluent l'objet maximal dont nous sommes des parties et d'autres ensembles ne l'incluent pas ; la seconde phrase signifie qu'il existe (en prenant le quantificateur de manière large) quelqu'un suffisamment comme moi et qui porte d'autres chaussures. Clairement, ce ne sont pas les opinions communément exprimées dans les phrases qu'il approuve ; en même temps qu'il parle avec le vulgaire, il pense avec le savant, et son accord avec l'opinion commune est un simple accord verbal. Si la divergence vis-à-vis de l'opinion commune est coûteuse, l'analyse sémantique n'aide pas beaucoup [1].

Dans la mesure où elle est concernée par sa divergence d'avec l'opinion commune, d'avec tout ce que nous savons et croyons, l'analyse réductive a affaire à un dilemme. D'un côté, il peut proposer sa théorie sous la forme de cette sobre vérité métaphysique : il y a des mondes possibles ce sont des objets concrets maximaux ; il y a des propositions et ce sont des ensembles d'objets maximaux. Mais ces suggestions, bien entendu, divergent complètement de l'opinion commune d'après laquelle aucun monde possible n'est un âne (ou un autre concret) et aucune proposition n'est un ensemble de concrets. D'un autre côté, il propose une analyse sémantique : il peut assigner une signification aux phrases en question qui expri-

1. Voir *supra*.

ment l'opinion commune sur la vérité et la modalité – au moyen
d'une sémantique dont le domaine d'interprétation inclut seulement des objets qu'il a approuvé. La sémantique assigne alors des
propositions à ces phrases, et quand il affirme les phrases, il affirme
ces propositions. Il conclut cependant qu'il ne respecte aucune
opinion, mais seulement les mots dans lesquels l'opinion commune
est communément exprimée.

Quelqu'un qui croit seulement dans des ensembles et des
concreta a au moins deux options : d'un côté, il peut quiniser ce qui
ne semble pas convenir et d'un autre côté il peut donner une analyse
réductive de ces choses. J'ai sous-entendu que la seconde option
était plus subtile que la première. Peut-être en est-il ainsi, mais dans
la mesure où est concerné le fait de fouler aux pieds ce que nous
savons ou croyons de manière préthéorique, il y a peu de différence
entre les deux options. La première, de plus, est plus simple, plus
conforme à la clarté de la pensée que la seconde, au moins si l'analyse réductive en question est une analyse sémantique. Retournons
une fois encore au théologien hyper libéral qui insiste sur le fait que
dans sa théorie il y a bien sûr une personne comme Dieu, même s'il
n'y a pas d'êtres surnaturels, le mot « Dieu » qu'il utilise dénotant
un processus évolutif et historique (ou peut-être « les forces qui ne
sont pas nôtres et qui œuvrent pour le bien »). Supposons qu'un tel
théologien continue à modéliser le reste de ce que les théistes disent
ordinairement avec des êtres non surnaturels : il ne partage pas leur
croyance qu'il y a une personne telle que Dieu, même si dans sa
théorie les mots « Il y a une personne telle que Dieu » expriment une
vérité. Son opinion diffère de celle de l'athée candide, simplement
par le fait d'être moins candide. Quelque chose de similaire se passe
pour le Réductionniste sémantique [1]. Quelqu'un qui quinise les
phénomènes modaux rejette à la fois l'opinion commune et la
phrase qui exprime cette opinion ; le Réductionniste sémantique

---

1. Je ne veux pas suggérer à nouveau, que le réductionnisme sémantique partage
le caractère erratique et extrêmement décevant quelque fois attaché à cette théologie.

assume les phrases, mais rejette les opinions. Du point de vue du réalisme modal, il est difficile de voir une différence significative.

En guise de conclusion, maintenant : le Réaliste modal croit dans des vérités contingentes et nécessaires, à des objets avec des propriétés essentielles et accidentelles et à des essences individuelles. Il acceptera, je l'espère, l'actualisme, et s'il accepte l'actualisme, alors l'actualisme sérieux. Par contraste, le Réductionniste modal, quels que soient les mérites de ses vues, n'est pas un Réaliste modal du tout [1].

Traduction Frédéric NEF

---

1. Je saisis cette chance de manifester ma gratitude à beaucoup – en particulier D. Lewis, P. Van Inwagen, Ph. Quinn, D. Ratzsch, N. Wolterstrorff et les membres du Calvin Colloquium – pour des discussions stimulantes et des critiques pénétrantes. Je voudrais aussi à nouveau attirer l'attention sur la discussion de problèmes connexes par P. Van Inwagen dans « Two Concepts of Possible Worlds » [voir *supra*, p. 274, note 1].

IDENTITÉ DU MOI, LIBERTÉ
ET PERSONNES

Le monde ou les mondes ne contiennent pas que des objets ; ils peuvent contenir aussi des personnes, c'est-à-dire selon la définition classique des substances individuelles dotées de perception et libres. La métaphysique classique est en grande partie une métaphysique de la perception et de la liberté. Dans la philosophie contemporaine, la liberté est l'objet d'une étude formelle et empirique à travers la description des processus de décision rationnelle ; quant à la perception, elle est au centre de la philosophie de l'esprit qui étudie les processus cognitifs et pratiques dans les contextes d'apprentissage et de communication. La métaphysique ne s'arrête pas au seuil de la philosophie de l'esprit. Il existe une métaphysique de l'esprit [1] qui a son origine à la fois en dehors de la philosophie de l'esprit dans la psychologie de Brentano et à l'intérieur, à propos notamment de l'enquête sur la relation de survenance (Kim (1993, 1998, 2005)). Cette métaphysique concerne la persistance du moi (en lien avec l'identité personnelle), la nature de l'esprit (réduction ou pas à la matière), des propriétés mentales (émergentes, survenantes ?), de la liberté (empirique ? transcendantale ?).

Les textes de D. Parfit et R. Chisholm, d'orientation très différente, concernent la nature de la personne. D. Parfit à partir

---

1. *Cf.* J. Heil, *The Nature of True Minds*, New York, Cambridge UP, 1992 ; E.J. Lowe, *An Introduction to the Philosophy of Mind*, Cambridge, Cambridge UP, 2000.

d'une discussion d'expériences de pensée sur la division de l'esprit dans sa base physique (scission d'un cerveau par exemple), envisage de manière critique un examen analytique de ce qu'est une personne. Il examine deux théories de la personne : la théorie de l'Ego et celle du Faisceau, théorie qui nie qu'il existe un suppôt personnel et réduit le moi à un agrégat. Parfit voit dans la théorie du non Soi du Bouddha un échantillon de théorie du faisceau. Parfit soutient que le cas des cerveaux divisés favorise la théorie du faisceau : qu'il y ait un cerveau divisé n'implique pas que deux personnes occupent mon corps. L'unification ne suppose pas l'existence d'un moi mais une théorie psychologique que défend Parfitt. À l'opposé R. Chisholm pose le problème métaphysique de la liberté humaine à l'intérieur d'une théorie qui ne se confond ni avec celle de l'Ego, ni avec celle du Faisceau, et qui reprend certaines intuitions aristotéliciennes sur la base d'une analyse de l'action responsable. Chisholm reprend le contexte classique de discussion, celui du déterminisme et de l'indéterminisme. Le concept qu'il analyse de la manière la plus minutieuse est celui de cause. Jérôme Dokic aborde, dans un texte inédit, la question de la perception, en lien avec la métaphysique de la manière suivante : est-ce que l'analyse de la perception peut donner des arguments en faveur de telle ou telle thèse métaphysique ? Il soutient la thèse de la neutralité : cette analyse est neutre quant aux grandes options métaphysiques. Cette neutralité ne signifie pas que l'analyse cognitiviste de la perception soit parfaitement sans intérêt pour la métaphysique. Si cette analyse ne commande pas le choix de telle ou telle option métaphysique, elle peut dissuader d'en retenir certaines et en ce sens elle peut avoir un rôle critique et évidemment de clarification.

DEREK PARFIT

LES ESPRITS DIVISÉS ET LA NATURE DES PERSONNES*

Ce sont les cas de cerveaux divisés qui m'ont conduit à la philosophie. Ce que nous en savons repose sur le résultat de plusieurs tests psychologiques, décrits par Donald McKay[1]. Ces tests exploitent deux faits. Nous contrôlons chacun de nos bras, et voyons ce qu'il y a dans chaque moitié de notre champ visuel, avec un seul de nos hémisphères cérébraux. Après que les hémisphères d'une personne ont été déconnectés, les psychologues peuvent lui présenter deux questions écrites dans chaque moitié de son champ visuel, et recevoir deux réponses différentes écrites avec l'une ou l'autre main.

Voici une version imaginaire simplifiée de ce que ces tests mettent en évidence. Une personne dont le cerveau a été divisé regarde fixement le centre d'un grand écran, dont la moitié gauche est rouge et la moitié droite bleue. Si les mots «Combien de couleurs voyez-vous?» apparaissent en lettres plus foncées à gauche et à droite, la personne écrira «Une seule» avec une main et la même chose avec l'autre. Si à présent les mots «Quelle est

* Le texte original est intitulé « Divided Minds and the Nature of Persons » et fait partie du recueil édité par S. Blakemore et S. Greenfield, *Mindwaves*, Oxford, Oxford UP, 1987, p. 19-26.

1. *Cf.* la contribution de MacKay au volume édité par Blackemore et Greenfield (chap. 1).

l'unique couleur que vous voyez ? » apparaissent, la personne écrira « Bleu » avec une main et « Rouge » avec l'autre.

Si c'est ainsi que la personne répond, je conclurais qu'elle a deux sensations visuelles – qu'elle voit, comme elle le prétend, à la fois du rouge et du bleu. Mais en voyant une couleur, elle n'a pas conscience de voir l'autre. Elle a deux courants de conscience, dans chacun desquels elle ne voit qu'une seule couleur. Elle voit du rouge dans un courant et, au même moment, du bleu dans l'autre. Plus généralement, elle pourrait avoir au même moment deux séries de pensées et de sensations, et en ayant l'une ne pas avoir conscience d'avoir l'autre.

Cette conclusion a été contestée. Certains ont nié qu'il y ait là *deux* courants de conscience, au motif que l'hémisphère sous-dominant est une partie du cerveau et que son fonctionnement n'implique aucune conscience. S'ils ont raison, les cas de cerveaux divisés perdent beaucoup de leur intérêt. Je crois qu'ils ont tort, principalement parce que si l'hémisphère dominant d'une personne est détruit, celle-ci est capable de réagir comme l'hémisphère sous-dominant dans les cas de cerveaux divisés, et nous ne la considé-rons comme un automate dépourvu de conscience. Certes, l'hémi-sphère sous-dominant est bien moins développé à plusieurs égards ; il possède typiquement les capacités linguistiques d'un enfant de trois ans. Mais les enfants de trois ans sont conscients, ce qui confirme la thèse selon laquelle, dans les cas de cerveaux divisés, *il y a* deux courants de conscience.

Selon une autre thèse, de tels cas impliquent deux personnes partageant le même corps. Comme le Professeur McKay, je pense qu'il faut rejeter cette thèse. Ma justification est toutefois diffé-rente. Le Professeur McKay nie qu'il y ait deux personnes impli-quées parce qu'il croit qu'il n'y en a qu'une. Pour ma part, je crois qu'en un sens, il n'y en a aucune.

La Théorie de l'Ego et la Théorie du Faisceau

Pour expliquer le sens en question, je dois me détourner un instant des cas de cerveaux divisés. Deux théories s'opposent sur ce qu'est une personne, et ce que constitue l'existence continue d'une personne à travers le temps. Selon la Théorie de l'Ego, l'existence continue d'une personne ne peut être expliquée que comme l'existence continue d'un *Ego* ou *sujet d'expérience* particulier. Les partisans de la Théorie de l'Ego prétendent que la réponse à la question de savoir ce qui unifie la conscience d'une personne à un moment donné – ce qui fait que, par exemple, je peux en ce moment à la fois voir ce que je suis en train de taper à l'écran et entendre le vent à travers ma fenêtre – est que ces deux expériences sont vécues par moi, cette personne, à ce moment. De même, ce qui explique l'unité de la vie entière d'une personne est le fait que la même personne, ou sujet d'expérience, a toutes les expériences dans cette vie. Dans sa forme la plus connue, la *Conception cartésienne*, chaque personne est une entité persistante purement mentale – une âme ou une substance spirituelle.

La conception rivale est la *Théorie du Faisceau*. Comme la plupart des styles artistiques – gothique, baroque, rococo, etc. –, cette théorie doit son nom à ceux qui la critiquent. Mais ce nom n'est pas si mauvais. Selon la Théorie du Faisceau, ni l'unité de la conscience à un moment donné, ni l'unité d'une vie entière ne peut être expliquée en faisant référence à une personne. Il faut plutôt parler de longues séries d'états et d'événements mentaux différents – des pensées, des sensations, et ainsi de suite –, chaque série constituant ce que nous appelons une vie. Chaque série est unifiée par différents types de relations causales, telles que les relations qui lient des expériences et les souvenirs ultérieurs les concernant. Chaque série est donc comme un faisceau ou un fagot attaché par une ficelle.

En un sens, les partisans de la Théorie du Faisceau nient l'existence des personnes. Une dénégation catégorique serait certes absurde. Comme Reid l'écrivait au XVIIIᵉ siècle en guise de protestation, « Je ne suis pas une pensée, je ne suis pas une action, je ne suis pas un sentiment ; je suis une entité qui pense, agit, et ressent ». Je ne suis pas une série d'événements, mais une personne. Les défenseurs de la Théorie du Faisceau l'admettent, mais prétendent qu'il s'agit là d'un fait de notre grammaire, ou de notre langue. Il y a des personnes et des sujets en ce sens linguistique. Si les personnes sont conçues d'une manière qui transcende le sens linguistique – comme des entités existant séparément, distinctes de nos cerveaux et de nos corps, et des différents types d'états et d'événements mentaux – la Théorie du Faisceau nie leur existence.

Le premier défenseur de la Théorie du Faisceau est Bouddha, qui a enseigné l'*anatta*, ou la *Conception du Non-Soi*. Les bouddhistes admettent que le soi ou la personne a une « existence nominale », au sens où elle n'est qu'une combinaison d'autres éléments. Seul ce qui existe par lui-même, comme un élément séparé, possède ce que les bouddhistes appellent une « existence réelle ». Voici quelques citations de textes bouddhistes :

> Au début de leur conversation, le roi demande poliment au moine son nom, et reçoit la réponse suivante : « Monsieur, mon nom est "Nagasena" ; c'est ainsi que mes compagnons dans la vie religieuse s'adressent à moi. Bien que mes parents m'aient donné ce nom..., celui-ci n'est qu'une simple appellation, une forme de discours, une description, un usage conventionnel. "Nagasena" n'est qu'un nom, car vous ne trouverez nulle personne ici ».

> Tu crois qu'un être sensible existe, Ô Mara ? Tu es leurré par une fausse conception. Ce faisceau d'éléments est vide de Soi, il ne contient aucun être sensible. De même qu'un ensemble de morceaux de bois reçoit le nom de chariot, nous donnons aux éléments le nom d'êtres imaginaires.

> Bouddha a parlé ainsi : « Ô Frère, les actions existent, de même que leurs conséquences, mais la personne qui agit n'existe pas. Il n'y a personne pour rejeter cet ensemble d'éléments, et personne pour

assumer un nouvel ensemble. Il n'y a pas d'Individu, ce n'est qu'un nom conventionnel donné à un ensemble d'éléments » [1].

Les déclarations de Bouddha ressemblent de manière frappante à celles de plusieurs auteurs occidentaux. Puisque ceux-ci ne connaissaient rien à Bouddha, cette ressemblance suggère que de telles déclarations ne font pas seulement partie d'une tradition culturelle, liée à une période historique. Elles pourraient bien être vraies, comme je le pense.

Ce que nous croyons être

Étant donné les progrès de la psychologie et de la neurophysiologie, la Théorie du Faisceau peut paraître aujourd'hui trivialement vraie. Il peut sembler banal de nier l'existence d'Ego existant séparément, distincts de nos cerveaux, corps, états et événements mentaux de différents types. Mais là n'est pas l'unique enjeu. Il se peut que nous soyons convaincus que la Théorie de l'Ego est fausse, voire même dénuée de sens. Pourtant, la plupart d'entre nous ont aussi certaines croyances, dont nous ne sommes pas toujours conscients, au sujet de ce qui constitue notre existence continue à travers le temps. Or ces croyances ne pourraient être justifiées que par une théorie comme celle de l'Ego. Par conséquent, la plupart d'entre nous avons des croyances fausses sur ce qu'est une personne, et sur nous-mêmes.

Ces croyances se manifestent le plus clairement quand nous considérons certaines situations imaginaires, souvent empruntées à la science-fiction. La *télétransportation* est une situation de ce genre. Supposons que vous entriez dans une cabine dans laquelle, quand vous appuyez sur un bouton, un scanner enregistre l'état de toutes les cellules de votre cerveau et de votre corps, en détruisant ces derniers par la même occasion. Cette information est ensuite transmise à la vitesse de la lumière à quelque autre planète, sur

1. Pour les sources de ces citations et d'autres citations similaires, *cf.* mon *Reasons and Persons*, Oxford, Oxford UP, 1984, p. 502-503 et 532.

laquelle un duplicateur produit une copie organique parfaite de vous-même. Puisque le cerveau de votre Réplique est exactement similaire au vôtre, il aura l'impression de se souvenir d'avoir vécu votre vie jusqu'au moment où vous avez appuyé sur le bouton ; sa personnalité sera exactement comme la vôtre, et il sera sous chaque autre aspect en continuité psychologique avec vous. Cette continuité psychologique n'aura pas la cause qu'elle a normalement, à savoir l'existence continue de votre cerveau, puisque la chaîne causale aura transité par la transmission radio de votre « empreinte ».

Plusieurs auteurs prétendent que si vous choisissez d'être télétransportés, parce que vous pensez que c'est le mode de transport le plus rapide, vous faites une terrible erreur. Ce n'est pas un mode de transport, mais une façon de mourir. Ils admettent qu'une telle mort pourrait ne pas être tout à fait aussi terrible que la mort ordinaire. Vous pouvez vous consoler à la perspective qu'après votre mort, votre Réplique pourra finir le livre que vous êtes en train d'écrire, jouer le rôle de parent pour vos enfants, et ainsi de suite. Mais ils insistent sur le fait que la Réplique n'est pas vous. Elle est seulement quelqu'un d'autre qui vous ressemble en tous points. C'est pourquoi cette perspective est presque aussi terrible que la mort ordinaire.

Imaginons à présent toute une série de cas dans lesquels une proportion croissante de cellules de votre cerveau et de votre corps sont remplacées, en une seule opération, par des répliques exactes. Vers le début de la série, seules un ou deux pour cent de cellules sont remplacées. Au milieu de la série, 40 ou 60 pour cent, et à la fin de la série, 98 ou 99 pour cent. À cet extrême se place la télétransportation pure, où toutes vos cellules sont « remplacées ».

Quand vous imaginez qu'une proportion de vos cellules va être remplacée par des répliques exactes, il est naturel d'avoir les croyances suivantes. Premièrement, il doit y avoir une réponse aux questions « Vais-je survivre ? Serai-je la personne résultant de ce processus ? ». Ou bien vous allez survivre, ou bien vous êtes sur le point de mourir. Deuxièmement, la réponse à ces questions doit être ou bien simplement « oui » ou bien simplement « non ». Ou bien la personne qui se réveillera sera vous, ou bien elle sera quelqu'un d'autre. Il ne saurait y avoir de troisième réponse, comme si la personne qui se réveillera pouvait être à moitié vous. Vous pouvez vous imaginer vous-même ultérieurement à demi conscient. Mais si la personne résultante est totalement consciente, elle ne peut pas être à moitié vous. Pour résumer ces croyances, à la question « Serai-je la personne qui résultera de ce processus ? », il *doit* y avoir une réponse, de l'ordre du tout ou rien.

Il y a de bonnes raisons de penser que dans le cas de la télétransportation, votre Réplique n'est pas vous. Selon une variante un peu différente de ce cas, votre Réplique est créée alors que vous êtes toujours en vie, de telle sorte que vous pouvez lui parler. Cela semble montrer que si 100 pour cent de vos cellules sont remplacées, le résultat est seulement une Réplique de vous. À l'autre extrémité de ma série, où seul un pour cent de cellules sont remplacées, la personne résultante *est* clairement vous. Il apparaît donc que dans les cas intermédiaires, la personne résultante doit être ou bien vous ou bien une simple Réplique. Il nous semble que l'un ou l'autre doit être vrai, et que la différence est capitale.

Pourquoi nous ne sommes pas ce que nous croyons

Si ces croyances étaient correctes, il devrait y avoir un pourcentage critique, quelque part dans la série des cas, en deçà duquel la personne résultante est vous, et au-delà duquel elle n'est que votre Réplique. Par exemple, peut-être allez-vous vous réveiller si la proportion de cellules remplacées est de 49 pour cent, alors que quelques cellules supplémentaires également remplacées auraient fait toute la différence, avec pour conséquence quelqu'un d'autre se réveillant à votre place.

Nos croyances naturelles impliquent qu'il doit y avoir un pourcentage critique de ce genre. Mais cette conclusion est fort peu plausible. Comment quelques cellules pourraient-elles faire une telle différence ? De plus, si ce pourcentage critique existe, personne ne pourra jamais découvrir d'où il vient. Puisque, dans tous les cas, la personne résultante croira qu'elle est vous, jamais aucune donnée probante ne pourra déterminer le moment où, dans la série des cas, elle cessera soudainement d'être vous.

Selon la Théorie du Faisceau, nous devrions renoncer à nos croyances naturelles. Puisque vous, en tant que personne, n'avez pas d'existence séparée, nous sommes en mesure de savoir exactement ce qui se passe dans les cas pertinents sans répondre à la question de savoir ce qui vous arrive. De plus, dans les cas vers le milieu de la série, la question de savoir si la personne résultante est vous ou seulement quelqu'un d'autre vous ressemblant en tous points est vide. Il ne s'agit pas là de deux options différentes, dont une seulement doit être vraie. Il s'agit seulement de deux descriptions différentes des mêmes événements. Si 50 pour cent de vos cellules sont remplacées par des doubles parfaits, nous pouvons appeler « vous » la personne résultante, ou nous pouvons l'appeler seulement « votre Réplique ». Il s'agit là d'un choix purement terminologique.

Comme Bouddha le disait, la Théorie du Faisceau est difficile à croire. Il est difficile d'accepter que la question de savoir si l'on est sur le point de mourir, ou si au contraire l'on va vivre encore plusieurs années, pourrait être vide.

Ce que l'on nous demande d'accepter peut être clarifié au moyen d'une analogie. Supposons qu'un certain club existe depuis quelque temps, et qu'il tienne régulièrement des réunions. Puis les réunions cessent. Quelques années plus tard, plusieurs personnes forment un club portant le même nom, et avec le même règlement. Nous pouvons nous demander : « Ces personnes ont-elles fait revivre le même club, ou ont-elles seulement inauguré un autre club exactement similaire au précédent ? ». Étant donnés certains autres détails, la question est à nouveau vide. Nous sommes en mesure de savoir exactement ce qui s'est passé sans y répondre. Supposons que quelqu'un dise « Mais il doit y avoir une réponse. Le club formé ultérieurement doit être ou non le même club que l'original ». La personne montrerait ainsi qu'elle n'a pas compris la nature des clubs.

De même, quiconque a le moindre doute sur les cas que j'ai imaginés ne comprend pas la nature des personnes. Dans chaque cas, nous savons que la personne résultante est exactement comme vous tant sous l'aspect psychologique que sous l'aspect physique, et qu'elle a une certaine proportion des cellules qui étaient dans votre cerveau et dans votre corps – 90 pour cent, 10 pour cent ou, dans le cas de la télétransportation, zéro pour cent. En sachant cela, nous savons tout ce qu'il y a à savoir. Comment donner un sens à la question de savoir ce qui vous arriverait à moins de supposer que vous êtes un Ego existant séparément, distinct d'un cerveau et d'un corps, et d'états et d'événements mentaux de différents types ? Si de tels Ego n'existent pas, la question est sans objet.

Non seulement la Théorie du Faisceau est difficile à accepter, mais elle peut aussi affecter nos émotions. Comme Bouddha le disait, elle peut diminuer nos préoccupations sur notre avenir. Un tel effet peut être induit en re-décrivant ce changement de perspective. Supposons que vous soyez sur le point d'être détruit, mais que vous aurez plus tard une Réplique sur Mars. Vous pensez naturellement que cette perspective est aussi sombre qu'une mort ordinaire, puisque votre Réplique ne sera pas vous. Selon la Théorie du Faisceau, le fait que votre Réplique ne sera pas vous consiste seulement dans le fait que bien que votre Réplique soit en parfaite continuité psychologique avec vous, la cause de cette continuité n'est pas normale. Mais lorsque vous objectez à la télétransportation, vous n'objectez pas seulement au caractère anormal de cette cause. Votre objection est que cette cause ne *vous* conduira pas sur Mars. Vous craignez que la cause anormale échoue à produire un fait additionnel de la plus haute importance, différent du fait que votre Réplique est en continuité psychologique avec vous. Vous ne voulez pas seulement qu'il y ait une continuité psychologique entre vous et quelque personne future. Vous voulez *être* cette personne future. Selon la Théorie du Faisceau, un tel fait additionnel n'existe pas. Ce que vous craignez n'arrivera pas et, dans le cas imaginé, n'arrive *jamais*. Vous voulez que la personne sur Mars soit vous en un sens particulièrement intime, mais aucune personne future ne sera jamais vous en ce sens. Il s'ensuit que du point de vue de vos croyances naturelles, même la survie ordinaire est presque aussi terrible que la télétransportation. *La survie ordinaire est à peu près aussi terrible que le fait d'être détruit et d'avoir une Réplique.*

Comment les cas de cerveaux divisés favorisent la Théorie du Faisceau

La vérité de la Théorie du Faisceau me semble être, dans le sens le plus large, une conclusion aussi bien scientifique que philosophique. Je peux imaginer le type de données qui auraient pu justifier la croyance qu'il existe des Ego existant séparément, et que l'existence continue de ces Ego explique la continuité de notre vie mentale. Mais en fait, peu de choses militent en faveur de la Théorie de l'Ego, alors qu'une pléthore de données conforte la Théorie rivale du Faisceau.

Ces données sont fournies entre autres par les cas de cerveaux divisés. Selon la Théorie de l'Ego, l'explication de ce qui unifie nos expériences à un moment donné repose sur la thèse selon laquelle toutes ces expériences sont vécues par la même personne. Les partisans de la Théorie du Faisceau rejettent cette explication. Le désaccord qui s'ensuit est difficile à régler dans les cas ordinaires. Mais considérons le cas simplifié de cerveau divisé que j'ai décrit. Nous montrons au patient que j'ai imaginé un panneau dont la moitié gauche est bleue et la moitié droite rouge. Dans l'un de ses courants de conscience, la personne est consciente de ne voir que du bleu, alors qu'au même moment, dans l'autre courant de conscience, elle est consciente de ne voir que du rouge. Chacune de ces deux expériences visuelles se combine avec d'autres expériences, comme celle d'être conscient de bouger une main ou l'autre. Qu'est-ce qui unifie les expériences que la personne a à un moment donné dans chacun de ses deux courants de conscience ? Qu'est-ce qui unifie sa conscience de ne voir que du rouge et sa conscience de bouger une main? La réponse ne peut pas être que ces expériences sont vécues par la même personne. Cette réponse ne peut pas expliquer l'unité de chaque courant de conscience de la personne, car elle néglige l'absence d'unité entre ces courants. La personne a présentement toutes les expériences résidant dans ses deux courants de conscience. Si c'était ce qui unifie ces expériences, les deux courants n'en feraient qu'un.

Les cas de cerveaux divisés n'impliquent pas, comme je l'ai affirmé, deux personnes partageant un seul corps. Puisqu'il n'y a qu'une personne en jeu, qui a les deux courants de conscience, l'explication du partisan de la Théorie de l'Ego devrait prendre la forme suivante. Il serait obligé de distinguer entre des personnes et des sujets d'expérience, et prétendre que les cas de cerveaux divisés impliquent *deux* sujets d'expérience. Ce qui unifie les expériences dans l'un des deux courants de conscience de la personne devrait être le fait que ces expériences sont toutes vécues par le même sujet d'expérience. Ce qui unifie les expériences dans l'autre courant de conscience de la personne devrait être le fait qu'elles sont vécues par un autre sujet d'expérience. Quand l'explication prend cette forme, elle devient beaucoup moins crédible. Tant que l'on pouvait supposer que le terme « sujet d'expérience », ou « Ego », veut simplement dire la même chose que « personne », il était facile de croire en l'existence de sujets d'expérience. Mais s'il peut y avoir des sujets d'expérience qui ne sont pas des personnes, et si dans la vie d'un patient dont le cerveau est divisé, il y a au même moment deux sujets d'expérience différents – deux Ego différents – pourquoi devrions-nous croire à l'existence de telles entités ? Ces remarques ne constituent pas une réfutation. Mais elles me semblent fournir un argument solide contre la Théorie de l'Ego.

En tant que partisan de la Théorie du Faisceau, je crois que ces deux Ego sont des rouages qui tournent à vide. Il y a une autre explication de l'unité de la conscience, tant dans les cas ordinaires que dans ceux de cerveaux divisés. C'est simplement un fait que les gens ordinaires sont, à un moment donné, conscients d'avoir plusieurs expériences différentes. Cette conscience de plusieurs expériences différentes peut être utilement comparée avec la conscience, dans la mémoire à court terme, de plusieurs expériences différentes. De même qu'il peut y avoir un seul souvenir d'avoir vécu juste auparavant plusieurs expériences, comme celle d'avoir entendu une cloche sonner trois fois, il peut y avoir un seul état de conscience à la fois d'entendre la cloche sonner une quatrième fois et de voir, au même moment, des corbeaux s'envolant du clocher.

Cette explication, contrairement à celle du partisan de la Théorie de l'Ego, peut facilement être étendue aux cas de cerveaux divisés. Dans ces derniers cas, il n'y pas un mais deux états de conscience de plusieurs expériences différentes à un moment donné. Dans l'exemple que j'ai décrit, il y a un état de conscience à la fois de ne voir que du bleu et de bouger une main, et il y a un autre état de conscience à la fois de ne voir que du rouge et de bouger l'autre main. En affirmant qu'il y a deux états de conscience de ce type, nous ne postulons pas d'entités étranges, comme deux Ego existant séparément et qui seraient distincts de la personne en question. Cette explication fait appel à deux états mentaux auxquels il faudrait de toute façon faire référence dans une description complète de l'exemple.

J'ai essayé de montrer comment les cas de cerveaux divisés pouvaient fournir un argument en faveur d'une certaine conception de la nature des personnes. Il me faut mentionner un autre argument de ce type, fourni par une extension imaginaire de ces cas, dont Wiggins a été le premier à fournir une discussion détaillée [1].

Dans ce nouveau scénario, le cerveau d'une personne est divisé, et les deux moitiés sont transplantées dans deux corps différents. Les deux personnes résultantes vivent leur vie chacune de leur côté. Un tel scénario montre que l'identité personnelle n'est pas ce qui compte. Si j'étais sur le point de me diviser, je devrais conclure qu'aucune des personnes résultantes ne sera moi. J'aurai cessé

1. À la fin de son ouvrage *Identity and Spatio-temporal Continuity*, Oxford, Blackwell, 1967.

d'exister. Mais cette façon de cesser d'exister est à peu près aussi réjouissante – ou aussi terrible – que la survie ordinaire.

Certains traits du scénario imaginaire de Wiggins resteront probablement techniquement impossibles. Mais le scénario ne peut pas être écarté, car son trait le plus frappant, la division d'un courant de conscience en des courants séparés, s'est déjà réalisé. C'est le deuxième aspect sous lequel les cas réels de cerveaux divisés ont une importance théorique capitale. Ils mettent au défi certaines des hypothèses les plus profondes que nous entretenons sur nous-mêmes[1].

Traduction Jérôme DOKIC

---

1. Je discute ces hypothèses plus avant dans la partie 3 de mon ouvrage *Reasons and Persons*.

Roderick M. Chisholm

LA LIBERTÉ HUMAINE ET LE MOI[*]

> *Le bâton meut la pierre et est mû par la main mue par l'homme.*
>
> *Aristote,* Physique, *256 a 8-9*

1) Le problème métaphysique de la liberté humaine pourrait être résumé de la manière suivante : les êtres humains sont des agents responsables ; mais ce fait semble en contradiction avec une vue déterministe (la vue selon laquelle chaque événement qui se trouve impliqué dans un acte est causé par quelque autre événement) ; et il semble également en contradiction avec une vue indéterministe de l'action humaine (la vue selon laquelle l'acte ou quelque événement se trouvant lié à lui de manière essentielle n'est en aucune façon causé). Pour résoudre ce problème, je crois que nous devons nous engager dans des hypothèses qui vont nous entraîner loin à propos du moi ou de l'agent – à propos de l'homme qui réalise l'acte.

Peut-être est-il inutile de remarquer que, selon toute vraisemblance, il est impossible de dire quoi que ce soit de significatif à propos de ce problème ancien qui n'ait été déjà dit avant [1].

---

[*] *Lindley Lectures*, 1964, p. 3-15, Lawrence, Kansas, USA; repris dans *Metaphysics : The Big Questions*, P. van Inwagen et D. Zimmerman (ed.), Londres, Blackwell, 1998, p. 356-365.

[1]. La position générale présentée ici est suggérée, parmi d'autres, dans les écrits suivants : Aristote, *Éthique à Eudème*, livre 2, chap. 6 et *Éthique à Nicomaque*,

2) Considérons quelque action ou méfait susceptible d'être attribué à un agent responsable : un agent, disons, a tiré sur un autre. Si l'homme *est* responsable de ce qu'il a fait, alors je dirais que ce qui a ainsi été amené à se produire au moment où il a tiré lui est entièrement imputable. Il y a eu un moment durant lequel, en vérité, il aurait pu aussi bien tirer le coup que se retenir de le tirer. Et s'il en est ainsi, alors, même s'il l'a bel et bien tiré, il aurait pu tout aussi bien faire autre chose à la place (il ne s'est pas découvert lui-même entrain de tirer le coup « contre sa volonté », comme on dit). Je pense donc, plus généralement, que nous pouvons dire que si un homme est responsable d'un certain événement ou d'un certain état de choses (du fait qu'un autre homme se soit fait tirer dessus, dans notre exemple), alors cet événement ou cet état de choses a été produit par quelque acte qui lui est imputable, et cet acte est tel qu'il était en son pouvoir de l'accomplir aussi bien que de ne pas l'accomplir.

Mais si maintenant l'acte qu'il a *effectivement* accompli était un acte qu'il était également en son pouvoir de *ne pas* accomplir, alors il n'aurait pas pu être causé ou déterminé par quelque événement qu'il n'était pas dans les limites de son pouvoir réaliser ou de ne pas réaliser. Par exemple, si ce dont nous disons qu'il l'a fait l'a été, en réalité, par un deuxième homme qui a forcé sa main à appuyer sur la détente ou qui, au moyen de l'hypnose, l'a obligé à réaliser l'acte, alors, dans la mesure où l'acte a été causé par ce *deuxième* homme, il n'est en rien une chose que le *premier* homme avait en son pouvoir d'empêcher. Et je pense que la même chose exactement reste vraie si, au lieu de nous référer à un second homme qui a contraint le premier, nous parlons à la place des *désirs* et des

livre 3, chap. 1-5 ; Th. Reid, *Essays on the active powers of man* [*Inquiry and Essays*, R. E. Beanblossom et K. Lehrer (éd.), Indianapolis, Hackett, 1983]; C. A. Campbell « Is free will a pseudo-problem? », *Mind*, 1951, p. 441-465; R. M. Chisholm, « Responsability and Avoidability », et R. Taylor, « Determinism and the theory of agency » dans *Determinism and freedom in the age of modern science*, S. Hook (éd.), New York, New York UP, 1958.

croyances que le premier homme se trouve avoir eues. Car si ce dont nous disons qu'il l'a fait s'avère en réalité avoir été le produit de ses propres croyances et désirs, si ces croyances et désirs, dans la situation particulière où il s'est trouvé être, lui ont fait faire précisément ce dont nous disons qu'il l'a effectivement fait, alors, dans la mesure où *ils* en sont la cause, *il* était dans l'incapacité de faire quoi que ce soit d'autre que ce qu'il a effectivement fait. Que la cause de l'action soit interne plutôt qu'externe n'introduit aucune différence; si la cause s'est trouvée être quelque état ou événement dont l'homme n'est pas par lui-même responsable, alors il n'était pas responsable de ce que nous avons désigné par erreur comme étant son acte. Le barrage étant construit à l'économie, si un déluge cause sa rupture, alors, le déluge et la structure du barrage étant ce qu'ils sont, la rupture, pourrait-on dire, *devait* se produire et rien n'aurait pu se produire à sa place. Et si le flot du désir pousse un homme dont la volonté est faible à céder, ce dernier également ne pouvait que faire ce qu'il a effectivement fait, et il n'est pas plus responsable des conséquences qui en ont résulté que ne l'est le barrage. (Il est évidemment vrai que si un homme est responsable des croyances et des désirs qu'il se trouve avoir, alors il est également responsable des choses que ces derniers le conduisent à faire. Mais la question devient maintenant : est-il responsable des croyances et des désirs qu'il se trouve avoir? S'il l'est, alors il a été à un moment en son pouvoir de les acquérir ou de ne pas les acquérir et nous retombons, en conséquence, sur notre point général).

On pourrait faire l'objection suivante : Il est sûr que s'il existait quelque chose comme un homme réellement *bon*, alors celui-ci serait responsable de ce qu'il fait; cependant, il serait incapable de faire quoi que ce soit d'autre que cela même qu'il fait effectivement, dans la mesure où, étant bon, il choisirait toujours de faire ce qui est le mieux. La réponse se trouve, je pense, suggérée par un commentaire de Thomas Reid à propos d'un auteur ancien. Cet auteur avait dit de Caton « qu'il était bon parce qu'il ne pouvait être autrement » et Reid observe : «Cette déclaration, littéralement et strictement comprise, ne constitue pas un éloge de Caton mais de sa constitution, laquelle n'est pas plus l'œuvre de Caton que ne l'est son existence »[1]. Si Caton lui-même a été le responsable des bonnes choses qu'il a faites, alors Caton, suggère Reid, bien qu'il ait eu en son pouvoir de faire ce qui n'était pas bon, a exercé son pouvoir uniquement dans le but de faire ce qui l'était.

Tout ce propos, s'il s'avère être vrai, est en mesure de mettre jusqu'à un certain point à l'aise les esprits délicats. Mais il faudrait leur rappeler que ce même propos entre en conflit avec une vue familière touchant la nature de Dieu – avec la vue que saint Thomas d'Aquin exprime en disant que «chaque mouvement, qu'il soit le fait de la volonté ou de la nature, procède de Dieu en tant que Premier Moteur »[2]. Si l'acte du pécheur procédait *effectivement* de Dieu en tant que Premier Moteur, Dieu se trouvait alors dans la position du second agent que nous avons discutée à l'instant – celle de l'homme qui a forcé le doigt posé sur la détente ou celle de l'hypnotiseur – et le soi-disant pécheur n'était pas responsable de ce qu'il a fait. (Cela peut apparaître comme une affirmation intrépide, au vu de l'histoire de la théologie occidentale, mais je dois dire que je n'ai jamais trouvé une seule bonne raison de la rejeter).

Il existe une objection standard contre tout ce qui vient d'être avancé, et il conviendrait que nous lui consacrions un bref examen.

3) L'objection revêt l'aspect d'un stratagème – stratagème conçu pour montrer que le déterminisme (et la providence divine) sont compatibles avec la responsabilité humaine. Ce stratagème fut utilisé par Jonathan Edwards et par nombre de philosophes au cours du présent siècle, et c'est à G. E. Moore qu'il revient de lui avoir donné son emploi le plus notable[3]. Il procède comme suit: L'expression:

(a) Il aurait pu faire autrement,

1. Th. Reid, *Essays on the active powers of man*, Essai 4, chap. 4.
2. Thomas d'Aquin, *Somme Théologique*, Question 6, «Sur le volontaire et l'involontaire» [*Les actes humains* I, Paris, Le Cerf, 1997, p. 11-52].
3. J. Edwards, *Freedom of the will* [Morgan, PA, Soli Deo Gloria Publications, 1997].

dit-on, ne signifie rien de plus que :

> (b) S'il avait choisi de faire autre chose, alors il aurait fait autre chose.

(À la place de « choisi », on pourrait dire « essayé », « eu l'intention », « décidé », « entrepris », « voulu »). La vérité de l'énoncé (b), fait-on alors observer, est compatible avec le déterminisme (et avec la providence divine) ; car même si toutes les actions de notre homme étaient causalement déterminées, le fait qu'il aurait pu agir autrement *s*'il avait effectué un autre choix pourrait encore lui être imputé. Combiné avec ses croyances et ses désirs, ce que le meurtrier a vu, pouvons-nous supposer, a été la *cause* de son tir ; lui appartient le fait qu'il aurait pu, à ce moment-là précisément, ne pas tirer le coup *s*'il avait choisi ou décidé de *ne pas* le tirer coup. Tout cela est certainement possible. Semblablement, nous pourrions dire du barrage que *si* le déluge, ou quelque autre pression équivalente, n'était pas intervenu, alors il serait demeuré intact. En conséquence, l'argument consiste à dire que si (b) est compatible avec le déterminisme et si (a) et (b) disent la même chose, alors (a) est également compatible avec le déterminisme ; ainsi pouvons-nous dire que l'agent *aurait pu* agir autrement même si ce qu'il a effectivement fait est le produit d'une cause ; et, en conséquence, le déterminisme et la responsabilité morale sont compatibles.

Cet argument est-il valide ? La conclusion résulte bien des prémisses, mais le truc réside, me semble-t-il, dans la première prémisse, celle qui énonce que l'énoncé (a) ne dit ni plus ni moins la même chose que ce que nous dit l'énoncé (b). Car il semble bien que (b) puisse être vrai et (a), cependant, faux. Ce qui revient à dire que notre homme pourrait être tel que, s'il avait choisi de faire autre chose, il aurait fait autre chose et cependant être *également* tel qu'il n'aurait pu faire autre chose. Supposez, après tout, que notre meurtrier n'ait pas pu *choisir*, ou n'ait pas pu *décider*, de faire autre chose. Alors le fait qu'il s'avère être un homme tel que s'il avait choisi de ne pas tirer il n'aurait pas tiré, n'introduit aucune différence. Car s'il *ne* pouvait *pas* choisir de *ne pas* tirer, alors il n'aurait pas pu faire quoi que ce soit d'autre que ce que précisément il se trouve avoir bel et bien fait. En un mot : à partir de notre énoncé (b) ci-dessus (« S'il avait choisi de faire autre chose, alors il aurait fait autre chose »), nous ne pouvons inférer l'énoncé (a) ci-dessus (« Il aurait pu faire autre chose ») à moins que nous puissions également affirmer que :

(c) Il aurait pu choisir de faire autre chose.

Et, en conséquence, s'il nous faut rejeter ce troisième énoncé (c), notre affirmation que (a) n'est pas justifiée, et ce même si notre affirmation que (b) l'est. Si un homme ne pouvait pas choisir d'agir autrement, alors il n'aurait pas agi autrement – *même s'*il se trouve que s'il *avait* choisi d'agir autrement, il aurait agi autrement.

Le stratagème en question semble donc ne pas fonctionner, et je dirais, en conséquence, que l'attribution de responsabilité entre en conflit avec la vision déterministe de l'action.

4) Peut-être est-il moins besoin de montrer que l'attribution de la responsabilité entre également en conflit avec une vision indéterministe de l'action – avec la vision selon laquelle l'acte, ou quelque événement essentiel à l'acte, n'est le produit d'aucune cause. Si l'acte – le tir du coup de feu – n'était le produit d'aucune cause, si cet acte était fortuit, le fruit du hasard, arrivant, pour ainsi dire par surprise, alors, vraisemblablement, rien ni personne ne pourrait en être tenu pour responsable. Notre conception de l'action, en conséquence, ne devrait être ni déterministe, ni indéterministe. Existe-t-il une autre possibilité ?

5) Nous ne devons pas dire que chaque événement impliqué dans l'acte est causé par un autre événement ; et nous ne devons pas dire que l'acte est quelque chose qui n'est pas causé du tout. En conséquence, la possibilité qui subsiste, est celle-ci : nous devrions dire qu'au moins un des événements impliqués dans l'acte est causé, non point par quelque autre événement, mais par quelque chose d'autre à la place. Et ce quelque chose d'autre ne peut être que l'agent – l'homme en question. S'il existe un événement qui est causé par l'homme, alors il est causé et nous ne sommes pas

condamnés à dire qu'il y a quelque chose dans l'acte qui n'est le produit d'aucune cause.

Mais évidemment ceci est d'une grande conséquence, et implique quelque chose de considérablement important concernant la nature de l'agent ou de l'homme.

6) Si nous considérons seulement les objets inanimés naturels, nous pouvons dire que la cause*, si elle intervient, constitue une relation entre *événements* ou *états de choses*. La rupture du barrage constitue un événement, lequel a été causé par un ensemble d'autres événements – la fragilité du barrage, la puissance du flot, et ainsi de suite. Mais si un homme est responsable d'une action particulière, alors, si ce que nous avons dit est exact, il y a quelque événement, ou ensemble d'événements, qui se trouve être causé *non* par d'autres événements ou états de choses, mais par l'agent, quoi qu'il puisse être.

Je vais emprunter un couple de termes médiévaux et, peut-être, les utiliser d'une façon un peu différente de celle en vue de laquelle il ont été introduits à l'origine. Je dirai que lorsqu'un événement ou un état de choses (ou un ensemble d'événements ou d'états de choses) cause quelque autre événement ou état de choses, alors nous sommes en présence d'une cause *transeunt***. Et je dirai que lorsqu'un agent, en tant qu'il est différent d'un événement, cause un événement ou un état de choses, nous avons affaire à un exemple de cause *immanente*.

La nature de ce qu'on veut signifier par l'expression « causalité immanente » peut être illustrée par cette phrase issue de la *Physique* d'Aristote : « Ainsi un bâton meut une pierre et est mu par une main qui est mue par un homme » (VII, 5, 256 a 6-8) Si l'homme en

---

* Le terme original est *causation* et sert à désigner *le fait que* x cause y. Il n'a pas d'équivalent strict en français. Nous avons tenté d'éviter l'emploi d'un anglicisme et traduit par *cause* ou *causalité* chaque fois que possible.

** Il peut paraître incongru de parler de « cause transeunt » en français, mais Chisholm a choisi de conserver telle quelle cette épithète médiévale dans le texte original et nous nous réglons sur son choix.

question est responsable, alors interviennent, dans cette illustration, différents exemples de cause – dont la plupart sont transeunt mais dont l'un au moins est immanent. Ce que le bâton a fait à la pierre constitue un exemple de cause transeunt, et nous pouvons ainsi le décrire comme une relation entre événements : « le mouvement du bâton a causé le mouvement de la pierre ». Et il en va de même pour ce que la main a fait au bâton : « le mouvement de la main a causé le mouvement du bâton ». Et, comme nous le savons, grâce au concours de la physiologie, il existe encore d'autres événements qui ont causé le mouvement de la main. En conséquence, nous n'avons pas besoin d'introduire l'agent à ce moment particulier, comme le fait Aristote – nous *n'avons pas besoin*, bien qu'il nous soit *permis* de le faire. Il nous est *permis* de dire que la main a été mue par l'homme, mais il nous est *également* permis de dire que le mouvement de la main a été causé par celui de certains muscles ; et il nous est permis de dire que le mouvement des muscles a été causé par certains événements qui ont eu pour siège le cerveau. Mais un certain événement, qui se trouve vraisemblablement être un de ceux qui se sont déroulés dans le cerveau, a été causé par l'agent et non par certains autres événements.

On peut, bien évidemment, avancer des objections contre cette façon de présenter les choses ; je vais examiner les deux qui me paraissent les plus importantes.

7) On peut objecter premièrement que : « si l'*homme* fait quoi que ce soit, alors, comme le suggère la remarque d'Aristote, ce qu'il fait consiste en ce qu'il meut la *main*. Mais, très certainement, il ne fait rien du tout à son cerveau – il se peut même qu'il ne sache pas qu'il *a* un cerveau. Et s'il ne fait rien à son cerveau, et si le mouvement de la main a été causé par quelque chose se produisant dans le cerveau, alors il n'y a aucune pertinence à recourir à une "causalité immanente", considérée comme incompatible avec la "causalité transeunt" – car tout ce dont il s'agit, au bout du compte, c'est de relations causales entre des événements et des états de faits ».

La réponse à cette objection est, je pense, la suivante : il est vrai que l'agent ne fait rien du tout avec son cerveau, ou à son cerveau au sens où il *fait* quelque chose avec sa main et fait quelque chose au bâton. Mais de ceci il ne s'ensuit pas que l'agent n'était pas la cause immanente de quelque chose qui s'est produit dans son cerveau.

Nous devrions nous rappeler d'une très utile distinction effectuée par le Professeur A. I. Melden – à savoir la distinction entre « faire advenir A » et « faire A »[1]. Si j'attrape le bâton et que je le ramasse, alors une des choses que je *fais* n'est autre que cela – attraper le bâton et le ramasser. Et s'il s'agit d'une chose que je fais, alors il y a un sens parfaitement clair dans lequel on peut dire qu'il s'agit d'une chose dont je sais que je la fais. Si vous me demandez « Faites-vous ou essayez-vous de faire quelque chose avec le bâton ? », je n'aurai pas de difficulté à trouver une réponse. Mais en faisant quelque chose avec le bâton, je fais également advenir différentes choses qui ne sont pas au même sens des choses que je fais : je provoque le déplacement de particules d'air ; je libère un certain nombre de brins d'herbe de la pression qui s'exerçait sur eux : et il se peut que j'amène une ombre à se déplacer d'un endroit à un autre. S'il s'agit là de choses que je fais advenir, en opposition à celles que je fais, alors je puis ne rien savoir d'elles du tout ; je puis ne pas avoir la moindre idée du fait qu'en déplaçant le bâton, j'entraîne des choses telles que le mouvement des particules d'air, des ombres et des brins d'herbe.

Nous pouvons dire en conséquence, en réponse à la première objection, qu'il est vrai que notre agent ne fait rien à son cerveau ou avec son cerveau ; mais il ne s'ensuit pas qu'il n'est pas la cause immanente de quelque événement ayant son cerveau pour siège ; car l'événement cérébral, à l'image du mouvement des particules d'air, peut être une chose qu'il a faite advenir en ramassant le bâton. La seule différence entre les deux cas est celle-ci : dans chacun des cas, il fait advenir quelque chose en ramassant le bâton ; mais dans le premier cas – le déplacement des particules d'air ou des ombres –

---

1. A. I. Melden, *Free action*, London, Routledge & Kegan Paul, 1961, spécialement le chapitre 3. Les vues de monsieur Melden sont cependant tout à fait opposées à celles avancées ici.

c'est le mouvement du bâton qui a causé l'occurrence de l'événement; et dans l'autre cas – l'événement qui a eu pour siège le cerveau – c'est cet événement qui a causé le mouvement du bâton.

Le point, en un mot, est que toutes les fois qu'un homme fait une chose A, alors (par «causalité immanente») il fait advenir un événement cérébral, et ce dernier (par «causalité transeunt») fait advenir A.

8) La seconde objection est plus difficile et concerne le concept même de «cause immanente», ou de causalité imputable à un agent, conformément à la manière dont ce concept est interprété ici. Le concept est exposé à une difficulté qui a longtemps été associée à celle du premier moteur non mu. Nous avons dit qu'il devait y avoir quelque événement A, vraisemblablement cérébral, causé non point par quelque autre événement, mais par l'agent. Dans la mesure où A n'a pas été causé par quelque autre événement, alors l'agent lui-même ne peut être dit avoir connu quelque changement que ce soit ou avoir produit quelque autre événement (tel qu'un «acte de la volonté» ou un autre événement semblable) ayant provoqué A. Mais si, lorsque l'agent a fait advenir A, il n'y avait aucun autre événement impliqué autre que A lui-même, aucun événement qu'on puisse décrire comme le fait de *faire* advenir A, en quoi la causalité imputable à l'agent consiste-t-elle? Quelle est, par exemple, la différence entre A se contentant de se produire, et l'agent *causant* la venue de A? Il ne nous est pas possible d'attribuer la différence à quelque événement que ce soit s'étant produit au sein de l'agent. Et, pour autant que l'événement A lui-même se trouve concerné, il semblerait qu'il n'y ait aucune différence discernable. Aussi, Aristote disait-il que l'activité ou le premier moteur n'était en rien quelque chose venant s'ajouter au mouvement qu'il produit et Suarez disait que «l'action n'est en réalité rien d'autre que l'effet en tant qu'il émane de l'agent»[1]. Devons-nous alors conclure qu'il n'y a rien de plus dans le fait que l'action de l'homme

1. Aristote, *Physique*, Livre 3, chap. 3; Francisco Suarez, *Metaphysical Disputations* 17-19 [New Haven, Yale UP, 1994, Disputation 18, sect. 10].

cause l'événement A que lorsque cet événement se produit par lui-même? Il semblerait que nous ayons ici une distinction sans différence – auquel cas nous avons échoué dans notre tentative pour trouver une *via media* entre la vision déterministe et la vision indéterministe de l'action.

La réponse, je pense, ne peut être que celle-ci : la différence entre l'homme causant A, d'un côté, et l'événement A se contentant de se produire, d'un autre côté, tient à ce que, dans le premier cas mais pas dans le second, l'événement A a été *causé* et l'a été par l'homme. Il s'est produit un événement cérébral A ; l'agent a bel et bien causé l'événement en question ; mais il n'est rien qu'il ait fait pour le causer.

Cette réponse peut ne pas sembler entièrement satisfaisante et suscitera vraisemblablement la question suivante : « Mais qu'*ajoutez*-vous réellement à l'affirmation que A s'est produit lorsque vous énoncez que "L'agent *a causé* l'occurrence de A" ? ». Dès lors que nous posons la question en ces termes, nous voyons, je pense, que quelle que soit la difficulté que nous rencontrerons, elle nous reconduira au concept de cause pris en son sens général – qu'elle soit « immanente » ou « transeunt ». Le problème, en d'autres termes, n'est pas un problème propre à notre conception de l'action humaine. Il s'agit d'un problème qui doit être affronté par quiconque fait usage du concept de cause en tant que tel ; et, en conséquence, je dirais qu'il s'agit d'un problème qui se pose à tout le monde, à l'exception de l'indéterministe complet.

En effet, le problème, tel que nous l'avons posé en nous référant uniquement à la « causalité immanente », ou causalité imputable à l'agent, était le suivant : « Quelle est la différence entre dire d'un événement A qu'il s'est simplement produit et dire que quelqu'un est la cause du fait que A s'est produit ? » Le problème analogue, et qui se pose pour la « causalité transeunt » ou causalité imputable à un événement, est le suivant : « Quelle est la différence entre dire de deux événements A et B que B s'est produit et qu'ensuite A s'est produit et dire que l'occurrence de B était la *cause* de celle de A ? ». Et la seule réponse que quelqu'un puisse donner est celle-ci : dans un cas l'agent était la cause de l'occurrence de A et dans l'autre cas l'événement B était la cause de l'occurrence de A. La nature de la causalité transeunt n'est pas plus claire que celle de la causalité immanente.

9) Mais nous pouvons dire, de façon plausible – et il existe une tradition respectable de philosophie à laquelle nous pouvons faire appel – que la notion de cause imputable à un agent est en fait plus claire que celle de cause transeunt, ou cause imputable à un événement, et que c'est seulement en comprenant notre propre efficience causale, en tant qu'agents, que nous pourrons saisir si peu que ce soit le concept de *cause*. On pourrait dire de Hume qu'il a montré que nous ne dérivons pas le concept de *cause* de ce que nous percevons des choses extérieures. Comment, alors, le dérivons-nous ? La suggestion la plus plausible, me semble-t-il, est une fois encore celle de Reid, à savoir que : « la conception d'une cause efficiente peut très probablement être dérivée d'expériences que nous avons eues… de notre propre capacité à produire certains effets » [1]. Si nous ne comprenions pas le concept de cause immanente, nous ne comprendrions pas celui de cause transeunt.

10) On aura peut-être noté que j'ai évité le terme « volonté libre » dans tout ce qui précède. Car même s'il existe une faculté telle que « la volonté » qui, d'une manière ou d'une autre, met en branle nos actes, la question de la liberté, comme l'a dit John Locke, n'est pas celle de savoir « *si la volonté est libre* » ; elle est celle de savoir « *si un homme est libre* » [2]. Car s'il existe une « volonté », conçue comme une faculté de mouvoir, la question est de savoir si l'homme est libre de faire ces choses qu'il veut effectivement faire – et également de savoir s'il est libre de *ne pas* vouloir l'une ou l'autre de ces choses qu'il veut effectivement faire, et encore s'il est libre de ne pas vouloir l'une ou l'autre de ces choses qu'il ne veut pas faire. Jonathan Edwards a tenté de restreindre son propos à la question – « L'homme est-il libre de vouloir cela même qu'il

1. Reid, *op. cit.*
2. J. Locke, *Essai concerning human understanding*, chap. 21.

veut » – mais la réponse à cette question ne nous dira pas si l'homme est responsable de cela même qu'il veut *effectivement* faire. En faisant à nouveau usage d'une autre paire de termes médiévaux, nous pouvons dire que le problème métaphysique de la liberté ne concerne pas l'*actus imperatus*; il ne porte pas sur la question de savoir si nous sommes libres d'accomplir tout ce que nous voulons ou avons l'intention de faire; il concerne l'*actus elicitus*, la question de savoir si nous sommes libres de vouloir ou d'avoir l'intention de faire ces choses que nous voulons effectivement ou avons l'intention de faire.

11) Si nous sommes responsables, et si ce que j'ai essayé de dire est vrai, alors nous avons une prérogative que certains attribueraient seulement à Dieu : chacun de nous, lorsqu'il agit, est un premier moteur non mu. En faisant ce que nous faisons, nous causons l'occurrence de certains événements, et rien – ni personne – n'est la cause du fait que nous causons l'occurrence de ces événements.

12) Si nous sommes ainsi des premiers moteurs non mus et si nos actions, ou du moins celles dont nous sommes responsables, ne sont pas causalement déterminées, alors elles ne sont pas causalement déterminées par nos *désirs*. Et cela signifie que la relation entre ce que nous voulons ou ce que nous désirons, d'un côté, et cela même que nous faisons, de l'autre, n'est pas aussi simple que ce que la plupart des philosophes ont pensé.

Nous pouvons établir une distinction entre ce que nous pourrions appeler l'approche « hobbesienne » et ce que nous pourrions appeler l'approche « kantienne » de cette question. L'approche hobbesienne est celle qui est généralement objet de faveur par les temps qui courent, mais l'approche kantienne est, je crois, celle qui se trouve être vraie. Selon l'approche hobbesienne, si nous *savons* d'un homme quelconque ce que sont ses croyances et ses désirs et quelle est leur force, si nous savons ce dont il est certain, ce qu'il désire plus que tout au monde, si nous connaissons l'état de son corps et les stimuli auxquels il se trouve assujetti, alors nous pouvons *déduire*, logiquement, ce qu'il fera précisément, ou, plus exactement ce qu'il va essayer, avoir l'intention de faire ou entre-

prendre à tel moment. Ainsi, le Professeur Melden a-t-il dit que
« la connexion entre vouloir et faire est logique »[1]. Mais, selon
l'approche kantienne de notre problème, et c'est celle à laquelle
je souhaite souscrire, il n'existe rien de tel qu'une connexion
logique entre vouloir et faire et il n'est pas davantage besoin d'une
connexion causale. Aucun ensemble d'assertions portant sur les
désirs, les croyances et les stimulations environnant un homme
n'implique quelque autre assertion portant sur ce que cet homme
tentera, aura l'intention de faire ou entreprendra. Comme l'a dit
Reid, bien qu'il nous soit possible « d'inférer les actions à partir des
motifs des hommes dans beaucoup de cas avec une grande probabilité », nous ne pouvons pas le faire avec une « certitude absolue »[2].

Cela signifie qu'en un sens très strict des termes, ne peut exister
aucune science de l'homme. Si nous songeons à la science comme à
une entreprise cherchant à établir quelles sont les lois véritables, et
si l'énoncé d'un loi nous dit quelles sortes d'événements sont
causées par quelles autres sortes d'événements, alors il y aura des
actions humaines que nous ne pourrons expliquer en les subsumant
sous quelque loi que ce soit. Nous ne pouvons dire : « il est causalement nécessaire, étant donnés certains désirs et certaines croyances,
et le fait, par ailleurs, qu'il se trouve exposé à certains stimuli, que
l'agent fasse ceci et cela ». Car l'agent, s'il choisit, peut s'élever
au-dessus de ses désirs et choisir quelque chose d'autre à la place.

Mais tout cela est compatible avec le fait de dire que nos désirs
existent sous des conditions qui nécessitent notre action plus
souvent qu'ils n'échappent à celles-ci. Et nous pouvons également
dire, avec Leibniz, qu'à d'autres moments nos désirs « inclinent
sans nécessiter ».

13) La phrase de Leibniz nous met en présence de ce qui
constitue en dernier lieu notre problème philosophique. Que veut-on
dire lorsqu'on affirme que nos désirs peuvent « incliner sans nécessiter » ? On peut certainement être tenté de dire qu'« incliner »

1. Melden, *op. cit.*, p. 166.
2. Reid, *op. cit.*

signifie « causer » et « ne pas nécessiter » signifie ne pas causer, mais, à l'évidence, nous ne pouvons pas dire les deux choses à la fois.

La solution de Leibniz ne fait pas davantage l'affaire. Dans sa lettre à Coste, il présente le problème comme suit :

> Lorsqu'un choix est proposé, par exemple entre sortir et ne pas sortir, la question est de savoir si, compte tenu de toutes les circonstances, internes et externes, motifs, perceptions, dispositions, impressions, passions, inclinations prises ensemble, je suis encore dans un état contingent, ou si mon choix est nécessité, par exemple celui de sortir; cela revient à se demander si cette proposition qui est vraie et déterminée en fait, *compte tenu de toutes ces circonstances prises ensemble je choisirai de sortir*, est contingente ou nécessaire [1].

La réponse de Leibniz peut être présentée comme suit : en un sens des termes « nécessaire » et « contingent », la proposition « compte tenu de toutes ces circonstances prises ensemble, je choisirai de sortir » peut être dite contingente et non nécessaire, et en un autre sens de ces termes, elle peut être dite nécessaire et non contingente. Mais le sens selon lequel elle peut être dite contingente, si l'on suit Leibniz, n'est autre que celui-ci : il n'est point de contradiction logique impliquée par la négation de cette proposition. Et le sens selon lequel elle peut être dite nécessaire est celui-ci : dans la mesure où « rien n'arrive jamais sans une cause ou une raison déterminante », la proposition est causalement nécessaire. « Toutes les fois que toutes les circonstances prises ensemble sont telles qu'à l'issue de la délibération, la balance penche d'un côté plutôt que de l'autre, certainement et infailliblement, c'est ce côté qui l'emportera ». Mais si ce que nous avons dit est vrai, la proposition « compte tenu de toutes ces circonstances prises ensemble, je choisirai de sortir » pourrait s'avérer causalement aussi bien que logiquement contingente. Aussi devons-nous trouver une autre

1. G. W. Leibniz, « Lettre à Monsieur Coste, De la nécessité et de la contingence » [*Le droit de la raison*, Paris, Vrin, 1994, p. 35-40].

interprétation à l'affirmation de Leibniz selon laquelle nos motifs et nos désirs nous inclinent, ou nous influencent dans notre choix, sans nécessiter ce dernier.

Considérons le cas d'un responsable public qui a des scrupules moraux mais qui pourrait également, comme on dit, se faire avoir. En raison de ses scrupules moraux, il n'entreprendra aucune démarche susceptible de lui valoir un pot-de-vin – il ne cherchera pas activement à en solliciter un. Mais sa moralité a des limites et il est également ainsi fait que, si on le confrontait à un *fait accompli**, ou si on le laissait entrevoir ce qui va se passer (10 000 dollars en cash sont entrain d'être déposés derrière le garage), alors il succomberait et serait dans l'incapacité de résister. La situation générale est familière et c'est une des raisons pour lesquelles les gens prient pour être délivrés de la tentation (cela justifie également la remarque de Kant : « Et combien il y a gens qui ont mené une longue vie exempte de reproche et dont la seule *fortune* est d'avoir échappé à tant de tentations » [1]. Il se pourrait que notre relation à la mauvaise action que nous observons ne tourne pas simplement autour de la question de savoir si nous aurions pu l'accomplir ou ne pas l'accomplir. Comme l'a noté saint Anselme, il existe au moins quatre possibilités. Nous pouvons les illustrer en nous référant à notre responsable public et à l'événement que constitue le fait qu'il reçoit un pot-de-vin de la manière suivante : a) il se peut qu'il soit capable de provoquer l'événement (*facere esse*), auquel cas il cause activement lui-même le fait qu'il reçoit le pot-de-vin ; b) il se peut qu'il soit capable de se retenir lui-même de le provoquer (*non facere esse*), auquel cas il ne fait rien lui-même pour s'assurer qu'il recevra le pot-de-vin ; c) il se peut qu'il soit capable de faire quelque chose afin d'empêcher que l'événement se produise (*facere non esse*), auquel cas il s'assure que les 10 000 dollars ne seront pas laissés derrière le garage ; ou d) il se peut qu'il soit

1. Dans *Critique of practical reason and other works in the theory of ethics*, T. K. Abbott (éd.), London, Longman, Green and co, 1959, p. 303.

* En français dans le texte.

incapable de faire quoi que ce soit pour empêcher l'événement de se produire (*non facere non esse*), auquel cas, bien qu'il ne sollicite point le pot-de-vin, il s'autorise à le conserver [1]. Nous avons envisagé notre responsable public comme un homme qui peut résister à la tentation de (a) mais ne peut résister à la tentation de (d) : il peut se retenir de provoquer lui-même l'événement, même il ne parvient pas à s'obliger lui-même à faire quoi que ce soit pour l'empêcher.

Efforçons-nous donc de penser dans ces termes « l'inclination sans nécessitation ». Nous pouvons d'abord opposer les deux propositions :

(1) Il peut résister à la tentation de faire quelque chose pour que A se produise ;

(2) Il peut résister à la tentation de laisser A se produire (*i.e.* de ne rien faire pour empêcher A de se produire).

Nous pouvons supposer que notre homme a quelque désir de voir A se produire et possède ainsi un motif de faire que A arrive. Je suggère que son motif pour amener A à se produire est un motif nécessitant si, en raison de ce motif, (1) est faux ; il ne peut résister à la tentation de faire quelque chose pour que A se produise. Son motif pour amener A à se produire l'incline si, en raison de ce motif, (2) est faux ; à l'image de notre responsable public, il ne peut s'obliger à faire quoi que ce soit pour empêcher A de se produire. Et, en conséquence, nous pouvons dire que son motif pour amener A à se produire incline mais ne nécessite pas si, en raison de ce motif, (1) est vrai et (2) est faux ; il peut résister à la tentation de l'amener à se produire mais ne peut résister à la tentation de le laisser se produire.

Traduit par Michel LE DU

1. *Cf.* D. P. Henry, « Saint Anselm's *De "Grammatico"* », *Philosophical Quaterly*, X, 1960, p. 115-126. Saint Anselme notait que (a) et (c), respectivement, peuvent être considérés comme formant les angles supérieurs droit et gauche d'un carré d'opposés et (b) et (d) comme l'inférieur gauche et l'inférieur droit.

JÉRÔME DOKIC

LA NEUTRALITÉ MÉTAPHYSIQUE
DE LA PERCEPTION*

Introduction

Cet essai porte sur les rapports entre la théorie de la perception et la métaphysique, plus précisément sur les conséquences métaphysiques de l'analyse du contenu perceptif. La notion de contenu perceptif sera bientôt précisée, mais on peut en donner une première caractérisation en disant que le contenu est constitué des entités que l'on perçoit, quelles qu'elles soient. Je ne ferai donc pas de distinction ici entre le contenu de la perception et ses objets, ou « objets intentionnels ». Les philosophes de la perception se sont posés des questions sur la nature métaphysique des objets de notre expérience. Quand je vois le livre sur la table, la lampe s'allumer ou Marie sourire, à quel genre métaphysique d'entités ai-je réellement affaire ? Y a-t-il des restrictions métaphysiques sur les entités susceptibles d'entrer dans le contenu de mon expérience ? Les réponses que ces philosophes ont données sont difficilement dénombrables. Certains d'entre eux ont supposé que nous ne percevons que des entités qui dépendent existentiellement de notre système perceptif – les fameux *sense-data*. Je me rangerai ici du côté des Réalistes qui considèrent que nous percevons la plupart du temps des éléments d'un monde réel, indépendant de l'esprit. Parmi

* Texte inédit.

les thèses réalistes en ce sens, trois se sont distinguées par l'intérêt qu'elles ont suscité :

> *Thèse particulariste* : nous ne percevons que des entités particulières.
> *Thèse universaliste* : nous ne percevons que des universaux.
> *Thèse mixte* : nous percevons des entités particulières en même temps que des universaux.

Selon la première thèse, nous percevons au minimum des objets matériels, qui sont des entités particulières par excellence [1]. Je vois Pierre et le livre qu'il tient à la main. La perception porte également sur des événements particuliers, tels que le passage du feu au rouge, ou le cri soudain du piéton sur lequel la voiture fonce. La thèse particulariste peut également admettre que nous percevons des propriétés et des états, à condition qu'ils soient conçus comme particuliers (c'est-à-dire ce que l'on appelle des « tropes », « moments », « particuliers abstraits » ou « particuliers dépendants »)[2]. En revanche, la thèse particulariste exclut que l'on puisse percevoir des propriétés ou des relations générales ou universelles. Elle exclut également que l'on puisse percevoir des objets abstraits, tels des ensembles et des propositions. Les faits sont également bannis du domaine des entités perceptibles, au motif qu'ils impliquent au moins une entité universelle. David Armstrong considère que les faits ou les états de choses sont particuliers dès lors qu'au

---

1. Je supposerai ici la conception standard d'une entité particulière comme quelque chose qui existe dans le temps ou dans l'espace, c'est-à-dire qui a des coordonnées temporelles ou spatiotemporelles.

2. *Cf.* K. Mulligan, « Perception, Particulars and Predicates » (dans D. Fisette (éd.), *Consciousness and Intentionality : Models and Modalities of Attribution*, The Western Ontario Series in Philosophy of Science, Kluwer, 1999, p. 163-194) qui défend les tropes dans le contexte d'une thèse particulariste. On consultera également avec profit F. Nef, *Les propriétés des choses. Expérience et logique*, Paris, Vrin, 2006, dont plusieurs chapitres traitent des relations entre métaphysique et théorie de la perception. Nef ne souscrit pas tout à fait à la thèse particulariste, mais plaide en faveur du rôle des tropes dans une analyse du contenu perceptif.

moins l'un de leurs constituants est particulier. C'est ce qu'il appelle « la victoire du particulier »[1]. Il est raisonnable de penser, cependant, que les faits tels qu'Armstrong les définit ne sont pas *entièrement* particuliers[2].

À l'opposé de la thèse particulariste, la thèse universaliste affirme que nous ne percevons jamais d'entités particulières, mais seulement des universaux, ou plus précisément ce que Peter F. Strawson appelle des « universaux-traits »[3]. Elle implique qu'une description adéquate du contenu de la perception ne fait intervenir que des termes généraux. Enfin, selon la thèse mixte, nous percevons des objets et des événements particuliers mais aussi certains des universaux qu'ils exemplifient, ou alors des faits en tant qu'ils ne sont ni entièrement particuliers ni entièrement universels.

Chacune des trois thèses peut se décliner en plusieurs variantes ; leur formulation même fait l'objet d'un débat toujours actuel[4]. La question qui m'intéresse ici est plus générale : l'analyse du contenu perceptif nous commande-t-elle de trancher entre ces différentes thèses ? Par exemple, Kevin Mulligan fait observer que « ce n'est peut-être pas un hasard que les philosophes [du XXe siècle] qui ont défendu les particuliers dépendants (Stout contre Moore) ont été des psychologues de la perception » (*art. cit.*). Cela suggère que ces philosophes ont été *conduits* à postuler des particuliers dépendants pour rendre compte de phénomènes perceptifs, ou peut-être qu'ils ont *confirmé* l'existence de ces entités à partir d'une théorie de la perception. Mon propos dans ce qui suit est d'évaluer le type d'argument capable de nous conduire d'une prémisse perceptive,

1. *Cf.* D. Armstrong, *A World of States of Affairs*, Cambridge, Cambridge UP, 1997.

2. Sur ce point et bien d'autres pertinents pour mon enquête, *cf.* Mulligan, *art. cit.*

3. P. F. Strawson, *Les individus*, Paris, Seuil, 1974 (la pagination utilisée sera celle du texte anglais). La notion d'universaux-traits, ou plus simplement de traits, sera introduite et expliquée ultérieurement. Bertrand Russell a défendu une thèse universaliste dans *Signification et vérité* (Paris, Flammarion, 1969).

4. Sur l'actualité de la métaphysique, *cf.* F. Nef, *Qu'est-ce que la métaphysique ?*, Paris, Gallimard, 2004.

qui concerne l'apparence des choses révélée par nos jugements de perception ordinaires ou par une description phénoménologique, à une conclusion substantielle sur la nature de ce que nous percevons. Je présenterai quelques considérations qui, à différents niveaux de généralité, associent de cette manière la théorie de la perception à la métaphysique.

La théorie épistémique de la perception

La notion de contenu perceptif découle d'une certaine conception de la perception comme un état mental *intrinsèquement intentionnel*, « dirigé » vers autre chose que lui-même. Certaines entités, comme les jugements, ont une intentionnalité intrinsèque ; d'autres, comme les signes sur le papier ou les émissions vocales, ont une intentionnalité seulement dérivée, parce que *nous* leur attribuons des propriétés représentationnelles [1]. De ce point de vue, les expériences perceptives sont du côté des jugements et non des signes inertes. De même qu'un jugement est toujours un jugement *sur* quelque chose, toute expérience est une expérience *de* quelque chose. Au sens général, le contenu de l'expérience est simplement l'ensemble des objets qu'elle vise intentionnellement.

C'est parce que la perception a un contenu propre qu'elle est une source de connaissance empirique. Elle permet de fonder immédiatement (c'est-à-dire sans inférence) des jugements sur la réalité qui nous entoure, et dans le meilleur des cas, ces jugements ont une valeur de connaissance. Ils ne sont pas simplement justifiés à un degré ou à un autre, mais constituent des prémisses catégo-

---

1. La distinction entre intentionnalité intrinsèque et dérivée vient de D. Dennett, *Consciousness and Content*, London, Routledge & Kegan Paul, 1969. Dennett lui-même doute que l'intentionnalité puisse jamais être intrinsèque, mais je ne le suivrai pas sur ce point.

riques (quoique révisables) pour le raisonnement théorique ou pratique[1].

La notion générale de contenu perceptif est compatible avec différentes approches spécifiques. La plus influente est sans doute la *théorie épistémique de la perception*. Selon cette théorie, le contenu de la perception est toujours le contenu d'un *jugement* possible de perception. L'adjectif « possible » joue ici un rôle essentiel, car une expérience perceptive particulière n'est pas nécessairement accompagnée du jugement correspondant. Par exemple, je peux avoir l'impression visuelle que les angles formés par deux corniches sont égaux, alors que je m'en remets au jugement de mon voisin qui croit qu'ils ne le sont pas. Mon impression visuelle peut être véridique ou illusoire, et mon jugement peut être faux ou vrai. Selon la théorie épistémique, le contenu de mon impression visuelle est dans tous les cas identique au contenu d'un jugement que je *pourrais* faire si je prenais mon expérience au pied de la lettre.

La théorie épistémique reconnaît que la perception n'est pas un jugement, mais elle insiste sur le fait que le contenu perceptif véhicule une information propositionnelle, du type de celle que nous pouvons juger comme vraie ou fausse[2]. Comme le contenu du jugement est conceptuel, le contenu de la perception est lui-même conceptuel de part en part, de sorte que le passage d'une expérience perceptive à un jugement ne doit pas être conçu sur le modèle d'une transition entre un type de contenu (non-conceptuel) à un autre (conceptuel). Au contraire, le jugement de perception reprend ou

1. Ici j'adhère au principe général que J. McDowell appelle « empirisme minimal » dans l'introduction de son ouvrage *Mind and World*, Cambridge, Mass., Harvard UP, 2ᵉ éd. 1996 [trad. fr. Ch. Alsaleh, Paris, Vrin, 2007].

2. Par exemple, Armstrong considère que la perception est l'événement qui consiste dans l'*acquisition* d'une information propositionnelle. Pour un exposé récent de cette thèse, *cf.* ses « Pufendorf Lectures » 2004, accessible sur le site www.pufendorf.se.

endosse le contenu de l'expérience, ou du moins une partie de celui-ci[1].

Quelles sont les implications métaphysiques de l'analyse épistémique du contenu perceptif? Dans la mesure où un contenu jugeable est typiquement articulé en sujet et en prédicat, les partisans de la théorie épistémique considèrent qu'il en va de même pour le contenu de la perception[2]. Voir le sourire de Marie, c'est voir que Marie sourit. En d'autres termes, c'est voir que le référent d'un concept singulier, Marie, tombe sous un concept général, celui de sourire, sous lequel peuvent également tomber d'autres objets perceptibles. De ce point de vue, la conception épistémique semble mieux s'accorder avec la thèse mixte. L'expérience attribue des propriétés universelles à des objets particuliers à travers des concepts (ou d'autres types, non-conceptuels, de modes de présentation). Toutefois, à y regarder de plus près, cette conclusion n'est pas immédiatement valide. Aucune garantie n'existe qu'à un concept général donné corresponde une propriété authentique dans le monde[3]. L'analyse épistémique du contenu perceptif reste métaphysiquement neutre.

McDowell considère que la théorie de la perception nous fournit des raisons positives d'*identifier* le contenu d'une expérience perceptive (non-illusoire) à un fait dans le monde. La perception est une « ouverture » sur la réalité des faits (ou des états de choses qui sont « le cas ») :

> Que les choses sont ainsi [*that things are thus and so*] est le contenu conceptuel d'une l'expérience, mais si le sujet de l'expérience n'est pas victime d'une illusion, cette même chose, que les choses sont

---

1. Le représentant récent le plus connu de la théorie conceptualiste de la perception est sans doute J. McDowell, *op. cit.*

2. Comme nous le verrons, une autre conception épistémique est possible, selon laquelle le contenu perceptif est mieux décrit comme celui d'un jugement antéprédicatif, du type de ceux qui placent des *traits* au sens de Strawson.

3. J'applique ici aux concepts la thèse selon laquelle les propriétés ne peuvent pas être réduites à des prédicats, *cf.* Nef, *Les propriétés des choses*, p. 173-176.

ainsi, est aussi un fait perceptible, un aspect du monde sensible (*op. cit.*, p. 26).

Un Conceptualiste a donc la possibilité de reconnaître que les concepts généraux ne correspondent pas toujours à des propriétés authentiques dans le monde, mais d'insister sur le fait que les concepts généraux *qui entrent dans le contenu de la perception* correspondent bien à de telles propriétés [1].

La théorie relationnaliste de la perception

La théorie épistémique est critiquable au motif qu'elle ne rend pas justice à l'intuition selon laquelle la perception nous met directement en rapport avec la *réalité concrète*. Le problème est le suivant. Selon la théorie épistémique, le contenu d'une expérience perceptive est toujours celui de quelque jugement effectivement formé ou non par le sujet. Or le contenu d'un jugement (contingent) est *bipolaire* au sens du jeune Wittgenstein, c'est-à-dire capable d'être vrai mais aussi capable d'être faux [2]. Il s'ensuit que le contenu (contingent) de la perception est également bipolaire. La théorie épistémique dépeint le contenu de la perception véridique comme étant vrai ou le cas, mais aussi comme pouvant être faux. Or la réalité elle-même n'est pas le genre de choses susceptible d'être faux [3]. Contrairement à ce qu'affirme McDowell, le contenu de la perception ne peut pas être *à la fois* un contenu jugeable et un aspect

1. Je ne crois pas qu'une telle possibilité vienne en aide à McDowell lui-même, qui n'établit aucune distinction entre un contenu conceptuel vrai et un contenu conceptuel identique à un fait dans le monde. McDowell a en tout cas inspiré des versions récentes de la théorie de la vérité comme identité, selon laquelle le contenu d'un jugement vrai est identique à un fait dans le monde. Pour un exposé (et une critique) en français de cette théorie, *cf.* P. Engel, *La vérité, réflexions sur quelques truismes*, Paris, Hatier, 1998.

2. L. Wittgenstein, *Carnets 1914-1916*, Paris, Gallimard, 1971.

3. *Cf.* M. Johnston, « Better than Mere Knowledege ? The Function of Sensory Awareness », dans T. S. Gendler et J. Hawthorne (éd.), *Perceptual Experience*, Oxford, Clarendon Press, 2006, p. 270.

concret du monde sensible. Qu'il le veuille ou non, le partisan de la théorie épistémique est contraint d'admettre une distinction entre le contenu de la perception et la réalité concrète, là où il est souhaitable de poser une identité.

La théorie épistémique s'oppose à ce que j'appellerai la *théorie relationnaliste* de la perception[1]. Selon cette théorie, l'expérience perceptive est une relation directe à la réalité concrète. Le contenu de la perception n'est pas une pensée ou un état de choses bipolaire, mais un fragment du monde réel. Selon la formulation récente de Mark Johnston, la perception dévoile les *vérifacteurs* de nos jugements immédiats sur la réalité sensible. Les vérifacteurs sont des entités mondaines dont l'existence garantit la vérité de jugements. Plus précisément, « si *t* est un vérifacteur pour le jugement que *p*, alors il est nécessaire que si *t* existe, la proposition que *p* est vraie » (*art. cit.*, p. 279).

Johnston conçoit les vérifacteurs dévoilés par la perception comme des entités spatiotemporelles plutôt que comme des faits. Il s'agit par exemple d'individus (Jean, une cuillère), de matières ou substances (le sable, le café) et d'événements (le sourire de Marie). On pourrait aussi les concevoir comme des faits, à condition que ceux-ci soient considérés comme *essentiellement* différents de propositions vraies. Une proposition, même vraie, est le genre de choses qui peut être faux, alors qu'un fait est essentiellement un fragment de la réalité concrète (qui par définition n'existe que dans les mondes possibles dans lesquels la proposition correspondante est vraie).

Si le contenu de la perception ne peut pas être identique au contenu d'un jugement, quelle est la relation entre les deux ? Johnston la décrit comme un isomorphisme (une relation logiquement plus faible que l'identité) :

---

1. J. Campbell défend également une théorie relationnaliste de la perception dans *Reference and Consciousness*, Oxford, Oxford UP, 2002, chap. 6.

Dans le monde, les propriétés, relations et espèces naturelles sont *exemplifiées* par des objets et des matières [...]. Dans le *jugement*, les propriétés, relations et appartenances à des espèces naturelles sont *prédiquées* des mêmes entités. Un vérifacteur pour un jugement peut donc être conçu comme une entité mondaine qui mime la structure propositionnelle du jugement [...] (*art. cit.*, p. 279, n. 13).

Par exemple, je vois un ballon rouge devant moi, et je juge qu'il y a là un ballon rouge. Dans le monde, un ballon particulier exemplifie la propriété de rougeur. La rougeur ainsi exemplifiée par le ballon est à la fois le contenu de mon expérience visuelle et le vérifacteur de mon jugement. Le contenu du jugement, quant à lui, est une pensée propositionnelle. On peut admettre (dans une perspective russellienne) que les *constituants* de cette pensée sont les mêmes que les constituants du contenu perceptif, à savoir le ballon et la rougeur qu'il exemplifie [1]. Toutefois, ces constituants sont « recombinés » dans le jugement par une opération différente, d'ordre cognitif cette fois, à savoir la prédication.

Quelles sont les implications métaphysiques de cette analyse non-épistémique du contenu perceptif? À première vue, elles sont substantielles. Car si le contenu de la perception est conçu comme un fragment de la réalité concrète, sa description doit inévitablement prendre position sur l'une ou l'autre des trois thèses en lice. Toutefois, à y regarder de plus près, les arguments que j'ai évoqués sur la nature du contenu perceptif ne dépendent pas d'une description *complète* de ce que nous percevons. Ils sont relativement neutres à l'égard des thèses particulariste, universaliste et mixte. Dans sa formulation de la thèse de l'isomorphisme entre le contenu de la perception et celui du jugement, Johnston parle d'objets

---

1. Je rappelle que, dans une perspective russellienne, les constituants d'un contenu sont toujours des entités réelles, par exemple des objets et des propriétés. L'adoption d'une perspective frégéenne ne modifie pas fondamentalement les enjeux discutés ici, sauf que la thèse de l'isomorphisme doit être révisée : du côté du jugement, le contenu est constitué, non pas d'objets et de propriétés réels, mais de *modes de présentation* de ces entités.

exemplifiant des propriétés, mais on pourrait tout aussi bien parler de tropes ou d'universaux liés autour d'objets ou au sein de faisceaux d'autres tropes ou universaux. L'analyse non-épisté-mique ne nous oblige pas à reconnaître dans le contenu de la perception des entités particulières ou universelles exclusivement, ou une combinaison des deux. Par suite, la thèse de l'isomorphisme n'est certainement pas une conséquence *a priori* d'une théorie non-épistémique de la perception.

La perception des traits

On objectera que mon enquête sur les conséquences métaphysiques de la théorie de la perception s'est placée à un niveau de description trop élevé. Il faut entrer davantage dans les détails d'une analyse du contenu perceptif. C'est ce que je me propose de faire dès maintenant, en présentant une conception selon laquelle la perception porte avant tout sur des *traits* d'une manière qui précède la distinction entre des objets et des propriétés. Non seulement il s'agit d'une théorie plausible de la perception mais, comme nous le verrons, elle a été considérée comme accréditant la thèse universaliste.

Strawson a suggéré que l'identification et la prédication sont des opérations linguistiques ou cognitives qui dépendent d'une base de représentations plus primitives. Ces représentations portent sur ce qu'il appelle des *traits* (*features*) :

> S'il y a des faits qui […] méritent d'être appelés des faits ultimes ou atomiques, ce sont les faits énoncés par ces propositions qui indi-quent, de manière démonstrative, l'incidence d'un trait général. Ces faits ultimes ne contiennent pas des particuliers comme éléments constitutifs, mais ils fournissent le fondement pour une avance conceptuelle jusqu'aux particuliers. Les propositions qui énoncent ces faits ne sont pas des propositions de la forme sujet-prédicat, mais elles fournissent la base pour avancer jusqu'aux propositions de cette forme (*op. cit.*, p. 212).

Le langage ordinaire reflète le fait que l'avance conceptuelle jusqu'aux particuliers a été accomplie, puisqu'il accorde une place centrale aux expressions référentielles et aux prédicats. En conséquence :

> [P]eu importe que les expressions […] qui placent un trait soient ou ne soient pas communes ou ordinaires. Nous pouvons admettre, sans difficulté, que l'introduction de particuliers est une étape si fondamentale qu'elle fait du niveau de pensée primitif, pré-particulier, un niveau qui n'a laissé, tout au plus, que des vestiges dans le langage (*op. cit.*, p. 206).

Il existe en effet dans le langage ordinaire une classe restreinte de propositions qui placent des traits au sens de Strawson. Il s'agit de propositions du type « Il neige ici », « Il pleut là », « Il y a de l'eau ici et là », etc. Toutefois, le mode de représentation que Strawson décrit comme un vestige linguistique pourrait être la norme dans le domaine perceptif. Plusieurs philosophes ont fait valoir, à la suite de Strawson ou indépendamment, que la perception porte avant tout sur des traits. Par exemple, Austen Clark considère que les contenus perceptifs les plus élémentaires placent des traits au sens de Strawson :

> Perception thermique : il fait froid ici, il fait chaud là.
> Perception de la texture : c'est glissant ici, c'est sec là (glacé, rêche, mouillé, mou, doux, etc.).
> Olfaction : ça sent âcrement ici, ça sent le moisi là.
> Audition : c'est bruyant ici, calme là.
> Vision : c'est clair ici, sombre là [1].

Il convient d'établir une distinction entre deux types de représentations de traits. Certaines représentations placent des traits au sens précis de Strawson, c'est-à-dire indiquent *de manière démonstrative* l'incidence d'un trait général. C'est le cas de tous les exemples de Clark dans la citation qui précède. D'autres représen-

---

1. A. Clark, *A Theory of Sentience*, Oxford, Oxford UP, 2000, p. 147.

tations semblent être encore plus primitives, puisqu'elles portent sur des traits sans les placer démonstrativement. Par exemple, je vois qu'il pleut mais ne vois pas qu'il pleut *ici* (par opposition à *là*). La pluie remplit mon champ visuel (et même mon champ perceptif tout entier), de sorte que je ne la vois pas comme localisée ici ou là. La perception thermique peut ou non placer le trait qu'elle révèle. Je peux sentir qu'il fait froid ici (au bout de mes doigts gelés) mais pas là (dans mes pieds protégés par de chaudes bottes). Mais je peux aussi sentir qu'il fait froid tout court, c'est-à-dire que le froid envahit tout le champ de la perception thermique.

Une autre distinction concerne la *manière* dont les traits sont placés dans la perception. Clark considère, à la suite de Strawson, que les traits sont placés avant tout dans des *lieux* qui définissent le champ perceptif. Il y du rouge ici (en haut à gauche dans mon champ visuel), et du bleu là (un peu plus à droite). Mais on pourrait aussi supposer que les traits perceptifs sont placés dans des *objets* fixes ou mobiles, précisément ceux dont le système visuel peut garder la trace[1]. Il y a du rouge ici (dans cet objet x dont je garde la trace) et du bleu là (dans cet autre objet y dont je garde également la trace). L'expression « placer des traits » doit être entendue ici au sens logique, et non plus au sens littéral, spatial.

En quel sens l'opération qui consiste à placer un trait dans un objet précède-t-elle l'identification et la prédication ? Quelle est la différence entre placer du rouge dans un objet et prédiquer la propriété de rougeur d'un objet préalablement identifié ? Considérons une tâche de détection relativement simple (dans l'esprit des expériences de pistage multiple d'objets chez Pylyshyn). On demande au sujet de garder la trace simultanément de trois ou quatre objets visuels désignés au sein d'un ensemble plus grand d'une dizaine d'objets en mouvement, et d'appuyer sur un bouton

---

1. Je renvoie le lecteur aux travaux du psychologue Z. Pylyshyn, qui a montré que le système visuel est capable de garder indépendamment la trace de quatre ou cinq objets fixes ou mobiles en même temps. Cf. *Seeing and Visualizing*, Cambridge, Mass., MIT Press, 2003, chap. 5.

dès qu'il détecte du rouge dans l'*une au moins* des cibles désignées. La tâche peut être accomplie sans que le sujet ait à *identifier* une cible particulière dont il aurait à *prédiquer* la propriété de rougeur. En fait, il suffit que le sujet actionne un mécanisme de détection du trait « rouge » limité aux seuls objets désignés. Un tel mécanisme ne fait aucune différence entre un et plusieurs objets rouges, et ne porte en lui aucune capacité à ré-identifier le même objet à travers les contextes perceptifs. L'accomplissement de la tâche est possible dans le cadre limité des représentations qui placent des traits dans des objets.

Austen Clark lui-même prétend que l'identification et la prédication apparaissent au niveau perceptif quand il s'agit de détecter non pas une *conjonction* de traits (« Il y a du rouge ici et du bleu là ») mais un *recoupement*, une *combinaison* ou un *liage* de traits autour d'un lieu ou d'un objet (« Il y a ici du rouge penché à droite »). Il écrit en effet : « Le recoupement de traits nécessite la prédication et pas seulement la conjonction » (*op. cit.*, p. 68). La nécessité d'un mécanisme perceptif de liage a été indépendamment reconnue par les philosophes et par les psychologues. Le système visuel doit pouvoir lier des traits pour résoudre le fameux *problème des propriétés multiples* [1]. Percevoir un carré rouge et un triangle vert n'est pas la même chose que percevoir un carré vert et un triangle rouge, bien que les mêmes traits soient présents dans les deux scènes (du rouge, du vert, du carré, du triangulaire). Par exemple, le trait « carré » est combiné au trait « rouge » dans la première scène mais au trait « vert » dans la seconde.

La thèse selon laquelle le liage perceptif est une forme de prédication est indépendante de la question de savoir s'il s'effectue autour de lieux, comme le pense Clark, ou d'objets, comme le prétendent Pylyshyn et Mohan Matthen [2]. Dans les deux cas, cette

---

1. *Cf.* F. Jackson, *Perception : A Representative Theory*, Cambridge, Cambridge UP, 1977.

2. Pour un développement de la thèse selon laquelle le liage perceptif s'effectue non pas autour de lieux mais autour d'objets pistés au sens de Pylyshyn,

thèse n'est pas du tout évidente. Considérons une tâche de détection un peu plus complexe que celle précédemment décrite. Parmi les trois ou quatre objets dont il a à garder la trace, on demande au sujet d'appuyer sur un bouton dès qu'il détecte une *combinaison* de traits correspondant par exemple à un carré rouge. À nouveau, la tâche peut être accomplie sans que le sujet identifie une cible particulière dont il prédique la propriété d'être un carré et la propriété d'être rouge. Le sujet peut se contenter de détecter un trait complexe, « rouge-carré », sans que la différence entre un et plusieurs carrés rouges n'intervienne dans le processus. À nouveau, l'accomplissement de la tâche est possible dans le cadre limité des représentations qui placent des traits dans des objets. La notion de carré rouge *particulier* n'entre pas nécessairement dans l'expérience du sujet qui accomplit la tâche.

Admettons, même si beaucoup reste à dire sur la question, que le niveau fondamental de la perception porte sur des traits, et à ce titre précède l'identification et la reconnaissance. La question qui surgit concerne la nature métaphysique des traits. À quoi les représentations linguistiques ou perceptives de traits renvoient-elles dans le monde? D'une part, les expressions de traits se comportent comme des termes universels, puisqu'elles peuvent être utilisées à propos de plusieurs scènes perceptives (par exemple, j'ai vu qu'il pleuvait hier, je vois qu'il pleut aujourd'hui, et je me dis « Zut! il pleut de nouveau »). D'ailleurs, Strawson appelle aussi les traits des « universaux-traits ». D'autre part, les traits ne se présentent pas dans l'expérience *comme* des propriétés d'objets :

> Les termes universels qui figurent dans mes exemples [de propositions qui placent des traits] *ne sont pas des propriétés*; en fait, nous essayons de creuser jusqu'à un niveau situé en dessous du niveau de complexité logique auquel appartient l'idée d'une propriété (*op. cit.*, p. 203).

cf. M. Matthen, *Seeing, Doing, and Knowing*, Oxford, Clarendon Press, 2005, chap. 12.

Une propriété est toujours la propriété *de* quelque chose d'autre : un objet, éventuellement une autre propriété. Un trait, en revanche, n'est pas le trait de quoi que ce soit; c'est une entité apparemment indépendante. Voir un trait placé dans un lieu ou un objet, ce n'est pas voir *que* ce lieu ou cet objet présente une propriété; le premier exercice visuel, contrairement au second, ne requiert pas l'identification d'un objet ou la prédication d'une propriété. Les traits sont des universaux, mais ils ne sont ni de type sortal (typiquement désignés par des noms communs comme « chien » et « table », qui permettent de distinguer et de compter des objets) ni de type caractérisant (typiquement désignés par des verbes et des adjectifs comme « rouge », qui ne permettent pas à eux seuls de distinguer et de compter des objets) [1].

Il y a donc apparemment une voie de la prémisse selon laquelle nous percevons des traits à la conclusion selon laquelle nous percevons des universaux. La thèse universaliste découle en l'occurrence d'une analyse spécifique du contenu perceptif. Toutefois, je voudrais montrer que la voie en question n'est pas aussi praticable qu'il n'y paraît. Le problème est que la perception est, en général, *cognitivement opaque* relativement à ses objets.

L'opacité cognitive de la perception

Dans une conception externaliste, la perception est dirigée vers un objet doté de critères d'identité déterminés, non pas en impliquant une *représentation* de ces critères, mais en exploitant les relations réelles (causales, spatiotemporelles) qui unissent le sujet à l'objet qu'il perçoit. Considérons par exemple l'activité qui consiste à garder la trace d'un objet mobile dans le champ visuel. Le système visuel n'a pas besoin de former un critère d'identité de cet objet pour maintenir sa relation à lui. Il lui suffit de disposer d'un mécanisme de compensation capable de maintenir, dans la mesure

---

1. Sur la distinction entre universaux sortaux (ou « typants ») et universaux caractérisants, *cf.* Strawson, *op. cit.*, p. 168.

du possible, le lien causal dynamique qui l'unit à l'objet. Comme l'écrit Michael Ayers :

> Nous n'avons pas besoin de « critères d'identité » en plus de ce que le monde et nos facultés perceptive et agentive nous donnent, quand il est question d'individuer [*pick out*] des objets *littéralement* discrets, concrets et endurants [1].

L'identification d'un objet permettrait au sujet de le *reconnaître* (ré-identifier) dans un autre contexte perceptif. Elle supposerait la possibilité d'une distinction, au sein de l'expérience, entre deux perceptions consécutives du même objet et la perception d'un objet suivie de la perception d'un autre objet qualitativement identique. Or la simple capacité sensori-motrice de garder la trace d'un objet dans le champ visuel est purement intra-contextuelle. Elle ne permet pas de distinguer, à propos de deux contextes perceptifs différents, le cas où le même objet est pisté et le cas où deux objets distincts sont pistés.

Quand la perception est dirigée vers un objet indépendamment de la représentation d'un critère d'identité de cet objet, je dirai qu'elle est cognitivement opaque relativement à l'objet en question. Dans ce cas, le sujet percevant n'a pas un accès privilégié au type ou à l'essence de l'objet qu'il a sous les yeux. Il se pourrait même que les « objets » que notre système visuel est capable d'individuer (et non pas d'identifier) ne soient pas des objets physiques ordinaires comme des oiseaux et des tables, mais des entités relationnelles complexes et anthropomorphiques. Comme le dit Pylyshyn à propos des « objets primitifs » révélés par le système visuel, « nous ne savons pas en détail quelles sont les propriétés qui définissent cette sorte d'objectité primitive, ni même si celle-ci peut être caractérisée de quelque façon que ce soit sauf en termes de la structure de notre système perceptif » (*op. cit.*, p. 215). En somme, les objets visuels pourraient bien être des objets

1. M. Ayers, « Is *Physical Object* a Sortal Concept? A Reply to Xu », *Mind and Language*, vol. 12, n° 3/4, p. 393-405, p. 395.

« seconds », à la manière dont il y aurait des qualités secondes. Sur le plan métaphysique, ils seraient définis essentiellement en termes de dispositions à commander l'individuation visuelle, par le biais des mécanismes d'indexation décrits par Pylyshyn.

Cette dernière remarque montre incidemment que la notion d'opacité cognitive concerne aussi la perception des qualités ou propriétés sensibles. Ce que les philosophes appellent « qualités secondes » pourraient être un ensemble de relations et de propriétés dispositionnelles. Cependant, ces qualités ne sont manifestement pas perçues *comme telles*, de sorte qu'elles restent cognitivement opaques à un sujet percevant ordinaire. Je vois la couleur comme une propriété monadique des objets, alors qu'elle serait en réalité une relation complexe entre la structure de leur surface et mon appareil perceptif.

Il s'agit là d'un cas particulier d'un phénomène plus général. Comme John Perry l'a montré, il est possible de représenter une propriété à n termes au moyen d'un prédicat ou d'un concept à $n\text{-}m$ arguments (où $m \cdot n$)[1]. Par exemple, il est possible de représenter la relation de simultanéité comme une relation entre deux événements, alors qu'elle implique au moins un troisième terme, à savoir un cadre inertiel. Du point de vue de la physique, deux événements ne sont jamais simultanés tout court ; ils le sont seulement relativement à un cadre de référence, qui peut en principe varier. Il est plausible que la perception *représente* la simultanéité comme une relation à deux termes : nous voyons deux événements (par exemple, deux éclairs) se produire en même temps, mais nous ne voyons pas le cadre inertiel relativement auquel la simultanéité a lieu. À l'échelle humaine, nous percevons le monde selon le même cadre inertiel, de sorte qu'aucune confusion ne résulte du fait que celui-ci n'est pas explicitement représenté. La perception de la simultanéité est cognitivement opaque au sens où elle ne révèle pas l'« adicité »

1. J. Perry, « Pensée sans représentation », dans *Problèmes d'indexicalité*, Stanford, CSLI, 1999, p. 109-134.

de la relation, c'est-à-dire tous les termes dont l'existence est métaphysiquement requise pour son exemplification.

Des remarques analogues valent pour la perception des traits. La différence entre traits et propriétés pourrait être d'ordre épistémique plutôt que métaphysique. Il est possible que les traits *soient* des propriétés, perçues de manière cognitivement opaque. Par exemple, quand je détecte du rouge dans mon champ visuel, je perçois une propriété à un terme (la rougeur de quelque objet) comme une propriété à zéro terme, c'est-à-dire comme un trait (autrement dit, dans ce cas, $m = n$). Dans cette perspective, les traits ne sont pas des créatures métaphysiques *sui generis*, mais des propriétés dont l'adicité n'est pas distinctement perçue.

En dépit des apparences, la théorie de la perception ne nous oblige pas à considérer les traits comme des universaux. Nous ne percevons pas les traits *comme* des propriétés d'objets, mais cela ne veut pas dire qu'ils n'en soient pas. Les traits pourraient être des universaux ni sortaux ni caractérisants, mais ils pourraient aussi bien être des propriétés d'objets, universelles ou particulières (des tropes). Il n'est pas évident que la théorie de la perception ait à trancher entre ces différentes options métaphysiques.

L'hallucination de propriétés

Supposons que la perception véridique d'un trait soit en réalité la perception d'une propriété d'un objet qui n'est pas à proprement parler *identifié* par le sujet. Si le trait n'est pas placé, l'objet n'entre même pas dans le contenu de la perception [1]. Si le trait est placé dans cet objet (ou éventuellement le lieu qu'il occupe), celui-ci entre dans le contenu de la perception, mais pour ainsi dire à titre anté-prédicatif. Le cas de la perception véridique des traits doit être distingué de deux autres cas possibles, décrits par Fred Dretske

---

1. Dans ce cas, le contenu de la perception n'est pas un fragment *indépendant* de la réalité concrète, du moins si une propriété exemplifiée dépend de l'objet qui l'exemplifie.

pour illustrer sa thèse selon laquelle la conscience visuelle d'une propriété n'implique pas toujours la conscience de l'objet qui a la propriété[1]. Dans le premier cas, je désigne la couverture d'un livre en déclarant « Voici la couleur de la cravate de Pierre », alors que la cravate en question est absente. Selon Dretske, je vois la couleur de la cravate de Pierre (une nuance particulière de bleu) sans voir sa cravate ni voir qu'elle est bleue. Ce cas est différent de celui de la perception des traits parce que, comme Dretske l'admet, sa description *présuppose* que la propriété perçue soit universelle (sinon je ne pourrais pas voir la couleur *particulière* de la cravate de Pierre en voyant la couleur *particulière* d'un autre objet).

Le second cas est le suivant. Supposons que je sois victime de l'hallucination d'un *Ganzfeld* : j'ai l'impression de voir une distribution homogène de bleu. Dans ce cas, je vois une propriété sans voir d'objet du tout : « les hallucinations sont des expériences où l'on est conscient [*aware*] de propriétés (formes, couleurs, mouvements, etc.). sans être *o*-conscient des objets qui ont ces propriétés » (*art. cit.*, p. 163, où « être *o*-conscient » signifie simplement « avoir une conscience d'objet »). Qui plus est, selon Dretske, je peux voir une propriété qu'aucun objet n'exemplifie en réalité. Considérons l'illusion de la chute d'eau, où après avoir regardé un moment une chute d'eau, on déplace son attention sur les rochers avoisinants et on fait l'expérience d'un mouvement dans la direction opposée, sans voir à proprement parler les rochers se déplacer. À propos de cette illusion, Dretske écrit que « l'on devient conscient d'un mouvement sans qu'il soit le mouvement *de* quoi que ce soit. Il y a du mouvement apparent sans l'apparence d'une chose qui se déplace [...]. Ce mouvement ne s'"attache" pas à des objets » (*ibid.*).

Le second cas est plus intéressant pour notre propos, car il semble illustrer la possibilité de tirer une conclusion métaphysique substantielle à partir d'une prémisse perceptive. La prémisse

---

1. F. Dretske, *Perception, Knowledge, and Belief*, Cambridge, Cambridge UP, 2000, p. 160-165.

perceptive est que nous avons l'expérience visuelle d'un trait non placé (du bleu, du mouvement), et la conclusion métaphysique est que ce trait est une entité qui ne dépend pas de l'existence d'un objet – un universel non instancié (comme le suppose Dretske), ou éventuellement un trope « isolé », non dépendant d'un objet ou d'autres tropes. Je note toutefois que la conclusion ne suit que dans le contexte d'une théorie substantielle de l'hallucination. Il est nécessaire de supposer, dans le second cas, que nous *percevons* (véridiquement) un trait. Mais cette supposition n'est pas évidente ; en tout cas, elle ne découle pas de la description phénoménologique de la situation. Dans une perspective externaliste, où le contenu perceptif est un fragment de la réalité concrète, une expérience entièrement hallucinatoire ne peut pas avoir de contenu. Tout se passe au mieux *comme si* elle en avait un[1]. Ne pourrait-on donc pas décrire le second cas en disant que tout se passe comme si le sujet voyait un trait qui est en réalité une propriété d'un objet non identifié ? Selon cette description, le sujet ne voit pas plus la propriété que l'objet censé l'exemplifier. Je ne vois pas comment contester cette description sans se prévaloir d'une conception *indépendante* de la réalité des universaux ou des tropes « libres ». C'est seulement à partir d'une telle conception que l'on peut insister sur le fait que le sujet *perçoit* des traits dans les exemples en question.

Quelques arguments particularistes

Considérons pour terminer quelques arguments en faveur de la thèse particulariste. On pourrait faire valoir l'intuition selon laquelle, lorsque nous percevons le rouge de la fleur, nous percevons une entité qui est *unique* à la fleur. « Car en effet », comme l'écrit Jonathan Lowe, « en voyant et en sentant cette fleur, je ne peux pas être décrit comme percevant la couleur ou l'odeur d'une

---

1. M. Johnston a une conception différente de l'hallucination, *cf.* son article « The Obscure Object of Hallucination », *Philosophical Studies* 120, p. 113-183, que je ne peux pas étudier ici.

autre fleur, quelle qu'elle soit »[1]. Il me semble que cet argument néglige une fois de plus l'opacité cognitive de la perception. Supposons que la rougeur existe en tant qu'universel et qu'elle dépende des objets qui l'exemplifient[2]. Quand je perçois le rouge de la fleur, je perçois la couleur de beaucoup d'autres fleurs absentes. Mais je ne perçois le rouge de la fleur que *comme* dépendant de la fleur particulière que j'ai sous les yeux. D'un point de vue universaliste, l'impression que le rouge est unique à la fleur n'est qu'une illusion cognitive (et non pas une illusion des sens).

Des remarques analogues valent pour l'argument particulariste suivant. Je vois une feuille changer de couleur en se consumant : de verte elle devient brune. Dans ce cas, selon Lowe, « j'ai l'impression de voir sa verdeur initiale cesser d'exister et son nouveau caractère brun venir à l'existence » (*op. cit.*, p. 23). Or aucune entité universelle, le vert ou le brun en général, n'est affectée par ce changement. Par conséquence, conclut Lowe, « ce doit être le vert et le brun *particuliers* que je vois respectivement cesser d'exister et commencer à exister » (*ibid.*). Je ferai deux remarques à propos de cet argument. Premièrement, il est remarquable que Lowe décrive la situation en disant que je *vois* le vert cesser d'exister et le brun venir à l'existence. Pourquoi ne pas dire plus simplement que je vois le vert disparaître et le brun apparaître à sa place ? Quand Pierre quitte mon champ visuel, je ne suis pas tenté de dire qu'il cesse d'exister. Dans le cas de la couleur changeante de la feuille, on ne peut être tenté de le dire que dans le contexte d'une conception *indépendante* des qualités sensibles comme des propriétés particulières. En second lieu, si je vois un changement de couleur, ma perception est cognitivement opaque relativement à la *nature* de ce changement. Le partisan de la thèse universaliste le décrira comme un changement dans la relation de la feuille à des universaux, alors

---

1. E. J. Lowe, *The Four-Category Ontology*, Oxford, Clarendon Press, 2006, p. 15.

2. Autrement dit, il n'y a pas d'universaux non instanciés : c'est la position de D. Armstrong.

que le partisan de la thèse particulariste optera pour la description de Lowe. Je ne vois pas que la phénoménologie de l'expérience du changement commande l'une ou l'autre description.

Le dernier argument particulariste que je mentionnerai ici est également endossé par Lowe, et repose sur une théorie causale de la perception. Il a la forme suivante :

> Seules des entités particulières ont un pouvoir causal, et peuvent entrer dans des relations causales.
> Nécessairement, l'objet perçu cause l'expérience du sujet percevant.
> Donc, l'objet perçu doit être une entité particulière.

Même en admettant la vérité de la seconde prémisse, qui incarne une version assez radicale de la théorie causale de la perception, cet argument dépend d'une conception métaphysique *indépendante* de la causalité comme une relation entre des entités particulières. Car la conclusion serait très différente si la causalité était plutôt conçue comme une relation entre des faits au moins en partie universels. Là encore, c'est la métaphysique qui vient à la rescousse de la théorie de la perception, plutôt que l'inverse.

Conclusion

La question des implications métaphysiques de la perception prend une forme très différente selon la théorie retenue du contenu perceptif. Les partisans de la théorie épistémique de la perception assimilent la question « Quel est le contenu de la perception ? » à la question « Qu'est-ce qui apparaît *en tant que tel* dans la perception ? ». Selon la théorie épistémique, en effet, le contenu de la perception est toujours donné de manière cognitivement transparente. Si l'analyse du contenu de la perception en termes de traits est correcte, alors nous ne percevons, au niveau le plus fondamental, ni objets ni propriétés, et les traits restent des créatures métaphysiques à part.

Contre la théorie épistémique, j'ai fait valoir que la perception est cognitivement opaque relativement à ses objets intentionnels. Nous percevons des objets indépendamment d'une représentation de leurs conditions d'identité et de continuité spatiotemporelle. En fait, la perception est peu diserte sur la nature de ces objets qui, pour autant que le sujet percevant ordinaire le sache, pourraient bien être relatifs à la constitution de son appareil perceptif. La perception des propriétés est également cognitivement opaque. Les qualités secondes sont perçues comme des propriétés monadiques, mais pourraient bien être des propriétés microphysiques perçues de manière imparfaite ou, dans les termes de Leibniz, confuse [1]. De même, les traits pourraient bien être des propriétés d'objets perçues de manière cognitivement opaque. En règle générale, il est risqué de tirer des conclusions sur l'adicité des propriétés présentées dans l'expérience simplement à partir de la phénoménologie ou des jugements ordinaires de perception.

J'ai également mentionné d'autres arguments, universalistes ou particularistes, et fait valoir qu'au sens strict, leur conclusion ne découlait pas seulement de la théorie de la perception. Au contraire, dans bien des cas, c'est une conception métaphysique préalable qui permet de re-décrire les phénomènes perceptifs en question. La perception rend cognitivement opaque la connexion entre les objets et les propriétés, de sorte que seule une théorie métaphysique indépendante permet de trancher entre les thèses particulariste, universaliste et mixte.

Je n'ai pas cherché à montrer l'absence de toute restriction métaphysique imposée par la perception sur ses objets. La thèse selon laquelle la perception est cognitivement opaque n'implique pas logiquement qu'elle soit métaphysiquement neutre. J'ai seulement mis en garde contre certains arguments qui passent trop vite d'une prémisse perceptive à une conclusion métaphysique, et plaidé pour une re-division du travail philosophique entre la théorie de la perception et la métaphysique, qui respecte la priorité de la seconde sur la première.

---

1. *Cf.* les « Pufendorf Lectures » d'Armstrong.

BIBLIOGRAPHIE [1]

ADAMS M.M., « "Things" versus "Hows", or Ockham on Predication and Ontology », dans J. Bogen et J.E. McGuire (éd.), *How Things Are. Studies in Predication and the History of Philosophy and Science*, Dordrecht, Kluwer, 1985.

ADAMS R.M., « Must God Create the Best ? », *Philosophical Review*, 81, 1972.

– « Primitive Thisness and Primitive Identity », *Journal of Philosophy*, 76, 1979.

– « Actualism and Thisness », *Synthese*, 49, 1981.

ANGELELLI I., *Studies on Gottlob Frege and Traditional Philosophy*, New York, Humanities Press, 1967 ; *Études sur Frege et la philosophie traditionnelle*, trad. fr. J.-F. Courtine, A. de Libera, J.-B. Rauzy, J. Schmutz, Paris, Vrin, 2007.

ARMSTRONG D., *Universals and Scientific Realism*, vol. 1 : *A Theory of Universals*, Cambridge, Cambridge UP, 1978.

– *Universals and Scientific Realism*, vol. 2 : *Nominalism and Realism*, Cambridge, Cambrige UP, 1978.

– *What is a Law of Nature*, Cambridge, Cambridge UP, 1983.

– *Universals : An Opiniatred Introduction*, Boulder, Westview Press, 1989.

– *A World of States of Affairs*, Cambrige, Cambridge UP, 1997.

– *Truth and Truthmakers*, Cambridge, Cambridge UP, 2004.

BACON J., *Universals and Property Instances : The Alphabet of Being*, Aristotelian Society Monograph, vol. 15, Oxford, Blackwell, 1995.

---

1. Les ouvrages précédés d'un astérisque peuvent servir d'introduction aux thématiques abordées dans le présent volume.

– « Tropes », *Stanford Encyclopedia of Philosophy*, disponible sur le site http ://plato.stanford.edu..

BERGMAN G., *Realism : A Critique of Brentano and Meinong*, Madison, The University of Wisconsin Press, 1967.

– *New Foundations of Ontology*, Madison, The University of Wisconsin Press, 1992.

BIRD A., *Nature's Metaphysics. Dispositions, Laws and Properties*, Oxford, Oxford UP, 2007.

BURKHARDT H. et SMITH B. (éd.), *Handbook of Metaphysics and Ontology*, Munich, Philosophia Verlag, 2 vols., 1991.

CAMPBELL K., *Abstract Particulars*, Oxford, Blackwell, 1990.

CHISHOLM R., *Person and Object. A Metaphysical Study*, Londres, Allen & Unwin, 1976.

– *On Metaphysiscs*, Minneapolis, University of Minnesota Press, 1989.

– *A Realistic Theory of Categories. An Essay in Ontology*, Cambridge, Cambridge UP, 1996.

DENKEL A., *Object and Property*, Cambridge, Cambridge UP, 1996.

ELLIS B., *Scientific Essentialism*, Cambridge, Cambridge UP, 2001.

FINE K., « Plantinga on the Reduction of Possibilist Discourse », dans *A. Plantinga*, R. Bogdan (éd.), Dordrecht, Reidel, 1985.

— et PRIOR A., *Worlds, Times and Selves*, Amherst, University of Massachussets Press, 1977.

GRACIA J., *Individuality*, Albany, New York State University, 1988.

GROSSMANN R., *Meinong*, London, Routledge & Kegan Paul, 1974.

HEIL J., *From an Ontological Point of View*, Oxford, Oxford UP, 2003.

HOFFMAN J. et ROSENKRANTZ G., *Substance among other Categories*, Cambridge, Cambridge UP, 1994.

HUSSERL E., *Recherches logiques*, Paris, PUF, 1961.

JACKSON F., *From Metaphysics to Ethics : A Defense of Conceptual Analysis*, Oxford, Clarendon Press, 1998.

KIM J., *Physicalism or Something Near Enough*, Princeton, Princeton UP, 2005.

– *L'esprit dans un monde physique. Essai sur le problème corps-esprit et la causalité mentale*, Paris, Syllepse, 2006.

– *Trois Essais sur l'émergence*, Paris, Ithaque, 2006.

* — et SOSA E. (éd.), *Blackwell Companion to Metaphysics*, Oxford, Blackwell, 1995.

KÜNG G., *Ontology and the Logistic Analysis of Language*, Dordrecht, Reidel, 1967.

LEVINSON J., « Properties and Related Entities », *Philosophy and Phenomenological Research*, 39, 1978.

LEWIS D.K., « Counterpart Theory and Quantified Modal Logic », *Journal of Philosophy*, 65, 1968.

– *Convention*, Cambridge, Harvard UP, 1969.

– « Anselm and Actuality », *Noûs*, 4, 1970.

– *Counterfactuals*, Cambridge, Harvard UP, 1973.

– « Attitudes *de dicto* and attitudes *de se* », *The Philosophical Review*, 88, 1979.

– *Philosophical papers*, vol. 1, Oxford, Oxford UP, 1983.

– *On the Plurality of Worlds*, Oxford, Blackwell, 1986.

– *Papers in Metaphysics and Epistemology*, Cambridge, Cambridge UP, 1999.

LOUX M., *The Possible and the Actual*, Ithaca, Cornell UP, 1976.

– *Substance and Attribute. A study in Ontology*, Dordrecht, Reidel, 1978.

– *Metaphysics. An Introduction*, Londres, Routledge, 2ᵉ éd. 1998.

* — et ZIMMERMANN D. (éd.), *Oxford Handbook of Metaphysics*, Oxford, Oxford UP, 2003.

LOWE E.J., *The Possibility of Metaphysics, Substance, Identity and Time*, Oxford, Oxford UP, 1998.

* – *A Survey of Metaphysics*, Oxford, Oxford UP, 2002.

– *The Four-Category Ontology. A Metaphysical Foundation for Natural Science*, Oxford, Oxford UP, 2006.

MARTIN C.B., « Substance substantiated », *Australasian Journal of Philosophy*, 58, 1980.

– « The Need for Ontology : Some Choices », *Philosophy*, 68, 1993.

– « Sets as Tropes », *Metaphysica*, 1, 2004.

— et HEIL J., « The Ontological Turn », *Midwest Studies in Philosophy*, XXIII, 1999.

MERTZ D.W., *Moderate Logic and its Logic*, New Haven, Yale UP, 1995.

MOLNAR G., *Powers*, Oxford, Oxford UP, 2004.

MONNOYER J.-M. (éd.), *La Structure du Monde*, Paris, Vrin, 2004.

– *Metaphysics and Truth makers*, Francfort, Ontos Verlag, 2007.

* — et NEF F. (éd.), « Métaphysique et ontologie : perspectives contemporaines », *Revue de Métaphysique et de Morale*, n° 4, oct.-déc. 2002.

370   BIBLIOGRAPHIE

MONTAGUE R., « On the Nature of Certain Philosophical Entities », *The Monist*, 53, 1969.

MULLIGAN K. (éd.), *Language, Truth and Ontology*, Dordrecht, Kluver, 1992.

— SIMONS P. M. et SMITH B., « Truth-Makers », *Philosophy and Phenomenological Research* 44, 1984.

— et SMITH B., *Parts and Moments*, Munich, Philosophia Verlag, 1985.

MUMFORD S., *Dispositions*, Oxford, Oxford UP, 1998.

NEF F., *L'objet quelconque. Recherches sur l'ontologie de l'objet*, Paris, Vrin, 1998.

* – *Qu'est-ce que la Métaphysique ?*, Paris, Gallimard, 2004.

– *Les propriétés des choses. Logique et expértience*, Paris, Vrin, 2006.

* NOLAN D., *David Lewis*, Chesham, Acumen, 2005.

PLANTINGA A., « Transworld Identity or Worldbound Individuals ? », dans M. Munitz, *Logic and Ontology*, New York, New York UP, 1973.

– *The Nature of Necessity*, Oxford, Oxford UP, 1974.

– « How to be an Anti-Realist », *Proceedings of the American Philosophical Association*, vol. 56.

– « Actualism and Possible Worlds », *Theoria*, 42, 1976.

– « On Existentialism », *Philosophical Studies*, vol. 44, 1983.

– *Essays in the Metaphysics of Modality*, Oxford, Oxford UP, 2003.

POLI R. et SIMONS P. (éd.), *Formal Ontology*, La Haye, Nijhoff, 1996.

POLLOCK J., « Plantinga on Possible Worlds », dans *A. Plantinga*, R. Bogdan (éd.), Dordrecht, Reidel, 1985.

POUIVET R., *L'ontologie de l'œuvre d'art*, Nîmes, J. Chambon, 1999.

PUNTEL L., *Struktur und Sein*, Tübingen, Mohr Siebeck, 2006.

* RUNGGALDIER Ed. et KANZIAN Ch., *Grundprobleme der analytischen Ontologie*, Padeborn, Ferdinand Schöningh, 1998.

SEARGENT D.A.J., *Plurality and Continuity. An Essay in G. F. Stout's Theory of Universals*, La Hague, Nijhoff, 1985.

SIMONS P., « The Formalisation of Husserl's Theory of Wholes and Parts », dans B. Smith (éd.), *Parts and Moments*, Munich, Philosophia, 1982, repris dans Simons (1992).

– *Parts. A Study in Ontology*, Oxford, Oxford UP, 1987.

– *Philosophy and Logic in Central Europe from Bolzano to Tarski*, Dordrecht, Kluwer, 1992.

STRAWSON P.F., *Analyse et métaphysique*, Paris, Vrin, 1985.

TEGTMEIER E., *Grundzüge einer kategorialen Ontologie. Dinge, Eigenschaften, Beziehungen, Sachvehalten*, Fribourg, Albert Reihe Philosophie, 1992.

TOMBERLIN J. et VAN INWAGEN P., *Alvin Plantinga*, Dordrecht, Reidel, 1985.

VAN INWAGEN P., « Two Concepts of Possible Worlds », *Midwest Studies in Philosophy*, XI, 1986.

– *Material Beings*, Ithaca, Cornell UP, 1990.

– *Ontology, Identity and Mind. Essays in Metaphysics*, Cambridge, Cambridge UP, 2003.

– *Persons. Divine and Human*, Oxford, Oxford UP, 2007.

WIGGINS D., *Sameness and Substance Renewed*, Cambridge, Cambridge UP, 2001.

WILLIAMS D.C., « Mind as a Matter of Fact », *Review of Metaphysics*, 13, 1959-1960.

– « On the Elements of Being », *Review of Metaphysics* 7, 1953, repris sous le titre « The Elements of Being », dans D.C. Williams, *Principles of Empirical Realism*, Springfield, Thomas, 1966.

WOLFF F. (éd.), *Pourquoi y a-t-il quelque chose plutôt que rien ?*, Paris, PUF-Presses de l'ENS, 2007.

ZALTA Ed., *Intensional Logic and the Metaphysics of Intentionality*, Cambridge, Mass., MIT Press, 1988.

– *Principia metaphysica*, sur le site http ://plato.stanford.edu.

ZIMMERMANN D. et LOUX M. (éd.), *Oxford Studies in Metaphysiscs*, vol. I, II et III, Oxford, Oxford University Press, 2003-2006.

INDEX DES NOTIONS

INDEX DES NOMS

TABLE DES MATIÈRES

Achevé d'imprimer par Corlet, Imprimeur, S.A. - 14110 Condé-sur-Noireau
N° d'Imprimeur : 105720 - Dépôt légal : juillet 2007 - *Imprimé en France*